Relations internationales
Théories et concepts

Le CEPES

Fondé en 1991, le Centre d'études des politiques étrangères et de sécurité (CEPES) est un groupe de recherche de l'Université du Québec à Montréal et de l'Université Concordia. Les travaux principaux du Centre touchent l'impact de la fin de la guerre froide sur les politiques étrangères et de sécurité des puissances majeures, en particulier dans la région transatlantique. Il poursuit aussi trois autres mandats très importants : 1) publier et faire publier sur la politique étrangère et la sécurité ; 2) contribuer à la formation et au financement des études des étudiants de maîtrise et de doctorat ; 3) promouvoir le débat public sur les questions de sécurité et de politique étrangère.

Sous la direction de
Alex Macleod, Evelyne Dufault
et F. Guillaume Dufour

Relations internationales
Théories et concepts
Deuxième édition, revue et augmentée

Athéna éditions remercie le Conseil des Arts du Canada de l'aide accordée à son programme de publication.

Page couverture   Bernard Langlois
Photo de la couverture   PhotoDisc

© Athéna éditions
C.P. 48883
CSP Outremont
Outremont (Québec)
H2V 4V3
athenaeditions.net

JZ
1161
R45
2004
RÉF.

En Suisse

Servidis
Chemin des Chalets
CH - 1279
Chavannes-de-Bogis
Suisse
Tél. : +41 (0)22 960 95 25
Courriel : commande@servidis.ch

Diffusion au Canada

Prologue
1650, boul. Lionel-Bertrand
Boisbriand (Québec)
J7H 1N7
prologue@prologue.ca

En Belgique et au Luxembourg

Centre de diffusion Vander
Avenue de Tervuren, 139
B - 1150
Bruxelles
Belgique
Tél. : +32 2 732 35 32
Courriel : g.i.a@wol.be

ISBN 2-922865-27-4
Dépôt légal – 3ᵉ trimestre 2004
Bibliothèque nationale du Canada
Bibliothèque nationale du Québec

INTRODUCTION

L'idée de faire publier un dictionnaire des concepts et des théories en *Relations internationales*[1] a pris naissance il y a déjà plus de trois ans, quand deux collègues, Philippe Le Prestre et Dan O'Meara, et moi-même avons constaté dans nos propres cours à l'Université du Québec à Montréal que la littérature en Relations internationales devenait de moins en moins accessible à nos étudiants. Elle est plus difficilement accessible, en premier lieu, parce que l'anglais est devenu sans conteste, comme dans la plupart des sciences, la première langue de travail et de publication en Relations internationales, non seulement dans les pays anglophones, mais aussi dans la plupart des autres pays où cette discipline s'est établie. Cet ouvrage souhaite donc non seulement aider le lecteur à trouver l'équivalent français d'un terme trouvé dans un texte rédigé en anglais, mais aussi contribuer à la rédaction de travaux en français.

Elle n'est pas facile à aborder, ensuite, parce que la nature du débat sur la théorie des Relations internationales s'est diversifiée depuis une vingtaine d'années. Pendant longtemps, la théorie des Relations internationales est restée dans le cadre de l'approche dite réaliste, ou bien pour l'accepter et pour la raffiner, ou bien pour en contester l'ontologie (c'est-à-dire, la façon d'envisager les principaux acteurs internationaux, les rapports entre eux et la nature du système international). Dans les deux cas, avec l'exception des approches d'inspiration marxiste, on utilisait un vocabulaire relativement semblable, qui désignait à peu près la même chose dans tous les débats sur la théorie des Relations internationales. Mais depuis les années 1980, cette dernière a subi deux tournants majeurs qui se confondent souvent, mais qu'il faut distinguer entre eux. D'un côté, on peut parler d'un tournant *sociologique* qui a remis en cause la tendance à présenter les acteurs du système international et leurs rapports comme des données non problématiques. L'État, par exemple, était trop souvent présenté dans la littérature de l'époque comme un acteur unitaire et rationnel, dont l'évolution et la composition socio-économique étaient sans aucune importance pour les besoins de l'analyse des relations internationales. De l'autre côté, la théorie des Relations

---

1. Pour éviter toute confusion, nous avons réservé le terme *Relations internationales* pour désigner la discipline, et donc pour distinguer celle-ci de la pratique des rapports entre acteurs internationaux, communément connue sous le nom de relations internationales.

internationales est en train de connaître un tournant *épistémologique* qui s'interroge sur l'approche positiviste, calquée en grande partie sur les sciences de la nature, qui avait prédominé jusqu'à récemment la discipline des Relations internationales, et sur laquelle on ne posait pas beaucoup de questions de fond. Devant ce que l'on pourrait appeler une discipline éclatée, il est devenu de plus en plus difficile de naviguer dans un domaine où on ne cesse de faire des emprunts à d'autres champs, notamment à la sociologie et à la philosophie, et surtout à la philosophie des sciences.

Ainsi, plus que jamais, comme dans toutes les sciences sociales, les concepts et les théories en Relations internationales demeurent fortement contestés. S'il est vrai qu'il y a souvent (mais non pas toujours) accord sur le sens assez général que porte un terme, il est rare que tous les spécialistes lui donnent exactement la même définition ou signification. Donc, ce dictionnaire vise, d'une part, à permettre à son utilisateur francophone de lire des textes en Relations internationales rédigés en anglais en se servant de l'index pour trouver l'équivalent en français. Et, d'autre part, il cherche à familiariser le lecteur aux débats permanents sur les concepts et les approches théoriques en Relations internationales.

* * *

Un ouvrage de ce genre est forcément le fruit d'un travail collectif. À l'origine, Philippe Le Prestre, Dan O'Meara et moi avons dressé une liste de quelque deux cent cinquante termes que nous pensions nécessaires de défi-

nir pour mieux comprendre les textes de Relations internationales que nous faisions lire dans nos cours. Il s'agissait d'une liste assez hétéroclite, mélangeant faits internationaux et concepts théoriques. Après quelques discussions, nous avons décidé de limiter le nombre et l'étendue des concepts et des idées à définir, en mettant l'accent sur les termes que l'on retrouve dans les textes consacrés à la théorie des Relations internationales et dont la vaste majorité est rédigée exclusivement en anglais. Le dictionnaire devait donc servir à la fois comme guide pour mieux comprendre des notions techniques et comme lexique permettant de lire plus facilement des travaux écrits en anglais. Nous nous sommes finalement mis d'accord sur une centaine de termes que nous considérions particulièrement pertinents, ou bien en raison de leur fréquence dans la littérature, ou bien en raison des controverses entourant leur signification.

Par la suite, nous avons fait appel à une équipe d'étudiants de deuxième et de troisième cycles principalement de l'UQAM et de l'Université York à Toronto pour entreprendre le travail de définition des entrées choisies, et cela pour plusieurs raisons. Premièrement, face à la tâche énorme de recherche nécessaire pour préparer et rédiger ces entrées, il fallait la participation de plusieurs personnes. Deuxièmement, des étudiants ayant déjà étudié la théorie des Relations internationales étaient les personnes les mieux placées pour bien comprendre les problèmes rencontrés par leurs collègues dans la lecture et la compréhension des textes qu'ils ont lus eux-mêmes au cours de leur scolarité.

Enfin, la préparation et la rédaction des définitions des concepts et des théories sont devenues un véritable exercice pédagogique, non seulement parce qu'elles exigent beaucoup de recherche de la part des contributeurs mais aussi, et peut-être surtout, parce qu'elles demandent un sens de la synthèse et des définitions qui sont à la fois brèves et claires.

Chaque contributeur a été invité à proposer une définition pour la ou les entrées qu'il avait choisies, accompagnée d'une courte bibliographie incluant les textes auxquels il s'était référé et quelques suggestions bibliographiques pour en savoir plus. Nous avons par la suite revu toutes les contributions, et avons suggéré des corrections et parfois même des révisions complètes. Cependant, au fur et à mesure que le travail de définition progressait, il était devenu de plus en plus évident que l'idée de faire un dictionnaire contenant des définitions de quelques lignes pour chaque concept n'avait pas de sens, si on voulait donner aussi une idée de la complexité de certains d'entre eux et des débats qu'ils soulevaient. Chaque contribution est attribuée à son auteur (une liste exhaustive des auteurs et de l'institution à laquelle ils sont rattachés apparaît à la fin de l'ouvrage), sauf pour quelques entrées courtes qui ont été rédigées par les trois responsables de ce livre.

Dans cette nouvelle édition *Relations internationales : Théories et concepts*, on trouvera quatre types de modification par rapport à la première. D'abord, sur le plan de la forme, nous avons décidé d'intégrer toutes les définitions dans un seul texte. Deuxièmement, nous avons revu, et même remplacé par de nouvelles définitions, certaines entrées de la première édition. Troisièmement, et c'est sans doute la modification la plus importante, nous avons ajouté une série de nouveaux concepts. Enfin, grâce au travail minutieux d'Anne-Marie D'Aoust, étudiante à la maîtrise en science politique à l'UQAM, la bibliographie a été révisée, et surtout mise à jour.

* * *

Au cours des trois ans de préparation de la première édition du dictionnaire, plusieurs étudiants ont contribué aux définitions que vous trouverez ici. Mais il fallait avant tout de la cohésion et de la continuité dans ce travail d'équipe et qui ne pouvaient être assurées que par l'assiduité d'un coordonnateur, qui faisait le suivi du travail des contributeurs, veillait à ce que tous les termes à définir fussent effectivement couverts. Heureusement qu'Evelyne Dufault, étudiante au doctorat de science politique à l'UQAM, a accepté, avec quelques hésitations tout à fait naturelles, cette tâche difficile. Elle a été rejointe plus tard par Guillaume Dufour, ancien étudiant de maîtrise de l'UQAM et maintenant inscrit au doctorat de science politique à l'Université York. Ensemble, Evelyne et Guillaume ont non seulement déniché des étudiants pour rédiger des entrées assez spécialisées, et écrit eux-mêmes un certain nombre des entrées qu'il y avait à faire, mais ils ont aussi maintenu les liens avec la directrice d'Athéna éditions. Ils subissaient ainsi les pressions souvent contradictoires des exigences d'échéance de l'éditeur et celles des professeurs qui souhaitaient qu'ils fassent corriger ou reformuler des textes

9

qui leur semblaient encore incomplets ou susceptibles d'amélioration. Malgré les exigences imposées par la rédaction de leur thèse, ils ont assumé les mêmes responsabilités pour la préparation de la nouvelle version de cet ouvrage.

Si les trois personnes indiquées sur la couverture ont assumé la responsabilité de la direction de ce dictionnaire, il est évident que ce dernier n'aurait jamais vu le jour sans l'aide précieuse d'autres personnes et, en premier lieu, celle de mes collègues et amis, Philippe Le Prestre et Dan O'Meara, du département de science politique de l'Université du Québec à Montréal, et, comme moi, directeurs de recherche au Centre d'études des politiques étrangères et de sécurité (CEPES) de la même institution. Ils ont soutenu ce projet tout au long de sa réalisation, et

n'ont jamais refusé de lire, de commenter et de faire des suggestions à propos des entrées qui leur ont été soumises. Ensuite, je voudrais remercier les étudiants qui ont pris le temps de faire des recherches et de rédiger les entrées qui leur ont été assignées. Comme il avait été convenu, le nom des auteurs suit chaque entrée, car je tenais absolument à ce que leur travail soit reconnu. Enfin, sans l'enthousiasme et surtout la pression de notre éditrice Andrée Laprise, lors de la préparation de cette deuxième édition, tout comme au cours de la première, il est certain que cet ouvrage serait encore au stade d'un projet en voie de réalisation.

Alex Macleod,
Montréal, août 2004

MODE D'EMPLOI DE
Relations internationales : théories et concepts

La deuxième édition de *Relations inter-nationales, théories et concepts* contient 107 entrées, dont 17 sont nouvelles. Contrairement à la première, la deuxième regroupe toutes les entrées dans une seule et même partie. Nous avons donc éliminé la partie *lexique* pour en intégrer toutes les entrées dans le corps du livre. Cela facilite la consultation et la recherche d'un terme spécifique puisque ceux-ci sont maintenant tous en ordre alphabétique. Nous avons décidé dans les deux cas de classer les entrées en donnant le terme en question en français. On trouvera aussi deux index, en ordre alphabétique (français et anglais), et une liste des termes en anglais, pour que l'on puisse utiliser cet ouvrage comme un véritable dictionnaire anglais-français. Comme on peut rarement définir un mot ou une phrase dans un dictionnaire de ce genre sans utiliser d'autres termes faisant partie de la discipline, le lecteur trouvera continuellement des renvois en caractères gras dans la plupart des entrées. Toutefois, dans plusieurs cas, nous avons fait des renvois aussi pour des adjectifs provenant des substantifs présentés dans le dictionnaire.

Les références aux ouvrages et aux articles cités dans les entrées suivent le système dit de Harvard, l'on indique dans le texte de l'entrée le nom de l'auteur et la date de publication du travail cité que l'on retrouvera dans la bibliographie générale. Cette bibliographie contient non seulement les textes cités, mais aussi d'autres références importantes pour mieux connaître les théories et les concepts en Relations internationales. Enfin, il est également utile de mentionner que les citations que contient cet ouvrage sont en très grande majorité issues de textes en anglais et ont été traduites par les auteurs des entrées.

ACTEUR INTERNATIONAL

Les problèmes soulevés par la définition de la structure sociale en rapport à l'activité humaine soulignent une des failles importantes de la littérature dans le domaine de la théorie sociale (Rosenberg, 1993).

De façon générale, un acteur international peut être défini comme un individu, un groupe, une classe, une **institution**, un **État** ou une organisation, dont on peut affirmer qu'il exerce une action intentionnelle au sein du **système international** ou mondial, selon les approches. Pour des raisons analytiques, il est utile de classer les acteurs en fonction de deux catégories générales.

Dans la première catégorie, on retrouve les acteurs en mesure d'exercer une action intentionnelle au sein des paramètres (des contraintes structurelles) du système. Leur action va dans le sens de la reproduction du système ou des structures existantes, sans nécessairement les consolider. Dans la seconde catégorie, on retrouve des acteurs qui sont non seulement dotés d'un comportement intentionnel à l'intérieur du système, mais qui sont également en mesure d'agir sur ses paramètres. Différentes approches — le **réalisme**, l'**institutionnalisme** et le **marxisme** — identifient différents acteurs comme ayant un rôle plus déterminant

que d'autres, et leur attribuent différents niveaux d'action intentionnelle. Par définition, une action intentionnelle n'est pas entièrement compulsive et n'est pas entièrement conditionnée par une structure.

L'école réaliste en théorie des **Relations internationales** identifie les États, en particulier les grandes puissances, comme les acteurs les plus importants au sein du système international. Selon l'**ontologie** réaliste, le système international est **anarchique**. Les États y sont motivés d'abord et presque exclusivement par leur intention de maximiser leur **puissance** au sein d'un contexte où l'**équilibre des puissances** joue le rôle de stabilisateur. De façon générale, les réalistes soutiennent que cette puissance peut être classée sur une échelle où elle correspond à leur capacité de faire la guerre. Dans cette optique, un État faible, ou caractérisé par des capacités militaires limitées, est considéré comme ayant une capacité d'action restreinte et comme étant un acteur négligeable. Ainsi, les États faibles sont considérés par les réalistes comme des acteurs qui réagissent aux actions des autres États, mais qui ne disposent pas de la puissance nécessaire pour être en mesure de modifier substantiellement le système international. À l'inverse, les États forts,

13

ceux qui possèdent une importante capacité de faire la guerre, peuvent transformer ou préserver le système international de façon à satisfaire leurs propres **intérêts nationaux**.

Ainsi pour les réalistes, les États, en tant qu'acteurs, sont considérés comme des unités cherchant à maximiser leurs gains en fonction d'une rationalité stratégique. En raison de la nature anarchique du système international, ils participent à un jeu à somme nulle. Plusieurs approches en théorie des Relations internationales ont tenté de se démarquer de cette approche qu'elles jugeaient monolithique et ahistorique.

Ainsi, les institutionnalistes ont tendance à s'entendre avec les réalistes pour affirmer que le système international est de nature anarchique. Cependant, ils refusent de considérer ce système comme étant nécessairement caractérisé par un jeu à somme nulle. Non seulement ils ont tendance à mettre l'accent sur les formes de **coopération** entre les États qui peuvent aboutir à des gains pour toutes les parties, mais ils insistent également sur les institutions (**normes**, valeurs et lois) et les **organisations internationales** (ONU, UE, OMC, FMI, etc.) qui facilitent ou complexifient la coopération entre les États. En outre, les institutionnalistes reconnaissent l'importance des acteurs non étatiques nationaux et internationaux, dans la mesure où ces acteurs ont intérêt à transformer les relations entre les États. Ces acteurs, qui font par exemple la promotion de la paix, des droits de l'Homme ou de l'environnement sur la scène nationale et internationale, peuvent, entre autres, prendre la forme d'**organisations non gouver-**

nementales, d'organisations internationales gouvernementales et de firmes transnationales. On peut donc affirmer des institutionnalistes qu'ils reconnaissent une pluralité d'acteurs et d'intérêts au sein du système international.

Dans les analyses de certains institutionnalistes, ce pluralisme incite parfois à sous-estimer le rôle de la puissance au sein du système international. Parce que les institutionnalistes reconnaissent un ensemble aussi diversifié d'acteurs et d'intérêts, il leur est parfois difficile de présenter une vision globale du système international et de la manière dont les relations de puissance s'y articulent. Cette approche permet par contre de saisir toute la complexité de l'État et d'éviter de le conceptualiser comme un acteur unitaire ou comme une boule de billard. Les institutionnalistes soulignent ainsi que les États ont à choisir entre des intérêts contradictoires qu'ils ne peuvent pas tous satisfaire sous le couvert de la poursuite de l'intérêt national.

De façon générale, les marxistes ont tendance à subordonner leur analyse des Relations internationales au cadre très général de l'**économie politique internationale**. L'analyse marxiste insiste particulièrement sur l'identification des éléments de continuité et de changement au sein du système international. Cette approche cherche à spécifier l'ensemble des interactions sociales et économiques qui structurent les relations entre les acteurs nationaux et internationaux, c'est-à-dire qu'elle vise à intégrer la logique dominante du mode de relations sociales de production (les relations sociales de type capitaliste, par exemple) à l'étude des relations internationales. De plus, les marxistes étudient l'ensemble de ces relations, afin d'établir la spécificité historique de n'importe quel système international ou économie politique globale. En ce sens, ils cherchent à identifier les acteurs qui ont à la fois les ressources et les intérêts pour participer à la structure de l'économie politique internationale et pour éventuellement en reproduire ou en transformer les relations de pouvoir. De façon générale, ce sont les classes sociales que les marxistes dotent de la capacité de structurer et de transformer ces relations.

Dans la variante **néogramscienne** de l'approche marxiste, le processus de formation des classes transnationales a beaucoup plus d'importance que dans le marxisme classique, qui s'intéresse principalement aux structures de classes au niveau intra-étatique. Dans la même veine, les firmes transnationales ainsi que les organisations internationales, qui ont un intérêt pour tout ce qui a trait à la production et au commerce (OMC, G8, UE, FMI, etc.), sont considérées comme des acteurs centraux au sein de l'économie politique internationale. Ici, les acteurs significatifs sont les agents intentionnels qui, à travers leur appartenance à des classes, des firmes, des institutions ou des organisations internationales, étendent et reproduisent un ensemble stable de relations internationales où s'articulent des relations de pouvoir qui ont leurs assises dans les relations sociales de production. La reproduction de ces relations s'effectue essentiellement à travers l'action de ce que les néogramsciens qualifient de puissance **hégémonique** (la Grande-Bretagne et les États-Unis, par exemple) et qui ont la capacité de reproduire et de stabiliser l'ordre mondial dans leur intérêt, que ce soit au moyen de compromis avec des puissances intermédiaires ou par l'emploi direct de moyens de coercition.

Certaines variantes de matérialisme historique reconnaissent non seulement la centralité des acteurs identifiés par les néogramsciens, mais s'intéressent davantage au rôle joué par des acteurs au sein des relations sociales intra-étatiques. Ici, l'accent est mis sur le rôle joué par la classe ouvrière ou la classe capitaliste dans la détermination de la rationalité impliquée par les motivations des acteurs transnationaux et internationaux.

De façon générale, les marxistes ne nient pas l'importance de l'État comme acteur. Mais contrairement aux réalistes, qui voient l'État comme un acteur unitaire dont l'action s'explique principalement par son attrait pour le pouvoir, et contrairement aux institutionnalistes, qui voient l'État comme le réservoir d'une pluralité d'intérêts, ils cherchent à comprendre l'évolution de la forme de l'État comme l'évolution d'une institution spécifique qui n'existe pas comme une entité autonome, mais, au contraire, comme une institution constituée au sein de relations sociales. Autrement dit, pour les approches marxistes de l'économie politique internationale, l'État ne peut pas être compris en dehors des relations sociales nationales ou internationales au sein desquelles il s'insère.

Travis Fast, traduction de Frédérick Guillaume Dufour

15

AGENCE/STRUCTURE, DÉBAT

Agency/Structure Debate

> Les pratiques sociales ne font pas que reproduire les acteurs à travers leur identité mais reproduisent également la structure sociale intersubjective à travers les pratiques sociales (Hopf, 1998 : 178).

Le débat sur l'agence et la structure reprend une vieille question de philosophie et de sociologie qu'ont relancée les **constructivistes**, et en particulier Alexander Wendt (1987). Dans son expression la plus simple, le débat entre agence et structure pose la question de l'autonomie d'action de l'agent, ou de l'**acteur**, par rapport aux structures internationales qui l'entourent. En effet, dans toute théorie des **Relations internationales** apparaît, explicitement ou non, une évaluation de la capacité des principaux agents, par exemple les **États**, à affecter par leurs décisions la forme des **institutions** sociales, ou encore de l'effet conditionnant des structures, en particulier le **système international** (pour les **néoréalistes**) ou le capitalisme (pour les **marxistes**), qui contraindraient les agents à agir d'une certaine manière. Certaines théories, comme le **libéralisme**, mettent l'accent sur l'agent, tentant ainsi d'expliquer la « réalité » en fonction des buts et des intérêts de celui-ci. D'autres approches, comme le néoréalisme, considèrent la structure (l'**anarchie**) comme l'unité première d'analyse expliquant les actions des agents en fonction des contraintes et des occasions que permet la structure.

L'importance que donnent les constructivistes à cette question de l'agence/

structure émerge de leur insistance sur l'**ontologie** et sur la nécessité de la rendre explicite. Ainsi les constructivistes ont voulu contester les deux visions traditionnelles des Relations internationales en y apportant trois correctifs : 1) un élargissement du concept même de structure ; 2) en décortiquant les caractéristiques de l'agent ; 3) en introduisant la notion de *co-constitution* entre agents et structures, c'est-à-dire l'idée que l'un n'existe pas sans l'autre et que les deux se conditionnent mutuellement.

Les constructivistes postulent que les structures du système international sont des constructions sociales reflétant les pratiques des agents, et ne se limitent donc pas à la **polarité** ou à la répartition de la **puissance**, par exemple, chez les néoréalistes. Trois éléments clés entrent dans cette conception des structures : 1) les « compréhensions partagées » (ou **intersubjectives**), qui sont basées sur le contexte sociohistorique (les idées, les croyances, les **normes**, les principes et les règles) ; 2) les ressources matérielles dont les significations sont toujours relatives aux autres sujets qui nous entourent ; et 3) les pratiques qui sont le principal médiateur entre l'agent et la structure.

La formation des « compréhensions partagées » serait au cœur du processus de constitution des agents et des relations (conflictuelles ou coopératives) qu'ils entretiennent entre eux. Les ressources matérielles, le deuxième élément, prennent tout leur sens dans la manière dont un agent en fait usage vis-à-vis des autres. Comme le disait Wendt : « un pistolet dans les mains d'un ami n'a pas la même signification qu'un pistolet dans les mains d'un ennemi puisque l'hostilité est une relation sociale et non pas une relation matérielle » (Wendt, 1995 : 50). Ensemble, ces « compréhensions partagées » de ce que signifient ces ressources matérielles (des armes par exemple) s'offrent comme instruments nécessaires à l'action des agents. Enfin, c'est par les pratiques des agents et la compréhension qu'ils ont des événements que la structure trouve son existence. « Les structures sociales ont une dimension discursive inhérente car celles-ci sont inséparables des raisons et des compréhensions que les agents apportent à leurs actions » (Wendt, 1987 : 359).

Toujours selon Wendt, l'agent est lui aussi composé de trois éléments caractéristiques : 1) il est généralement en mesure de fournir des explications relatives au comportement qu'il a adopté dans une circonstance quelconque ; 2) il est souvent en mesure de s'adapter à une situation et de modifier en conséquence son comportement ; et 3) il peut prendre des décisions. Ainsi, il est possible de lier les explications du comportement de l'agent aux connaissances partagées et à la distribution des ressources matérielles de la structure, et l'adaptation du comportement ainsi que les décisions aux pratiques dans la structure.

Une part importante de la représentation que les constructivistes font de la réalité repose donc sur les agents puisque leurs actions fondent en quelque sorte l'environnement social dans lequel ceux-ci se trouvent (Thibault, 1997). Comme l'objectif consiste à éclairer les processus de reproduction et de transformation d'une structure sociale donnée, les pratiques des agents deviennent ainsi primordiales dans l'interprétation des structures. D'une part, ces structures sont elles-mêmes largement dépendantes de la primauté accordée aux diverses pratiques des agents qui s'offrent, pour ainsi dire, comme ultime constituant de la réalité sociale. C'est par le biais de ces pratiques que sont construites institutions et règles. D'autre part, le contexte spatial et temporel dans lequel un agent se trouve influencera la façon dont se manifesteront les diverses significations (aussi bien celles relatives aux objets, matériels comme immatériels, que celles relatives aux autres acteurs), où se formera ou se modifiera l'**identité** de cet agent et, sur la base de cette identité, se définiront ou redéfiniront ses intérêts. Ce n'est qu'alors que l'agent agira, contribuant ainsi à construire un nouveau cycle d'interactions qui modifiera à son tour la structure.

Enfin, selon le concept de co-constitution, emprunté de la théorie de la *structuration* d'Anthony Giddens (1984), il y a constitution mutuelle des comportements des agents entre ces derniers et les structures sociales. Autrement dit, les premiers jouissent d'une certaine autonomie d'action, mais qui est cependant conditionnée – plutôt que véritablement *déterminée* – par les structures du système international. Quant aux structures, elles participent à la constitution des intérêts et de l'identité des agents autant que ces derniers produisent et reproduisent ces structures sociales par leurs actions et pratiques. L'objet d'étude qui devrait être privilégié n'est donc pas tant l'influence de la structure sur l'action des agents ou encore la façon dont une combinaison d'actions individuelles serait à l'origine d'une structure donnée, mais bien plutôt « [...] comment l'action est structurée dans un contexte quotidien et comment les caractéristiques de l'action sont structurées par le seul accomplissement de cette action » (Thompson, 1989 : 56).

Le débat qu'a fait naître Wendt est d'une grande importance, car il soulève une question incontournable : où se situe la limite entre les décisions ou les actions provenant du libre arbitre et celles provenant de la structure ? Il implique également que les développements ultérieurs en théorie des Relations internationales devront prendre en compte les éléments de ce débat.

Éric Jasmin
et Evelyne Dufault

ALLIANCES, THÉORIE DES

Alliances, Theory of

Une alliance est un accord formel entre deux **États** ou plus, en vue d'augmenter la **sécurité** militaire des États membres de l'accord. Dans le **réalisme classique**, une alliance constitue un élément fondamental dans la formation et le maintien de l'**équilibre des puissances** contre un État ou un groupe d'**États révisionnistes**. Les tenants du **néoréalisme**, surtout Waltz, prétendent que le **système international** pousse les États vers un équilibre. Ceux-ci tendent donc à favoriser des alliances qui les protègent contre un autre État ou alliance d'États qui semblent les menacer, parce que le « premier souci

des États n'est pas de maximiser la **puissance** mais de maintenir leur position dans le système » (Waltz, 1979). Donc, toujours selon Waltz, la tendance à chercher l'équilibre contre une menace (*balancing*) est un comportement beaucoup plus courant que celui qui consiste à se joindre à l'alliance ou à l'État le plus fort (*bandwagonning*). Pour sa part Stephen Walt (1987), en tant que néoréaliste, propose une corrective à la position de Waltz, en déclarant que les États cherchent avant tout à former des alliances pour créer ce qu'il appelle un « équilibre des menaces ».

18

ANARCHIE

Malgré les changements qui occurrent constamment dans les relations entre les nations, la structure fondamentale de la politique internationale demeure anarchique (Waltz, 1993 : 59).

En **Relations internationales**, le concept d'anarchie prend un sens particulier, différent du sens commun qu'on lui attribue souvent et qui réfère au chaos, au désordre. Le concept d'anarchie est plutôt utilisé au sens d'absence d'autorité ou de gouvernement. *Anarchie* vient effectivement du grec *anarkhia*, qui signifie absence de chef.

Pour les tenants du courant **réaliste** en Relations internationales, l'anarchie est une caractéristique du **système international** qui est déterminée par les interactions des **États** souverains entre eux. Les États, en cherchant à maximiser leur **puissance** ou leur **sécurité**[1], ainsi qu'en poursuivant leur **intérêt national**, défini comme étant la préservation de l'indépendance et de la **souveraineté** nationales, l'intégrité territoriale, la sécurité militaire et le bien-être économique, sont amenés à adopter un comportement reproduisant l'anarchie du système.

Pour les **néoréalistes** en Relations internationales, l'anarchie est plutôt considérée comme une structure déterminant l'ordre international et les relations entre États. Le système international, différant en ce sens du système national par l'absence d'autorité gouvernementale, implique donc l'établissement d'une distinction entre la conduite et l'analyse de la politique interne

et celles de la politique internationale. L'absence d'autorité centrale ne signifie toutefois pas l'absence d'ordre. En effet, les néoréalistes considèrent qu'il existe un certain ordre dans les relations entre États. L'anarchie cohabite ainsi avec certains modèles de comportement, par exemple l'équilibre des puissances, qui assurent un minimum de stabilité.

Pour K. Waltz (1979), le représentant le plus important du courant néoréaliste, l'anarchie est un concept qui permet d'expliquer le comportement des États dans le système international. Pour lui, l'anarchie est une structure pré-existante aux États et se conçoit comme étant l'absence de gouvernement au sens weberien du terme, c'est-à-dire l'absence d'instance ayant le monopole de la violence légitime. L'anarchie implique donc une inévitable compétition entre États souverains égaux entre eux et, par conséquent, le souci de leur survie en tant qu'entité indépendante. L'anarchie est reproduite par les États qui cherchent à se protéger face aux menaces que constituent les autres États, entraînant ainsi la logique du **dilemme de la sécurité**. De l'état anarchique du système international résulte une politique mondiale où

1. Alors que la plupart des auteurs réalistes affirment que les États cherchent la maximisation de leur puissance, Raymond Aron soutient plutôt que ceux-ci recherchent la maximisation de leur sécurité dans le système international, sans toutefois adhérer aux autres postulats du structuro-réalisme de Waltz.

on ne peut compter que sur soi-même[2], et qui repose sur l'usage de la force par les États. Toutefois, notons l'existence d'une certaine contradiction dans la pensée de Waltz, puisqu'il affirme au départ que l'anarchie est, comme pour les réalistes, une caractéristique historique du système international, alors que plus tard, il affirmera que l'anarchie est plutôt un concept abstrait nous permettant de fournir une explication théorique du comportement des États.

Les **institutionnalistes néolibéraux** comme R. Keohane ou K. Oye partagent avec les néoréalistes la vision anarchique du système international. Ceux-ci croient que l'anarchie contraint la volonté qu'ont les États de coopérer entre eux. Mais une relecture du **dilemme du prisonnier**, montrant que le comportement des acteurs se modifie dans le cas de séries répétées de jeux, amène plutôt les institutionnalistes à conclure que les **institutions internationales** peuvent faciliter la **coopération** en réduisant l'incertitude face au comportement des autres acteurs.

Pour les **constructivistes**, toutefois, l'anarchie n'est pas une structure préexistante. Pour eux, l'anarchie est un construit et non pas une structure ou une caractéristique du système international. Ainsi, selon N. Onuf (1989), l'idée d'un système international anarchique tire son origine des écrits des juristes libéraux du XIXᵉ siècle. Dans un article intitulé « Anarchy is What States Make of it », le constructiviste A. Wendt avance que l'anarchie existe dans la mesure où les États croient qu'elle existe. L'anarchie est

donc un construit social qui a une influence sur le comportement des États. Pour Wendt et la plupart des constructivistes, l'anarchie n'a pas de pouvoir causal en soi. Tout dépend de l'interprétation qui est donnée de l'anarchie et de la vision qu'ont les États de leurs positions et de leurs intentions mutuelles. Cette interprétation du fonctionnement du système international induit un repli sur soi de la part des États et l'adoption d'une politique de la puissance[3]. Mais cette interprétation n'est pas la seule possible ; l'anarchie n'a donc pas de sens en dehors de celui que les États lui attribuent.

Le concept d'anarchie est un des concepts fondamentaux de la discipline des Relations internationales. Une grande part de l'évolution des courants théoriques s'est articulée autour d'une discussion de ce concept. Plusieurs débats ont eu lieu et se poursuivent toujours concernant le sens, la signification et les conséquences de l'anarchie, si bien que l'on peut suivre, comme l'a fait Schmidt (1998), l'évolution de la discipline à travers eux.

Evelyne Dufault

---

2. On qualifie en anglais ce système de *self-help system*.

3. L'expression *politique de la puissance* traduit le concept de *power politics*.

BEHAVIORALISME

Souvent présentée comme le « deuxième grand débat » de la théorie des **Relations internationales**, la querelle entre *behavioralistes* et tenants du **réalisme classique**, qui a surgi au début des années 1960, était beaucoup plus un différend sur des questions de méthodologie qu'une controverse de fond sur l'**épistémologie** ou l'**ontologie**. Les réalistes classiques, ou traditionalistes, gardaient des réserves très sérieuses sur la possibilité de formuler une véritable « science exacte » de l'étude des relations internationales, tandis que les behavioralistes, conformément à la tendance générale des sciences sociales de l'époque, voulaient concentrer la recherche sur les manifestations extérieures de phénomènes clairement observables et soulignaient l'importance d'utiliser des méthodes quantitatives, telles que les corrélations statistiques, la construction de modèles, la simulation, l'analyse du contenu et la **théorie des jeux**. Sur le plan épistémologique, les *behavioralistes* sont résolument plus **positivistes** que les réalistes classiques. Mais ils ne remettent pas en cause l'essentiel de l'ontologie du réalisme classique, en particulier le rôle de l'**État** comme acteur principal du **système international** et la notion d'un système **anarchique**, mais tendent, néanmoins, à restreindre l'ontologie des relations internationales à ce qui est physiquement observable, et à ignorer, voire rejeter, des phénomènes invisibles, tels que les structures.

21

BIENS COLLECTIFS

Voir **biens publics** (*public goods*).

BIENS PUBLICS Public Goods

De façon générale, un bien public, ou bien collectif, désigne un bien dont tout le monde peut profiter gratuitement, même s'il n'a contribué financièrement ni à sa création ni à son maintien. Un exemple bien connu d'un bien public serait le trottoir ou l'éclairage des rues, dont l'usage est ouvert à tous ceux qui veulent s'en servir.

En **Relations internationales**, la question de l'existence de biens publics est posée surtout par les partisans du **réalisme** et du **néolibéralisme**. Au cœur de leurs interrogations se pose le « problème des biens collectifs », c'est-à-dire le fait que si tous veulent bénéficier d'un bien public collectivement, sur le plan individuel, on ne veut pas nécessairement y contribuer financièrement. Il y a donc toujours danger que certains **États** profitent indûment d'un bien public, qu'ils deviennent ainsi des **passagers clandestins** (*free-riders*) par rapport au bien public en question. Par exemple, les États-Unis accusaient le Japon, surtout au cours

des années 1980 et 1990, de profiter de l'ordre commercial libéral, tout en pratiquant envers ses partenaires une politique de protectionnisme, ce qui favorisait à la fois les exportations japonaises et le maintien du marché intérieur japonais, au détriment d'une économie ouverte et efficace comme celle des États-Unis. L'existence des biens publics nécessiterait donc une certaine mesure de coercition pour assurer une forme d'équité. Les réalistes prétendent que l'offre des biens publics, tels que la **sécurité** ou un système de commerce relativement ouvert, doit dépendre de la volonté d'une **puissance hégémonique** globale ou régionale capable d'assurer le maintien du bien public en question. Les néolibéraux, pour leur part, affirment que la **coopération** entre plusieurs États, surtout à l'intérieur d'**institutions internationales**, ou de **régimes**, peuvent assurer un respect équitable des biens publics sans l'existence d'une puissance hégémonique.

BIPOLARITÉ Bipolarity

Répartition de la puissance dans le **système international** autour de deux États ou centres de **puissance** (pôles). Voir **polarité** (*polarity*).

BRETTON WOODS, système de

Bretton Woods System

Le lecteur qui se penche pour la première fois sur la littérature concernant le système de Bretton Woods pourra être pardonné s'il croit y trouver le récit du Paradis perdu. Paradis, ce l'aurait été sous la forme des taux de changes stables mais ajustables qui prévalurent des années 1950 jusqu'à 1971. Les plaisirs associés à ce paradis auraient compris la stabilité des prix, le plein-emploi et la capacité d'équilibrer sans effort la balance des paiements. Ce paradis aurait été perdu entre 1971 et 1973, le système de Bretton Woods ayant été détruit par des politiques insouciantes, en particulier celles des États-Unis. Le monde aurait dès lors été jeté dans un purgatoire de taux de change flottants, d'inflation rapide et de sous-emploi. Ainsi va le mythe (Eichengreen, 1997 : 313-314).

Le système de Bretton Woods est issu d'une série d'accords multilatéraux sur les relations économiques internationales qui furent signés à Bretton Woods (États-Unis) en juillet 1944 sous l'égide de l'ONU, alors à l'état embryonnaire. Tablant sur les négociations entreprises deux ans auparavant par les États-Unis et la Grande-Bretagne, 44 États s'entendirent alors sur l'instauration d'un système monétaire international reposant sur la convertibilité des devises et la stabilité des taux de change. On créa également à cette occasion le Fonds monétaire international et la Banque internationale pour la reconstruction et le développement ou Banque mondiale.

De façon plus générale, le système de Bretton Woods est le système monétaire et financier international qui, de son établissement en 1944 à sa désinté-gration à partir de 1971, institua des formes de régulation économique à l'échelle internationale. En effet, la reconstruction d'un ordre multilatéral libéral après la Seconde Guerre mondiale transposa au niveau international certains principes organisateurs mis en place par les **États** sur le plan interne, notamment la protection de la sphère des échanges des turbulences des marchés financiers. Ce système monétaire et financier institutionnalisa de surcroît la surveillance des politiques économiques et le soutien des pays en déficit dans le cadre du Fonds monétaire international (FMI), de même que l'aide aux pays dévastés par la guerre et aux pays dits « en développement » dans le cadre de la Banque mondiale.

L'histoire des circonstances ayant mené à l'adoption des Accords de Bretton Woods, comme celle des négociations elles-mêmes, est connue pour être tortueuse et à saveur très technique (*cf.* Helleiner, 1994 : ch. 2 ; Eichengreen, 1996 : ch. 4 ; Lelart, 2000). Or trop simplifier cette histoire, c'est reproduire *de facto* les mythes qui entourent le système de Bretton Woods. Nous nous pencherons donc plutôt de façon rétrospective sur les débats dans la littérature en **économie politique internationale** entourant l'interprétation du système de Bretton Woods.

C'est seulement vers la fin des années 1970 que s'est développé l'intérêt des chercheurs en économie politique internationale pour l'étude du système monétaire international (Bloch,

1977 ; Cohen, 1977). Après la désinté-
gration du système de Bretton Woods
en 1971, sur laquelle nous reviendrons,
des turbulences monétaires se firent
sentir dans l'économie mondiale
(comme la spéculation par des agents
privés sur les taux de change des devises
nationales). De longues traditions de
recherche sur l'impact de telles ondes
de choc monétaires et les possibilités
de les réguler existaient déjà en économie politique (Polanyi, 1944 ; Strange,
1971 ; Kindleberger, 1973). C'est dans
une large mesure sur celles-ci que s'ap-
puyèrent les travaux en économie politique internationale à mesure que ce
domaine se consolidait dans les années
1980.

Dans la littérature inspirée du **réalisme**, de nombreux arguments présentent la stabilité et la bonne marche pas-
sagères du système de financement
international établi à Bretton Woods
comme résultante exclusive de l'**hégémonie** des États-Unis dans le contexte
spécifique de l'après-guerre (Keohane,
1983 ; Gilpin, 1987 ; Kindleberger,
1973). Selon cette thèse chaudement
débattue (Strange, 1987 ; Burnham,
1990 ; Eichengreen, 1990 ; Cerny,
1993 ; Walter, 1993), l'établissement
d'un **régime** monétaire et financier multilatéral dans un **système international**
caractérisé par l'**anarchie** n'aurait été
possible que grâce au leadership assumé
par les États-Unis vis-à-vis des autres
démocraties libérales. Les États-Unis
étaient, après la guerre, la seule économie industrielle majeure qui n'ait
pas été lourdement détruite, et dispo-
saient des trois quarts des réserves mondiales en or (ce qui assurait leur capacité d'assurer la convertibilité de leur

monnaie en or). C'est cette forte concentration du pouvoir économique au
profit des États-Unis qui, en conjonction avec la concentration du pouvoir
militaire, expliquerait pourquoi la convertibilité du dollar en or devint le
pivot du système de Bretton Woods. La
v par rapport au prix de l'or, à un taux
fixe, et le rapport des autres devises
avec le dollar fut régulé dans un cadre
multilatéral. Dans la pratique, le dollar
américain devint ainsi la devise internationale par excellence, un actif
liquide aussi sûr que l'or et portant
intérêt.

Contrairement à ce qu'une interprétation simpliste de l'hégémonie américaine pourrait laisser croire, un nombre
surprenant de demandes britanniques
(une puissance moins influente) furent
intégrées dans les accords de Bretton
Woods. Une certaine flexibilité des
taux de change et la légitimité du contrôle des changes figurent en tête de
celles-ci. Selon les Accords de Bretton
Woods, tout changement dans la valeur
des devises devait être négocié entre les
États par l'entremise d'une **institution**
multilatérale : le FMI. L'administration
américaine voulait initialement investir
le FMI d'un droit de *veto* contre toute
décision d'un pays de modifier (d'ordinaire à la baisse) le taux de change de
sa devise respective. L'objectif de cette
demande était d'assurer un rapport
stable entre les valeurs des devises principales, toutes devant être liées à l'or à
un prix donné. L'accord final refléta
toutefois la demande britannique voulant que le FMI ne puisse s'opposer à
la dévaluation d'une devise si cela était
nécessaire, afin de corriger un « déséquilibre fondamental » dans le compte

courant d'un pays (qui reflète principalement la balance commerciale). En l'absence d'une définition claire de ce que constitue un « déséquilibre fondamental », les pays autres que les États-Unis disposèrent de la marge de manœuvre nécessaire pour dévaluer leur devise. Si ceux-ci hésitèrent d'ordinaire à le faire, c'était autant pour des motifs liés à l'impact intérieur d'une dévaluation que pour des raisons liées à la « structure hégémonique » du système monétaire international (Eichengreen, 1990 : 285 ; Burnham, 1990 : ch. 2).

Il serait donc réducteur de caractériser le système de Bretton Woods simplement comme l'imposition de l'ordre du jour multilatéral des États-Unis. Ruggie souligne le fait qu'une telle analyse négligerait les attentes en termes de réciprocité sur lesquelles reposent les accords multilatéraux (Ruggie, 1992 : 594-595). Selon lui, il faudrait plutôt analyser le système de Bretton Woods comme un régime reposant sur une base normative qui, parce qu'elle était partagée par la communauté internationale, aurait facilité la **coopération** et la réalisation d'objectifs communs. Ruggie lui-même voit dans la période d'après-guerre une réorganisation majeure de l'équilibre entre le politique et l'économique, marquée par l'institutionnalisation d'un régime multilatéral fondé sur le principe d'interventionnisme dans la sphère intérieure (Ruggie, 1982 : 393). Cet **ordre international**, qualifié par Ruggie de « **libéralisme** enchâssé » (*embedded liberalism*), cherchait à réconcilier la libéralisation des marchés avec un rôle actif des États dans leurs économies respectives, plutôt qu'une subordination pure et

simple des formes de régulation aux impératifs économiques.

De nombreux chercheurs ne partagent pas les « prémisses volontaristes » (Harmon, 1997 : 1-19) sur lesquelles repose l'analyse du système de Bretton Woods en termes de régime. Ils chercheront à comprendre le système de Bretton Woods non pas comme la translation négociée du pouvoir de la **puissance** hégémonique dans un régime de contrôle financier, mais plutôt comme la résultante d'une conjonction beaucoup plus complexe de facteurs sociaux, économiques et politiques durant une période spécifique (Cerny, 1993 ; Eichengreen, 1997). Par exemple, ceux qui s'inspirent des travaux de Karl Polanyi ont généralement vu dans le « libéralisme enchâssé » d'après-guerre « l'autoprotection de la société » contre le fonctionnement d'un marché autorégulateur qui « menace de détruire la société » (Polanyi, 1944 : 264). Ces mesures d'autoprotection auraient remplacé le marché autorégulateur par le marché régulé et l'État du « laisser-faire » par des formes d'interventionnisme étatique, remettant ainsi en cause la séparation institutionnelle des sphères économique et politique.

Selon cette thèse d'un « encadrement de l'économique par le social et le politique » auquel le système de Bretton Woods aurait contribué, le « libéralisme enchâssé » d'après-guerre aurait mené à une inflexion profonde des rapports de force entre les marchés et les États (Adda, 1996 : 110 ; Cox, 1987 : ch. 7). La restriction des mouvements internationaux de capitaux (en particulier des mouvements spéculatifs à court terme) et une fixation des taux de change (permettant toutefois la flexibilité nécessaire à la correction des déséquilibres fondamentaux) auraient contribué à protéger les économies nationales des pressions émanant des marchés mondiaux (Helleiner, 1994 : 3-6, 25-77). Cette vision renouvelée des **Relations internationales** fondée sur l'idée de « sécurité économique » (Deblock, 1992), de même que les acquis sociaux qui l'auraient accompagnée (notamment, la mise en place de l'État-providence), auraient toutefois été minés au cours des trente dernières années par la montée de l'idéologie néolibérale et par la résurgence des « forces du marché », notamment sous la forme de la fameuse **mondialisation** de la finance. La création de marchés financiers transnationaux, non soumis aux régulations étatiques, aurait en effet contribué à la désintégration du système de Bretton Woods en minant le fonctionnement des contrôles de change et la capacité des États nationaux à réguler leurs devises respectives (Cerny, 1993 ; Adda, 1996 : 110-12 ; Eichengreen, 1996 : 196).

Nombreux sont les théoriciens en économie politique internationale qui croient qu'il ne faut pas voir dans le système de Bretton Woods un cadre institutionnel ayant asservi la finance au pouvoir démocratique des **nations**, et encore moins comme un système ayant ainsi contribué à dissoudre les rapports capitalistes que Polanyi désignait sous l'appellation de « société de marché ». D'une part, comme le souligne Adda (1996 : 104), il faut se défaire d'une vision naïve du système de Bretton Woods qui y verrait la naissance d'ins-

tances de régulation mondiale susceptibles « d'arbitrer entre les intérêts divergents des différentes unités composant l'économie monde capitaliste, d'opérer les redistributions exigées tant par l'équité que par le bon fonctionnement de cette économie, de surveiller les activités des firmes et des banques multinationales et de promouvoir des politiques d'intérêt planétaire ».

D'autre part, les formes de régulation monétaire d'après-guerre facilitèrent l'internationalisation de la production et de la finance et, ainsi, l'expansion des rapports de marché capitalistes à l'échelle mondiale. Ces processus d'internationalisation furent lancés dès les années 1950 (Burnham, 1990), ce qui souligne le caractère caricatural des analyses qui contrastent l'« asservissement » de la finance sous le système de Bretton Woods et sa dominance subséquente. En effet, c'est le caractère très limité du contrôle des États sur la finance dans l'après-guerre qui s'exprimait, à partir des années 1960, dans l'essor de la finance internationale privée (Cerny, 1993 ; Helleiner, 1994 ; Webber et Rigby, 1996 : ch. 2). Les « forces du marché » purent miner les mesures de protection adoptées par les États nationaux parce que le système de Bretton Woods ne soumit jamais les marchés au pouvoir des États (et encore moins à « la société »).

Le système de Bretton Woods ne compromit en rien les rapports sociaux capitalistes qui sous-tendent le pouvoir social du marché et de la finance privée (Holloway, 1995 ; Lacher, 1999a). Le régime libéral d'après-guerre contribua plutôt à l'universalisation des impératifs du marché et, progressivement, à une intensification de la compétition sur les marchés internationaux. Alors que le rééquilibrage des rapports de force économiques entre les États-Unis et l'Europe, d'une part, et le Japon, d'autre part, devenait perceptible à travers l'érosion continue du solde des échanges de produits manufacturés des États-Unis (celui-ci devient négatif en 1971), l'essor de la finance internationale privée permettait le déchaînement de la spéculation contre le dollar américain.

Au moment de comprendre les événements qui s'ensuivirent, nombre d'auteurs s'attarderont moins sur une supposée crise d'hégémonie des États-Unis que sur l'approfondissement, vers la fin des années 1960, d'une crise de profitabilité mondiale. C'est en réponse à celle-ci que se seraient développées les stratégies étatiques qui menèrent à la fin de la convertibilité-or du dollar (décidée par l'administration américaine le 15 août 1971), aux dévaluations du dollar qui l'ont suivie (en décembre 1971 et février 1973) et aux conflits politiques internationaux qui marquèrent la reconstruction du système monétaire international (Leyshon et Thrift, 1997 : ch. 2 ; Duménil et Lévy, 1999 ; Gowan, 1999 : ch. 2-3 ; Brenner, 2002 : ch. 1).

Étienne Cantin

CAPACITÉS   Capabilities

Un des concepts clés du **néoréalisme**. Le **système international** est marqué, selon Waltz (1979), par la répartition de la **puissance** qui s'exprime en termes de leurs capacités respectives, c'est-à-dire le nombre d'habitants, l'ampleur du territoire, les ressources naturelles, la force économique, la capacité militaire et les compétences intellectuelles et organisationnelles de la population.

CHOIX RATIONNEL, théorie du   Rational Choice Theory

On trouve des incarnations de l'analyse rationnelle dans les systèmes d'axiomes formels, dans les analyses économiques, dans les récits historiques des événements politiques, dans les discussions de l'essence des politiques et dans les observations communes (Steinbruner, 1974 : 25).

D'emblée, nous devons préciser que la « théorie du choix rationnel » correspond davantage à une approche méthodologique qu'à une véritable **théorie**. En effet, la « théorie du choix rationnel » apparaît plutôt comme une qualification générique utilisée en **Relations internationales** afin de regrouper un large éventail d'auteurs et d'écoles diverses. Inspirée par le développement des modèles économiques dans les années 1960, notamment grâce à l'École de Chicago, la théorie du choix ration-nel en science politique se conçoit habituellement comme une méthode selon laquelle nous expliquons les actions individuelles et collectives des agents comme la poursuite d'objectifs, réalisée sous la contrainte. En termes plus simples, la théorie du choix ration-nel suppose que, lorsque vient le temps d'agir sur la scène internationale, les différents **acteurs** internationaux font face à une multitude d'actions possibles et doivent faire un choix. Ainsi, les acteurs évaluent les gains et les coûts associés à chacun des scénarios possibles afin de déterminer l'option maxi-misant son bien-être. En quelque sorte, le comportement des agents sur la scène internationale est tributaire d'un calcul rationnel soupesant l'ensemble des options possibles.

Manifestement cette définition est fort simpliste et, dans le champ des Relations internationales, il s'avère très difficile de savoir où commence et où s'arrête le **paradigme** du choix rationnel puisque celui-ci apparaît beaucoup plus comme un concept parapluie où plusieurs écoles théoriques puisent leurs principes. Par conséquent, la meilleure façon de concevoir la théorie du choix rationnel est probablement à titre d'agrégat de prémisses auxquelles les auteurs adhèrent en partie ou en totalité. Or, trois postulats sont fondamentaux à la compréhension de la théorie du choix rationnel : l'agent décisionnel est unitaire, l'agent est rationnel en cherchant à atteindre des objectifs identifiables, la décision est contrainte par une multitude de facteurs endogènes et exogènes. À partir de ces trois principes de base nous pouvons, dans une large mesure, dégager l'ensemble des interprétations dans la littérature en Relations internationales.

Le premier principe associé au choix rationnel met en valeur l'idée selon laquelle l'agent décisionnel est une entité unitaire. Dans le domaine des Relations internationales, cette caractérisation est conçue différemment en fonction du point de vue analytique de l'auteur. Effectivement, s'il se place dans une perspective systémique (le « outside-in » de Waltz), alors l'**État** est perçu comme l'agent principal dans les affaires internationales. Dans ce cas précis, les objectifs et les stratégies de l'acteur étatique (dans la mesure où celui-ci met en œuvre des stratégies afin d'atteindre ses buts) apparaissent être rationnels (Morgenthau, 1978). Par contre, si l'auteur met l'accent sur

les déterminants internes du comportement international des États (le « inside-out » de Waltz), alors l'agent unitaire est associé au dirigeant ou à l'élite politique responsable de la mise en œuvre de la **politique étrangère**. Le cas échéant, les objectifs de politique étrangère demeurent dépendants des vicissitudes contextuelles de chaque État (donc potentiellement irrationnels), mais le processus décisionnel ayant pour but d'identifier la politique reste rationnel (Bueno de Mesquita et Lalman, 1992).

La deuxième prémisse constitutive du choix rationnel soutient que les agents agissent de façon rationnelle en calculant les coûts et les bénéfices de chaque alternative et en choisissant celle qui maximise leurs intérêts. Naturellement, comme nous l'avons explicité précédemment, cet axiome varie suivant la position analytique de l'auteur. Dans l'optique de l'approche systémique, la notion d'« intérêt » diffère grandement selon les écoles théoriques : le **pouvoir** ou la **sécurité** (Morgenthau, 1978 ; Waltz, 1979 ; Van Evera, 1999), la **coopération** (Keohane, 1984 ; Martin, 1999), les idéaux démocratiques (Maoz, 1997), etc. Néanmoins, quoique diverses, il n'en demeure pas moins que nous pouvons identifier et évaluer de façon objective les options décisionnelles possibles. Dans la perspective de l'analyse des politiques, le concept d'intérêt est, quant à lui, généralement identifié à celui d'utilité. En effet, comme il s'avère très difficile de faire une estimation de la « valeur » des intérêts humains, ceux-ci étant incommensurables, nous avons subsumé toutes les dimensions permettant de mesurer les « intérêts » sous la notion abstraite d'utilité. Ainsi, le paradigme du choix rationnel laisse aux décideurs le soin de déterminer la valeur relative des différentes options possibles ce qui donne lieu à une série de « préférences ».

Le troisième et dernier principe caractéristique du choix rationnel est celui de la contrainte décisionnelle. En effet, il serait utopique de croire que l'agent, qu'il soit une **nation** ou un individu, puisse avoir accès à l'ensemble des alternatives possibles. De fait, un ensemble de contraintes endogènes et exogènes (Putnam, 1988), qu'elles soient technologiques, institutionnelles ou émanant de l'interaction entre les acteurs, servent à limiter les options disponibles. (Morrow 2002 ; Snidal, 1996). Sur le plan de l'analyse des politiques, nonobstant l'acceptation des contraintes sus-mentionnées, l'approche du choix rationnel a depuis longtemps renoncé à l'hypothèse de l'agent hyperrationnel en reconnaissant que celui-ci est limité, tant dans sa capacité à obtenir toute l'information nécessaire afin

de choisir convenablement, que dans son aptitude à « calculer » tous les coûts et les bénéfices infinis d'un nombre illimité de possibilités. De fait, l'agent doit établir ses préférences dans un certain climat d'incertitude quant à la probabilité d'atteindre ces choix. Cela donne lieu à l'hypothèse de l'utilité espérée où l'agent élabore une « liste » des préférences (appelée fonction d'utilité espérée) et choisit les options les plus « utiles » selon leurs probabilités d'accomplissement.

En définitive, de par sa dévotion aux axiomes de simplification et de généralisation, la théorie du choix rationnel est à la base même de l'analyse des processus décisionnels exprimés à l'aide de modèles formels et de la **théorie des jeux** (Allison et Zelikow, 1999). Quoique faisant constamment l'objet de critiques, tant externes qu'internes, le paradigme du choix rationnel demeure l'une des avenues les plus flexibles et les plus dynamiques en Relations internationales.

Jean-Christophe Boucher

CONCERT

La notion de concert entre les grandes puissances est née avec le Concert de l'Europe, créé entre les membres de l'**alliance** des quatre pays, qui avaient défait Napoléon, soit la Grande-Bretagne, l'Autriche, la Russie et la Prusse, en vue de faire respecter les décisions du

Congrès de Vienne de 1815. La France y a adhéré trois ans plus tard. Le but principal du Concert était de maintenir la paix en Europe, en établissant un **équilibre des puissances** qui assurerait le maintien du *statu quo* territorial et un ordre politique dominé par des régimes conservateurs. Les membres du Concert se réunissaient régulièrement pour régler leurs différends et pour faire face aux menaces posées au Concert dans son ensemble. On peut dire que ce système a bien fonctionné jusqu'au début de la guerre de Crimée opposant la Russie à la France et à la Grande-Bretagne, qui s'est déclarée en 1853, bien que plusieurs historiens prétendent qu'il se serait maintenu jusqu'au début de la Première Guerre mondiale.

À l'époque actuelle, certains voient dans l'idée de concert un moyen de gérer les relations entre grandes puissances et éventuellement un instrument de **gouvernance** globale (Kupchan et Kupchan, 1991), mais on peut se demander si un tel système serait faisable ou souhaitable.

Certes, on peut voir des éléments d'un concert dans le Groupe de contact formé entre les six pays les plus concernés par le maintien de la paix dans les territoires de l'ancienne Yougoslavie, les États-Unis, la Russie, la France, la Grande-Bretagne, l'Allemagne et l'Italie, mais le conflit du Kosovo a démontré les limites de cette formule.

Pour qu'un concert puisse fonctionner, il faudrait d'abord que ses membres soient relativement égaux en termes de **puissance** et ensuite qu'il y ait entre eux une certaine convergence d'**intérêts** à long terme. Mais en supposant que ces conditions soient remplies, un concert signifierait aussi le maintien d'un *statu quo* favorable aux grandes puissances, souvent au détriment des autres, et le recours aux instruments traditionnels de la diplomatie, soit l'**équilibre des puissances** et le respect des **sphères d'influence**.

CONSTRUCTIVISME

Les acteurs agissent sur la base des significations que les objets ont pour eux et les significations sont des constructions sociales. En effet, un pistolet dans les mains d'un ami n'a pas la même signification qu'un pistolet dans les mains d'un ennemi puisque l'hostilité est une relation sociale et non pas une relation matérielle (Wendt, 1995 : 50).

C'est avec les écrits de Nicholas Onuf (1989) *World of our Making : Rules and Rule in Social Theory and International Relations* et d'Alexander Wendt (1992a) « Anarchy Is What States Make of It : The Social Construction of Power Politics », que le constructivisme fit réellement son entrée en **Relations internationales**. Il ne s'agit pas d'une théorie comme telle, mais plutôt d'une perspective analytique qui prend plusieurs formes dans cette discipline.

Même si ce n'est que vers le début des années 1990 que le constructivisme est devenu populaire en Relations internationales, cette approche était déjà largement discutée dans les années 1960, notamment en sociologie et en psychologie (Berger et Luckmann, 1986 [1966]). D'ailleurs, le titre de l'important livre de P. Berger et T. Luckmann, *La construction sociale de la réalité*, rend compte du postulat de base qui rassemble les diverses approches constructivistes. Et malgré les différences parfois importantes qui séparent les théoriciens constructivistes, personne n'ignore la notion charnière d'**intersubjectivité** qui renvoie « aux structures de sens que les agents mettent eux-mêmes en place en constituant et en reconstituant le monde social » (Thibault, 1998 : 147). Selon Charles Taylor, « les sens intersubjectifs [donnent aux agents] un langage commun pour parler de la réalité sociale et une compréhension commune de certaines **normes** » (cité par Thibault, 1998 : 145).

À partir de ces quelques dénominateurs communs, il est possible d'avancer que la démarche constructiviste s'intéresse essentiellement aux compréhensions et aux représentations que les agents sociaux se font du monde, des compréhensions et représentations qui sont largement partagées. En effet, les schèmes de cognition qui orientent les pratiques d'un agent ne sont pas que le fruit de sa compréhension particulière et isolée. Ceux-ci sont plutôt les fibres d'un « tissu collectif » beaucoup plus vaste leur donnant forme et corps, c'est-à-dire la culture, le langage et les idées qui sont autant d'éléments intersubjectifs producteurs de normes, de règles et d'**institutions**. Pour les constructivistes, ces normes et règles sont, contrairement à ce que les **institutionnalistes néolibéraux** avancent, des

forces constitutives plutôt que simplement régulatrices, c'est-à-dire qu'elles *rendent possibles* des comportements en intervenant dans la constitution des **identités** et des **intérêts** des agents.

Outre cette matrice, il existe plusieurs variantes du constructivisme en Relations internationales qui se distribuent de part et d'autre de l'échelle **positiviste/postpositiviste**. Selon J. G. Ruggie, le « constructivisme moderniste » d'Alexander Wendt, qui prétend créer un pont entre les institutionnalistes et certaines propositions **réflexives**, s'apparente au plus conventionnel « constructivisme néoclassique » de Kratochwill, Onuf, Adler et Katzenstein. Parmi les perspectives relativistes, il regroupe le « constructivisme **poststructuraliste** » d'Ashley, Campbell, Der Derian et Walker qui partagent leur intérêt pour les pratiques discursives avec certaines approches **féministes** (Ruggie 1998). Bien qu'intéressante, l'autorité de cette typologie est toutefois à mettre en perspective puisque plusieurs autres spécialistes en présentent d'autres interprétations. Il est même commun de situer A. Wendt plus près des **réalistes** qu'il ne l'avoue lui-même, du fait notamment de son attachement à l'**État** comme **acteur** principal des Relations internationales et à ces tendances positivistes.

De manière générale, il est possible d'avancer qu'une approche constructiviste se distingue des approches traditionnelles des Relations internationales en tant qu'entreprise « d'historicisation » et de « contextualisation » qui pose la question du *comment* plutôt que celle du *pourquoi*. Au niveau **épistémologique**, il est commun de reconnaître que les perspectives constructivistes empruntent une approche « interprétative » cherchant à comprendre les sens et significations que les agents sociaux confèrent aux phénomènes et à leur environnement puisque ces « compréhensions partagées » seraient à la source de leurs pratiques (Hollis et Smith, 1990 : 1-91). Cependant, la littérature constructiviste en Relations internationales comprend également bon nombre d'articles sur les mérites d'un constructivisme positiviste nettement différent des approches constructivistes inscrites dans le **paradigme** réflexif.

Les travaux d'Onuf, Kubálková et Kowert reposent, de surcroît, sur certaines propositions issues des philosophies du langage : « Le langage est l'outil le plus puissant dont nous disposons pour la construction sociale en tant qu'activité courante et largement non préméditée dans laquelle chacun est inévitablement et perpétuellement engagé » (Kulbálková, Onuf et Kowert, 1998 : 19). Ainsi, l'unité de la science proposée par les positivistes et les empiristes n'est pas scindée, au nom de la spécificité des sciences sociales, mais plutôt renversée par l'entremise d'une **ontologie** proprement sociale englobant les sciences de la nature et les sciences humaines. Mettant en question l'objectivité du sujet connaissant et la neutralité du langage, Onuf insiste donc sur le rôle fondamental des actes de langage (*speech acts*) et des règles dans la structuration des relations sociales et la construction du monde. Pour lui, la régulation par les règles (*rule of rules*) structure donc les constructions et les pratiques des agents

sociaux, les règles étant ainsi l'interface qui lie agents et sociétés ou encore une réponse au problème **agent/structure**.

Pour Alexander Wendt (1987), une « ontologie duale » distingue d'abord les approches constructivistes des **ontologies** individualiste ou matérialiste des rationalistes et des structuralistes. Empruntant cette conception à la théorie de la « structuration » d'Anthony Giddens, il se représente le rapport agent/structure, souvent réduit à la préséance ontologique de l'un sur l'autre, comme un rapport de constitution mutuelle, c'est-à-dire de codétermination de l'agent et de la structure. En bref, selon la théorie de la structuration, les structures sociales, normes et institutions constituent les acteurs avec certains intérêts et identités, tout en donnant un sens aux capacités matérielles tandis que les agents produisent et reproduisent ces structures par l'entremise de leurs pratiques sociales.

Les structures du **système international** réifiées par les rationalistes, c'est-à-dire comprises comme étant naturelles et immuables, sont donc perçues comme des constructions sociales reflétant les pratiques des agents qui agissent sur la base du sens et des significations qu'ils donnent à leur environnement et aux phénomènes. Selon A. Wendt, trois éléments entrent dans cette analyse des structures : les « compréhensions partagées » tributaires de leur contexte socio-historique, les ressources matérielles dont les significations sont intersubjectives plutôt qu'intrinsèques et, enfin, les pratiques qui sont le médiateur premier entre l'agent et la structure (Wendt, 1995 : 73). Ainsi, l'**anarchie** n'existe pas en soi selon les constructivistes, sa

33

nature est intersubjective et contingente, plutôt que matérielle ou intrinsèque, puisqu'elle est instituée par les pratiques des agents et non par une « logique systémique » déterminante : elle « est ce que les acteurs en font » (Wendt, 1992a : 391).

Une autre contribution charnière des thèses constructivistes est certes l'accent qu'elles ont mis sur l'**identité** en en faisant la source de la formation des intérêts. Pour les constructivistes, les identités, dont sont issus les intérêts, ne doivent pas être comprises comme étant données et préalables aux interactions sociales, mais comme étant la résultante de processus d'interaction sociale par lesquels se disséminent des « compréhensions partagées » que structurent normes, règles et institutions. Il s'agit d'une rupture importante avec les **néoréalistes** et les institutionnalistes néolibéraux pour qui les intérêts des États sont considérés comme étant exogènes aux processus d'interaction sociale, ce qui leur permet d'en déterminer *a priori* la teneur et de les tenir pour invariables. Généralement informés par les **théories du choix rationnel** et adoptant donc une ontologie individualiste, ces derniers restreignent l'effet des structures à des contraintes externes sur les comportements des acteurs, oblitérant ainsi le rôle central de la formation des identités dans la définition des intérêts, des préférences et des interprétations du monde.

Isabelle Masson

COOPÉRATION

Cooperation

34

La notion de coopération appartient avant tout aux approches **libérales** et **néolibérales** en théorie des **Relations internationales**. À la vision **réaliste** d'un monde caractérisé par des relations foncièrement conflictuelles, libéraux et néolibéraux opposent une conception où ces relations peuvent être fondées sur la coopération. Selon Robert Keohane, un des grands partisans de cette vision des relations internationales, la coopération entre gouvernements « a lieu quand les politiques effectivement poursuivies par un gouvernement sont considérées par ses partenaires comme un moyen de faciliter la réalisation de leurs propres objectifs, comme résultat d'un processus de coordination entre politiques [c'est-à-dire la négociation] » (Keohane, 1984 : 51-52). Toujours selon Keohane, cette coopération entre **États** est grandement facilitée par la mise en place de **régimes internationaux**.

CRITIQUE, Théorie

[L]a théorie de la société à laquelle se conforme l'action rationnelle n'est nullement [...] une simple somme d'éléments conceptuels abstraits, mais elle consiste en la tentative de reproduire, avec l'aide de toutes les sciences particulières, une image du processus de vie sociale qui puisse mener à une connaissance plus profonde de l'état critique du monde et des points d'ancrage possibles pour un ordre plus rationnel (Horkheimer, 1978 : 163).

En théorie des **Relations internationales**, le **marxisme** a longtemps été considéré comme la principale approche critique parce qu'il repose sur une critique de l'**économie politique** libérale qui le mène à une théorie de la domination différente de celles du **réalisme** et du **libéralisme**. Au début des années 1980, bien que Marx continuât à inspirer de nouvelles approches critiques, le marxisme en tant que tel commença à voir contester sa position de critique officielle des **théories** traditionnelles. De nouvelles approches ont critiqué des conceptions dominantes : des variantes du **féminisme**, du marxisme, du **poststructuralisme**, de l'école **néogramscienne**, de la théorie de la **dépendance**, de la théorie du **système-monde**, etc. Néanmoins, on distingue habituellement les **théories critiques** en général de la Théorie Critique en particulier, afin de référer à un courant spécifique qui se développa au sein du marxisme occidental, également appelé l'École de Francfort. Plusieurs thèmes développés furent repris par les approches critiques en Relations internationales, mais il apparaît essentiel de différencier les deux courants[1].

On passera ici en revue ses principaux thèmes, avant de présenter quelques positions contemporaines qui s'inspirent de cette école.

Après la Première Guerre mondiale, les marxistes Georg Lukacs et Karl Korsch défièrent le dogmatisme soviétique, et jetèrent les fondations intellectuelles d'une théorie critique de la société, qui refusait de suivre la ligne de conduite de la Seconde Internationale. Max Horkheimer, puis Theodor Adorno, Walter Benjamin et Herbert Marcuse s'inscrivirent dans ce sillon qui, au-delà d'une critique de l'économie politique, déboucha sur une critique de la réification (transformation de quelque chose de dynamique en être statique, naturel et immuable) et surtout de l'expansion de la rationalité instrumentale comme principe organisateur des relations entre les humains, le travail, le politique et la nature.

La Théorie Critique rompt avec l'idée de l'autonomie de l'ego que l'on retrouve chez Descartes et dans la théorie traditionnelle. Elle conçoit la pensée, les concepts et les **normes** comme le produit d'un contexte historique, largement déterminé par le mode et les relations de production. Les données de l'expérience, loin d'être neutres, sont doublement prédéterminées. D'abord, elles sont déterminées par le caractère historique de l'objet perçu ; le monde tel qu'il nous est

35

---

1. À titre d'exemple, si certains classent Robert Cox comme auteur faisant partie de la Théorie Critique, on l'associera plus volontiers à l'approche **néogramscienne**.

donné est le produit « du travail des hommes ». Puis, elles sont déterminées par le caractère historique de celui qui perçoit (Adorno et Horkheimer, 1974 : 29). La théorie n'est donc pas neutre, mais en partie productrice du monde social, et en mesure de le modifier.

Jürgen Habermas s'impose au sein de ce courant en 1968 et lui fait subir d'importantes transformations. Non seulement il se défait de l'influence de Hegel, mais il accélère la prise de distance de la Théorie Critique avec certains éléments du marxisme. En 1968, il propose un premier programme **épistémologique** où il dénonce alors l'orientation techniciste des sciences sociales et où il défend plutôt que le savoir doit s'inspirer d'un intérêt de connaissance pour l'émancipation fondée sur la mise en évidence des relations de domination et sur les pratiques sociales qui permettent leur reproduction. Habermas formula par la suite une théorie de l'activité communicationnelle, qui vit un premier aboutissement dans sa « Théorie de l'agir communicationnel », et qui devint le point de départ de son renouvellement de la Théorie Critique (Cooke, 1997 ; Dufour, 2001 : chap. 2 ; Habermas, 1987b et c).

Andrew Linklater (1990) est considéré comme un des principaux analystes de la Théorie Critique en Relations internationales. Il s'inspire de thèmes centraux de celle-ci, en outre, lorsqu'il reproche aux marxistes de réduire la question de l'émancipation à celle de la lutte de classes. Comme Habermas, mais aussi comme Gramsci, Linklater attribue une action potentiellement émancipatrice à un ensemble d'entités autres que les classes sociales.

Il attribue essentiellement quatre thèses au vaste courant qu'il qualifie de « Théorie Critique inspirée du marxisme » en Relations internationales et qu'il distingue des théories **postmodernes** (Linklater, 1996 : 279-280) : 1) la thèse épistémologique de Habermas et de Cox (1981a) selon laquelle le savoir reflète des formes d'intérêts présociaux ; 2) une thèse **ontologique** qui se veut une double critique de la réification. D'abord, une critique de la tendance de certaines théories à considérer les structures de domination d'une époque donnée comme transhistoriques, mais aussi une critique des théories qui n'articulent pas le potentiel émancipatoire d'une époque donnée en fonction de la spécificité de ses structures sociales ; 3) la Théorie Critique, contrairement au marxisme, attribue un potentiel émancipatoire à un ensemble de forces sociales réprimées, et cela que leur sort résulte ou non du processus de production ; et finalement 4) la Théorie Critique inspirée de Habermas fait résider le cœur de sa critique non pas dans l'analyse des relations sociales de production, mais dans le degré d'ouverture de l'espace public, et dans la capacité du plus grand nombre non seulement à se faire entendre, mais à influencer le processus de décision politique. Sur le plan international, cela se traduit par une réflexion sur la manière dont devrait être repensée l'identité afin d'établir des communautés postnationales en mesure de prendre en main un projet politique visant la réduction de l'exclusion et des rapports de domination (Booth et Vale, 1997 ; Dufour, 2001 ; Habermas, 1998 ; 2000 ; 2001).

Ken Booth (1991a) s'inspire également de certains thèmes de la Théorie Critique afin de réformer les études traditionnelles de la **sécurité**. Selon lui, ces études doivent renouveler entièrement leur vocabulaire théorique et les objets qu'elles cherchent à « sécuriser ». Dans cet ordre d'idée, l'émancipation des individus, bien plus que la reproduction de l'appareil étatique, devrait être au cœur de ces études. Selon lui, le fait que les citoyens de plusieurs **États** aient plus à craindre de leur propre État que des États voisins rend caduque la limitation de la réflexion sur la sécurité à la « sécurité nationale ». Dans plusieurs États du Cône Sud, c'est précisément la doctrine de la sécurité nationale qui vint justifier une succession de coups d'État militaires. Booth refuse également d'articuler sa conception de la sécurité autour des concepts de « **pouvoir** » et d'« ordre », qui servent trop souvent à « **sécuriser** » certains individus, groupes ou classes, au prix de l'« insécurisation » des autres.

L'École de Francfort a inspiré bien des approches en théorie des Relations internationales, si bien qu'aucune ne peut vraiment affirmer qu'elle en est l'héritière principale. La plus grande difficulté des approches qui ont tenté de s'inspirer explicitement des travaux d'Habermas est probablement de tenir compte de l'ensemble de sa théorie, et non seulement de certains de ses développements. La littérature sur la notion d'espace public, par exemple, fait souvent abstraction de la dynamique de classe, de la théorie de la rationalité et du caractère historiquement spécifique qui caractérisait l'utilisation que faisait Habermas de ce concept (Habermas, 1978). Dans la même veine, on retrouve plusieurs travaux sur l'éthique en Relations internationales qui ne s'intéressent pas aux possibilités matérielles concrètes de la réalisation de tels projets. Pour ces raisons, ces travaux (Held, 1993 ; Rustin, 1999) convergent souvent vers un renouvellement de l'**idéalisme**.

Frédérick Guillaume Dufour   **37**

CRITIQUES, théories

Critical Theories

Voir
Constructivisme
Critique (Théorie)
Dépendance (théorie de la)
Féminisme
Marxisme

Néogramscienne (approche)
Postpositivisme
Poststructuralisme/postmodernisme
Réflexivisme
Sociologie historique
Système-monde (théorie du)

DÉFENSE

Se réfère aux aspects militaires de la **sécurité**, c'est-à-dire la protection contre une menace extérieure, et comprend aussi les questions de stratégie militaire. Elle a donc un sens beaucoup plus restrictif que le concept de sécurité.

DÉPENDANCE, théorie de la

Dependency Theory

> Je crois, avec Paul Baran, que c'est le capitalisme, mondial et national, qui a produit le sous-développement dans le passé et qui continue à générer le sous-développement aujourd'hui (Frank, 1967 : xi).

La théorie de la dépendance fut développée d'abord en Amérique latine pour répondre à des problèmes concrets qu'y rencontrait le **développement** économique depuis la Seconde Guerre mondiale, puis elle fut popularisée en Amérique du Nord par André Gunder Frank. Il est important de rappeler le contexte du développement de cette théorie.

À la suite de la Révolution cubaine (1959), une série d'interventions et de coups d'État militaires écartèrent les gouvernements de gauche et de centre-gauche et leurs supporters du pouvoir en Amérique latine (Brésil, 1964 ; République dominicaine, 1965 ; Uruguay, 1972 ; Chili, 1973 ; Argentine, 1966, 1973, 1976). C'est dans ce contexte, à la fin des années 1960, que les intellectuels latino-américains constataient l'échec de la stratégie de substitution des importations développée après 1945. Loin de réduire la dépendance des anciennes colonies envers leur ancienne métropole, ces stratégies en transformaient tout au plus la nature.

Avant les années 1960, la problématique du développement des économies latino-américaines avait principalement attiré l'attention des théoriciens de la modernisation inspirés de Parsons. Jumelée à la théorie économique néoclassique, cette **théorie** prescrivait de développer les « avantages comparatifs » des **États** du « **Tiers Monde** ». Seule la spécialisation dans l'exportation de produits agricoles mènerait l'Amérique latine à se tailler une place dans la division internationale du travail. La Commission économique pour l'Amérique latine de l'ONU (CEPAL) s'opposa à cette stratégie au début des années 1960. Dans son optique, les termes de l'échange étaient non seulement défavorables aux États du Tiers Monde, mais les enfermaient dans une logique qui ralentissait leur industrialisation. Seule une industrialisation appuyée par l'État pouvait mener au développement de ces économies.

Les théoriciens de la *dependencia* — les historiens Sergio Bagu et Caio Prado, les sociologues Florestan Fernandes et Fernando H. Cardoso, et les économistes Armando Cordoba, Antonio Gracia and Alonso Aguilar — approfondirent les critiques de la CEPAL. Parce qu'ils ne croyaient pas qu'une bourgeoisie industrielle nationale put contribuer à un développement économique national bénéfique pour les masses, ils rompirent avec l'idée selon laquelle les masses devaient accepter un compromis avec la bourgeoisie. Inspirés par la Révolution cubaine, ils remirent également en question la téléologie **marxiste** selon laquelle le socialisme devait succéder au mode de production capitaliste, successeur du mode de production féodal. En Amérique latine, la théorie de la dépendance conserva un accent sur l'analyse de classes au niveau national et international. Elle dénonçait la double exploitation des classes dominées en Amérique latine par leur bourgeoisie nationale et par celle des métropoles.

André Gunder Frank popularisa cette théorie en Amérique du Nord et en Europe. Il tenta de mettre en paral-

lèle le développement du capitalisme dans les États industrialisés et le sous-développement dans les États périphériques. Son analyse axée sur la dynamique mercantiliste du commerce international se fit au détriment de l'analyse des dynamiques internes des formations sociales ayant fait l'objet de débats en Amérique latine.

Frank doutait que l'expansion du capitalisme n'entraînât tôt ou tard un développement économique uniforme et global. Selon cette thèse, attribuée au marxisme classique, le développement du capitalisme, d'abord en Europe, s'étendrait au reste du globe à travers différentes phases d'expansion et désarticulerait les structures sociales traditionnelles, en plus de surpasser les modes de production précapitalistes. Toujours selon cette thèse, la convergence vers le mode de production capitaliste entraînerait un nivellement du développement économique à l'échelle du globe. Selon Frank, inspiré par Paul Baran, cette thèse était empiriquement contredite par l'observation de l'écart qui se creusait entre la concentration de la richesse dans les premiers États capitalistes, qualifiés ici de métropoles ou d'États du centre, et le standard du niveau de vie dans la périphérie, ou dans les États satellites.

Frank conserve du marxisme la méthodologie holistique selon laquelle l'analyse du développement de la périphérie doit se faire en relation avec le système capitaliste global. Celui-ci doit également être disséqué aux niveaux global, national et local. Selon Frank, la dynamique structurante de ce système est l'expropriation et le transfert des surplus des États satellites vers la métropole. Cette dynamique structurerait l'expansion du système, le développement de la métropole et le sous-développement de la périphérie, depuis le XVIᵉ siècle. Le « sous-développement » ne serait pas un état naturel, mais le résultat de cette dynamique.

La structure de classe des États périphériques serait déterminée non pas tellement par les dynamiques nationale et locale, mais par la nécessité pour la métropole d'y développer une « Lumpenbourgeoisie », c'est-à-dire une élite politique servant de courroie de transmission dans cette dynamique. Cette classe dirigeante accepte de servir de tête de pont en échange du pouvoir qui lui est garanti par la métropole. Parce qu'elle est la seule à avoir un pouvoir d'achat, il est impossible que se développe dans les États satellites un marché de consommation comparable à celui des métropoles.

Ces dynamiques maintiennent les États satellites dans un état de dépendance. Frank ne nie pas qu'un développement soit possible dans la périphérie ; seulement, il nie que ce développement soit bénéfique à l'ensemble de la formation sociale, et que celui-ci conduise au nivellement du niveau de développement entre le centre et la périphérie.

Parce que Frank définit le capitalisme comme un réseau d'échanges et de transferts inégaux, il qualifie de « capitaliste » l'ensemble des zones insérées et affectées par celui-ci. L'accent est mis ici davantage sur la façon dont les surplus circulent au sein de la sphère des échanges que sur la façon dont ils sont produits. Celso Furtado critiqua certains aspects de cette thèse

qui sous-estimait, selon lui, certains facteurs dont l'influence des formes de consommation des classes dirigeantes périphériques qui adoptent un mode de vie calqué sur celui des élites des métropoles.

La conséquence pratique de cette théorie est de rejeter la thèse selon laquelle « les pays sous-développés d'aujourd'hui répéteront les stades de croissance économique à travers lesquels sont passées les sociétés modernes développées, dont le développement capitaliste émergea à partir de sociétés précapitalistes et féodales » (Frank, 1967 : xvi). Selon lui, le développement de la périphérie ne peut passer que par une rupture avec le système capitaliste.

Certains ont critiqué cette thèse. Brewer lui a reproché de généraliser de façon abusive le concept de monopole afin de parler de plusieurs formes de domination correspondant à des réalités empiriques différentes (féodale, coloniale, marchande, capitaliste et industrielle) (Brewer, 1987 : 171). Une autre critique fondamentale de cette école fut celle de Brenner (1977) qui souligna la réduction qu'a tendance à faire autant la théorie de la dépendance que celle du **système-monde** du concept de capitalisme à un système d'échange inégal, où les relations de production ne font plus l'objet d'une analyse détaillée.

Frank fut également critiqué par les théoriciens latino-américains. La plus importante de ces critiques vint de Cardoso (1977) qui l'accusait de rompre avec la principale motivation des théoriciens de la dépendance en Amérique latine : décrire le caractère historiquement spécifique qu'y avaient pris les formations sociales capitalistes. Selon Cardoso, Frank réduit l'analyse historique et dialectique à un ensemble de lois formelles basées sur un principe de dépendance duquel sont déduites des contradictions sociales au moyen d'une argumentation fonctionnaliste.

Frédérick Guillaume Dufour et Hepzibah Munoz Martinez

DÉVELOPPEMENT

Development

> Le « développement » consiste en un ensemble de pratiques parfois contradictoires qui exigent – pour la reproduction de la société – la transformation générale et la destruction de l'environnement naturel et des relations sociales. Son objectif est d'accroître la production de marchandises (biens et services) orientée, par l'intermédiaire de l'échange, à une demande solvable (Rist, 1997 : 13).

L'intérêt pour le développement est assez récent dans la littérature en **Relations internationales**. En reléguant les rapports Nord-Sud au statut de *low politics*, ce champ a dans le passé exclu les questions de développement dans l'ordre mondial de ses priorités. Le « Sud » et le **Tiers Monde** furent alors étudiés, non pas dans leurs propres termes ou pour leur contribution à l'ordre mondial, mais comme facteurs déstabilisants de cet ordre mondial (Krasner, 1985). Le développement fut ainsi traité comme un acquis des pays industriels avancés qui devaient servir de modèle aux pays « sous-développés ».

La définition même du concept de « développement » demeurait cependant sujette à controverses. Dans la littérature spécialisée, on retrouve une définition traditionnelle fondée sur des critères strictement économiques (croissance, produit national brut *per capita*, compétitivité, surplus commercial) sans beaucoup d'égards pour les conditions sociales (distribution de la richesse, taux de mortalité, taux d'alphabétisation, etc.) sur lesquelles l'atteinte de ces agrégats pourrait se fonder. Depuis le début des années 1960, l'Organisation des Nations Unies (ONU) s'est toutefois efforcée d'intégrer dans la définition du développement des facteurs sociaux et politiques tels l'équité sociale et l'amélioration des standards d'existence. Gilbert Rist (1997) souligne cependant que la pratique actuelle du développement a eu des conséquences destructives, tant pour l'environnement que pour les sociétés humaines. Nombreux sont ceux qui pensent qu'en dépit de cinquante ans d'aide internationale au développement, la réalité matérielle de la pauvreté absolue à grande échelle et de la privation souligne l'échec du développement, tel qu'il a été défini jusqu'à maintenant. Ce constat s'est accompagné d'une crise de la **théorie** du développement (Leys, 1996).

41

L'idée du développement moderne descend de l'idée de progrès qui, elle-même, tire ses racines de deux courants de pensée associés aux Lumières : d'une part, le perfectionnement de l'humanité comme phénomène essentiellement culturel et politique (la progression de la raison et de la liberté) et, d'autre part, la maturation de la « société commerciale », dans le sens matérialiste de stade ultime dans l'évolution des modes de subsistance. Ce sont ces courants qui s'unifièrent dans diverses conceptions du progrès technique (Wood, 2000). À partir de ses racines dans le projet de progrès des Lumières, le concept de développement émergea dans son sens contemporain seulement dans la période suivant la Seconde Guerre mondiale – une période que certains appelleront « l'ère du développement » (Rist, 1997). La Doctrine Truman de 1947 signala au monde que cette ère était lancée, pendant laquelle les **nations** industrialisées offriraient, dans la foulée de la décolonisation, une aide technique et financière aux **États** nouvellement indépendants afin de les assister dans la modernisation de leurs économies et de leurs sociétés. Ce projet politique s'inspirait de la théorie de la modernisation et de la sociologie de Talcott Parsons, qui tiennent pour acquis qu'il n'existe qu'une route pour les sociétés humaines menant des sociétés simples, traditionnelles et surtout agraires (l'état de sous-développement) aux sociétés séculaires, industrialisées et de consommation de masse.

Dans la littérature en science économique, W. W. Rostow (1960) développa l'argument selon lequel les sociétés sous-développées et développées occupent simplement différents stades de croissance sur un parcours *unique* de développement. Il s'appuyait ainsi sur le modèle occidental de la modernisation selon lequel le développement est naturel, inévitable, désirable et, bien entendu, possible. Les colonies du passé devaient s'efforcer de laisser en arrière leur état de sous-développement et de progresser, par voie de croissance économique, vers les statuts de société « en voie de développement » et de société « développée ».

Les théories de la **dépendance** dans un premier temps, puis celle du **système-monde**, furent développées en réaction à la théorie de la modernisation qui était dominante dans les cercles occidentaux. Ces **théories critiques**, issues du **marxisme**, rétorquèrent aux tenants de la théorie de la modernisation que le sous-développement n'est pas une condition primitive de toutes les sociétés humaines, mais plutôt une création historique issue du capitalisme. Pour ces théoriciens, le développement et le sous-développement sont la résultante d'un même processus historique : le développement historique du capitalisme comme ordre mondial, dont le colonialisme et l'**impérialisme** sont des composantes intégrales. Ils soutiennent que les **puissances** manufacturières des pays industrialisés du centre étendirent leurs marchés et leur force politique à travers le monde, redirigeant par là l'évolution des sociétés périphériques. De manière plus précise, les puissances industrielles capitalistes ne se développèrent pas de façon autarcique, mais plutôt grâce aux surplus qu'elles s'approprièrent aux dépens des sociétés qu'elles exploitaient. André Gunder Frank (1978), de l'École de la dépendance, résuma ce processus par la notion de « développement du sous-développement ».

Une approche plus mesurée, élaborée par Enrique Cardoso et Enzo Faletto (1969), se fonda sur la notion de « développement dépendant », que ces auteurs dérivèrent de l'expérience brésilienne, qui démontrait qu'un certain niveau de développement était possible dans les sociétés dites périphériques.

C'est toutefois à travers les travaux de Immanuel Wallerstein (1979) et Samir Amin (1970) que ces idées ont intégré le domaine de l'**économie politique internationale**. La théorie du système-monde de Wallerstein est en fait une synthèse de l'approche **réaliste** des rapports internationaux et des analyses structurelles de la théorie de la dépendance qui retracent l'émergence d'une économie-monde capitaliste au « long du XVIe siècle » (Adda, 1996). Samir Amin explique le développement du système-monde capitaliste sur la base d'une théorie de l'échange inégal. Celle-ci situe le problème du sous-développement au niveau des salaires de misère et du retard des forces productives dans la périphérie (Amin, 1970).

Les théories de la dépendance et du système-monde furent critiquées tant au niveau théorique qu'au niveau empirique. La critique la plus courante attaque le déterminisme de ces théories qui, logiquement, impliquent que le Tiers Monde contemporain devrait être stagnant et immunisé contre tout développement tant qu'il se maintient dans l'économie-monde capitaliste. Cette proposition va à l'encontre de la réalité d'une forte croissance dans certains pays du Tiers Monde dans les années 1960 et 1970, en particulier pour les pays nouvellement industrialisés de l'Asie du Sud-Est.

La critique la plus dévastatrice des théories de la dépendance et du système-monde fut articulée, au niveau théorique, par Robert Brenner (1977). Cet historien marxiste identifia une lacune majeure des travaux de Wallerstein et Frank dans la façon dont ceux-ci, bien que tentant de comprendre les succès économiques des pays du centre (en particulier, le dynamisme des économies anglaise et néerlandaise aux XVIe et XVIIe siècles), ne peuvent en identifier l'origine. Les théoriciens de la dépendance attribuent le développement des pays du centre à l'émergence d'**acteurs** motivés par l'appât du profit et exploitant les pays périphériques pour leur avantage propre. Or, cette poursuite de la maximisation des profits ne prend place que sur la base d'une structure sociale spécifique que les théories de la dépendance, contrairement aux travaux de Karl Marx, n'identifient jamais. Si Wallerstein ne peut comprendre les causes réelles de la croissance économique, c'est parce qu'il néglige l'analyse de la corrélation entre la structure de classe propre au capitalisme et le développement (Brenner, 1977).

D'autres critiques identifièrent dans les approches néomarxistes, comme la théorie de la dépendance et la théorie du système-monde, un biais méthodologique en faveur du fonctionnalisme, dans la mesure où celles-ci tiennent pour acquis que le développement des sociétés périphériques peut être dérivé du mode de production capitaliste et que leur développement n'est qu'un sous-produit des besoins des sociétés capitalistes développées. On critiqua aussi l'attachement méta-théorique de ces théories à un séquençage historique du développement fondé sur une lentille théorique qui ignore l'historicité propre aux sociétés du Tiers Monde et, ainsi, les différences fondamentales qui existent au sein de celles-ci (Bayart, 1989 ; Kiely, 1995). De telles critiques contribuèrent à une crise intellectuelle qualifiée par David Booth (1985) d'« impasse » de la théorie du développement.

Cette impasse théorique coïncida avec une impasse dans la pratique du développement. À la suite de la crise de la dette des années 1980 et de la création de programmes d'ajustement structurel, les problèmes liés à l'accroissement de la pauvreté, du sous-emploi, des populations sans abris et sans terres et des violations des droits humains acquirent des proportions alarmantes. Alors que l'écart entre les niveaux de croissance des pays riches et des pays pauvres s'accroissait considérablement, une différenciation accrue entre les parcours de développement des pays du Tiers Monde invita de nombreux chercheurs à déclarer qu'il devenait impossible de parler du Tiers Monde comme d'une entité homogène (Harris, 1986 ; McMichael, 1996 : ch. 3-4).

Les approches récentes tentant de surmonter l'impasse du développement reposent toutes sur une volonté de remplacer les théories déterministes et fonctionnalistes par des analyses mettant l'accent sur la diversité des expériences de développement (Shuurman, 1993). Les théories **poststructuralistes**, en relativisant les pratiques de conceptualisation du développement, parlent maintenant de « postdéveloppement » (Rahnema et Bawree, 1997).

Les **féministes**, comme Chandra Mohanty, insistent sur le fait qu'il est nécessaire de faire la différence entre les catégories de travailleurs plutôt que de parler du Tiers Monde de façon agrégée. Cela permettrait, d'une part, de présenter les femmes du Tiers Monde comme agents plutôt que comme victimes du développement et, d'autre part, de comprendre comment des formes spécifiques d'oppression (en particulier le racisme et le sexisme) s'inscrivent dans la division internationale du travail (Mohanty, 1997 ; Elson et Pearson, 1981). Certains auteurs marxistes suggèrent pour leur part qu'il est nécessaire de mettre l'accent sur le travail empirique plutôt que sur le développement d'ambitieuses théories universalisant le rapport entre le développement et l'évolution du système-monde (Mouzelis, 1988 ; Sklair, 1988 ; Kiely, 1995).

D'autres auteurs suggèrent que l'analyse du développement devrait être intégrée à celle de la **mondialisation**, sur la base d'une synthèse des divers courants critiques de l'économie politique internationale mettant l'accent sur la constitution historique des structures de pouvoir (Hoogvelt, 1997 ; Hettne et Soderbaum, 1999 ; McMichael, 1996). La montée en force de l'économie politique internationale, et un intérêt croissant pour la question de la mondialisation, promettent donc un intérêt plus soutenu pour l'analyse du développement en Relations internationales. Comme les spécialistes du développement ont *toujours* considéré que le développement dans le Tiers Monde est structurellement et intégralement lié au changement dans les autres sociétés, on verra là l'occasion de corriger la stérilisation passée de l'expérience de

85 % de la population de la planète (Cheru, 1997 : 168).

Susan Spronk, traduction d'Étienne Cantin

DILEMME DE LA SÉCURITÉ

Où qu'une telle société anarchique ait existé — et elle a existé à un certain niveau dans la plupart des périodes historiques connues — ce qu'on peut appeler le « dilemme de sécurité » des hommes, de groupes ou de leurs dirigeants a émergé (Herz 1950 : 157).

La littérature **réaliste** classique en **Relations internationales** considère le « dilemme de la sécurité » comme l'une des principales conséquences de l'**anarchie**. D'un point de vue analytique, ce concept repose sur la transposition de la notion hobbesienne d'état de nature au **système international**, un état de « guerre de tous contre tous » qui contraint les **États** à ne compter que sur eux-mêmes pour assurer leur survie. Le service de leurs intérêts propres est ainsi le principe unique des actions des États qui sont dotés, selon les réalistes et **néoréalistes**, d'une rationalité leur permettant d'établir une bonne adéquation entre la fin recherchée, la survie et les moyens utilisés pour y parvenir comme l'acquisition de capacités militaires, l'**équilibre des puissances** ou la conclusion d'**alliances**. Enraciné dans la philosophie utilitariste de J. Bentham (1748-1832), le postulat à la base de ce concept est donc que chacun poursuit son intérêt personnel.

Selon J. H. Herz, l'un des premiers à introduire ce concept en Relations internationales, le dilemme de la sécurité posé par l'anarchie réside dans le fait que toutes les tentatives d'un État pour accroître sa **sécurité** peuvent être jugées par les autres États comme un accroissement de leur propre insécurité (Herz, 1950 : 157). Le dilemme de la sécurité repose ainsi sur un paradoxe puisqu'en augmentant sa sécurité, un État diminue celle des autres qui s'engageront, en retour, dans une augmentation de leurs **capacités** militaires, ce qui pourrait avoir pour effet de diminuer la sécurité relative de l'État ayant initié cette surenchère sécuritaire.

La notion charnière du dilemme de la sécurité s'inscrit donc dans une compréhension des Relations internationales comme un jeu à somme nulle où les États sont pris dans un cercle vicieux, ce que K. Waltz traduit ainsi :

Dans un environnement anarchique, la source du confort de l'un est source de craintes pour l'autre. Ainsi, un État qui accumule des instruments de guerre, même pour sa propre défense, est considéré par les autres comme une menace nécessitant une réponse. Cette réponse confirme alors que le premier État avait raison de s'inquiéter (Waltz, 1988 : 619).

Dans une perspective réaliste, il est donc impossible de transcender ce dilemme. En fait, même si aucun État n'a d'intentions agressives, l'insécurité domine. Selon Robert Jervis, même s'il était possible dans certaines circonstances de cerner les intentions d'un autre État, on ne peut être certain que ce dernier ne nourrira pas d'ambitions agressives envers ses voisins et que ses capacités militaires défensives ne seront pas employées à des fins offensives (Jervis, 1976 : 62). Informé par la **théorie des jeux**, Jervis concède tout de même que certains facteurs peuvent accroître l'intérêt qu'ont les États à coopérer, notamment si les coûts et les incertitudes de la guerre sont plus élevés que ceux de la **coopération** (1978 : 171).

Depuis les travaux de J. H. Herz et de R. Jervis, plusieurs théoriciens des Relations internationales se sont employés tantôt à redéfinir les termes de ce dilemme de la sécurité, tantôt à en étayer une vive critique. B. Buzan, parle même d'un « power-security dilemma » (1991 : 294). Sans être en rupture avec l'orthodoxie réaliste, ce concept est plus englobant que le concept classique de dilemme de la sécurité et repose sur la distinction entre **puissance** et sécurité.

Pour Ken Booth, avocat d'une perspective critique de la sécurité, le dilemme de la sécurité n'est pas une fatalité systémique imputable à la structure du système international ; il reflète plutôt les pratiques d'agents qui véhiculent cette vision du monde et qui assurent la reproduction de l'insécurité de tous. « Plutôt que de voir le dilemme de la sécurité comme le dilemme par essence, une perspective critique pourrait plutôt le considérer comme un

phénomène d'une certaine importance dans les relations entre États, mais qui demeure aussi, à la base, l'épiphénomène d'un raisonnement et de pratiques historiques à caractère fataliste et hégémonique » (1997 : 108). Selon les théoriciens des études critiques de la sécurité, des pratiques sociales différentes reposant sur des compréhensions intersubjectives qui ne correspondent pas au principe du « chacun pour soi » que privilégient les réalistes pourraient ainsi instituer un autre « réel » et favoriser la coopération plutôt que la compétition.

Philip G. Cerny soutient, de son côté, que le processus de **mondialisation** a contribué à l'émergence d'un nouveau dilemme de la sécurité en diminuant la légitimité et l'autorité de l'État en tant que garant de la sécurité des citoyens :

> [...] à mesure que la fiabilité des équilibres des puissances décline et que les alternatives pour une sécurité globale et transnationale s'avèrent inefficaces – c'est-à-dire, à mesure que s'accroît la pénurie de **gouvernance** – l'augmentation de « l'insécurité par le bas » va créer des conditions au sein desquelles des guerres civiles et des conflits transfrontaliers complexes et intraitables vont devenir la norme (Cerny, 1998 : 58).

Selon cet auteur, l'érosion des **capacités** de l'État-nation ou la fragmentation des **identités** ne sont que quelques traits d'un système international néomédiéval caractérisé par la persistance d'un « désordre durable » que nulle politique d'équilibre des puissances ne pourra atténuer, contrairement aux prescriptions des réalistes et néoréalistes.

Isabelle Masson

DILEMME DU PRISONNIER

Prisoner's Dilemma

Le dilemme du prisonnier est un puissant exemple d'une situation sociale dans laquelle la somme de deux intérêts individuels s'avère être au désavantage des deux (Rapoport 1974 : 177).

Issu de la **théorie des jeux**, le dilemme du prisonnier est un jeu classique illustrant les jeux à sommes variables. Le jeu du dilemme du prisonnier a été utilisé pour étudier plusieurs types de situations, comme les imperfections du marché, la tragédie des communaux (ou biens en commun), la stratégie nucléaire ou encore la course aux armements.

Une anecdote au sujet de deux prisonniers est à l'origine de ce jeu. On raconte l'histoire de deux suspects qui, arrêtés par la police pour un crime qu'ils ont commis ensemble, sont interrogés séparément. On ne détient pas de preuve contre eux à l'exception de leurs propres témoignages. Les policiers proposent donc à chacun des prisonniers de dénoncer son complice en échange de la liberté. Ceux-ci n'ont aucun moyen de communiquer entre eux et doivent prendre une décision sans connaître la stratégie de l'autre. En d'autres termes, cette anecdote met en scène deux acteurs qui ont le choix de **coopérer** entre eux (c'est-à-dire garder le silence) ou de tricher (c'est-à-dire dénoncer son complice) et où la tricherie est récompensée par la façon dont les gains sont répartis entre les joueurs (voir le tableau p. suivante).

Cette anecdote se transpose facilement à plusieurs problèmes de **relations internationales**. Prenons l'exemple de la gestion des stocks de poissons en eaux internationales, un problème qui fait l'objet d'un grand nombre de traités internationaux. Signataires d'un de ces traités, deux **États** doivent chacun déterminer quel comportement ils adopteront vis-à-vis des engagements qu'ils ont pris, soit coopérer (respecter le traité) ou tricher (pêcher au-delà des quantités permises par le traité). Comme le montre le tableau de gains, la solution optimale, du moins à long terme, est que les deux États coopèrent ; ils pourraient ainsi pêcher un plus grand nombre de poissons tout en permettant une regénération de la ressource (illustré dans le tableau par un gain de 3 de toutes parts). Par contre, si l'un des deux États décide de ne pas respecter l'accord, et donc de tricher, celui-ci pêchera plus de poissons mais épuisera la ressource et privera en conséquence l'autre État de pêcher les quantités auxquelles il a droit (4, 1 ou 1, 4). À supposer que les États agissent en fonction d'une rationalité au sens micro-économique du terme, chacun sera tenté de maximiser ses prises et donc de tricher. Pourtant, comme chacun décide de tricher, la ressource s'épuisera plus rapidement que prévu et en bout de ligne, les deux États feront un gain moindre que s'ils avaient décidé de coopérer (2, 2). La somme de ces comportements non coopératifs, ayant pourtant pour objectif de maximiser le gain individuel, entraînera un résultat sous-optimal, c'est-à-dire un total de prises moindre (pour une discussion plus approfondie de cette application aux ressources halieutiques, voir Le Prestre, 1997).

	Coopérer	Tricher
Coopérer[1]	(3,3)	(1,4)
Tricher	(4,1)	(2,2)

Ainsi, alors que les réalistes en Relations internationales retiennent de la logique du dilemme du prisonnier qu'il est préférable d'adopter un comportement compétitif dans un **système international** où la communication est difficile, les **institutionnalistes** comme R. O. Keohane (1984), en utilisant le même modèle, arrivent à la conclusion qu'un comportement coopératif est la meilleure attitude à adopter puisque la réalité du système international s'apparente davantage à des *séries* de jeux du dilemme du prisonnier. Comme les joueurs s'inscrivent dans un processus d'interaction à répétition et à long terme, le comportement le plus rationnel afin de maximiser le gain à long terme serait de favoriser la coopération, et ce, malgré l'absence de communication. Enfin, le dilemme du prisonnier nous apprend que la structure du jeu induit un comportement rationnel qui, en bout de ligne, induit lui-même un résultat sous-optimal pour chacun des joueurs.

Pour d'autres références, voir **Théorie des jeux**.

Evelyne Dufault

---

1. Ce tableau, qui illustre la structure du jeu du dilemme du prisonnier, peut se lire de deux façons. D'une part, les nombres peuvent désigner le gain obtenu par chacun des joueurs. Par exemple, le chiffre 3 représente un gain supérieur au chiffre 2 (disons 3 tonnes de poisson par rapport à 2 tonnes). D'autre part, et c'est la façon dont R. O. Keohane le présente dans son ouvrage *After Hegemony* (1984), les chiffres du tableau peuvent représenter la *préférence* de chacun des joueurs, ou 4 est le meilleur choix et 1 le dernier choix.

DOMAINE DE POLITIQUE

Issue Area

James Rosenau a introduit dans les années 1960 le concept fort utile de *issue area* pour désigner les différents domaines de **politique étrangère** (Rosenau, 1966). Le concept de *issue area* permet de concevoir le fait que différents motifs puissent guider les acteurs dans différents secteurs de politique étrangère. Ainsi, le processus de décision serait différent pour chacun des domaines, que ce soit la politique étrangère économique, environnementale, culturelle, de **sécurité**, etc.

La portée limitée du droit international n'est que la contrepartie de la grande liberté d'action dont jouissent les États en vertu de leur souveraineté [...]. Le droit ne jouera jamais un rôle effectif en Relations internationales tant qu'il n'annexera pas certaines des prérogatives qui appartiennent actuellement aux « compétences internes » des États (Brierly, 1963 : 41-42).

Le droit international est fondamentalement une méthode de régulation des **Relations internationales**. Il constitue un corpus de règles, principes, standards et coutumes régissant les activités qui ne sont pas directement assujetties aux systèmes juridiques nationaux. Le droit international se distingue des systèmes juridiques nationaux en ce sens qu'il définit des droits et obligations en l'absence d'une suprastructure judiciaire distincte qui puisse légiférer, administrer et mettre en œuvre ces lois.

La naissance du droit international contemporain est généralement associée aux traités de **Westphalie** de 1648. Voué à l'origine à résoudre les différends concernant les juridictions étatiques, le droit international a traditionnellement servi à renforcer et à codifier la **souveraineté** étatique et à maintenir un ordre mondial, plutôt qu'à sanctionner des préjudices individuels et obtenir réparation. Il n'a donc jamais développé d'instruments juridiques efficaces pour lier les parties à des décisions juridiques et sanctionner les torts commis à l'égard d'**États** ou d'individus. Cependant, la **mondialisation** a accentué les demandes en faveur d'un sys-tème juridique plus opérationnel qui soit apte à aborder la question des préjudices au-delà du cadre proprement national (Jessup, 1956 : 15-16). Si les États souverains et les **organisations internationales** demeurent aujourd'hui les principaux sujets du droit international, de nombreux **acteurs** non étatiques réclament le droit d'être considérés au même titre.

Historiquement, deux formes de droit ont été développées pour aborder les problèmes échappant aux compétences juridiques nationales, soit le droit international privé et le droit international public. Le premier régit principalement les différends de nature privée entre individus et qui sont tranchés par des tribunaux internes mais qui comprennent une composante internationale, c'est-à-dire qu'ils impliquent le droit d'un autre pays (Currie, 2001). Ces principes sont couramment reconnus comme les « règles de conflits de lois » et servent à clarifier des ambiguïtés inhérentes à certains problèmes juridiques. Ils ne constituent pas réellement un système juridique en soi. Ainsi, ils déterminent si un tribunal détient la compétence de trancher un litige possédant une composante internationale ou dans quelle mesure il doit considérer les lois d'un autre pays, et spécifient les conditions en fonction desquelles il est possible de rendre exécutoire dans un pays une décision rendue par un tribunal étranger (Williams et de Mestral, 1987 : 2). À titre d'exemple, si un ressortissant canadien, assuré par une compagnie d'assurance cana-

49

dienne, est impliqué dans un accident sur une autoroute aux États-Unis et cause un préjudice à un conducteur américain, un tribunal appliquera les règles de conflits de lois telles qu'elles sont interprétées au Canada et aux États-Unis pour déterminer le lieu où se déroulera le procès et quel droit s'appliquera au litige avant de déterminer la responsabilité de chacune des parties.

Les débats en Relations internationales portent essentiellement sur la seconde forme de droit international, le droit international « public ». Celui-ci est constitué par un ensemble de traités et de pratiques étatiques généralement acceptées et reconnues par le système des Nations Unies, sans toutefois s'y limiter. On avance parfois que le droit international ne constitue pas réellement un système juridique, car il ne détient pas les trois principales caractéristiques propres aux systèmes juridiques nationaux, soit le pouvoir absolu de légiférer, d'administrer et de mettre en œuvre des lois (Brierly, 1963). Toutefois, cette distinction entre le droit national et international ne doit pas être exagérée puisque ces attributs apparaissent sous diverses formes dans le droit international, même s'ils sont parfois rudimentaires et qu'ils ne sont pas inhérents au système. On retrouve, en effet, une série de règles et **normes** juridiques, ainsi que des mécanismes pour administrer le droit international. Il n'en demeure pas moins que celui-ci est toujours limité par l'absence d'une législature internationale pour adopter des lois et d'un exécutif international pour les mettre en œuvre.

Le droit international émane principalement des États. Tel que le prévoit l'article 38 du *Statut de la Cour Internationale de Justice*[1], les sources du droit international public sont les traités internationaux, les coutumes internationales, les principes généraux de droit reconnus par les **nations**, des sources subsidiaires du droit telles la jurisprudence et les écrits universitaires. Bien qu'ils n'apparaissent pas à l'article 38, on reconnaît aussi comme source du droit les résolutions adoptées par les organisations internationales ainsi que les actes étatiques unilatéraux.

Les traités constituent des accords écrits liant les États qui les ont signés ou ratifiés et sont considérés comme étant la source de droit la plus influente. Selon les pays, un traité acquiert force de loi dans un État soit lorsque son exécutif le ratifie directement, lui donnant par le fait même le statut d'une loi nationale, soit lorsque l'organe législatif adopte une loi qui incorpore une partie ou la totalité des termes du traité dans son propre système juridique (Williams et de Mestral, 1987 : 271). Le droit international coutumier, quant à lui, comprend un vaste corpus de règles qui proviennent de pratiques étatiques traditionnelles. Les actes étatiques constitutifs de la pratique doivent non seulement être répétés et généralisés sur une longue période de temps, mais être profondément ancrés dans les habitudes étatiques, à tel point que l'on évoque parfois à leur sujet l'existence de règles de droit non écrites. Un organe législatif de l'Organisation des Nations Unies, la Commission du droit international, est d'ailleurs chargé de codifier ces règles coutumières préexistantes dans

---

1. 26 juin 1945, R.T. Can. 1945 n° 7.

une forme écrite et précise, ainsi que d'élaborer des conventions ou traités internationaux relatifs à des problèmes qui ne sont pas traités de manière satisfaisante par le droit international coutumier. La troisième source du droit international est constituée par des principes de droit reconnus par des groupes d'États, mais de façon plus restreinte et limitée que le droit coutumier. Enfin, la jurisprudence et certains écrits universitaires ont également une valeur persuasive bien qu'ils ne soient pas contraignants à l'égard des parties.

Cela n'est guère surprenant en raison du caractère politique qui distingue le droit international. Étant donné la primauté accordée à la notion de souveraineté étatique, on a été réticent à accorder une place importante à la jurisprudence dans le façonnement du droit international. Contrairement au droit national, il n'existe aucun principe universellement accepté de la doctrine de *stare decisis* en droit international, soit la pratique voulant qu'un principe de droit énoncé par un tribunal dans un jugement soit applicable à toute autre cause ayant des similitudes avec la première. Les États ont plutôt privilégié les sources de droits, tels les traités et la coutume internationale, dont ils contrôlent l'élaboration.

Dans la discipline des Relations internationales, la question du droit international porte principalement sur le problème de l'émergence et de la mise en œuvre des normes juridiques. L'absence d'un organe judiciaire supranational et la notion de souveraineté étatique ont en effet fortement limité la capacité des tribunaux internationaux

d'agir comme arbitre ultime dans les Relations internationales. La Cour Internationale de Justice, organe principal du droit international, ne possède la compétence de trancher un différend que si toutes les parties impliquées acceptent de se soumettre à son jugement. Il dépend donc d'un consensus minimal entre États et ses juges sont toujours élus par l'Assemblée générale des Nations Unies et le Conseil de Sécurité.

Traditionnellement, le courant **réaliste** en Relations internationales a attribué le succès du système juridique international précisément au fait qu'il est décentralisé, consensuel et ne limite pas indûment la souveraineté des États (Morgenthau, 1985). Une structure juridique similaire au droit national, qui chercherait à imposer ses décisions aux États, menacerait l'exercice de la souveraineté étatique et provoquerait de fortes réactions chez ces États risquant ainsi de saper les bases même du droit international. Chaque nation est liée par les règles du droit international auxquelles elle a consenti et c'est ce consentement des parties qui distingue la codification du droit international de la législation par voix majoritaire telle qu'elle se pratique au sein des systèmes démocratiques (Morgenthau, 1985 : 279-81). Ce caractère décentralisé du droit international explique pourquoi il se développe principalement sous la forme d'instruments juridiques bilatéraux, régionaux et multilatéraux, et non pas sous celle d'un système coordonné et uniforme.

Cependant, plusieurs approches critiquent aujourd'hui cette situation et réclament un développement plus systématique et cohérent du système juridique international (Slaughter *et al.*, 1998). En l'absence de telles structures, ces revendications ont été principalement menées à l'intérieur des structures existantes du droit international (Donnelly, 1998). On a notamment fait usage de traités étatiques ayant une portée qui transcende les divisions traditionnelles entre le droit national et international. Ainsi la *Déclaration universelle des droits de l'Homme* et les traités qui lui sont affiliés, soit le *Pacte international relatif aux droits civils et politiques* et le *Pacte international relatif aux droits économiques, sociaux et culturels*, la *Convention relative aux droits de l'enfant* et la *Convention contre la torture et autres peines ou traitements cruels, inhumains ou dégradants*, ont servi de support juridique pour défendre les droits individuels au-delà des restrictions posées par le principe de souveraineté. Ces traités ont ainsi permis à des parties lésées par un État de revendiquer certains droits autant au niveau national qu'international. Ces instruments ont aussi servi l'avancement de revendications collectives par des groupes persécutés sur la base de traits distinctifs (langue, religion ou héritage culturel). À un autre niveau, la reconnaissance d'un certain relativisme culturel pose un défi grandissant au mode consensuel traditionnel du droit international qui est basé sur le modèle de l'État moderne occidental.

L'un des domaines qui a été particulièrement touché par ces changements est le droit pénal international. Les atrocités commises en ex-Yougoslavie et au Rwanda ont amené les États à repenser les mécanismes de la justice pénale internationale et à poursuivre en justice les auteurs de ces violations. Le pouvoir limité de la Cour internationale de Justice en matière de règlement judiciaire des différends interétatiques et les résultats décevants, à ce jour, des Tribunaux pénaux internationaux pour l'ex-Yougoslavie (1993) et pour le Rwanda (1994) ont ainsi motivé les États, à la suite de la pression exercée par des groupes militants des droits de l'Homme et d'autres organisations non gouvernementales, à créer par traité un tribunal qui soit plus contraignant, efficace, permanent et universellement acceptable : la Cour pénale internationale. La signature et la ratification du traité se font sur une base individuelle depuis 1998. La Cour pénale internationale fut mise sur pied en juillet 2002.

Enfin, le mécanisme juridique de la « compétence universelle », une norme coutumière internationale, a également été incorporé en droit national par bon nombre d'États. Il permet à des individus ou à des groupes d'utiliser un tribunal national d'un État où se trouve un individu accusé d'avoir commis des crimes de guerre et autres violations du droit international humanitaire pour enquêter à son sujet et le poursuivre, et ce, peu importe le pays dans lequel ces crimes furent commis, la nationalité de l'auteur présumé de ces violations ou de celle des victimes. Le mandat d'arrêt émis par un juge espagnol contre le général Augusto Pinochet, qui mena à son procès et à des procédures d'extradition au Royaume-Uni, constitue un bon exemple d'un tel recours.

En somme, si le système juridique international demeure structuré par le concept de souveraineté, la présence et l'influence sans cesse grandissante d'entités non étatiques dans la foulée de la mondialisation contribue à modifier profondément la nature du droit international tout en redéfinissant la fonction et le but poursuivi par ce corpus de règles juridiques.

Matina Karvellas,
traduction de Mark Toufayan

ÉCOLE ANGLAISE

> Les attributs essentiels du système d'État […] sont premièrement l'existence d'une pluralité d'États souverains ; deuxièmement un degré d'interaction entre eux, au sens où ils forment un système ; et troisièmement un degré d'acceptation des règles et institutions communes, au sens où ils forment une société (Bull, 1995 : 225).

Bien qu'on la reconnaisse souvent comme telle, le statut d'« école » de l'École anglaise est contesté. Cette étiquette fut attribuée par Roy Jones (1981) à un ensemble d'auteurs ayant pour certains participé au British Committee, un groupe de réflexion sur la politique internationale mis sur pied dans les années 1950, ayant gravité autour de la London School of Economics and Political Science, et dont le principal point commun est de s'être penché sur le concept de « **société internationale** ». Sans réfuter l'absence de gouvernement mondial, et donc l'**anarchie** du système international, les auteurs de l'École anglaise[1] postulent une certaine organisation des **relations internationales** autour d'**institutions** ou de **normes**, un peu à l'image des sociétés nationales. Ces auteurs croient en effet que l'environnement international est une « société internationale » composée principalement d'**États** dont les

comportements sont encadrés par certaines règles. Partageant un ensemble de principes et de règles de conduite, et reconnaissant qu'il est dans l'intérêt de tous de maintenir l'ordre international, les États accepteraient de contraindre leur comportement et ainsi de faire des compromis quant à leur **souveraineté**. Bien qu'on ne puisse réduire le travail de l'École anglaise uniquement à sa réflexion sur l'émergence des sociétés internationales et leur fonctionnement, le développement de ce concept représente son apport principal à la théorie des Relations internationales.

Wight et Bull, que l'on peut qualifier de noyau dur de l'École anglaise, se réclament de la tradition rationaliste, que l'on peut attribuer à Grotius, et qui défend l'idée que l'état anarchique des relations internationales est modéré par l'existence de codes et de normes qui régissent les interactions entre États (qui

---

1. De façon générale, on peut inclure au sein de l'École anglaise : Hedley Bull, John Vincent, Martin Wight et Adam Watson. Herbert Butterfield, E. H. Carr, C. A. W. Manning sont parfois également inclus mais leur statut est beaucoup plus problématique que celui des autres auteurs, surtout dans le cas de E. H. Carr qu'on a plus souvent tendance à inclure dans le courant réaliste classique.

sont les unités de base en tant que sujets du **droit international**). En d'autres termes, les comportements des États sont limités dans leur nature conflictuelle par des règles communes et des institutions. Ces relations peuvent donc être autant coopératives que conflictuelles et les **intérêts** ne sont ni complètement divergents ni complètement convergents.

L'idée de l'existence d'une société internationale implique que les États ont formé et forment toujours non seulement un système d'États mais aussi une société, un peu comme les individus forment des sociétés à l'échelle nationale. Cette conception de l'ordre international s'oppose directement à la vision **réaliste** puisqu'elle met l'accent sur la structure normative qui régit les comportements des États dans le **système international**.

Il importe de bien distinguer le concept de *système international* de celui de *société internationale* et de celui de *société mondiale*.

De manière générale, on peut comprendre ces termes de la façon suivante : le système international est relatif à la politique de puissance entre les États ; la société internationale traite de l'institutionnalisation de l'**identité** partagée entre les États ; et la société mondiale considère les individus, les **organisations non gouvernementales** et finalement la population globale dans son ensemble comme le centre des arrangements et identités de la société globale (Buzan, 1996 : 261).

Pour Bull, nous sommes en présence d'une société d'États (ou société internationale) lorsqu'un groupe d'États, conscients de partager des valeurs et des intérêts, considèrent qu'ils sont liés

mutuellement par des règles communes (Bull, 1995 : 13). Ainsi, il peut y avoir un système d'États sans société internationale mais il ne peut y avoir de société internationale sans l'existence préalable d'un système d'États.

La société mondiale (*world society*) désigne quant à elle une société composée d'individus et non d'États, et se rapproche davantage de la conception cosmopolitique de Kant. À ce concept s'allie une dimension normative plus importante qu'aux deux autres, puisqu'on fait référence à un développement possible du système international actuel vers une forme de vie politique internationale favorisant l'émancipation des collectivités et des individus.

Le maintien de l'ordre dans la société internationale dépend de règles qui n'ont pas toujours de statut juridique. Elles peuvent être des lois internationales, des règles morales, des coutumes ou des pratiques établies, des règles opérationnelles ou simplement des « règles du jeu » (Bull, 1995 : 64). Ces règles sont enchâssées dans des institutions auprès desquelles les États sont engagés et où ils coopèrent.

Pour les auteurs de l'École anglaise, les institutions n'impliquent pas nécessairement une organisation ou un cadre administratif, mais plutôt des pratiques orientées vers l'atteinte de buts communs (Bull, 1995 : 71). Les cinq institutions principales de la société internationale selon Bull sont les suivantes : l'**équilibre des puissances** (et le respect de la souveraineté), le droit international (qui rend les comportements prévisibles), la diplomatie (qui permet la communication et l'institutionnalisation des relations interétatiques), la guerre

55

(pour s'assurer du respect des règles) et l'existence de grandes puissances (qui ont des droits mais aussi des devoirs).

Ce consensus sur des règles et des institutions peut sembler dépendre d'une certaine culture commune aux États-nations européens mais beaucoup moins aux États non européens. En effet, alors que, dans l'histoire, les sociétés internationales comme le système des cités-États de la Grèce antique ou le système international de la Chine durant la période des États guerriers ont le plus souvent été sous-tendues par une culture commune, l'expansion de la société internationale contemporaine au monde non européen pose la question de la communauté de valeurs et d'intérêts comme préalable à l'existence de cette société.

Pour Bull, une culture commune n'est pas une condition à l'existence de la société internationale. Il croit plutôt qu'« au sein de la société internationale, [...] l'ordre est la conséquence d'un sentiment de partager des intérêts concernant les buts élémentaires de la vie sociale... » (Bull, 1995 : 63). Des intérêts communs, ou du moins perçus comme tels, pourraient donc dans une certaine mesure remplacer une culture commune comme ciment des institutions de la société internationale. La seconde Guerre froide et le durcissement de l'antagonisme entre les États-Unis et l'URSS a toutefois amené Bull à réviser sa conception plus fonctionnelle (ou contractualiste) de la société internationale pour une conception plus solidariste (Wheeler et Dunne, 1996 : 92), fondée sur la centralité du principe de justice et l'exigence d'une certaine homogénéité de valeurs

comme condition à la coexistence fondée sur des règles communes.

Wight, contrairement à Bull, met plutôt l'accent sur les normes et les valeurs qui animent le système et les institutions par lesquelles elles s'expriment (Wight, 1977 : 17). Pour Wight, l'existence d'un système d'États présuppose l'existence d'une culture commune, comme en témoignent les systèmes d'États de la Grèce antique, de l'Occident et de la Chine antique (Wight, 1977 : 33). Pour lui, il n'existe pas de système d'États neutre ou universel ; chaque système a un contexte culturel et historique qui lui est propre.

L'approche de l'École anglaise a été comparée à de nombreux courants théoriques mais on fait plus aisément le lien avec la théorie des **régimes** et avec le **constructivisme**. En effet, l'École anglaise et la théorie de régimes partagent certains postulats sur la nature et le rôle des institutions, qu'ils considèrent toutes deux de façon générale comme des « instruments » mis en place par les États pour faciliter la **coopération** (pour la théorie des régimes) ou pour assurer le maintien de l'**ordre international** (pour l'École anglaise). Toutefois, les régimes ne s'appliquent qu'à des domaines précis de politique, alors que la société internationale, comme le souligne Buzan, constitue davantage la fondation politique qui permet par la suite de prendre en compte les régimes (Buzan, 1993).

Plusieurs lecteurs de l'École anglaise ont tenté plus récemment de lier l'École anglaise et le constructivisme, ce dernier s'inspirant du concept de société internationale pour élaborer une approche basée sur le rôle des structures normatives et institutionnelles dans le système international. Ceux-ci ont entrepris en quelque sorte de faire revivre l'École anglaise et tentent de fonder un programme de recherche reprenant l'approche et la revisitant à la lumière des récents développements de la théorie des Relations internationales (Buzan, 2004). Cette entreprise n'est pas sans risque, puisque malgré l'accent mis par plusieurs auteurs sur le concept de société internationale, l'École anglaise dans son ensemble se veut pluraliste tant sur le plan **ontologique** (car dans les écrits se côtoient à la fois le système international, la société internationale et la société mondiale) que sur le plan méthodologique et normatif (certains aspirant à la création d'une société mondiale cosmopolitique et d'autres non).

Evelyne Dufault

ÉCOLE DE COPENHAGUE

Copenhagen School

Dans les théories de la sécurisation, la sécurité est traitée non pas comme une condition objective, mais comme le résultat d'un processus social spécifique… (Williams, 2003 : 513)

Par l'École de Copenhague, on réfère au programme de recherche développé par un groupe d'auteurs œuvrant dans un cadre d'études multidisciplinaires sur la **sécurité** et dont les travaux s'articulent autour des thèses de Barry Buzan et Ole Wæver, membres de l'Institut de recherche pour la paix de Copenhague. Bien que ces deux auteurs soient les piliers de cette école, les travaux de Jaap de Wilde, Thomas Diez, Richard Little, Daniel Deudney, Lene Hansen et Jef Huysmans lui ont également été rattachés. C'est à McSweeny (1996) que l'on doit d'avoir désigné l'ensemble de ces travaux par l'expression École de Copenhague.

Le Copenhaguen Peace Research Institute (COPRI) a dirigé des études sur la paix entre 1985 et 2002. Depuis janvier 2003, une partie de ses activités a été reprise par le Danish Institute for International Studies. Dès le départ, le COPRI avait pris une orientation multidisciplinaire qui distingue nettement le cadre de ses recherches de celui des écoles **néoréalistes** et **néolibérales** états-uniennes. En ce sens, l'École de Copenhague s'inspire davantage de l'**École anglaise** que de ces deux approches. Ainsi, parmi les objets principaux au cœur de ses recherches, on remarque l'accent mis sur la résolution de conflits et les effets de la guerre sur les populations civiles. Une des contributions fondamentales de cette école aux **théories** de la sécurité est de conserver une perspective sociologique sur différents aspects de la guerre. En raison de cette perspective, la guerre n'est ici jamais considérée comme un phénomène naturel ou transhistorique de la politique globale, mais comme un phénomène sociologique dont on peut isoler les composantes et agir sur celles-ci de façon à élaborer des formes de résolutions pacifiques de conflits.

Au cœur du travail de l'École de Copenhague se trouve la volonté d'enrichir la conception de la sécurité conçue en termes strictement militaires chez les **réalistes** et les néoréalistes. Ainsi, au-delà de la sécurité militaire et de l'intégrité territoriale, l'École de Copenhague s'intéresse aux dimensions politique, sociétale, environnementale, économique de la sécurité. Un ensemble de nouveaux objets apparaît donc sous la loupe des études de la sécurité allant de l'immigration, à la religion, en passant par la démographie, l'environnement et la consommation de drogues.

Le travail de Ole Wæver sur le concept de *sécurité sociétale* prend racine dans le contexte de la **mondialisation** et de l'élargissement de l'Europe. Ces processus exposent la société à des enjeux dont les dimensions dépassent le cadre national privilégié par les conceptions traditionnelles de la sécurité. C'est dans ce cadre que Wæver soutient qu'il est nécessaire de théoriser la sécurité à la lumière des traits culturels, démographiques et identitaires permettant la reproduction de la société. Dans cet ordre d'idées, Wæver définit la sécurité sociétale comme étant : « la capacité d'une société de perdurer dans son caractère essentiel lors de conditions changeantes et face à des menaces possibles ou réelles. Plus spécifiquement, il s'agit de la capacité de formes traditionnelles de langage, de culture, d'associations, de coutumes et d'identités religieuses et nationales de durer à l'intérieur de conditions

acceptables leur permettant d'évoluer » (Wæver *et al.*, 1993 : 23). En incluant la culture et l'**identité** dans les études de la sécurité, l'entreprise de Wæver se démarque des prémisses du néoréalisme.

Dans la perspective proposée par Buzan, de Wilde et Wæver, ce n'est pas seulement la conception traditionnelle de la sécurité qu'il faut remettre en question, mais les pratiques sociales et institutionnelles de la **sécurisation**. Alors que Morgenthau, un réaliste classique, conçoit essentiellement la sécurité nationale, « comme celle de l'intégrité du territoire national et de ses institutions » (Morgenthau, 1962 : 562), les théoriciens de l'École de Copenhague s'intéressent à la sécurité davantage comme une pratique discursive performative. La sécurité n'a donc rien de naturel ici ; elle s'inscrit dans un ensemble de discours et de pratiques institutionnelles qu'il faut mettre à jour pour comprendre comment certains enjeux deviennent prioritaires dans l'ordre du jour sécuritaire, alors que d'autres pas.

Ce programme de recherche s'inspire des développements de la théorie du langage ordinaire de John Austin et de John Searle qui s'intéressent non pas seulement à la fonction sémantique et dénotative du langage, mais également à sa dimension performative. Alors que la première fonction vise à représenter des objets du monde, la seconde agit sur celui-ci. Elle a des effets sur le monde social parce qu'elle s'inscrit dans des jeux de langage institués dans des cadres institutionnels. Cette analyse des pratiques discursives permettant à des experts d'intervenir dans un champ du savoir rappelle les études de Michel Foucault et de Pierre Bourdieu. Ce changement de registre est fondamental. Alors que les approches traditionnelles de la sécurité cherchent à définir la sécurité en soi, comme un objet, les théoriciens **constructivistes** de l'École de Copenhague ouvrent un domaine de recherche sur la façon dont des experts, agissant au sein d'un contexte institutionnel déterminé, en viennent à définir la sécurité et ainsi à agir sur le monde.

Dans cet ordre d'idées, l'étude des dynamiques de ce que Wæver désigne par les concepts de *sécurisation* et de *désécurisation* devient une composante centrale des travaux qui s'inspirent de cette école. Par la sécurisation, il faut entendre l'ensemble des pratiques discursives dont l'énonciation sécurise un enjeu ou un objet de la politique intérieure (l'immigration) ou extérieure des **États** (le terrorisme). En devenant « sécurisé », cet enjeu apparaît du domaine des gestionnaires de la sécurité et non plus de l'exercice démocratique légalement institué. À l'inverse, la désécurisation participe à une prise de conscience éthique et réflexive des risques que font peser les processus discursifs de sécurisation sur l'exercice démocratique. Parce qu'elle met l'accent sur ce caractère socialement construit de la sécurité et de la menace, l'École de Copenhague s'inscrit au sein de la nébuleuse d'approches caractérisées de constructivistes. Les chercheurs œuvrant au sein des *Critical Security Studies* (Keith Krause) et du groupe *Cultures et Conflits* (Didier Bigo) exploreront davantage le volet critique de ces théories en mettant à jour les pratiques

discursives du monde des gestionnaires de la sécurité permettant de sécuriser des enjeux politiques, et cela souvent en s'appuyant sur des préjugés et des intérêts inavouables au sein de l'espace public.

L'École de Copenhague a contribué à élever le niveau de **réflexivité** des approches traditionnelles de la sécurité. Si la prise en compte de la sécurité sociétale a l'intérêt d'ouvrir la boîte noire, laissée pour compte par les néoréalistes, il n'est pas certain que sa façon d'appréhender la sécurité sociétale diffère tellement du néoréalisme. La conception anthropomorphique de la société comme un tout doté d'intentions et de caractéristiques essentielles est problématique. Cette conception s'expose au risque de reproduire la conception moniste de l'État de la théorie néoréaliste en l'appliquant à la société. Cette théorie risque de consolider les identités **hégémoniques**, au détriment des identités marginales (McSweeny, 1996 ; 1999). Des critiques de ce concept soutiennent qu'il ne rend pas compte des dynamiques de formation identitaire, mais qu'il les réifie parce qu'il n'y a aucun critère objectif qui puisse expliquer ce que sont les conditions acceptables pour l'évolution de la culture, des coutumes et des identités religieuses et nationales.

La recherche entamée par l'École de Copenhague aboutit donc sur deux voies qui apparaissent autant porteuses que contradictoires. D'une part, elle ouvre la porte sur une conception réflexive de la sécurité qui conçoit celle-ci comme une pratique sociale construite de façon **intersubjective** et dont les principales stratégies discursi-

59

ves doivent êtres révélées par l'analyse. Cette voie a été résolument empruntée par des auteurs **poststructuralistes**, ou œuvrant autour de *Cultures et Conflits*. D'autre part, elle propose un élargissement des conceptions de la sécurité à des domaines traditionnellement passés sous silence par les théories des **Relations internationales**. Cependant, en cherchant à sécuriser ces nouveaux objets, l'École de Copenhague ne s'expose-t-elle pas au risque de sécuriser davantage qu'elle ne « désécurise » ? Le fossé qui sépare ces deux avenues

peut être mesuré par le fait que les travaux de Didier Bigo, critiquant la sécurisation de l'immigration comme une menace à la société, s'inscrivent bien dans la première voie, alors que ceux de Samuel Huntington (2004), identifiant l'immigration hispanique comme une menace pesant sur la société états-unienne, s'inscrivent dans la seconde voie.

Frédérick Guillaume Dufour et Mélanie Roy

ÉCONOMIE POLITIQUE INTERNATIONALE   International Political Economy

Seule une approche intégrée peut expliquer de façon adéquate les fondements d'arrangements économiques internationaux et fournir ainsi des propositions politiques solides. [...] Une telle approche intégrée ne peut être effectuée que par des individus qui peuvent manier systématiquement des questions économiques et politiques à la fois, ou par des équipes qui combinent des experts de chaque discipline (Bergsten, 1975 : v).

L'économie politique internationale (ÉPI) est une discipline dont l'objet est « l'étude de l'interaction réciproque et dynamique dans les relations internationales entre la poursuite de la richesse et la recherche de la **puissance** » (Gilpin, 1975 : 43). Ce champ de réflexion mettant en relation l'**État** et le marché

est très ancien et correspond à des analyses d'économie politique qui sont à l'origine de la pensée économique contemporaine. Toutefois, ce n'est qu'à partir des années 1970 que cette discipline s'est institutionnalisée, sur la base de travaux de politologues et de spécialistes des **Relations internationales**, plus particulièrement aux États-Unis et au Royaume-Uni[1]. Cela demeure encore largement déterminant pour la discipline aujourd'hui, dans la mesure où les problématiques font une place prépondérante au monde anglo-saxon, notam-

---

1. On considère dans le milieu académique que le texte à l'origine du renouvellement de la discipline dans les années 1970 est celui de Susan Strange (1970).

ment à la place et au rôle des États-Unis dans le **système international**, mais aussi où les grands auteurs en ÉPI sont soit d'origine anglo-saxonne, soit enseignent dans des universités nord-américaines ou britanniques.

L'ÉPI insiste tout particulièrement sur deux relations centrales au sein du système capitaliste contemporain. D'une part, elle met en exergue la relation entre la sphère économique et la sphère politique. Cette dimension de l'ÉPI insiste sur la complémentarité entre richesse et puissance. En effet, selon cette discipline, la richesse d'un État, considéré comme l'**acteur** central (mais pas unique et à divers degrés) des relations économiques internationales, est à la fois l'élément essentiel de sa puissance à long terme mais aussi celui de la richesse de la **nation** qu'il structure et organise. L'acteur étatique est ainsi introduit au cœur de l'analyse des phénomènes transnationaux, de même que la possibilité d'inégalité et de hiérarchie entre ces différents acteurs. De plus, la puissance est vue comme un moyen d'acquérir de la richesse. Enfin, l'objectif de toute politique nationale est, d'une manière générale, de poursuivre conjointement la recherche de richesse et celle de puissance.

D'autre part, l'ÉPI insiste sur la relation réciproque entre l'échelon national et l'échelon international de l'activité économique et des modes de régulation les concernant. Cette dimension de l'analyse permet de prendre en compte le caractère central du niveau national dans les relations internationales, mais aussi de comprendre comment des autorités politiques plus ou moins autonomes et hiérarchisées agis-

sent dans un univers économique transnational par nature. Cette articulation national/international permet aussi de mieux comprendre l'émergence et le rôle des **institutions internationales** au sein du système international.

Les analyses en termes d'ÉPI se sont développées à partir des années 1970 pour trois raisons principalement. Premièrement, au niveau théorique, l'ÉPI s'est progressivement imposée comme discipline académique à part entière en raison de l'échec ou de l'impasse des grandes théories de nature économique ou politique dans la compréhension des phénomènes transnationaux. Ensuite, au niveau **ontologique**, l'ÉPI s'est développée au moment de la résurgence de deux grands courants de pensée dans les années 1970, le **marxisme** et surtout le **libéralisme**. Enfin, au niveau empirique, l'ÉPI s'est développée au moment où la montée des interdépendances, plus tard appelée **mondialisation** du fait de son ampleur et de ses conséquences, s'est manifestée en profondeur dans les systèmes économiques et sociaux.

Telle qu'elle est décrite plus haut, l'ÉPI semble donc très proche des thèses **mercantilistes** des XVIIe et XVIIIe siècles, comme le souligne très justement Keohane (1984 : 22). Toutefois, l'ÉPI ne peut se réduire à une rénovation-réactualisation des thèses mercantilistes. D'abord, l'utilisation d'outils analytiques contemporains s'est généralisée en ÉPI, notamment celle de la **théorie des jeux**. Surtout, on voit plutôt trois modèles se faire concurrence. En premier lieu, l'ÉPI est historiquement issue de la pensée **réaliste**, puis **néo-réaliste**. Dans l'univers réa-

61

liste, les États-nations, dans un système international **anarchique**, c'est-à-dire en l'absence d'autorité supranationale, recherchent la puissance (définie en termes de ressources) et demeurent les acteurs principaux, sinon uniques, des relations économiques internationales. Les recherches en ÉPI consistent donc à trouver comment les États utilisent l'économie pour atteindre leur but de puissance, le plus souvent en termes relatifs.

En second lieu, l'ÉPI fait une large place à la pensée libérale. Le libéralisme, dans sa dimension normative, véhicule l'idée selon laquelle l'allocation marchande et libre des ressources est bénéfique non seulement à chaque individu, mais aussi à la société dans son ensemble. Selon cette doctrine, les individus, bien plus que les États, à travers une rationalité qui cherche la maximisation de leur bien-être (calculé en termes de coût/avantage), demeurent les véritables acteurs des relations économiques internationales. L'État n'est donc perçu que comme une agrégation de l'ensemble des individus composant la nation.

D'un point de vue **épistémologique**, le politique, dans la pensée libérale, est vu en des termes plutôt économiques. Cette tendance à l'économisme favorise une représentation particulière du politique, dans la mesure où celui-ci n'est autre que tout ce qui doit être résolu dans une société sans l'aide du marché. Ainsi, contrairement à la doctrine réaliste, les États, en tant que représentants des individus qui composent la société, ne recherchent que des **gains absolus** dans leurs relations avec d'autres États. La théorie des **régimes**

internationaux est directement issue de cette vision du monde, dans la mesure où la **coopération** entre les États est bénéfique à tous les États qui y participent. De même, la théorie de la **stabilité hégémonique** est issue de ce courant, dans la mesure où l'existence d'une **hégémonie** est la condition *sine qua non* de l'existence d'un ordre économique international libéral.

Enfin, en troisième lieu, le courant marxiste n'en reste pas moins très pertinent dans l'analyse en termes d'ÉPI, et il demeure de moins en moins en retrait dans la structuration des grands débats qui la traversent, même s'il regroupe des travaux moins homogènes que les deux courants de pensée précédents. Contrairement à ces derniers, l'hypothèse centrale ici est que les classes sociales sont l'unité analytique de base autour de laquelle s'articulent le système international et l'action des États qui le composent. Celles-ci, guidées par leur intérêt de classe, de nature principalement économique, sont en conflit dans la répartition des richesses. Ici l'économisme est tel que bien souvent le politique est déterminé par l'économique.

Deux grands thèmes sont privilégiés par le courant marxiste en ÉPI, à savoir celui de l'impact et du rôle des firmes transnationales (le capital transnational) dans le fonctionnement et les dysfonctionnements actuels du capitalisme, et celui de la hiérarchie et de la structuration des États dans le système économique international. Concernant ce dernier thème, trois grands corpus théoriques ont été élaborés, à savoir celui de l'**impérialisme** (Lénine, Rosa Luxembourg), celui en termes de centre/périphérie et de « **système-monde** » (Wallerstein), et enfin le plus fécond actuellement, le courant **néogramscien** reprenant les thèses de Gramsci sur l'hégémonie (Cox, Gill).

L'ÉPI, dans le vaste champ des Relations internationales, est une discipline largement marquée par le **positivisme**, même si la tendance actuelle semble s'en éloigner un peu, et a développé une série de concepts et d'idéaux-types permettant de comprendre principalement l'émergence d'un ordre économique international stable alors que les États ont plutôt tendance à privilégier leurs intérêts propres. Ces concepts et idéaux-types sont l'objet de vives controverses entre les différents courants de pensée. Parmi ceux-ci, nous pouvons en dégager trois : l'hégémonie, le régime international et la **gouvernance**.

Nous pouvons définir de manière brut l'hégémonie comme étant la position dominante d'un État au sein du système international. Comme le considère Kebabdjian (1999 : 174), « un État est hégémonique quand non seulement il est plus puissant que les autres mais aussi quand sa puissance relative surpasse toutes les autres ». Plus concrètement, on peut dire que l'hégémonie est un système de relation de pouvoir qu'exerce un hégémon et qui lui permet, non pas de fixer dans le détail les règles et principes internationaux, mais de structurer le champ d'action possible des autres acteurs. Dans un système hégémonique, l'hégémon ne fixe pas de manière unilatérale les règles et les mécanismes institutionnels internationaux, mais il est en mesure de fixer les modalités de création, de

préservation et de sanction de celles-ci. Surtout, l'hégémon doit non seulement être capable de jouer ce rôle, mais encore faut-il qu'il le veuille bien. C'est d'ailleurs sur cette dernière caractéristique qu'insiste Kindleberger dans son analyse de la crise des années 1930 (Kindleberger, 1973). Un État dominant en termes de puissance ne peut donc être considéré comme un hégémon que s'il prend conscience de sa situation et la transforme en une forte volonté politique de production d'ordre international. Trois types de critères sont traditionnellement évoqués lorsqu'on parle d'hégémonie concernant un État. Le premier est d'ordre quantitatif et a trait aux **capacités** matérielles brutes (*capabilities*) de l'hégémon. Le deuxième est d'ordre psychologique, et a trait à la capacité de ralliement de l'hégémon. Le troisième enfin, que l'on a tendance à souvent négliger, est lié à la nature organisationnelle de l'hégémon et a trait à sa capacité de transfert entre le premier et le deuxième type de critère.

Cependant, l'hégémonie n'est pas la domination pure et simple du plus fort sur le plus faible. Bien au contraire, l'hégémon doit être capable de faire consensus sur les actions qu'il entreprend, mais il doit aussi être capable de justifier son existence. Cette légitimation de la place et du rôle de l'hégémon n'est possible que si ce dernier est en mesure de produire et de maintenir l'ordre international. Dans la tradition économique, on assimile cet ordre à la production d'un **bien public** international. Le moyen par lequel ce bien public international est produit peut être un régime international, avec à sa tête une **institution internationale**, mais cela n'est pas forcément obligatoire en théorie.

On définit traditionnellement un régime international comme un « ensemble explicite ou implicite de principes, de **normes**, de règles et de procédures de prise de décision autour desquelles les anticipations des acteurs convergent dans un domaine donné des relations internationales » (Krasner, 1983 : 2). Deux éléments ressortent de cette définition, d'une part qu'un régime international est constitué par un ensemble de valeurs partagées par les États y participant (principes et normes) et, d'autre part, qu'il est constitué d'instruments (règles et procédures de décision). C'est donc à la fois par la forme et par le mécanisme de coopération internationale que se définit un régime.

La théorie des régimes a eu d'emblée pour objet de comprendre la naissance des institutions internationales, mais aussi de comprendre comment et pourquoi des États coopèrent dans certains domaines des relations internationales en l'absence d'hégémonie. Pour Keohane (1984), la coopération entre États naît de leur rationalité et des externalités liées à l'augmentation des interdépendances entre les nations. On distingue traditionnellement l'offre de régime, liée à la structure du système international, et la demande de régime, liée à l'existence et à la profondeur du problème d'action collective à résoudre (d'où l'utilisation de la théorie des jeux pour y répondre).

Plusieurs séries de critiques ont été faites concernant la notion de régime international. Susan Strange (1982) a été la plus critique concernant cette notion. D'une part, cette théorie repose sur un questionnement américano-centré, en ce sens que le principal sujet fut celui de savoir si les États-Unis étaient en déclin à la fin des années 1980. D'autre part, les concepts utilisés ne sont pas assez explicites pour permettre une bonne lecture des problèmes. Ensuite, les concepts sont biaisés en faveur de l'**ordre international** et de sa permanence, cela au détriment de la dynamique du système, de son efficacité et de sa légitimité.

Par ailleurs, la vision de la théorie des régimes est trop statique, alors que du point de vue de Strange, la règle serait plutôt celle d'une rénovation constante des règles, donc des régimes. Enfin, l'approche est trop stato-centrique alors que dans le même temps, on analyse l'État de manière économique, voire instrumentale.

On pourrait aussi critiquer la théorie des régimes en refusant la séparation trop nette qu'elle effectue entre le national et l'international, à l'instar de Ruggie (1993b). En effet, ce dernier pense que l'élaboration et le fonctionnement des régimes dépend de l'articulation entre les dimensions internes et internationales, notamment concernant les principes et les normes au sein du régime. Les régimes internationaux naissent de contraintes internalisées par les États, notamment de compromis nationaux, et agissent à la fois en interne et en externe. Ces critiques sont au fondement de l'élaboration d'un autre concept utile dans les approches en termes d'ÉPI, celui de gouvernance.

Il existe de nombreuses définitions de la gouvernance. Rosenau (1995) considère que la gouvernance est l'ensemble des mécanismes de régulation dans une sphère d'activité fonctionnant même en l'absence d'une autorité officielle. Au niveau international, il définit la gouvernance mondiale comme l'ensemble des systèmes de règle, de contrôle et de gestion ayant des répercussions internationales à un moment donné. Cette définition a été fortement critiquée, car elle est trop vague pour être différenciée soit avec le concept de régime, soit avec celui de multilatéralisme.

Pour Smouts (1998), la gouvernance est un système de mise en relation des gouvernements, des ONG, des firmes transnationales, du marché mondial et enfin des citoyens. Ce n'est pas un système de règles ou une activité, mais un processus fondé sur l'accommodement et non sur la domination qui met en interrelation continue des acteurs privés et publics dans le but de réaliser un objectif collectif. La gouvernance constituerait donc une alternative à l'hégémon dans un contexte d'interdépendance et de nécessité de gestion des externalités. On est donc à l'opposé de toute conception réaliste du monde puisque cela permet d'analyser les phénomènes en sortant de l'hypothèse de l'anarchie. La gouvernance serait ainsi le fait de penser la gestion des affaires internationales comme un processus de négociations/interaction entre des intervenants hétérogènes.

Cette définition a quelques propriétés intéressantes du point de vue analytique. Elle est en effet beaucoup plus procédurale que celle des régimes et permet de questionner les mécanismes de formation des consensus internationaux. Ensuite, elle permet de comprendre le monde en termes de réseaux, c'est-à-dire de sous-systèmes fragmentés qu'elle vise à intégrer en vue d'une action collective d'intérêt public. Par ailleurs, elle est plus flexible qu'une approche en termes de régime en remettant au-devant de la scène l'incertitude du résultat. Enfin, elle permet de comprendre le monde d'aujourd'hui et les interdépendances croissantes entre les acteurs économiques.

Quoi qu'il en soit, l'apparition de cette conception procédurale de la gestion de l'économie mondiale permet la prise en compte des acteurs privés dans la réalisation d'objectifs publics. Cela est important dans la mesure où la barrière entre le national et l'international tend à s'abaisser fortement dans ce contexte d'augmentation des interdépendances économiques. On peut donc dire que la gouvernance est un concept de l'ÉPI qui permet la prise en compte des acteurs privés et publics dans la réalisation d'objectifs collectifs.

Enfin, cette définition ne saurait être complète sans la mention des quelques grands débats au sein de l'ÉPI. Nous pouvons en donner deux qui structurent les recherches, même si ces débats n'ont rien d'exhaustif.

Premièrement, le premier débat qui traverse l'ÉPI depuis ses débuts concerne le déclin supposé des États-Unis au sein du système international. La thèse du déclin hégémonique des États-Unis a été très présente durant les années 1980, et celle de son renouvellement dans les années 1990. Le second débat structurant l'ÉPI concerne le rôle et le pouvoir de l'État dans la mondialisation. Paradoxalement, alors que l'ÉPI a tenté de remettre à sa place le rôle de l'État dans les relations économiques internationales, on assiste à un fort débat concernant son pouvoir et l'émergence de nouvelles formes d'autorité.

Ces deux débats ont le mérite de mettre en avant deux réalités qu'il faut toujours avoir à l'esprit lorsqu'on étudie les affaires internationales : le monde est fait d'acteurs inégaux et hiérarchisés, et le pouvoir de ces acteurs évolue constamment.

Grégory Vanel

ÉPISTÉMOLOGIE

Epistemology

Je maintiens que l'épistémologie est importante parce qu'elle détermine de quoi l'on peut avoir une connaissance ; de plus, ce n'est pas possible de l'évacuer, ou de réduire son importance, en soutenant, comme il est à la mode chez certains philosophes postmodernes et réalistes, que l'ontologie a priorité sur l'épistémologie (Smith *et al.*, 1996 : 18).

L'épistémologie est un domaine de la philosophie dont il devient de plus en plus ardu de délimiter les contours. L'épistémologie s'intéresse à la façon dont on acquiert des connaissances et dont on tente de tracer la ligne de démarcation entre la connaissance valide et invalide. Plusieurs s'entendent *grosso modo* pour affirmer qu'elle constitue la branche de la philosophie qui s'intéresse à la connaissance en tant que tel, soit à la réflexion sur ce que signifie connaître, savoir et croire en la vérité, la validité ou la justesse d'une proposition, d'une croyance, d'un fait ou d'une théorie. Traditionnellement, l'épistémologie se distingue de la méthodologie, de l'**ontologie** et de l'éthique, le domaine de la philosophie qui s'interroge sur les préceptes, maximes ou procédures qui devraient orienter nos actions ou jugements, afin que l'on puisse affirmer de ceux-ci qu'ils sont justes, moraux ou en conformité avec une certaine conception du bien. Depuis l'entrée en « crise » de la réflexion épistémologique (Nadeau, 1994), ces frontières tendent à devenir de plus en plus floues, quand elles ne sont pas ouvertement remises en question.

Un des débats fondamentaux en théorie des **Relations internationales** oppose ceux qui cherchent à *expliquer* les Relations internationales à ceux qui cherchent à les *comprendre*. Ce qui est en jeu dans ce débat, c'est souvent la spécificité du type de connaissances que doit fournir la recherche en Relations internationales. Ceux qui cherchent à *expliquer* les Relations internationales soutiennent que la production de connaissances doit mettre en évidence des *relations causales* entre des variables. Selon cette perspective **positiviste**, l'étude de ces relations causales devrait être orientée au moyen de modèles théoriques en mesure de prédire des événements. Ceux qui cherchent à *comprendre* les Relations internationales s'intéressent plutôt au sens qu'ont ces relations pour différents agents qui sont engagés dans celles-ci. Pour eux, ce n'est pas tellement la prédiction d'événements futurs qui est importante, mais plutôt la compréhension du sens que des agents attribuent à leurs actions et à celles des autres agents.

Bien qu'aucune classification ne soit satisfaisante pour rendre compte de la complexité des débats en épistémologie, on dégagera trois points de vue sur la connaissance qui orientèrent les débats (pour un tableau plus complet voir également **positivisme**, **postpositivisme**, **paradigme**, **réflexivisme**, **Théorie Critique** et **féminisme**).

L'empirisme est une position épistémologique selon laquelle l'ensemble de nos connaissances valides est dérivé de l'expérience sensible à travers l'observation et l'expérimentation. On fait habituellement remonter cette tradition aux théories de la connaissance britanniques, principalement à John Locke et à David Hume. Plusieurs variantes de l'empirisme ont traversé le XXe siècle. Il connut un développement important avec l'empirisme logique. L'empirisme s'oppose principalement au rationalisme et à l'apriorisme. Nadeau souligne que pour les empiristes « tous les concepts, de même que l'ensemble des relations logiques qui les unissent, seraient issus de l'expérience sensible : il n'y aurait pas d'idées innées » (Nadeau, 1999 : 182). Dans les années fortes de l'empirisme logique, Carnap (1959) en formula la

principale ambition comme étant le dépassement de la métaphysique.

L'idéalisme, comme théorie de la connaissance, doit être distingué de l'**idéalisme** en tant que **théorie** des Relations internationales, et du fait qu'un **acteur** ait des idéaux. En théorie de la connaissance, on qualifie d'idéaliste :

> [t]oute doctrine selon laquelle l'existence du sujet est une condition nécessaire de l'existence des objets ; ou encore, en d'autres termes, toute doctrine soutenant que la réalité est fondamentalement de nature mentale. La forme contemporaine la plus répandue de l'idéalisme porte sur le lien entre langage et réalité (Nadeau, 1999 : 305).

Kant, pour qui l'ensemble de nos connaissances, y compris éthiques et esthétiques, sont filtrées par des catégories *a priori* de notre entendement est un des représentants les plus importants de cette position.

Finalement, on qualifie de *rationalisme*, « [t]oute philosophie qui met en évidence le rôle de la seule raison dans l'acquisition et la justification du savoir » (Nadeau, 1999 : 585). Alors que Descartes et Chomsky ont beaucoup mis l'accent sur la rationalité en tant que propriété du sujet connaissant, Popper, mais surtout Apel et Habermas, qualifient de « rationnelles » certaines procédures **intersubjectives** qui permettent d'établir des ententes sur ce qui existe dans le monde et d'établir des projets d'actions afin d'y intervenir.

Pré-positivisme, positivisme, postpositivisme et l'étude des Relations internationales

Dans un ouvrage important sur l'épistémologie de l'étude des Relations internationales, Steve Smith (1996) présenta les problèmes épistémologiques de ce champ en fonction de l'opposition entre les théories positivistes et postpositivistes. Bien qu'elle soit un peu dépassée, cette ligne de démarcation demeure importante parce que c'est en fonction d'elle que s'articulèrent les débats des années 1990. On dressera ici quelques parallèles entre l'histoire de la théorie des Relations internationales et celle de la philosophie des sciences au XXe siècle.

À la suite de la Première Guerre mondiale, lorsque le champ de l'étude des Relations internationales commença à devenir autonome de ceux de l'histoire militaire, du **droit international** et de la science politique, il fut très peu influencé par la tradition positiviste en philosophie des sciences. Alors que la réflexion sur les théories de la connaissance en sociologie voyait ses paramètres commencer à se définir avec Comte, Durkheim et Weber, le champ d'étude des Relations internationales émergeait du traumatisme qu'avait été la guerre 1914-1918 et cherchait, d'une part, à prévenir un autre conflit de la même envergure, et, d'autre part, à justifier ou à comprendre l'**impérialisme** des grandes puissances européennes. La théorie des Relations internationales était presque explicitement soumise à une vision politique du monde, orientée vers ce que ses promoteurs considéraient comme l'idéal d'une civilisation.

Durant l'entre-deux-guerres, autant les variantes de l'idéalisme que du **réalisme classique** résistèrent à l'adoption des modèles et des standards de scientificité promus par les philosophes des sciences du *Cercle de Vienne*. Il n'était pas rare de voir des analyses empreintes tant de références religieuses (Niebuhr), que d'une conception de l'état de nature invoquée pour défendre tour à tour les positions idéalistes et réalistes. Si l'on désigne par positivisme une tradition qui poursuit l'objectif d'accumuler un savoir sur les « régularités » du monde social à travers l'application de modèles en vigueur en sciences de la nature, le début de l'étude des Relations internationales était « prépositiviste ». Seuls les travaux de certains, dont Morgenthau, avaient des ambitions orientées dans ce sens.

À la suite de la Deuxième Guerre mondiale, on assista à la propagation d'une orientation épistémologique qui commença à émerger dès la crise économique de 1929. Il était temps de purger l'étude des Relations internationales de son utopisme et de commencer à travailler sur la « véritable nature » des Relations internationales, c'est-à-dire sur l'étude de relations structurées par le **pouvoir**. C'était le début de l'émergence du réalisme classique comme théorie des Relations internationales. Celui-ci, bien qu'il identifiât des principes et des lois structurant les Relations internationales, demeurait beaucoup plus proche de l'étude historique, que les approches positivistes qui commencèrent à le concurrencer (la **théorie des jeux** et le **behavioralisme**), et que son successeur le **néoréalisme**. La convergence déterminante entre le courant réaliste et le positivisme fut effectuée par Kenneth Waltz. Dans son optique, autant les adversaires traditionnels du réalisme que la tradition du réalisme classique souffraient d'un déficit méthodologique parce que leur conception du rôle des théories scientifiques était désuète. Waltz fonda le néoréalisme sur une épistémologie inspirée du falsificationnisme de Popper (voir positivisme). La conception que Waltz se faisait du rôle et du statut de la théorie des Relations internationales n'était malheureusement pas exempte d'ambiguïtés. D'une part, Waltz fit de nombreuses références à l'épistémologie néopositiviste et, d'autre part, quand vint le temps de présenter son modèle théorique, il le présenta comme un modèle non empirique. À la manière des modèles instrumentalistes en sciences économiques, dans *Theory of International Politics* (1979), Waltz affirme de son modèle non empirique qu'il devra d'être testé en fonction de son utilité. C'est l'utilité d'une théorie qui en fait, selon son raisonnement, une bonne théorie. Waltz passa par la suite à un test empirique de son modèle, ce qui n'est pas sans contredire les présupposés de sa position épistémologique.

L'impact de Waltz sur la théorie des Relations internationales a été fondamental. Encore aujourd'hui, il demeure l'emblème à la fois de la critique du réalisme classique, de la fondation du néoréalisme et un intervenant incontournable des débats sur la méthodologie en Relations internationales. La structure **bipolaire** de la Guerre froide se prêtait particulièrement bien à l'approche méthodologique qu'il proposait. Cependant, aucune des analyses inspirées par Waltz, dont un des mérites se veut la capacité de prédiction du modèle, ne parvint à prédire l'effondrement de l'Union soviétique. Leur ontologie **stato-centrique** les plaça également dans l'embarras le moment venu d'expliquer les événements du 11 septembre 2001.

Steve Smith situe les années fortes de l'épistémologie empiriste en théorie des Relations internationales entre 1955 et 1995. Selon lui, « l'importance du positivisme n'a pas tellement été qu'il a produit une théorie des Relations internationales, mais plutôt le fait que son épistémologie empiriste a déterminé [pendant cette période] le type d'objet qui existe en Relations internationales » (Smith *et al.*, 1996 : 11). Ce qu'il qualifie d'« épistémologie empiriste » demeura très influent jusqu'en 1995, mais on commença à voir apparaître, dès le début des années 1980, des courants influencés par l'émergence des **théories critiques** en sciences sociales. On assista en outre à l'émergence d'une réflexion sur la connaissance menée par des théories critiques, néomarxistes, féministes, **poststructuralistes** et réflexivistes qui avaient pour rare point commun de s'opposer à la façon dont des restrictions épistémologiques, définies principalement par les néoréalistes, avaient circonscrit le champ d'étude des Relations internationales. La grande majorité de ces théories s'entendent généralement pour soutenir que l'épistémologie permet de décréter des objets d'étude légitimes et non légitimes, et par extension le sens commun. Ce n'est donc pas un hasard si le *Troisième*

69

Débat en théorie des Relations internationales (voir le **débat entre paradigmes**) a eu la métathéorie et l'épistémologie comme champ de bataille.

Avec le développement des approches postpositivistes, certains conçoivent aujourd'hui l'épistémologie comme un récit narratif qu'il ne convient plus de situer au-dessus des autres récits narratifs, mais bien au même niveau que ceux-ci. Selon ces approches, il est fondamental de montrer de quelle manière l'épistémologie elle-même est investie de relations de pouvoir qui ont contribué à la mise en récit d'un discours sur la pensée scientifique et celle qui ne l'est pas. Ces approches tentent de « déconstruire » la mise en récit de la science. Jim George (1994) se livra à cet exercice en tentant de dresser une généalogie du champ de la théorie des Relations internationales (voir poststructuralisme).

Vingt ans après que Robert W. Cox eut lancé le mouvement **néogramscien** en affirmant que « [t]oute théorie sert toujours à quelqu'un et à quelque chose », plusieurs théories critiques en Relations internationales endosseraient probablement l'expression « toute épistémologie sert toujours à quelqu'un et à quelque chose ».

Frédérick Guillaume Dufour

ÉQUILIBRE DES PUISSANCES

Balance of Power

L'équilibre des puissances [...] est quelque chose qui ressemble au temps : tout le monde en parle, mais peu de gens font quoi que ce soit pour y remédier. Il est probable que l'on n'a jamais usé et abusé d'aucune autre expression associée à l'art de gouverner, sauf peut-être celle de « diviser pour mieux régner », sur une échelle aussi vaste dans le monde occidental (Gulick, 1955 : v).

L'équilibre des puissances est un des plus anciens concepts des **Relations internationales**. Déjà Thucydide, au cinquième siècle avant Jésus-Christ, semble y faire référence lorsqu'il discute de l'équilibre qui était en place entre les grandes cités grecques de l'Antiquité. L'équilibre des puissances fait généralement référence à la répartition des **capacités** entre deux ou plusieurs **États** ou groupes d'États. Traditionnellement, cette notion se référait à l'idée d'un équilibre au niveau régional, mais à la suite de la Deuxième Guerre mondiale et à l'avènement de la Guerre froide par la suite, on parle aussi de l'importance d'un équilibre des puissances sur le plan global.

On associe ce concept surtout avec l'approche **réaliste** en Relations internationales. Il faut toutefois souligner la différence fondamentale entre la vision des réalistes classiques et des **néoréalistes** sur le sujet. Si les premiers perçoivent l'équilibre des puissances comme étant un objectif de **politique étrangère**, les néoréalistes, notamment Kenneth Waltz (1979), soutiennent plutôt que la structure du **système international** tend elle-même vers un équilibre naturel et stable, surtout dans une situation de **bipolarité**.

Toutefois, définir exactement ce qu'est l'équilibre des puissances n'est pas chose facile et même ses partisans les plus ardents reconnaissent volontiers qu'il se prête à plusieurs interprétations. Ainsi, le père du réalisme américain, Hans J. Morgenthau (1962), propose quatre façons différentes de concevoir l'équilibre des puissances : comme une politique visant à répartir la **puissance** de manière plus ou moins égale ; comme une description d'un certain état de fait en relations internationales ; comme une description d'une politique visant à établir un certain état de fait en relations internationales ; comme toute répartition de la puissance dans les relations internationales.

Cette pluralité d'interprétations de l'équilibre des puissances a pour conséquence de le transformer en un concept passe-partout pouvant être employé dans de nombreuses circonstances. C'est d'ailleurs une des critiques principales apportée au concept ; son ambiguïté a pour effet que les auteurs qui s'en servent tendent à le faire concorder avec leur propre vision des relations internationales.

Ernst B. Haas (1953) abonde en ce sens et décrit huit interprétations possibles de ce que peut signifier le terme *équilibre* :

1. « Répartition de la puissance » : la puissance étant distribuée à travers les différents **acteurs** du système international d'une façon plus ou moins égale ;

2. « équilibre » : l'équilibre parfait entre deux ou plusieurs puissances sur le plan des capacités ;

3. « **hégémonie** » : tous les acteurs présents dans la balance sont à la recherche de puissance et font constamment déplacer la balance d'un côté ou de l'autre. Advenant le cas où l'équilibre serait atteint, il serait immédiatement détruit par un acteur capable d'acquérir plus de puissance ;

4. « stabilité » et « paix » : ce qui correspond à un monde idyllique où la répartition de la puissance serait tellement parfaite au sein du système international que le jeu d'alliance et de réciprocité entre les États créerait un état de stabilité suffisant pour maintenir une paix relative ;

5. « instabilité » et « guerre » : dans la mesure où l'équilibre parfait entre les puissances serait en fait le prélude quasi automatique à une guerre ;

6. « politique de puissance (*power politics*) » : conception de l'équilibre des puissances qui correspond à une vision où *realpolitik* et équilibre des puissances sont fusionnés et où la survie de l'État justifie l'utilisation de tous les moyens qui sont à sa disposition, et ce, sans restriction morale, pour faire pencher la balance de son côté ;

7. « loi universelle de l'histoire » : tout le long de l'histoire des relations internationales, les États auraient toujours cherché à contrer les menaces provenant des autres États en développant leur propre puissance ;

8. « système » ou « guide » pour les décideurs : l'équilibre des puissances serait en fait un modèle qui rend

71

plus efficace la conceptualisation des jeux de puissance dans les relations internationales et permettrait aux décideurs de mieux prendre leurs décisions au sujet de l'utilisation de la puissance de leur État.

Trop souvent, le concept d'équilibre des puissances tend aussi à confondre le normatif et le descriptif. On voit ici une des lignes de partage entre réalistes et néoréalistes, d'un côté, et **libéraux** et **néolibéraux**, de l'autre. Pour les premiers, qu'il s'agisse d'un objectif à poursuivre ou d'un état de fait, l'équilibre des puissances est perçu comme une véritable institution, qui assure la paix et l'ordre régional ou global, et est donc valorisé implicitement pour cette raison. Les seconds voient dans la poursuite de l'équilibre des puissances ou les tentatives de le maintenir une source fondamentale d'instabilité dans les relations internationales et ultimement de guerre, ce qui doit inciter à la recherche de stratégies de rechange, telles que la **sécurité collective** ou la **coopération** à travers les **institutions internationales**.

À la confusion qui entoure le sens du terme d'équilibre s'ajoute le fait qu'il existe également beaucoup de débats autour de la définition de la notion même de puissance, sans parler des difficultés qui surviennent inévitablement lorsqu'on tente de l'évaluer de façon convaincante. Doit-on tenir compte de la seule puissance militaire ? Quelle est la relation entre puissance militaire et puissance économique ? Quelle est l'importance réelle du **soft power** dans l'évaluation de la puissance d'un État ? Très conscient de ces problèmes, Raymond Aron propose tout simplement de remplacer le concept de l'équilibre des puissances par celui de l'*équilibre des forces*, parce que, à son avis, « les forces sont plus mesurables que la puissance ». Il ajoute que « si les forces sont équilibrées, les puissances le sont aussi approximativement » (Aron, 1984 : 133).

Malgré toutes ces polémiques concernant l'utilité ou la valeur intrinsèque d'un concept aussi discuté que discutable, l'équilibre des puissances continue à se maintenir au cœur des débats sur la théorie des Relations internationales.

Benoît Gagnon

ÉTAT

La mondialisation dépossède pour une bonne part l'État de son pouvoir d'objectivation de la réalité sociale mondiale. Il n'est plus ce réducteur d'incertitudes qu'il était autrefois (Laïdi, 1994 : 23).

Selon la définition classique de Max Weber, l'État est une institution détenant le monopole légitime de l'usage de la force. On désigne ainsi généralement l'État comme étant une structure institutionnelle assurant la perpétuation d'un ensemble social et qui possède pour ce faire des moyens exceptionnels, notamment en ce qui concerne l'usage de la force. Pendant longtemps, on a considéré l'État comme l'**acteur** principal en **Relations internationales**, étant donné sa capacité de recourir à la force pour imposer en dernière instance sa volonté. Étant à la base des rapports internationaux, les caractéristiques de l'État sont souvent perçues comme la clé d'une compréhension des Relations internationales. Dans une certaine mesure, les grands débats dans la discipline gravitent donc autour du problème du rôle de l'État, de la rationalité qui l'anime et des **intérêts** qu'il poursuit.

La tradition **réaliste** perçoit l'objectif principal de l'État comme étant la survie de la collectivité qu'il représente. La menace d'une invasion ou de l'usage de la force par un autre État contraint tout État à privilégier la question de la **puissance** et de la **sécurité**. La quête de sécurité subordonne ainsi toutes considérations sociales à son impératif. Elle implique, selon les réalistes, que l'État suive une rationalité purement instrumentale afin d'assurer sa défense : étant donné les risques pour sa survie, il doit prendre des décisions sur un mode froidement calculateur libre de toute considération sociale. Seule la maximisation de la puissance constitue un objectif viable.

La réflexion sur l'État, à l'intérieur du réalisme (avec le passage du réalisme classique au **néoréalisme**), a progressivement vidé l'État de toutes caractéristiques substantives dans son effort de rendre son objet d'étude « scientifique ». En effet, le glissement vers la rationalité instrumentale permet de désocialiser l'État et d'affirmer que son comportement dans l'arène internationale n'est aucunement lié à la façon dont l'État est construit socialement, c'est-à-dire par des rapports sociaux et des formes institutionnelles ou culturelles. Ce qui se passe à l'intérieur de l'État n'est donc plus une composante essentielle de l'analyse des relations interétatiques. Dans une approche systémique des Relations internationales, il devient alors possible de dégager une définition des déterminants de la politique internationale qui soit universelle (Waltz, 1979).

De façon générale, les nombreuses critiques adressées au réalisme peuvent être interprétées comme visant à resocialiser l'État. La première vague de critiques conteste principalement la notion de rationalité instrumentale. Dans les années 1960, plusieurs modèles sont ainsi proposés pour repenser les modes décisionnels de l'État et montrer comment la rationalité de l'État est

73

formée par ses structures bureaucratiques et organisationnelles. Graham Allison, notamment, insiste sur les effets de distorsion que produisent, d'une part, la compétition entre différents organismes dans l'État avec leur mode de fonctionnement propre, et, d'autre part, les rivalités entre bureaucrates animés par des intérêts personnels et des visions divergentes (Allison, 1971 ; Halperin 1974).

Dans un registre différent, l'approche **constructiviste** en Relations internationales, qui émerge à la fin des années 1980, examine l'importance des rapports **intersubjectifs** dans la constitution des dynamiques étatiques. Contre l'idée d'une rationalité désincarnée, elle problématise le sens que les États attribuent aux comportements d'autres acteurs. Ainsi l'accent est mis sur la construction de structures intersubjectives à partir desquelles sont interprétées les actions d'autres États. Ces structures forment des anticipations concernant le comportement de chaque État en fonction desquelles leurs actions prennent un sens pour les autres. Les constructivistes rejettent donc l'idée que les décisions étatiques sont fondées sur de purs rapports de force. Les moyens mis à la disposition d'un État ne signifient rien pour d'autres États en dehors des attentes de ces derniers quant à l'usage qu'il sera fait de cette force (Wendt, 1992a).

Plusieurs mouvements critiques, apparaissant aussi dans les années 1980, effectuent une remise en cause plus fondamentale de la conception réaliste de l'État. Déjà, on avait cherché à relativiser la place de l'État en Relations internationales en soulignant l'importance d'acteurs non étatiques. Mais la critique se radicalise alors que de nombreuses approches contestent de façon plus insistante la prémisse réaliste selon laquelle l'État agit au nom de la collectivité dont il est issu. À un premier niveau, on souligne que l'État représente en fait des intérêts qui sont spécifiques plutôt que communs à l'ensemble d'une collectivité. Les approches **néogramsciennes** soulignent le caractère de classe qui sous-tend les politiques de l'État (Cox, 1987) et s'intéressent au rôle de l'**hégémonie** qui permet justement de travestir des intérêts particuliers sous la forme d'intérêts communs. Pour les gramsciens, l'État ne peut pas être étudié en faisant abstraction de la complexité de sa **société civile** et des diverses institutions qui le constituent. Les approches **féministes** dénoncent la conception du monde, qualifiée de masculine, qui se profile derrière sa *raison d'État*. On considère que celle-ci privilégie le détachement et le caractère instrumental et glorifie les rapports de force et la domination (Peterson, 1992).

Les approches **postmodernes** poussent la critique dans une autre direction en posant l'État comme un construit discursif qui vise à renforcer des structures de pouvoir existantes. L'État apparaît ici comme une entité discursive qui sert à mobiliser les gens au nom d'idéaux qui les aliènent. Selon les postmodernes, l'État dépend d'un discours propre à donner une cohérence à son action, c'est-à-dire à le constituer en tant que sujet (Campbell, 1992). Ainsi, les gens sont mobilisés et inscrits dans une logique abstraite et désincarnée qui laisse peu de place à leur individualité et les soumet aux impératifs de ce nouveau sujet, l'État, dont ils deviennent les agents. Comme chez les constructivistes, le sens qui est attribué au contexte dans lequel s'inscrit l'État contribue à structurer la rationalité étatique. Mais si les constructivistes s'intéressent au rapport intersubjectif et à la « construction » du rapport à l'autre (le rapport interétatique), les postmodernes perçoivent cette rationalité comme une forme de discipline qui agit *à l'intérieur* de l'État. La raison d'État vise donc à renforcer les bases d'un contrôle qu'exercent les institutions de l'État sur une population, contrôle qui a pour but de nier une diversité qui dérange. Le discours, portant sur les ennemis à l'extérieur qui menacent la **nation**, devient un instrument justifiant des politiques de répression à l'intérieur contre les individus qui ne se conforment pas à des comportements jugés acceptables. Ceux-ci peuvent alors être accusés de collaborer avec ces États « menaçants » et être sanctionnés au nom de la sécurité nationale. Ainsi, selon les postmodernes, la force du discours qui fonde l'État vient de sa capacité à dramatiser l'altérité, soit ce qui apparaît comme différent de la normalité instituée par le discours même de la sécurité.

Enfin plusieurs approches historiques, notamment en **sociologie historique** et comparative, ont inversé le lien généralement établi entre État et sécurité. Selon elles, la guerre fut au cœur du processus de construction de l'État moderne. Ainsi Charles Tilly soutient que la guerre fut exploitée par les officiels de l'État comme un moyen de coercition et de cooptation d'autorités politiques rivales (les communes,

les seigneurs, etc.). La mobilisation militaire permettait, en effet, d'exiger des concessions, des paiements et de justifier des sanctions contre ces pouvoirs rivaux au profit de l'État (Tilly, 1985). Michael Mann, de même, affirme que la compétition politique, telle qu'elle se forme vers la fin de la Renaissance, pose des impératifs en termes militaires et financiers qui vont renforcer de fortes tendances vers la convergence institutionnelle sous la forme de l'État moderne (Mann, 1986). Ainsi, selon les tenants de cette école, l'homogénéité des structures étatiques que les réalistes observent n'est qu'un produit historique et ne peut être généralisée sous la forme d'un modèle ahistorique des Relations internationales.

Ces différentes approches critiques ont posé les bases d'une réflexion qui aborde les préférences et la rationalité des États comme évoluant dans le temps. Mais cette proposition théorique a été reçue froidement par les courants plus traditionnels, chez Waltz et Mearsheimer notamment, qui ne voient pas en quoi ces approches contribuent au développement d'un programme de recherche scientifique en **théorie** des Relations internationales. Le grand problème auquel est confrontée la discipline des Relations internationales, à la suite de ces critiques, est de maintenir la cohérence de son objet d'étude. En effet, comment parler des Relations internationales, si l'État, qui fut autrefois le support théorique de la discipline permettant de se concentrer sur les rapports *entre* États, devient lui-même un objet d'étude ?

Samuel Knafo

75

ÉTAT RÉVISIONNISTE

Revisionist State

Concept qui désigne un État qui n'est pas satisfait de l'**ordre international** existant et qui cherche à le transformer en sa faveur. Connu aussi sous le nom d'État révolutionnaire (*Revolutionary State*), il s'agit d'une notion très impor-

tante dans le **réalisme classique**, en particulier chez Henry Kissinger (1957), où on met l'accent sur la nécessité d'établir un **équilibre des puissances** pour maintenir la paix et la **sécurité** internationales.

ÉTAT RÉVOLUTIONNAIRE

Revolutionary State

Voir État révisionniste (*Revisionist State*).

ÉTUDES STRATÉGIQUES

Strategic Studies

L'idée d'« études stratégiques » comme domaine distinct dans la discipline des **Relations internationales** est née avec le développement de la rivalité nucléaire entre les États-Unis et l'Union soviétique pendant la Guerre froide. Certains partisans des études stratégiques auraient souhaité en proposer une définition très large, en prétendant qu'elles cherchent à démontrer « comment des objectifs politiques et les moyens militaires agissent les uns sur les autres sous des conditions sociales, économiques et autres » (Betts, 1997).

En fait, à l'époque de la Guerre froide, elles se concentraient presque exclusivement sur des questions de stratégie nucléaire. Depuis l'effondrement

de l'URSS, la question du statut des études stratégiques s'est posée. Certains souhaitaient qu'elles demeurent un champ distinct (Buzan, 1991), tandis que d'autres préféreraient qu'elles fassent partie du champ des études de **sécurité** (Walt, 1991). Il est impossible de trancher ce débat, mais on notera que le développement d'armes nucléaires dans le sous-continent indien depuis 1998, le programme de **défense** antimissile poursuivi par les États-Unis, la réduction, mais non pas l'élimination, des arsenaux nucléaires américain et russe, et la persistance de la peur de la prolifération nucléaire indiquent que la question de l'avenir de l'arme nucléaire reste d'une grande actualité.

EXCEPTIONNALISME

[O]n n'enlèvera pas ce qui fait la grandeur du politique : la possibilité permanente de situations exceptionnelles où il faut décider, et la discrimination de l'ami et de l'ennemi, « distinction spécifique du politique » (Schlegel, 1988 : XIII).

Pour le théoricien politique allemand Carl Schmitt, le fondement du politique réside dans « la distinction de l'ami et de l'ennemi » et le politique trouve sa signification dans la décision personnelle du souverain. Identifié comme un conservateur radical de la République de Weimar (1921-1933), Schmitt s'est montré un féroce critique de la démocratie libérale (Muller, 1994 : 131-132 ; Herf, 1994 ; McCormick, 1997). Par ses ouvrages sur *La dictature* (1921), sur la *Théologie politique* (1922) et le *Concept du politique* (1927), Carl Schmitt s'est sans conteste affirmé comme le théoricien de la notion de « situation exceptionnelle » (*Ausnahmezustand*), telle qu'elle s'inscrit dans un cadre politique (les termes « état d'exception » et « état de siège » sont également utilisés dans la littérature sur l'exceptionnalisme). Bien qu'il soit un défenseur de la légitimité démocratique, Schmitt a vertement critiqué le normativisme juridique du **libéralisme** démocratique en soutenant que l'**État** libéral se trouvait pris au dépourvu face à l'idée d'une possible « situation exceptionnelle », qui nécessite une décision politique obligatoirement subjective et polémique (Freund, 2004 : 446). Partisan de ce que l'on appelle le décisionnisme (Schwab,

1970 : 14), la prise de décision a pour Schmitt force de valeur (Herf, 1994 : 178-179), ce qui implique qu'« [e]st souverain celui qui décide de la situation exceptionnelle » (Schmitt, 1988 : 15). Il n'y a pas de consensus sur les intentions de Schmitt dans l'écriture de ses œuvres, à savoir s'il se livrait à une critique du libéralisme démocratique pour en souligner les faiblesses et les limites du temps de la République allemande de Weimar, ou s'il voulait contribuer à sa déchéance. L'exceptionnalisme est donc l'arme qu'il brandit pour s'en prendre au libéralisme politique et juridique. Il soutient que l'existence de situations exceptionnelles réfute la supposition libérale que des **normes** générales préétablies puissent guider la décision dans toutes les situations possibles (Gross, 2000 : 1826-1827).

Schmitt s'intéresse au problème théologico-politique associé à la légitimité politique. Ce faisant, il cherche à formuler une théorie de la **souveraineté** fondée sur le concept de « situation exceptionnelle » et à intégrer la violence exceptionnelle qui l'accompagne dans un ordre normatif. Plutôt que d'assurer l'existence d'une violence pure et anomique, c'est-à-dire une violence existant en dehors du droit comme le soutient Walter Benjamin, les travaux de Schmitt sur l'exceptionnalisme et la souveraineté réinscrivent la violence dans un pouvoir souverain qui suspend le droit. Si la décision se révèle comme étant le lien entre la souveraineté et la situation exceptionnelle et que la souveraineté constitue le lieu de la décision suprême, la situation exceptionnelle est alors, selon Schmitt, l'expression la plus pure du politique. Et c'est en temps de guerre, où la distinction entre ami et ennemi est essentielle, que la situation exceptionnelle est manifeste (Gross, 2000 : 1831). En parlant d'une forme de gouvernement inscrite dans un contexte qui frôle la dictature, la théorie de l'exceptionnalisme de Schmitt évoque un ordre politique légitime qui s'applique en dehors d'un cadre juridique, dans les confins d'un ordre normatif existant. En ce sens, c'est un lieu où le droit est suspendu mais qui « est toujours quelque chose de différent de l'**anarchie** et du chaos, et, au sens juridique, [où] il existe encore en lui un ordre, même si ce n'est pas un ordre juridique » (Schmitt cité dans Agamben, 2003 : 58).

L'état d'exception et d'urgence devient ainsi le contexte de la décision et du pouvoir souverain. Pour Schmitt, le souverain peut décider de l'exceptionnalité de la situation, ce qui garantit son ancrage dans l'ordre juridique, même si la décision du souverain signifie l'annulation de la norme. Le souverain est alors en dehors de l'ordre juridique normalement constitué tout en continuant de lui appartenir (parce que c'est en lui que réside le pouvoir de décider si la constitution est suspendue dans sa totalité) (Agamben, 2003 : 57-61). La situation exceptionnelle apparaît ainsi comme une zone d'anomie dans le corpus du droit, comme le lieu où une norme est rendue possible par la suspension de son application (par une exception) ; ultimement, c'est

l'espace où la norme et sa réalisation sont le plus en opposition. C'est pourquoi la doctrine schmittienne de l'exceptionnalisme renvoie à une série de césures et d'oppositions dont les termes sont irréductibles et permettent, par leur articulation, à l'ordre normatif politique et juridique de fonctionner (Agamben, 2000 : 63-67). Le danger de l'exceptionnalisme est que l'état de guerre ne devienne permanent et que la situation exceptionnelle constitue la nouvelle normalité. Si l'exception devient la règle, la machine politique et juridique ne peut plus fonctionner et l'exceptionnalisme se doit d'être critiqué (Walter Benjamin dans Agamben, 2003 : 18).

La notion schmittienne d'exceptionnalisme a connu un regain de popularité depuis les attentats du 11 septembre 2001 survenus en sol américain. Plusieurs des travaux récents qui critiquent l'exceptionnalisme comme doctrine sont inscrits dans une logique **poststructuraliste**. Celle-ci questionne les bases philosophiques et le langage du **réalisme** politique dont sont imprégnés les dirigeants étatiques (et ceux qui les encouragent) dans leurs réponses pour contrer le terrorisme au détriment des libertés civiles (Der Derian, 2001 ; Norris, 2004). Bien qu'acceptée en principe par Schmitt, toute discussion sur les conditions sociostructurelles et les processus sociaux qui produisent la légitimité politique de l'État-nation est évacuée de ses travaux sur l'exceptionnalisme. Les concepts liés à l'État-nation et à la souveraineté ont été sécularisés dans la pensée schmittienne et transférés de la théologie à la théorie moderne de l'État : là où Dieu était le tout-puissant, le législateur omnipotent de l'État-nation l'a remplacé (Krulic, 1993). La souveraineté est ainsi vue par Schmitt comme une notion limite (1988 : 15). Le pouvoir souverain est considéré comme préexistant et c'est en lui que réside le pouvoir de déclarer la guerre et d'exprimer l'inimitié envers une autre collectivité. Le souverain possède seul la décision d'établir qui est un ami de la communauté politique et qui lui est ennemi (à l'intérieur comme à l'extérieur), ce qui justifie pour Schmitt que le pouvoir du souverain soit illimité.

Cette conception du politique tend à réduire le politique à l'état de guerre, définis tous deux par une situation exceptionnelle. Le pouvoir souverain nomme l'ennemi et identifie la menace ; il déclare par conséquent l'état d'urgence et l'exceptionnalité de la situation politique (Norris, 2004 : 262). Il faudrait toutefois que l'exceptionnalisme soit justement une « exception » et que des situations « normales » soient possibles (où les membres de la société n'ont pas à se rallier au pouvoir souverain), ce que la théorie de la souveraineté et de l'exceptionnalisme de Schmitt permettent difficilement (O'Sullivan, 1997 : 753). En effet, le pouvoir souverain de Schmitt tend à s'apparenter à un pouvoir dictatorial. Comme cela a été soulevé à plusieurs reprises dans des critiques, il y a là un glissement dans la pensée de Schmitt, qui avait bien pris la peine, dans *La dictature* (1921), de différencier la dictature de commissaire épousant un modèle romain (qui suspend une constitution existante pour la défendre) de la dictature souveraine (qui suspend une

constitution et cherche à créer des conditions pour en imposer une nouvelle) (McCormick, 1997 : 121-156).

La doctrine de l'exceptionnalisme pose donc la question des mesures légitimes qui peuvent être prises pour assurer le pouvoir souverain dans un contexte exceptionnel. Il s'agit de discuter des mesures devant préserver ou restaurer un ordre normatif et politique qui est temporairement suspendu. Les craintes, justifiées, de l'exceptionnalisme schmittien concernent l'établissement d'une situation d'autorité souveraine exceptionnelle sans norme et sans exception (*a normless and exceptionless exception*) (Gross, 2000). Le « dictateur souverain » de Schmitt se voit alors conféré des pouvoirs d'urgence illimités, des pouvoirs qui contrôlent et deviennent la norme (Gross, 2000 : 1846). Ces appréhensions ont été récurrentes depuis la Deuxième Guerre mondiale, notamment avec l'apparition du concept de **sécurité** nationale et la crainte de voir l'érection d'un État-garnison aux États-Unis (Lasswell, 1941).

Actuellement, on parle de situation exceptionnelle, d'exceptionnalité et d'exceptionnalisme dans les **Relations internationales** en mettant en relief l'exceptionnalité de la violence des attentats du 11 septembre 2001 qui justifierait un schème de pensée et l'application de mesures tout autant exceptionnels. Cela en appelle directement à l'unilatéralisme, à la doctrine militaire de préemption et à la rhétorique ami-ennemi de l'administration américaine de George W. Bush (Specter, 2004 : 2). Ainsi que le souligne Jef Huysmans, l'exceptionnalité ne découle non pas du contexte exceptionnel des événements du 11 septembre mais bien de la politisation de ces événements comme étant une « condition exceptionnelle justifiant des politiques exceptionnelles » (Huysmans, 2004 : 2). Par conséquent, c'est la politisation de l'insécurité et non la **mondialisation** de la violence informelle et des réseaux terroristes qui restitue l'exceptionnalisme comme doctrine légitime de la souveraineté.

Dans le contexte de l'après-11 septembre 2001, il y a un réel danger que l'exceptionnalisme permette à une forme de gouvernement d'urgence de s'établir comme la norme. La doctrine militaire de la préemption pourrait devenir la norme internationale plutôt que l'exception pour répondre à des impératifs de sécurité nationale. Comme le souligne Rob Walker, il faut être en mesure de penser la souveraineté et la sécurité en des paramètres autres que nationaux et pouvoir discuter ce qui doit être la norme et l'exception (Walker, 2004 : 10). Certains semblent toutefois sceptiques : « Après que le procureur des Nazis, Carl Schmitt, ait exposé l'exceptionnalisme « illibéral » de la violence au cœur de la souveraineté, dans laquelle chaque amitié est dépendante d'un ennemi commun, je pense que c'est une erreur de faire semblant qu'il soit possible de faire disparaître le pouvoir violent, bien que fantôme, de la souveraineté d'un coup de la baguette magique wébérienne, ou le guérir avec un coup de bistouri déconstructionniste » (Der Derian, 2001 : 39).

David Grondin

FÉMINISME

Le rapport hiérarchique présent dans la chambre à coucher n'est pas détaché des rapports hiérarchiques présents dans les transactions ayant cours sur le marché du café ou dans les affaires étrangères. Les questions à poser sont donc : où et comment ces hiérarchies sont-elle reliées entre elles ? Avec quelles conséquences pour les vies vécues dans les chambres à coucher, sur les planchers des marchés boursiers et dans les cercles diplomatiques ? (Enloe, 1996 : 193)

Malgré qu'il puise à une riche tradition littéraire, scientifique et philosophique, le féminisme n'a fait son entrée en **Relations internationales** que vers la fin des années 1980, sous l'impulsion des travaux de Cynthia Enloe (1989) et Jean Bethke Elshtain (1987). Depuis lors, les analyses féministes se sont développées à partir de présupposés **épistémologiques** et **ontologiques** variés, qui correspondent à autant de tentatives visant à illustrer et transformer les biais de genre dans les analyses, les façons d'accéder à la connaissance, ainsi que dans les pratiques usuelles qui ont cours en politique globale et qui s'effectuent au détriment des femmes. La pluralité des analyses justifie ainsi que l'on ne parle pas d'*une* théorie féministe des Relations internationales, mais bien d'*approches* féministes des Relations

internationales, qui sont partie intégrante de l'ensemble plus vaste des **théories critiques** des Relations internationales.

Au-delà de leur variété, les approches féministes se rejoignent dans leur confrontation et leur remise en question des diverses structures dominantes de pouvoir qui organisent, délimitent et disciplinent des sphères d'activités basées sur le genre et reposant sur des prémisses **fondationnalistes** (George, 1994 : 25). En refusant des politiques d'inégalités et d'exclusion basées sur des rapports dichotomiques et hiérarchiques entre masculin et féminin, public et privé, actif et passif, rationnel et émotif, les analyses féministes établissent que le personnel est également politique et que les épistémologies traditionnelles, intentionnellement ou non, excluent les femmes comme agents du savoir (Harding, 1987 : 3). Ainsi, plusieurs concepts traditionnels du champ des Relations internationales, comme l'**État** (Peterson, 1992) et la **sécurité** nationale (Young, 2003) se trouvent remis en question afin de relever les biais de genre ou les relations de pouvoir qu'ils traduisent et qui, souvent, passent inaperçus.

Le genre correspond habituellement à l'élément ontologique privilégié par les féministes. Le genre n'est pas une

81

donnée ontologique incontestable, mais plutôt un ensemble de caractéristiques construites socialement et culturellement qui font en sorte que certains éléments ou attributs seront associés à un idéal de masculinité ou de féminité (Tickner, 2001 : 15). Selon Sandra Harding, le genre peut revêtir un aspect symbolique, individuel et structurel (1986). Néanmoins, selon l'approche choisie, d'autres éléments ontologiques seront considérés, comme le capitalisme et le patriarcat. Tout comme le genre, le patriarcat ne correspond pas à une structure incontestable. Il consiste plutôt en une construction sociale résultant d'une série de pratiques historiographiques, philosophiques et culturelles qui assurent une domination des hommes sur les femmes (George, 1994 : 25). Cette domination sur les femmes se traduit notamment par une appropriation, un contrôle et une régulation de leur travail, de leur corps et de leur savoir (Peterson, 1992 : 59). De profonds désaccords entre les féministes subsistent toutefois par rapport à la nature du patriarcat, à savoir s'il correspond à une structure unique et universelle de domination (Daly, 1978) ou s'il s'agit plutôt d'une structure sociale qui diffère selon le lieu et l'époque où l'on se trouve (Sylvester, 1994).

Jacqui True souligne combien l'appellation « féminisme » regroupe des approches aussi variées que contradictoires : on peut ainsi parler de féminisme **libéral**, **postmoderne**, **marxiste**, d'écoféminisme, de féminisme culturel, de féminisme **postpositiviste**, etc. (True, 2001 : 235-236). Ainsi, malgré que Sandra Harding (1986) dénombre trois grandes épistémologies féministes en

Relations internationales, soit l'empiricisme, le point de vue féminin (*standpoint*) et le postmodernisme, il est clair que de nombreuses analyses ne s'inscrivent pas parfaitement dans l'un des cadres ou se situent dans un entredeux. Les féministes empiricistes conçoivent que la science permet de connaître les activités des femmes et de faire valoir leurs contributions à la société (Sylvester, 1994 : 31). La science actuelle serait en fait une mauvaise science, à laquelle il conviendrait d'ajouter les expériences empiriques des femmes pour en arriver à une connaissance plus juste. Les féministes libérales partagent cette idée d'un biais de la science et cherchent à montrer que tous les humains sont égaux. Une amélioration de la condition des femmes passerait par une assurance d'équité en matière de droits et d'opportunités par l'infiltration de diverses sphères de pouvoir, la participation au sein du corps scientifique et militaire et par un ajustement des lois et diverses régulations en cours (Eisenstein, 1979).

Les épistémologies reposant sur un point de vue féminin sont pour leur part beaucoup plus variées et complexes (Harding, 2004). Certaines féministes défendent ainsi un essentialisme féminin qui reposerait notamment sur la fonction reproductrice du corps de la femme (West, 1988). En revanche, d'autres argumentent en faveur d'un savoir proprement féminin, qui serait différent mais pas nécessairement supérieur à un savoir masculin, nécessaire pour relire et rendre compte de diverses pratiques et interprétations prises comme objectives (Tickner, 1988). La pluralité et la diversité des savoirs féminins selon la race, la culture ou encore la classe sont ainsi évoquées (Narayan, 2004), notamment par les féministes tiers-mondistes et postcoloniales.

Enfin, le féminisme postmoderne, qui correspond à la variante la plus récente du féminisme, met l'accent sur la construction sociale et discursive du rapport à l'altérité et cherche à en analyser les effets de vérité tout en tentant de décentrer les postures masculines de domination (Bigo, 2002 : 3). L'épistémologie féministe postmoderne refusera l'idée d'un savoir objectif et avancera plutôt qu'il existe plusieurs points de vue desquels on peut questionner des stratégies qui cherchent à discipliner la vie des femmes tant sur le plan matériel que physique et intellectuel (Sylvester, 1994 : 13). Le féminisme postmoderne renferme toutefois une contradiction en soi, puisqu'il doit à la fois mettre « la femme » au centre de l'analyse tout en cherchant à déconstruire les concepts réifiés et pris comme préexistants, y compris le concept de « femme ». Certaines féministes (Brown, 1991 ; Benhabib, 1995) craignent donc

qu'un féminisme postmoderne ne mène au relativisme et n'en vienne à annihiler le projet féministe en lui niant son projet identitaire particulier.

En somme, les analyses féministes des Relations internationales contribuent à mettre en évidence combien la conduite de la politique globale sur la scène internationale est étroitement liée au contrôle des hommes sur les femmes et aux fonctions sociales qu'on attribue à celles-ci (Enloe, 2000). En déconstruisant les réalités dites « naturelles » de la discipline, ces approches ont soulevé des questionnements quant aux enjeux sécurisés et aux groupes identitaires brimés et marginalisés par les discours sécuritaires. Les approches féministes ont ainsi établi un lien étroit entre politique, sécurité, genre et **identité**, et ont permis d'avancer que la sécurité n'est pas simplement associée à la protection de l'État : elle est partie intégrante d'un état d'être.

Anne-Marie D'Aoust   **83**

FONCTIONNALISME

Functionalism

La forme suit la fonction (Mitrany, 1943 : 236).

Le fonctionnalisme est né d'une réflexion menée en grande partie par David Mitrany sur le rôle du **nationalisme** dans la poursuite des guerres et vise à trouver une solution au pro-

blème de la guerre en accordant un rôle primordial aux **institutions**. Les fonctionnalistes jugent l'**État**-nation inadéquat pour faire face à l'**interdépendance** accrue du monde moderne, car il s'avère de plus en plus inefficace dans la prise en charge des questions économiques et sociales. Selon Mitrany, la guerre résulterait de l'inefficacité des institutions nationales qui sont incapables de promouvoir le développement économique et social.

Le fonctionnalisme propose, dans un premier temps, de séparer les problèmes politiques et économiques, d'instaurer une **coopération** internationale dans les domaines techniques (transport, agriculture, santé, science, etc.) et de transférer les habitudes de coopération de ces domaines au domaine politique. Selon Mitrany (1975), la coopération internationale dans des domaines techniques est préférable à une gestion nationale des problèmes, car la prise de décision revient dans ce cas à des technocrates qui prendront des décisions dans l'intérêt commun et non pas dans l'intérêt particulier d'un État.

En réunissant des gens qui ont des activités spécialisées dans la résolution de problèmes concrets (livraison du courrier, santé, etc.) dans des institutions techniques internationales, on établit une coopération entre États qui pourra être élargie à des domaines plus politiques. La paix résulterait non pas de la satisfaction des besoins eux-mêmes, mais du processus utilisé pour faire face à ces problèmes. À terme, il en résulterait des changements d'attitudes ; les citoyens reconnaîtront la dépendance mutuelle des sociétés, transféreront leur loyauté et développeront un sentiment d'obligation politique envers les institutions supranationales qui satisferont mieux leurs besoins. De plus, les élites bureaucratiques seraient amenées à reconnaître leur interdépendance. C'est en grande partie ce raisonnement qui est à l'origine de la création de la Communauté

européenne du charbon et de l'acier (CECA) créée en 1950, qui devint, au fur et à mesure de son élargissement, l'Union européenne (UE).

Le fonctionnalisme propose donc de réduire le **pouvoir** des États et de promouvoir la paix en éliminant les conditions objectives qui, croit-on, conduisent à la guerre et en invitant ainsi les États à travailler ensemble et donc à développer de façon graduelle un sens de la communauté.

Inis Claude (1984) a formulé certaines critiques au fonctionnalisme. Il a notamment remis en question le postulat de Mitrany à l'effet qu'il existe une corrélation entre le niveau de développement économique et celui de l'agressivité des **nations**. Deuxièmement, Claude dit observer non pas la séparabilité des problèmes économiques et politiques, mais au contraire la politisation des problèmes économiques et sociaux. Ainsi, on constate que les **organisations internationales** à vocation technique sont souvent très politisées, comme le prouvent plusieurs agences de l'ONU telles que l'UNESCO, l'OMS ou l'OIT ou encore certaines organisations à vocation scientifique tel que le Groupe d'experts intergouvernemental sur l'évolution du climat (GIEC). Claude n'en reste pas là et critique plusieurs autres aspects de la théorie fonctionnaliste, comme la rationalité de la loyauté humaine qui est postulée et qui ne tient pas compte du caractère émotionnel de l'**identité** nationale.

Enfin, les **behavioralistes** ont soulevé le problème de falsification posé par les hypothèses fonctionnalistes concernant le changement d'attitudes des citoyens et des élites bureaucratiques.

Repris par des auteurs comme Ernst Haas (1958, 1964), Philip Schmitter (1969) et Leon Lindberg (1963), le fonctionnalisme a conduit à l'élaboration du néo-fonctionnalisme, dont l'émergence correspond avec la formation de la Communauté économique européenne (CEE). Les aspects qui distinguent ce courant de son prédécesseur concernent surtout le rôle des élites et des groupes d'intérêt (qui est davantage pris en compte dans le processus d'intégration) et l'établissement d'institutions politiques supranationales aux premières étapes du processus. Un des apports les plus significatifs est en outre le concept de débordement (ou *spill over*), amené par E. Haas, qui désigne le processus par lequel la coopération dans un domaine, si elle est réussie, s'élargit à d'autres domaines, approfondissant ainsi l'intégration.

Tout comme le fonctionnalisme, le néofonctionnalisme n'a su prédire l'évolution de l'intégration européenne, ses périodes de ralentissement et de stagnation, l'attachement des citoyens à l'État-nation, ou encore le rôle des facteurs externes tels que la structure du **système international** ou les pressions économiques externes. Ces critiques ont amené E. Haas à revoir son travail dans les années 1980 et à souligner les faiblesses de son approche élaborée une trentaine d'années plus tôt.

Evelyne Dufault

FONDATIONNALISME/ ANTIFONDATIONNALISME

Foundationalism/ Anti-Foundationalism

85

Trop longtemps, en raison de l'ombrage du **positivisme**, les **relations internationales** ont été dominées par une théorie explicative qui reposait sur une vision révolue et fondamentalement contestée sur le contenu de la théorie internationale et la nature de l'investigation en sciences sociales. Mettre l'accent sur le fondationnalisme/antifondationnalisme ramène la théorie internationale à une place plus humble, mais plus centrale, au sein des sciences humaines. [...] Il est vital que les théoriciens de l'international remettent en question le postulat stipulant que les théories internationales sont un champ de recherche distinct. Cela devrait être vu plutôt comme une seule arène où se ferait à la fois le choc entre les théories explicatives et constitutives et entre le fondationnalisme et l'antifondationnalisme (Smith, 1995 : 30-31).

Dans son classique *The Structure of Scientific Revolutions*, l'historien des sciences Thomas Kuhn (1962) soutient que la science progresse d'un changement de **paradigme** à l'autre de manière draconienne. Ces changements paradigmatiques – ces révolutions scientifiques

– ne sont pas décidés de façon arbitraire ou prédéterminée ; ils surviennent normalement dans des circonstances exceptionnelles et résultent d'une construction sociale, qui rend alors compte d'un certain consensus au sein de la communauté scientifique. Cela signifie que ce qui est considéré « scientifique » dans un contexte temporel, social, culturel ou géographique peut ne pas l'être dans un autre. Par conséquent, cela implique que le savoir scientifique a une base non objective. Questionner la nature de la connaissance, de la connaissance scientifique par surcroît, impose alors de s'intéresser à ses fondements, donc au fondationnalisme et à l'antifondationnalisme.

Le fondationnalisme veut que toute philosophie, donc toute connaissance, soit élaborée en reposant sur des fondations sûres. Une croyance fondationnaliste est ainsi autojustificative ; elle se suffit à elle-même et ne nécessite aucune autre croyance pour établir sa justification. Dans la philosophie moderne, on soulignera ainsi le rationalisme cartésien (le *cogito*) ou l'expérimentalisme poppérien comme fondations possibles à la connaissance (Finlayson, 2003 : 630). En contrepartie, une position antifondationnaliste considérera inutile et même dangereux que la théorie cherche un point d'origine à partir duquel procéder. Cette position affirme donc qu'il ne peut y avoir de propositions vraies par essence (ce qui vaut souvent aux **épistémologies** antifondationnalistes d'être critiquées comme étant relativistes).

Bien avant les philosophes **postpositivistes**, Hegel a défendu une conception antifondationnaliste de la connaissance. Prétextant que toute connaissance passe par le filtre d'un médium et ne puisse faire l'objet d'une observation directe ou intuitive – la connaissance ne pouvait être immédiate –, Hegel a voulu échapper à l'intuitionnisme des philosophes grecs et au fondationnalisme de Descartes (Rockmore, 1992 : 108-110). Son approche de la connaissance s'est voulue antifondationnaliste en ce qu'elle ne dépend pas d'une vérité connue. Aussi étrange cela puisse-t-il paraître, l'argumentation de Hegel consiste en une tentative d'acquisition de connaissance qui procède sans point de départ et sans lieu privilégié pour commencer le travail de recherche et de réflexion. En d'autres termes, Hegel approche la connaissance dans une logique circulaire en croyant que le meilleur moyen de commencer la réflexion est *justement* de la commencer (Rockmore, 1992 : 111).

Aujourd'hui, longtemps après Hegel, l'antifondationnalisme continue d'interpeller, mais il demeure que la majorité des auteurs ont du mal à y souscrire pleinement. En philosophie des sciences, les penseurs qui se sont questionnés sur le travail scientifique et la connaissance scientifique se sont inscrits dans une mouvance dite postpositiviste. Bien qu'elle se rapproche de l'école de pensée qu'on retrouve sous cette même appellation en Relations internationales, elle lui est antérieure. La tradition postpositiviste insiste sur la construction sociale de la réalité et critique les **positivistes** pour leur position non **réflexive** stipulant que les résultats des travaux scientifiques décrivent la réalité matérielle de façon objective. En effet, dans cette ligne de pensée, il est devenu vain de chercher à faire correspondre un appareil conceptuel à un élément non linguistique de la réalité qui existerait avant la création des concepts : il faut reconnaître que le monde n'existe pas indépendamment de la perception humaine et qu'aucun concept du langage ne peut être « comparé » à la « réalité » (Kratochwil, 2000 : 63-64). En outre, la connaissance est toujours filtrée par le médium du langage ; les référents modernistes de la « réalité », de la « vérité » et de la « raison » sont donc des construits sociolinguistiques qui agissent comme mécanismes de contrôle individuel et social.

Toute discussion sur l'antifondationnalisme et le fondationnalisme ne peut aujourd'hui faire abstraction des travaux de philosophie pragmatique de Richard Rorty. Sa position radicale l'a poussé à soutenir qu'on pouvait défendre les **institutions** sociales et politiques du **libéralisme** tout en rejetant les bases épistémologiques sur lesquelles ces institutions reposent. Cela exige de rejeter la notion voulant que la philosophie soit intéressée à développer une forme de connaissance qui soit un miroir exact de la nature (Rorty, 1979). Il soutient en revanche que la philosophie doit être vue comme une activité pragmatique dans laquelle les concepts sont jugés non pas quant à leur véracité mais quant à leur utilité dans la réflexion (Finlayson, 2003 : 619). Dans cette optique pragmatique, la vérité apparaît ainsi relative à un contexte d'interprétation sans lequel elle perd toute signification : « La vérité pragmatique est

ainsi construite et trouvée. On crée les cadres interprétatifs – au sein du sens commun, de la science ou de la philosophie – dans lesquels les croyances peuvent émerger et être trouvées vraies ou fausses » (Rosenthal, 1992 : 181). On en vient alors à remettre en question l'universalité de la rationalité et de la raison, à nuancer certains acquis de la pensée moderne. Commune à la littérature antifondationnaliste est l'idée de voir la rationalité comme étant liée à un contexte de signification : elle est ainsi comprise comme opérant dans des « paradigmes kuhniens », des « grilles foucaultdiennes » ou des « horizons gadamériens » (Brown, 1994 : 1658).

Dans les théories des Relations internationales, il faut distinguer les positivistes des postpositivistes pour aborder la question du fondationnalisme. Croyant à la méthode scientifique et à l'atteinte de la vérité par la seule méthode scientifique, les écoles théoriques positivistes (principalement le **néoréalisme**, le **réalisme** néoclassique, l'**institutionnalisme néolibéral** et le **constructiviste** conventionnel) adhèrent à une épistémologie fondationnaliste. Contrairement à ce qu'on pourrait croire, les théories postpositivistes ne sont pas majoritairement antifondationnalistes. Cependant, étant réflexives, elles sont moins fondationnalistes que les théories positivistes. Dans les **théories critiques** des Relations internationales, deux types de théories se distinguent concernant l'enjeu des fondements de la connaissance : la théorie critique interprétative (qui correspond généralement aux **néogramsciens**, aux post-**marxistes**, aux néomarxistes et aux Critiques de l'École de Francfort) et l'interprétativisme radical (qui regroupe *grosso modo* les courants **postmodernistes, poststructuralistes, féministes** radicaux et pragmatiques) (Smith, 1995). Si les deux variantes (théorie critique interprétative/interprétativisme radical) rejettent le positivisme et les théories de résolution de problèmes (*problem-solving theories*) qui prennent le monde tel qu'il est sans chercher à vouloir le changer, elles ne s'entendent pas sur ce qui doit guider les **théories**.

Pour les tenants de la théorie critique interprétative, on peut départager des propositions de vérité concurrentes quant à leur potentiel émancipatoire. Inspirés des travaux du philosophe de l'École de Francfort Jürgen Habermas, ils croient en un fondationnalisme minimal, dont les bases dérivent de la compétence communicationnelle (par la pratique du langage) et de la situation idéale de parole (Smith, 1995 : 29). Pour Habermas, aborder la question de la vérité amène à imposer une situation idéale de parole, qui seule peut permettre une intercompréhension universelle sans contrainte et imposer à l'argumentation de prétendre à l'anticipation formelle d'une vie juste (Habermas, 1987a : 270). Pour que cette argumentation puisse se faire, Friedrich Kratochwil soutient que les individus et les sociétés doivent se fonder sur les quelques modèles historiques communs de signification qu'ils partagent. Bien que ces modèles et ces métaphores soient moins les fondements cartésiens inébranlables tant espérés que des artefacts culturels et historiques de l'expérience moderne, de l'Occident notamment, ils fournissent néanmoins une base commune qui sert de référence intersubjective pour les communautés politiques du monde (Kratochwil, 2000b : 64).

Dans l'optique postmoderniste, il n'y a pas plus de sujets permanents et rationnels que de fondations permanentes à la connaissance. Les interprétativistes radicaux revendiquent ainsi une position antifondationnaliste authentique. Cette position est décriée par ses pourfendeurs comme étant déstabilisante et est interprétée comme étant un rejet et une négation du projet philosophique moderniste et fondationnaliste des Lumières (P. Rosenau, 1992 : 9). En effet, les interprétativistes radicaux procèdent à une remise en question de plusieurs fondations modernistes de la connaissance, comme le sujet connaissant, souverain et rationnel des Lumières, la **souveraineté** nationale et la raison universelle (Ashley, 1989 ; Ashley et Walker, 1990). Selon les tenants de l'interprétativisme radical, en raison de la subjectivité individuelle de la théorisation, aucune fondation ne peut ce faisant servir d'arbitre neutre entre différentes propositions de vérité :

> [l]a voix de la raison n'est, ainsi, jamais innocente. [...] Privilégier théoriquement un côté de la rationalité moderne, dans cette situation, c'est s'engager dans une pratique d'exclusion (et parfois de terreur) qui est l'expérience de l'autre côté – qui n'a pas de voix (rationnelle) (George, 1994 : 160-161).

Par conséquent, ils jugent illusoire le fondationnalisme minimal revendiqué par les théoriciens critiques interprétatifs (George et Campbell, 1990 : 281). Étant donné la logique savoir/pouvoir inhérente à tout discours et leur méfiance vis-à-vis des méta-récits, le fondationnalisme minimal des théoriciens critiques interprétatifs ne représente qu'une tentative de construire un méta-récit basé sur une émancipation exclusive et incomplète (Smith, 1995 : 29).

Les critiques des positions antifondationnalistes les dépeignent souvent comme étant des relativistes à l'extrême, dangereux pour les sciences sociales (Jarvis, 2000). Il est vrai qu'en discutant du fondationnalisme et de l'antifondationnalisme, on peut difficilement éviter de parler de relativisme. Cette résistance à une certaine fondation de la connaissance ne signifie pas pour autant que tout soit valable. S'il n'y a pas une position épistémologique qui unit les interprétativistes radicaux, mis à part leur rejet de l'épistémologie moderniste et positiviste, on peut néanmoins qualifier leur position épistémologique comme étant perspectiviste, contextualiste ou interprétative (Brown, 1994 : 1670). Dans leur esprit,

> [l]a vérité est vue [...] comme quelque chose qui est conditionné par la perspective, où la perspective est décrite en termes de relations de pouvoir, de désir, de force, etc. En ce sens, la vérité n'est pas rejetée, mais elle est démystifiée, interrogée et ramenée dans la sphère politique (MacKenzie, 2003 : 447).

Dans cette optique, l'épistémologie devient non pas le centre du questionnement philosophique, mais bien un exercice politique, où ce que nous savons et comment nous le savons dépend des structures de pouvoir sous-jacentes d'un discours, d'où la pertinence d'un perspectivisme épistémologique et d'une position antifondationnaliste (Maiguashca, 2000 : 127).

En outre, la critique associant *obligatoirement* relativisme à antifondationnalisme se révèle « sans fondement », les deux concepts pouvant parfois coïncider mais ne devant surtout pas être confondus (Knowles, 2003 : 67 et 163n3). En ce sens, aussi perturbatrice et radicale puisse-t-elle être, une position antifondationnaliste n'est pas pour autant un obstacle à l'action politique. Au contraire,

> [...] face à de sinistres avertissements concernant le chaos et le désordre et les implications liées au fait de briser l'ordre naturel des choses, les femmes (et les hommes) ont montré que, même sans fondations (illusoires), la vie continue, les « relativistes » prennent continuellement des décisions concernant leur monde, les « nihilistes » s'engagent dans des activités productives et positives, et un espace politique/conceptuel s'ouvre là où auparavant cela paraissait impossible (George, 1994 : 25).

David Grondin et Anne-Marie D'Aoust

FRONTIÈRE

La notion de frontière est une des plus anciennes des **Relations internationales** et est surtout associée avec la démarcation géographique et politique entre **États**. Elle constitue donc un des éléments de base du **système de Westphalie**. Dans son sens traditionnel, la frontière est en train d'être remise en cause par le phénomène de la **mondialisation**, qui rend les frontières entre États moins étanches, par la plus grande mobilité des populations et l'augmentation des migrations, surtout des régions moins développées économiquement vers les régions plus développées, par celui de l'intégration régionale, notamment en Europe occidentale et en Amérique du Nord, et, enfin, par la désintégration de certains États, tels que l'Union soviétique et la Yougoslavie, depuis la fin de la Guerre froide. Par ailleurs, la fragilité des frontières dans plusieurs régions d'Afrique indique les limites de l'universalité du modèle westphalien.

Dans la littérature plus récente en théorie des Relations internationales, surtout chez les **théories critiques**, la notion traditionnelle de frontière a été remise en cause, en particulier l'idée d'une frontière entre le **système international** et la politique interne (Walker, 1993) et celle d'une distinction entre **sécurité** internationale et sécurité intérieure (Bigo, 1998). Ce questionnement du concept de frontière mène à une deuxième série d'interrogations et qui touche le lien entre frontière et **identité** nationale. Ici, on souligne le fait que l'identité nationale soit normalement définie par des frontières, entre États, entre sociétés, voire entre cultures et entre civilisations. Dans un tel contexte, identité et frontière deviennent synonymes d'inclusion et d'exclusion, préoccupations que l'on retrouve en particulier dans la **Théorie Critique** et dans le **postmodernisme**.

GAINS RELATIFS VERSUS GAINS ABSOLUS

Relative versus Absolute Gains

Un débat qui concerne surtout le **néoréalisme** et le **néolibéralisme**. Selon les néoréalistes, les États tendent à se préoccuper des « gains relatifs » qu'ils font ou ne font pas par rapport à d'autres **États**. Donc, les **relations internationales** seraient dominées par l'esprit de concurrence, ce qui rend la **coopération** difficile ou aléatoire. De leur côté, les néolibéraux font remarquer que les États se satisfont souvent des « gains absolus » qu'ils font dans leurs relations avec les autres États et concluent donc que la coopération n'est nullement aussi difficile que les néoréalistes le prétendent.

GÉOGRAPHIE POLITIQUE

Political Geography

91

Même lorsque les perspectives diffèrent et que les auteurs utilisent différents termes pour identifier ce qu'ils font, un champ cohérent de géographie politique peut être défini. De plus, les étiquettes disciplinaires sont souvent vues comme problématiques. En effet, vous pourriez utiliser ce livre [*Making Political Geography*] dans un cours qui porterait un titre aussi différent que « Lieu et Politique » ou « Géopolitique ». Cela étant dit, si vous êtes intéressé par l'intersection de la géographie et du politique, vous faites de la géographie politique ou quelques-uns de ses aspects (Agnew, 2002 : 13).

En **Relations internationales**, on remarque l'absence d'une théorisation de l'espace. Pour les politologues, la localisation spatiale a traditionnellement désigné une localisation géohistorique ou temporelle, puisque le passage du temps affecte la relation du politique à l'espace où il est en cause (Elazar, 1999 : 880). Dans un contexte favorisant l'hybridation (*hybridization*) plutôt que l'interdisciplinarité du savoir, un dialogue entre la géographie politique et les Relations internationales se révèle non seulement bienvenu mais également très profitable. La géographie politique est une discipline s'intéressant avant tout aux dimensions politiques du territoire et de la territorialité ainsi qu'aux processus d'établissement de frontières et de barrières dans des espaces historiques, géographiques et culturels. « Tous les êtres humains sont situés dans un espace particulier, dans une époque particulière et dans une culture particulière » (Elazar, 1999 : 876). Par conséquent, on fait de la géographie politique lorsqu'on veut penser la relation politique entre une structure temporelle, spatiale et culturelle donnée et un humain ou tout autre **acteur** (comme l'**État**, une ville, un groupe national).

Néanmoins, les questions abondent : Qu'est-ce donc que la géographie politique ? De la politique géographique, de la géographie appliquée aux choses politiques ou de la politique interprétée géographiquement ? Est-il question d'intégrer le savoir géographique à l'édifice de la science politique ou le savoir politique à la géographie ? Enfin, parle-t-on d'une science spatio-politique ou d'une science politique de l'espace ? Selon qu'on a été formé dans l'une ou l'autre des disciplines, on privilégiera une option plutôt qu'une autre.

Pour le géographe politique Peter Taylor, la géographie politique est une perspective pertinente seulement si elle produit une connaissance qui n'est pas déjà produite par d'autres perspectives (Taylor cité dans Lustick, 1999 : 903). Cherchant à répondre comment la géographie politique peut être une contribution significative pour les Relations internationales, le politologue Ian Lustick soutient que :

[…] les géographes peuvent utiliser leurs connaissances et leurs pratiques spécialisées pour étudier l'histoire, la fonction et l'impact des frontières et de la territorialité, afin d'engager les politologues et d'autres chercheurs dans l'étude de ces problématiques académiques et pratiques qui nécessitent le plus grand intérêt (Lustick, 1999 : 904).

Si cette réponse n'échappe pas au dilemme disciplinaire que nous venons d'évoquer, elle a le mérite de chercher à combler un réel vide dans les écrits théoriques des Relations internationales dans l'après-guerre[1] et d'inviter au dialogue (Albert, 1999 : 54).

Aujourd'hui, les termes « géopolitique » et « géographie politique » sont utilisés de façon connexe, bien qu'ils ne renvoient pas à une même idée. Ils ont hérité d'un passé lourd, résultat de leur association avec le nazisme et le **nationalisme** allemand qui les ont isolés pendant plusieurs décennies. Ainsi, les fondateurs de la géopolitique, Rudolf Kjellen et Friedrich Ratzel, étaient des géographes. Du tournant du XXᵉ siècle à la fin de la Seconde Guerre mondiale, la géopolitique a été liée à une politique de domination territoriale et d'expansion, surtout sous le régime nazi. Elle se voulait une approche scientifique de la pensée de l'action reposant sur un déterminisme géopolitique/ géographique. Après 1945, elle est restée taboue jusqu'au milieu des années 1970 en France et dans les milieux anglo-saxons.

1. Il faut toutefois mentionner l'exception que sont les deux excellents textes de John Herz sur l'État territorial : « Rise and Demise of the Territorial State » (1957) et « The Territorial State Revisited » (1968).

En France, c'est sous l'impulsion du géographe Yves Lacoste que la géographie politique et la géopolitique ont refait surface comme champ d'analyse des relations internationales avec la fondation en 1976 de la revue *Hérodote*. Dans la même année, Lacoste écrivit *La géographie ça sert d'abord à faire la guerre*. Dans l'esprit des promoteurs de cette « nouvelle géopolitique », la géographie devait se réapproprier le politique. Elle est ainsi devenue une interprétation géographique le plus souvent associée à une analyse prétendant à la globalité et à une analyse multiscalaire (à plusieurs échelles) des conflits territoriaux. En effet, la géopolitique s'intéresse à l'étude de la confrontation des différentes représentations d'un territoire qu'ont des acteurs politiques (Lorot et Thual, 1997 : 44-45). Le conflit territorial devient l'unité d'analyse de la géopolitique. Cette interprétation de la géopolitique vaut toutefois uniquement pour la littérature française.

Dans la littérature anglo-saxonne, la géographie politique a très tôt constitué une aire de recherche intéressée par l'étude des interactions mutuelles entre la géographie et le politique et a voulu établir un pont avec les Relations internationales. Elle a donc, dès le départ, cherché à neutraliser l'utilisation du terme géopolitique et pris un virage la rapprochant de l'**économie politique**. À l'instar de Lacoste, ces auteurs voulaient que les abus de la connaissance géographique cessent et ont plaidé pour une science géographique des relations internationales. Peter Taylor, le géographe britannique de l'analyse du **système-monde** d'Immanuel

Wallerstein (Taylor et Flint, 2000), et l'Américain John O'Loughlin ont été les figures de proue de la géographie politique vers la fin des années 1970 et au début des années 1980. Ils ont notamment fondé la revue *Political Geography Quarterly*, laquelle est ensuite devenue la revue *Political Geography*. Dans la poursuite de cette initiative de recherche est même née une seconde revue, *Geopolitics and International Boundaries*, aujourd'hui nommée *Geopolitics*. Elle s'intéresse notamment à la répartition spatiale de la **puissance** entre les États, aux conflits frontaliers régionaux, aux propriétés territoriales des États et à la constitution du système interétatique.

Si le concept de « géopolitique » évoque aujourd'hui une pluralité d'enjeux qui concerne l'étude et l'analyse théorique des Relations internationales et de la géographie politique (Ó Tuathail, 2003), il n'en a pas toujours été ainsi. Avec la fin de la Guerre froide et la remise en question du discours **réaliste** en Relations internationales, la coexistence de concepts géographiques et politiques s'est posée comme problème : il fallait ultimement que soit abordée la question de l'éducation géographique des politologues et de l'éducation politique des géographes. L'occasion était offerte pour que soit entrepris un dialogue entre les Relations internationales et la géographie politique. Cette ouverture au dialogue a notamment été le résultat de travaux critiques ou dissidents dans ces deux champs du savoir (Ashley et Walker, 1990 et George et Campbell, 1990 en Relations internationales et Harvey, 1989 et Ó Tuathail et Agnew, 1992 en géographie politique) (Lapid, 1999 : 898). Dans la lignée des John Agnew et John O'Loughlin, de jeunes chercheurs en géographie politique, Gearóid Ó Tuathail et Simon Dalby notamment, ont critiqué la **politique étrangère** des États-Unis en adoptant un point de vue **poststructuraliste**. Cette nouvelle branche de la géographie politique, nommée « géopolitique critique », a ce faisant permis d'établir des liens avec les Relations internationales et est parvenue à intégrer les corpus des cours théoriques des Relations internationales (Ó Tuathail et Dalby, 1998 : 2). En somme, cette nouvelle approche a permis de penser autrement la géographie politique et la géopolitique.

Ainsi, dans une démarche géopolitique critique, le langage de la politique ne reflète pas simplement les problèmes et enjeux « réels » : il les constitue. Si la géopolitique a été au XXᵉ siècle une façon de penser en termes de politique de puissance, une approche géopolitique critique remet en question cette façon de penser la politique globale. La géopolitique devient ainsi une pratique discursive, où les experts participent à une logique de production de savoir/pouvoir. Gearóid Ó Tuathail parle en ce sens de « la mobilisation du géo-pouvoir », où le géo-pouvoir est le pouvoir d'imposer un ordre et un sens à l'espace (Ó Tuathail, 1996 : 249-256). Les experts de la géopolitique luttent alors pour l'acquisition de savoir et de ressources qui leur confèrent une autorité et une légitimité et participent à la construction et l'élaboration de nouvelles cartes géopolitiques pour les décideurs. Dans cette optique, pour étudier la géopolitique, on étudie

comment le monde est pensé, décrit et écrit et comment ces récits constituent des discours (re)produisant la « réalité ».

La géopolitique devient l'interaction entre l'espace et le politique. La géopolitique critique s'est ainsi spécialement intéressée à trois aspects de la production de l'espace et des territoires : la production et la signification des frontières, la production d'Autres menaçants ainsi que la (re)production de l'**identité** (Albert, Jacobson et Lapid, 2001). Son agenda de recherche porte par conséquent sur des sujets qui ne sont pas étudiés par les auteurs plus conventionnels des Relations internationales mais qui coïncident avec de nombreux travaux **réflexifs** des Relations internationales. Seront entre autres étudiés, les changements globaux environnementaux (Dalby, 2002) et l'élargissement de la **sécurité** nationale en raison des « nouvelles menaces » que sont la criminalité organisée transnationale, le sida, le terrorisme, le narcotrafic et la cyberguerre (Ó Tuathail, Dalby et Routledge, 1998).

Déjà durant les années 1960, Ladis Kristof espérait la mise en place d'une sorte de dialogue où pourraient se rencontrer et interférer la géographie politique et les Relations internationales (Kristof, 1960). Il a toutefois fallu attendre que les politologues soient intéressés par l'analyse spatiale du politique pour qu'on puisse envisager ce dialogue. À défaut de pouvoir maîtriser le contenu de deux champs disciplinaires, des emprunts réciproques limités peuvent être considérés (Lapid, 1999). En sachant que le monopole du savoir est impossible et en considérant le programme de recherche de la géopolitique critique, l'approche de géographie politique reste de loin la plus en vue en Relations internationales. Force est de constater qu'il devient difficile de différencier les travaux qui en émanent d'avec les travaux produits par les auteurs poststructuralistes des Relations internationales, tellement les échanges sont rendus importants. Cet état de fait s'avère de bon augure pour faire avancer les Relations internationales, qui peuvent désormais compter sur des productions théoriques et empiriques comprenant une solide base géographique. Les pratiques de recherche et les visages des deux disciplines s'en trouvent par conséquent modifiés, tout en demeurant des disciplines distinctes qui s'intéressent respectivement à des objets/sujets plus spécifiques (Lapid, 1999 : 899).

David Grondin

GOUVERNANCE

Governance

> [L]e lien logique entre les modèles de gouvernance aux niveaux national et global repose sur la résolution du problème de l'action collective en vue de fournir des biens publics (Weiss, 2000 : 807).

La gouvernance peut se définir comme l'ensemble des mécanismes de gestion d'un système social (national ou international) en vue d'assurer des objectifs communs (**sécurité**, prospérité, cohérence, ordre et continuité du système). Le concept de gouvernance possède deux acceptions courantes : la première fait référence à la gouvernance globale et la seconde à la gouvernance à l'intérieur des **États**. Dans un premier temps, la gouvernance serait un mode de résolution des problèmes d'action collective se définissant comme étant « la capacité de coordonner des activités interdépendantes et/ou de réaliser le changement sans l'autorité légale de l'ordonner » (Le Prestre et Revéret, 2000 : 103). Dans un second temps, la notion de gouvernance réfère à « bonne gouvernance[1] » qui, selon la Banque mondiale et les différentes agences d'aide au **développement** qui en font la promotion, signifie essentiellement la saine gestion des affaires publiques.

En premier lieu, probablement en raison des deux sens qu'on lui attribue, le concept de *gouvernance* tend souvent à être assimilé à celui de *gouvernement*. Même lorsqu'on se réfère au concept de gouvernance au sens de la gouvernance globale, on le rattache ainsi maladroitement à l'exercice du pouvoir par l'État. Or, la gouvernance, bien qu'elle recoupe l'activité des États, s'étend de façon beaucoup plus

95

---

1. L'expression « bonne gouvernance » est proposée comme traduction des concepts *sound governance* ou *good governance*.

vaste à toute forme d'action collective visant l'atteinte de buts précis (prospérité, sécurité, pérennité du système, etc.) et nécessitant l'édiction de règles ainsi que la poursuite de politiques particulières. Comme le résume Oran Young (1997 : 28), « [g]énéralement, la gouvernance peut se comprendre comme étant l'établissement et l'opérationnalisation d'un ensemble de règles de conduite qui définissent les pratiques, assignent des rôles et guident les interactions afin de traiter les problèmes collectifs ». La gouvernance internationale ne se limite donc pas aux actions des États, mais comprend également la participation des **organisations internationales** et de la **société civile** transnationale dans la résolution des problèmes collectifs.

Selon Pierre de Senarclens (1998 : 199), bien que la gouvernance n'ait pas fait l'objet d'une définition consensuelle, « [e]lle véhicule l'idée que les gouvernements n'ont pas le monopole de la **puissance** légitime et qu'il existe d'autres instances contribuant au maintien de l'ordre et qui participent à la régulation économique et sociale ». La réalisation de buts collectifs ne passerait donc pas forcément par une structure d'autorité hiérarchique soutenue par la coercition. Ainsi, la gouvernance est une sorte d'*ingénierie sociale* qui se distingue de l'**anarchie** par la reconnaissance par les **acteurs internationaux** de l'existence d'obligations qu'ils se sentent tenus d'honorer dans leurs comportements (Mayer *et al.* 1993 : 392-393). Ce concept s'oppose donc à certaines thèses **réalistes** inspirées de Hobbes qui présupposent la nécessité d'un Leviathan détenant le monopole de la

violence physique pour rendre possible et, s'il y a lieu, forcer la **coopération** et la coordination entre les acteurs sociaux. Au contraire, le concept de gouvernance suggère qu'une multitude d'institutions, gouvernementales ou non, participent à la formation et au maintien de l'**ordre international**.

En théorie des **Relations internationales**, les études sur la gouvernance s'inscrivent dans le prolongement des études sur les **régimes** internationaux. Les tenants de la théorie des régimes étudient les processus par lesquels une coordination des actions visant un but précis et résultant d'une auto-organisation volontaire de la part des États (donc sans autorité centrale) est possible (Mayer *et al.*, 1993). Toutefois, il existe une différence notable entre les concepts de *régime* et de *gouvernance globale*. En effet, chaque régime porte sur un seul domaine de politique, alors que la « gouvernance globale » peut faire référence à l'arrangement plus général entre les régimes notamment par la hiérarchisation des régimes en termes de priorités.

Certains auteurs demeurent sceptiques face à ce concept. Selon Pierre de Senarclens, son émergence dans la littérature reflète une conception utilitaire, pragmatique et technocratique des relations sociales. La notion de gouvernance ne se borne pour lui qu'à promouvoir une simple « gestion » des interdépendances économiques sans prendre en compte les conflits politiques qui caractérisent les Relations internationales. De plus,

[l]es partisans de cette approche prescriptive ont tendance à mêler dans un

grand ensemble flou tous les acteurs de la scène internationale, sans hiérarchiser leur rôle et leur influence politique sur les systèmes de régulation. [...] Cette perspective procède par ailleurs d'une valorisation naïve des acteurs non étatiques, en particulier du rôle des entreprises transnationales, des ONG, des organisations internationales (De Senarclens, 1998 : 201).

Deuxièmement, la notion de *gouvernance* ou de *bonne gouvernance* fait référence à un ensemble de règles et de principes qui définissent les caractéristiques et critères de comportement auxquels un gouvernement doit se conformer afin d'être en mesure de répondre aux aspirations des citoyens. Employée souvent dans le contexte de l'obtention d'une aide financière auprès d'une organisation internationale ou d'un autre gouvernement, le concept de gouvernance, dans cette acception, se rapproche de la notion de conditionnalité politique ou économique. D'ailleurs, « [h]istoriquement, la notion de bonne gouvernance est un élargissement et un approfondissement de la conditionnalité économique des institutions de Bretton Woods telle qu'utilisée dans les années 1980... » (Uvin et Biagiotti, 1996 : 388-389).

Cette notion de *bonne gouvernance*, initialement introduite par la Commission Trilatérale dès mai 1975, a été élaborée en grande partie au sein de la Banque mondiale (Campbell *et al.*, 2000 : 2). Pour cette dernière, « la *gouvernance* se définit comme la manière dont le pouvoir est exercé dans la gestion des ressources économiques et sociales d'un pays. La *bonne gouvernance*, pour la Banque mondiale, est synonyme d'une gestion saine du déve-

loppement » (Banque mondiale, 1992 : 1). La Banque mondiale, surtout préoccupée par les réformes institutionnelles de l'État, identifie quatre critères de *bonne gouvernance* : la gestion du secteur public, le cadre juridique (État de droit), l'information et la transparence, et enfin la responsabilité[2] (Campbell *et al.*, 2000 : 5).

L'application du concept de *bonne gouvernance* est loin de faire l'unanimité et plusieurs critiques ont été formulées à son égard. On lui reproche notamment « [...] son biais culturel et idéologique, la non-prise en compte de la diversité des expériences historiques et enfin, la centralité du paradigme libéral-pluraliste [...] » (Campbell *et al.*, 2000 : 5). De plus, selon Saldomando (Campbell *et al.*, 2000 : 44-65), des éléments beaucoup plus politiques et sociaux sont venus se greffer à la notion de gouvernance depuis la publication de *Governance and Development* par la Banque mondiale, débordant ainsi des simples critères administratifs. Ces éléments politiques et sociaux concernent des attentes par rapport au respect des droits humains, au développement durable ou encore à la participation de la société civile[3].

Bien qu'elle soit en vogue, la notion de gouvernance demeure difficile à cerner. La confusion liée aux multiples définitions qui lui sont données est d'ailleurs accentuée par l'utilisation du

---

2. Le PNUD, quant à lui, définit ses critères comme étant une gestion participative, transparente, efficace, équitable et fondée sur la loi.

3. C'est surtout le cas des institutions faisant partie de la famille des Nations Unies. Voir notamment (PNUD, 1997).

concept de gouvernance dans d'autres champs de la science politique que les Relations internationales, notamment en administration publique. La gouvernance est donc un concept porteur de plusieurs sens en constante évolution et son utilisation nécessite une grande précaution.

Evelyne Dufault

GRANDE POLITIQUE/PETITE POLITIQUE   High Politics/Low Politics

Voir **Politique étrangère**.

HÉGÉMONIE

Un État dominant exerce une fonction hégémonique s'il conduit le système d'États dans la direction qu'il choisit et si, ce faisant, il est perçu comme étant le défenseur de l'intérêt universel (Arrighi, 1993 : 150).

Bien que le concept d'hégémonie ait beaucoup évolué depuis son utilisation par les révolutionnaires que furent Lénine et Trotsky, l'idée centrale qu'il représente demeure la même, soit l'existence au sein du **système international** de diverses formes de pouvoir et d'influence exercées par des groupes sociaux dominants sur d'autres groupes subordonnés. En **Relations internationales**, on parle d'hégémonie mondiale, soit de la capacité que possède un **État** d'exercer des fonctions gouvernementales sur un système politique mondial composé d'États souverains (Arrighi, 1993 : 148).

Les théories gramsciennes ou néo**marxistes** démontrent que l'hégémonie fait référence à une forme de **puissance** qui ne relève pas que de dominance pure et simple ; elle signifie également l'exercice d'un leadership intellectuel et moral (Gramsci, 1971 : 57) qui prétend représenter l'intérêt universel et qui s'étend au système interétatique. La priorité accordée aux fondements idéologiques et culturels explique

le *comment* du consentement et de la participation des groupes subordonnés à des classes dominantes prétendant les représenter. En effet, les structures de l'hégémonie, parce qu'elles légitimisent les politiques et l'ordre nationaux, créent des **normes** universelles et mettent en place des mécanismes et des **institutions** servant à établir des règles de droit et de comportement pour les États et les **acteurs** transnationaux, et facilitent l'enracinement des bases sociales et matérielles nécessaires à l'exercice du pouvoir par l'hégémon (Cox, 1987 : 172). Pour Cox, l'hégémonie dépasse donc le système d'États. Il faut la comprendre en tenant compte du fait que les idées et les conditions matérielles d'existence sont toujours en relation les unes avec les autres (ce qu'il nomme le matérialisme historique). En ce sens, l'ordre hégémonique découle de la propagation d'une culture commune par des classes sociales dominantes (Cox, 1983 : 56) et se maintient grâce aux moyens de production et aux relations complexes qui se nouent entre les classes sociales des différents pays (Cox, 1983 : 62).

Dans les années 1970, le concept d'hégémonie a été central dans le développement des **théories** des Relations internationales, et principalement en

économie politique internationale. L'école de l'économie-monde pousse ainsi plus loin la dimension économique de l'hégémonie :

> l'hégémonie est une situation dans laquelle les biens d'un État du centre sont produits tellement efficacement qu'ils sont largement plus compétitifs que les biens d'autres États du centre, ce qui permet à cet État d'être le principal bénéficiaire de la maximisation du libre-marché mondial (Wallerstein, 1980 : 38).

De plus, la théorie de la **stabilité hégémonique** se retrouva au centre des analyses que développèrent les théories **réalistes** et qui s'opposèrent aux théories **institutionnalistes**. Les théoriciens de l'interdépendance font d'ailleurs la différence entre hégémonie et **impérialisme** : « contrairement à une puissance impérialiste, un hégémon ne peut créer et imposer des règles sans un certain degré de consentement de la part des autres États souverains » (Keohane, 1984 : 46). Aussi, la théorie des **régimes** affirme que l'hégémonie ne se définit pas seulement par les capacités matérielles et les ressources d'un territoire mais aussi par les valeurs et les formes de relations et de pouvoir déjà intégrées dans les structures du système international. Par exemple, pour John Ruggie, l'hégémonie américaine est passée au système interétatique en enracinant le principe de **souveraineté** des **nations** : « le système de loi moderne consiste en l'institutionnalisation de l'autorité publique à l'intérieur de domaines de juridiction mutuellement exclusifs » (Ruggie, 1983 : 275). Aussi, dira Ruggie, que l'institutionnalisation de l'hégémonie américaine est possible, non pas parce que les structures du système le requièrent mais parce que le sens de l'exceptionalisme fondamental à l'identité des Américains a pu appuyer l'action des États-Unis au niveau mondial (Ruggie, 1998a : 14).

De leur côté, les théories réalistes, pour lesquelles un État hégémonique évoluant dans un système **anarchique** exerce son influence et impose sa force principalement par ses capacités matérielles et par sa prépondérance en termes de ressources militaires et économiques (Keohane, 1984 : 32), reconnaissent également que les aspects idéologiques et normatifs des formes de pouvoir permettent aux États dominants de rendre leur autorité moralement acceptable, donc plus facile à exercer (Morgenthau, 1967 : 87-88). Gilpin (1981 : 30) ajoutera que « les États les plus faibles d'un système international suivront le leadership des États les plus puissants, en partie parce qu'ils acceptent la légitimité et l'utilité de l'ordre existant »

Bien qu'il existe des variantes de l'hégémonie en nombre suffisant pour satisfaire à peu près toutes les tendances (Strange, 1987 : 557), le concept d'hégémonie possède une valeur explicative importante puisqu'il permet d'illustrer les liens entre économie et politique et de réduire les écarts entre les politiques internes et les politiques internationales. La diffusion de normes et de valeurs associées au départ à certains groupes sociaux d'une nation particulière à des structures internes d'autres nations ou à des structures supranationales est en effet le moment clé de l'évolution et de la distribution de la puissance au niveau global.

Chantal Robichaud

IDÉALISME

[O]n peut envisager l'histoire de l'espèce humaine en gros comme la réalisation d'un plan caché de la nature pour produire une constitution politique parfaite sur le plan intérieur et, en fonction de ce but à atteindre, également parfaite sur le plan extérieur ; c'est le seul état de choses dans lequel la nature peut développer complètement toutes les dispositions qu'elle a mises dans l'humanité (Kant, 1947 : 40).

Dans le portrait que le champ de la théorie des **Relations internationales** a traditionnellement dressé de son histoire, le terme « idéalisme » désigne le courant théorique qui domina la naissance du champ, à la suite de la Première Guerre mondiale, et au moment de la création de la première chaire d'études en politique internationale à l'University College d'Aberystwyth au Pays de Galles. On date habituellement à cette époque le moment où la théorie des Relations internationales commence à devenir autonome face aux champs de la théorie politique, de l'histoire militaire et du droit international. Dans la littérature sur la **théorie** des Relations internationales, les termes « idéalisme » et « internationalisme **libéral** » sont parfois utilisés de façon interchangeable (Rich, 2002). Les expressions sont interchangeables dans la mesure où la seconde expression fait référence à la doctrine politique universaliste et cosmopolitique de la tradition libérale, davantage qu'à un libéralisme économique synonyme de *laisser-faire*. Le terme « utopisme » est également utilisé de façon péjorative par certains critiques de cette doctrine (Carr, 1946).

Selon une explication courante, l'« idéalisme » est la version théorique de l'enthousiasme suscité par la fondation de la Société des Nations, ainsi que par la nouvelle ère d'**interdépendance** à la suite du Premier Conflit mondial. Comme analyse théorique des Relations internationales, l'idéalisme trouve son inspiration dans les textes d'Immanuel Kant sur l'avènement d'une Confédération d'**États** sur la scène internationale, et dans le parti pris de ce philosophe allemand en faveur des valeurs cosmopolitiques et du rationalisme des Lumières. Ses promoteurs croient en la possibilité, et en la nécessité, d'un recours à la raison pour régler les conflits qui surviennent dans le cours de l'histoire humaine. Selon les conjectures de Kant, la raison, conçue comme la principale faculté distinguant l'humain de l'animal, ainsi que la possibilité des êtres humains

101

d'apprendre de leurs erreurs mèneront les États à se réunir en une confédération au sein de laquelle les conflits seront résolus par des voies pacifiques. L'idéalisme se distingue donc du libéralisme économique, dans la mesure où il ne croit pas que la seule expansion des marchés, des échanges et du commerce suffira à engendrer une paix durable entre les États. Il cherche à multiplier les niveaux d'organisations politiques à des niveaux supérieurs à celui de l'État-nation. Cette ère d'« optimisme » théorique et la domination de la pensée idéaliste a été caractéristique de l'entre-deux-guerres, avant de se faire surclasser par le courant **réaliste** à la suite du Second Conflit mondial (Guzzini, 1998 ; Knutsen, 1997 ; Vasquez, 1998).

L'historiographie contemporaine sur la naissance du champ de la théorie des Relations internationales nuance un peu le portrait qui a longtemps été dressé de l'« unanimisme idéaliste » de l'entre-deux-guerres. Il ne fait aucun doute que, durant cette période, de nombreux théoriciens partageaient un ensemble de thèses que l'on associe aujourd'hui à cette approche. Cependant, ce que l'on désigne aujourd'hui par « idéalisme » fait référence à ce qui était à l'époque un ensemble d'approches plus diffuses. On différenciera trois tendances qui, bien qu'elles convergent vers des conclusions similaires, doivent être distinguées. Il y a d'abord le *libéralisme politique* qui s'intéressait aux moyens d'établir des **institutions** politiques, policières et juridiques internationales. Norman Angell, David Davis, Leonard Woolf et Alfred Zimmern constituent certains de ses représentants les plus influents. Puis, une branche du *libéralisme économique* qui croyait davantage aux vertus réconciliatrices du commerce et de l'interdépendance économique, sans pour autant remettre en question la nécessité d'encadrer l'économique au sein d'institutions politiques internationales (Keynes et Hobson). Enfin, les avocats d'une *conception pluraliste* de l'État s'opposaient aux conceptions juridiques dominantes.

Au-delà de ces colorations spécifiques, les auteurs regroupés sous la bannière idéaliste partageaient habituellement certaines thèses et positions. Parmi celles-ci on retrouve d'abord une conception téléologique de l'histoire. Comme chez Kant, on croit que l'humain apprend de ses erreurs et que la raison sera éventuellement susceptible de mettre au pas les instincts de sa nature profonde. Chez Zimmern, cette thèse avait également une dimension civilisatrice. Elle venait justifier l'**impérialisme** britannique, non pas en raison de la loi du plus fort, mais en raison de la « contribution » que celui-ci apportait à l'établissement d'une civilisation commune et basée sur « la paix ». Cette conception philosophique de l'histoire était renforcée par la conviction de plusieurs observateurs de la scène internationale selon laquelle les relations entre États tendaient de plus en plus vers l'interdépendance et que, dans ce contexte, la réalisation du plein potentiel de chaque État dépendait de l'implantation d'institutions politiques internationales en mesure de régulariser ces relations (Garner, 1925).

L'analyse méticuleuse que Schmidt (2002) fait des positions théoriques de l'entre-deux-guerres les remet dans leur contexte pour en saisir le sens et la diversité. Selon lui, ce qui est souvent décrit comme une position « idéaliste » désincarnée et motivée par un pur idéal philosophique s'appuyait souvent sur une conception pluraliste de l'État, dont les origines théoriques ne seraient pas si « utopistes » qu'on l'entend parfois. Il soutient que plusieurs de ces théoriciens étaient préoccupés d'abord par un constat empirique. Ils considéraient que la conception juridique de l'État comme entité autonome et souveraine sur la scène internationale était inadéquate pour décrire l'ère qui succédait aux révolutions industrielles et caractérisée par une interdépendance accrue. À la suite du Premier Conflit mondial, les promoteurs d'une conception *pluraliste* de l'État s'opposaient d'abord à une conception *juridique* ou *moniste* de celui-ci, selon laquelle il était une entité **souveraine**, représentant les intérêts et la volonté de l'ensemble de ses citoyens et libre d'agir selon sa volonté sur la scène internationale. Dans cet ordre d'idées, Harold Laski (1927) soutenait que l'État ne pouvait réconcilier les volontés et les intérêts contradictoires exprimés par les différents groupes en son sein. Chez les théoriciens socialistes, bien avant les **poststructuralistes**, cette critique s'accompagnait de la promotion de formes d'expressions identitaires et de la revendication d'intérêts collectifs souvent en contradiction avec ceux promus par l'État.

Une autre thèse importante associée à l'idéalisme de l'entre-deux-guerres était que les États avaient un intérêt commun à s'engager dans une politique internationale de **sécurité collective**. Pour David Davies, cette sécurité collective ne devait pas se limiter au domaine militaire, mais s'étendre également au domaine policier. Sur ce plan, l'idéalisme soutenait qu'il serait éventuellement possible d'articuler une société internationale au sein de laquelle les conflits pourraient être résolus par des voies moins destructrices. Cette position reposait sur une conception de l'être humain comme animal rationnel qui serait mené par ses facultés cognitives et morales à mettre sur pied des **organisations internationales** en mesure d'éviter les désastres occasionnés par la guerre. Elle reposait, également, sur un constat beaucoup plus pragmatique : la conviction que pas plus l'**équilibre des puissances** que le *laisser-faire* économique n'avait pu prévenir la Première Guerre mondiale. Au contraire, le jeu d'**alliances**, la course aux armements et une diplomatie opaque avaient précipité les nations européennes dans l'abîme. Il était donc nécessaire de développer de nouveaux outils de prévention des conflits.

1919-1939 : le débat entre idéalisme et réalisme

Bien qu'on remette parfois en question l'existence d'un premier grand débat entre réalisme et idéalisme au sein du champ de la théorie des Relations internationales (voir le **débat entre paradigmes**), pour ceux qui reconnaissent qu'il a bien eu lieu, ce premier débat portait sur une question traditionnelle de la philosophie politique. Le débat opposant, d'une part, Carr et Morgenthau pour le camp réaliste, à Angell, Woolf et Zimmern, d'autre part, pour le camp idéaliste, portait en effet sur la relation entre la raison et le **pouvoir**. Il s'articulait autour de deux questions fondamentales. La première, dont les enjeux furent exposés clairement par Morgenthau, demandait lequel du *pouvoir* ou de la *raison* serait en mesure de domestiquer l'autre en dernière instance. La seconde question, encore plus contemporaine à la lumière des débats actuels en philosophie politique, posait le problème de la relation entre la raison et le pouvoir sous l'angle de leur interdépendance. Dans quelle mesure la raison est-elle une condition d'existence de pouvoir, ou dans quelle mesure le pouvoir est-il une condition d'existence de la raison ? Il découlait de la réponse à ces deux questions des conceptions opposées des Relations internationales.

Des réalistes, comme Niebuhr et Morgenthau, opposaient aux idéalistes une conception pessimiste de la nature humaine gouvernée par son avidité pour le pouvoir. Ils doutaient que la raison soit suffisante pour surmonter les vices auxquels est enclin l'humain et pour résorber les conflits entre États. Les idéalistes, pour leur part, ne niaient pas l'importance du penchant des hommes pour le pouvoir. Certains endossaient même une conception plutôt pessimiste de la nature humaine. Leur ambition principale n'était pas de surmonter ces pulsions destructrices, mais de les « diriger vers des formes moins destructives de conflits » (Ashworth, 2002 : 39). Les États, selon les idéalistes, avaient un intérêt commun à s'engager dans une démarche visant à développer une politique de sécurité collective. Or face à cet argument, les

réalistes reconduisaient souvent sur le plan international le même raisonnement que les théories pluralistes de l'État avaient dirigé sur le plan national contre les théories juridiques. Carr soutenait qu'il était erroné de partir de la prémisse selon laquelle les États avaient tous le même intérêt à s'engager dans une telle démarche. Celle-ci n'allait pas dissiper les relations de **puissance** sur l'échiquier international, mais aurait plutôt tendance à renforcer le *statu quo* en les figeant.

Bien qu'il soit difficile de trouver une histoire de la théorie des Relations internationales qui fasse abstraction du « débat fondateur » entre réalistes et idéalistes, il reste que l'ampleur, les paramètres et le détail de ce débat font l'objet de controverses ; il est donc prudent d'y faire référence avec circonspection. On a déjà souligné que l'expression « idéalisme » sert à désigner aujourd'hui ce qui était à l'époque un bassin de positions convergentes. Poussant l'analyse plus loin, Ashworth soutient que pas plus l'enjeu des débats de l'entre-deux-guerres que la nature de ceux qui s'y opposaient ne peuvent être réduits à l'opposition entre idéalistes et réalistes. Il rappelle, par exemple, que les débats sur la relation entre le capitalisme et la guerre, les enjeux ayant trait à la politique de sécurité collective des Britanniques ou entre isolationnistes et interventionnistes américains ne peuvent être appréhendés simplement comme des débats opposant idéalistes et réalistes. Il soutient également que durant une grande partie de cette période, l'internationalisme libéral était menacé davantage par des théoriciens socialistes et par les isolationnistes américains que par les réalistes (Ashworth, 2002 : 34). Une analyse récente de la pensée de Carr soutient que même cet auteur, longtemps tenu pour réaliste, semble avoir conçu la relation entre réalisme et idéalisme comme beaucoup plus dialectique qu'inconciliable (Kubálková, 1998 : 32). Ces analyses invitent donc à la prudence autant lorsqu'on aborde l'idéalisme que le premier grand débat du champ de la théorie des Relations internationales.

Aujourd'hui, plusieurs approches se réclament de la tradition idéaliste inspirée par Kant. La théorie de la **gouvernance** globale reprend des arguments qui font écho à ceux du début des années 1920 lorsqu'elle affirme que la **mondialisation** rend caduc le concept de souveraineté tel qu'on l'a connu. Alexander Wendt (1999) reprend également à son compte certains arguments de cette tradition lorsqu'il soutient que la société internationale tend à évoluer d'un degré intermédiaire de **coopération** inspiré de Locke, vers un degré supérieur de coopération inspiré de Kant. Enfin, les travaux peut-être les plus critiques offerts aujourd'hui par la tradition idéaliste proviennent probablement de la mouvance évoluant autour de David Held et James Bohmann, qui cherchent à marier le néokantisme à la **Théorie Critique**.

Frédérick Guillaume Dufour

IDENTITÉ

L'identité d'État, qui dépend de contextes historiques spécifiques, peut être comprise comme résultant de pratiques d'exclusion à travers lesquelles des éléments de résistance à une identité figée de « l'intérieur » sont mis en lien par un discours du « danger » avec des menaces identifiées et localisées à « l'extérieur » (Campbell, 1992 : 75).

La notion d'identité est très difficile à définir de façon exhaustive. Elle recoupe de trop nombreuses problématiques pour que l'on puisse espérer en donner un portrait complet. Concernant d'abord l'étude du comportement individuel, la question de l'identité a été surtout théorisée en psychologie avant d'occuper de plus en plus de terrain du côté des sciences sociales (en sociologie et en anthropologie en tout premier lieu). Il s'agit aussi d'une question fondamentale en philosophie puisqu'elle touche au fondement même du regard que l'homme pose sur son existence. En général, la problématique de l'identité s'articule autour de la question « qui sommes-nous ? » et trouve sa réponse à la fois dans un sentiment de ressemblance avec les autres membres du groupe et d'une certaine permanence dans le temps.

Dans le cas plus spécifique de la discipline des **Relations Internatio-**

nales, l'intérêt est relativement récent.
Ce concept préoccupera la discipline
surtout à partir du début des années
1990 et l'intérêt portera plus spécifiquement sur l'identité nationale (même si
certains auteurs élargiront la problématique vers d'autres types d'identité). Le
mouvement simultané qui s'opère alors
(intérêt pour de nouvelles problématiques telles les conflits ethniques ou
les effets de la **mondialisation** et émergence de nouvelles théories) explique
en grande partie l'importance croissante
de cette problématique dans la littérature. L'identité en Relations Internationales soulève plusieurs problèmes
auxquels se frottent de nombreux
auteurs depuis quinze ans : l'identité
nationale et son rapport à la différence,
les liens entre identité et **intérêts
nationaux,** l'identité et la **sécurité,** etc.

C'est essentiellement avec l'émergence du **constructivisme** dans la discipline que l'identité sera mise à l'ordre
du jour. Dès le début des années 1990,
les constructivistes, Alexander Wendt
en tête, ont insisté sur l'importance de
ce facteur dans l'analyse des Relations
Internationales. Entre autres, l'article
« Anarchy Is What State's Make Of It :
The Social Construction of Power
Politics » d'Alexander Wendt aura un
grand impact sur le développement de
cette problématique. S'opère alors une
rupture importante avec les théories plus
traditionnelles. Les constructivistes
affirment que les intérêts découlent des
identités (et non pas d'un processus de
choix rationnels) et affirment que ces
identités ne sont pas des variables endogènes (données). En affirmant que « les
identités sont, en soi, relationnelles »
(1992a : 397) Wendt ouvre la boîte

noire de l'**État** et entraîne un questionnement des processus endogènes (qui
émergent des interactions sociales) qui
permettent la mise en place de cette
identité.

Une autre contribution non négligeable quant à cette problématique est
celle de l'**École de Copenhague.**
L'École de Copenhague regroupe
plusieurs auteurs qui tentent, chacun à
leur manière, d'établir des ponts entre
les problématiques plus traditionnelles
de la discipline et de nouvelles perspectives (intérêt pour de nouveaux
types de menaces qui proviennent de
l'intérieur ou de l'extérieur de l'État).
Dans l'ouvrage *Identity, Migration And
The New Security Agenda In Europe,*
l'École de Copenhague met de l'avant
les concepts d'identité et de sécurité
sociétale.

> Si la sécurité sociétale concerne la survi-
> vance, dans des conditions acceptables
> pour l'évolution, des modèles traditionnels
> de la langue, la culture, l'association, les
> coutumes religieuses et l'identité eth-
> nique, alors les menaces à ces valeurs
> proviennent bien plus souvent de l'appa-
> reil gouvernemental interne à l'État que
> de gouvernements extérieurs (Wæver,
> 1993 : 49).

Malgré les critiques **épistémologiques** qui reprochent à l'École de
Copenhague de ne pas prendre en
compte l'identité dans toute son ampli-
tude et de ne la considérer que comme
une variable stable, leurs écrits auront
un impact important pour la prise en
compte de nouvelles problématiques
par les théories plus traditionnelles.

Finalement, plusieurs auteurs **postmodernes** tel David Campbell radica-
lisent cette problématique. Comme
pour les constructivistes, les postmo-

dernes considèrent que l'identité n'est pas donnée d'avance et qu'il faut interroger sa mise en place. Mais ils vont plus loin. David Campbell ne considère pas l'identité comme étant une variable socialement construite parmi d'autres, mais plutôt comme étant au cœur des relations internationales. Pour qu'il y ait une **politique étrangère**, il faut d'abord déterminer ce qui est étranger et, en ce sens, l'identité est constitutive des relations internationales. Les auteurs postmodernes insistent aussi sur le rôle du discours. Pour eux, l'identité n'est donc pas définie par des facteurs objectifs mais plutôt par un discours qui fixe la frontière en définissant l'étranger. Les Relations internationales, en tant que discipline, sont perçues comme un discours d'autorité savante qui contribue à reproduire l'identité par la peur de l'étranger.

Même s'il est difficile de parler d'une théorie **féministe** unifiée, soulignons que plusieurs féministes s'intéressent à la notion d'identité ; non seulement à l'identité de genre (qui par définition intéresse toutes les féministes) mais aussi, selon leurs courants plus spécifiques, à l'identité entendue dans un sens plus large. En effet, les féministes postmodernes s'attardent à souligner les limites de la pensée binaire qui visent à constamment opposer deux termes dans une logique manichéenne (bien/mal, vrai/faux, rationnel/irrationnel, homme/femme, etc.). Or, la dichotomie que sous-entendent toutes les autres est la dichotomie identitaire par excellence nous/les autres.

Ce survol rapide démontre qu'il est impossible d'aborder l'identité dans la discipline d'un seul angle. Le spectre est si large que de l'identité nationale qui intéressait les théories plus conventionnelles en tant que variable indépendante, différents chercheurs s'intéressent maintenant à des identités postnationales (ethniques, de genre, transnationales, etc.) et surtout aux processus de construction identitaire. Si tous s'entendent donc pour admettre que la problématique de l'identité concerne directement le rapport aux autres, à l'étranger, certains l'aborderont comme une variable parmi d'autres et d'autres iront jusqu'à considérer ce rapport comme constitutif des relations internationales et donc au cœur de la discipline.

Catherine Voyer-Léger

IMPÉRIALISME

> Plus le capitalisme est développé, plus le manque de matières premières se fait sentir, plus la concurrence et la recherche des sources de matières premières dans le monde entier est acharnée et plus brutale la lutte pour la possession des colonies (Lénine, 1979).

Le terme impérialisme vient du latin *imperium* qui signifie autorité suprême. Il ne devient toutefois d'usage courant qu'au début du XIXe siècle lorsque l'opinion publique et les monarques européens utilisent le terme pour caractériser la politique expansionniste de Napoléon Bonaparte. C'est à la fin du siècle, dans le contexte de l'avancée du capitalisme industriel anglais et ses impacts sur le reste du monde, qu'apparaissent les premiers travaux sur l'impérialisme. Les débats portent alors sur les tendances d'accumulation capitaliste de l'époque, le caractère inégal du développement capitaliste, la hiérarchie entre **États**, le militarisme et la rivalité entre pays capitalistes. Les rapports de classes à l'intérieur d'une formation sociale donnée, tout particulièrement autour des relations entre les classes dirigeantes et le pouvoir d'État, sont également au cœur de ce débat. C'est à travers le concept d'impérialisme que les **marxistes** ont conceptualisé les transformations du système capitaliste en tant que système mondial.

Le pamphlet de Lénine est probablement la référence la plus connue sur l'impérialisme. S'inspirant des travaux de Hobson, Hilferding et Boukharine, il souligna que la tendance à la consolidation monopoliste avait pour effet de stimuler la fusion du capital industriel et du capital banquier tout en intensifiant une nouvelle division territoriale du marché international entre États capitalistes. Selon lui, cette croissante concentration du capital et les limites des marchés nationaux dans les pays capitalistes contribuaient à rendre l'exportation de capital plus attrayante pour les oligarchies financières et pouvaient mener à des guerres interimpérialistes. Les critiques de Lénine lui ont reproché de ne pas avoir clairement exposé le rôle de l'État dans l'économie mondiale ni les liens entre les monopoles, l'exportation de capitaux et la division du monde. Lénine n'a pas plus analysé l'impact de l'impérialisme sur les pays périphériques non capitalistes.

Rosa Luxembourg fut la première à poser la question de l'impact de l'impérialisme sur les formations sociales non capitalistes. Elle concevait l'impérialisme comme étant une stratégie visant à résoudre le problème de la réalisation de la valeur, c'est-à-dire de la consommation des marchandises. Cherchant à expliquer l'accumulation continuelle de capital par sa pénétration dans les formations sociales non capitalistes, elle voyait dans les politiques impérialistes d'exportation de capitaux et de marchandises une solution au problème de la sous-consommation dans les économies des pays capitalistes par la création de marchés à l'étranger. Elle fut critiquée pour avoir mal posé la question de la sous-consommation et d'avoir sous-estimé l'importance des relations de production. Elle a tout de même le mérite d'avoir souligné le caractère expansif et mondial du capitalisme.

À l'époque, le débat n'est pas entre Lénine et Luxembourg mais plutôt entre Lénine et Karl Kautsky et porte sur les stratégies à adopter face aux impérialismes des bourgeoisies nationales dans le contexte de la Première Guerre mondiale. Pour Kautsky la guerre générait la possibilité d'une alliance tactique entre la classe ouvrière et la bourgeoisie, qui mènerait en Europe à des réformes sociales graduelles qui permettraient d'éviter une rupture violente avec la démocratie **libérale**. Pour sa part, Lénine proposait de combattre l'impérialisme et son chauvinisme puisqu'en permettant des niveaux d'exploitation plus élevés dans les pays périphériques, il donnait la possibilité à la bourgeoisie d'utiliser ses sur-profits pour coopter certains secteurs de la classe ouvrière (aristocratie ouvrière) européenne. Pour lui, s'aligner aux côtés de l'impérialisme des pays occidentaux retarderait donc l'internationalisation de la révolution. Dès lors, le débat autour des options «réformistes ou révolutionnaires» se posera dans les discussions ultérieures quant à la stratégie que doivent adopter les mouvements ouvriers face aux bourgeoisies nationales et à l'impérialisme.

Avec la victoire de divers mouvements de libération nationale dans le **Tiers Monde** et la radicalisation des forces populaires en Amérique latine et en Asie, les années 1950, 1960 et 1970 ont vu la prolifération de travaux inspirés de la notion d'impérialisme. Les études sur l'échange inégal et la division internationale du travail, le débat

latino-américain sur la **dépendance** et les différents travaux produits par les tenants de l'approche du **système-monde** en sont quelques exemples.

Les théoriciens latino-américains ont joué un rôle central lors de cette nouvelle phase de réflexions sur l'impérialisme. Ici les débats ont porté sur les particularités du développement capitaliste en Amérique latine, l'intégration de celle-ci au marché mondial et les stratégies que devaient adopter les forces populaires face aux bourgeoisies nationales, rappelant le débat Lénine/Kautsky. Ici, la contribution de Ruy Mauro Marini et Theotonio Dos Santos est digne de mention. Ces auteurs argumentaient que, dû au caractère incomplet du développement capitaliste en Amérique latine, certains États dépendants intermédiaires (Argentine, Brésil, Mexique) exerçaient une domination sous-impérialiste — parce qu'elle n'affectait pas les intérêts impérialistes états-uniens — envers les marchés des pays voisins de moindre importance.

André Gunder Frank (1972) se démarqua également avec sa thèse — à la fois provocante et simpliste — à l'effet que la structure impérialiste du système capitaliste engendrait et nécessitait le développement du « sous-développement ». À l'époque, pour plusieurs auteurs, la seule alternative de développement pour les pays périphériques était la rupture avec le centre et le capitalisme. Warren, en réponse à Gunder Frank, envisageait au contraire la possibilité d'un développement réel du Tiers Monde. Soulignant la croissance accélérée des nouveaux pays industrialisés en Asie, Warren était d'avis que les politiques impérialistes favoriseraient l'industrialisation, que la dépendance finirait par se desserrer et que la distribution inégale du pouvoir finirait par s'estomper.

Les années 1980 ont vu la parution d'une multitude de travaux critiques portant sur les programmes d'ajustement structurel imposé par le FMI et la Banque mondiale en des termes fortement inspirés des débats antérieurs sur l'impérialisme et le sous-développement. Cependant, les écrits sur l'impérialisme proprement dit sont peu nombreux, puisqu'un consensus tacite quant à la perte d'**hégémonie** des États-Unis semblait s'être installé. Ce n'est qu'avec la chute du bloc soviétique et les nouvelles campagnes militaires des États-Unis, au Panama en 1989 et au Koweït en 1990-1991, que la question de l'impérialisme refait surface, cette fois enrichie des contributions sur le rôle des institutions financières internationales.

Aujourd'hui, dans ce que l'on peut considérer comme le retour du débat sur l'impérialisme, quatre auteurs (Robert Biel, Leo Panitch, Michael Hardt et Antonio Negri) se démarquent des travaux antérieurs par le fait qu'ils ne conçoivent plus l'impérialisme comme un phénomène touchant surtout aux relations centre/périphérie, mais plutôt comme un phénomène qui affecte tout autant les pays capitalistes avancés.

Robert Biel (2000) utilise le concept de *nouvel impérialisme* pour référer à la consécration de l'hégémonie états-unienne qui se concrétise à travers la poursuite d'un projet « mondialisant » à promouvoir à la grandeur de la planète et à défendre militairement. Il s'agit ici pour les États-Unis d'imposer à l'ensemble de la communauté internatio-

nale l'idée de l'existence d'un ennemi commun et de disposer de la conjoncture internationale pour s'immiscer dans la **souveraineté** d'États alliés. Si les États-Unis ont réussi, avec la guerre du Golfe du début des années 1990, à imposer l'idée d'un ennemi commun, leur manipulation des événements du 11 septembre 2001 ne vient que confirmer, une fois de plus, la thèse de Biel.

Leo Panitch (2000) argumente aussi en faveur d'une réinterprétation du concept d'impérialisme. Il interprète les constantes interventions du ministère du Trésor des États-Unis dans les institutions économiques étatiques asiatiques et même européennes comme des confirmations des thèses de Nicos Poulantzas (1968) sur l'internationalisation de l'État. Panitch avance ainsi que l'impérialisme états-unien devrait maintenant être conceptualisé sous la forme d'un impérialisme non territorial implanté et maintenu à travers la présence structurelle du pouvoir impérial dominant à l'intérieur même des autres États capitalistes avancés.

Enfin, Michael Hardt et Antonio Negri (2000) brisent avec la longue tradition du débat marxiste sur l'impérialisme de deux façons. D'une part, en déplaçant le débat de l'**économie politique** vers la théorie politique et en adoptant une conception **poststructuraliste** du pouvoir inspiré du concept de micro-pouvoir de Foucault ; d'autre part, en avançant la thèse de la fin de l'impérialisme et de sa substitution par l'Empire. Celui-ci ne serait plus l'extension de la souveraineté d'un État au-delà de ses frontières liée à la domination des puissances capitalistes sur la périphérie. L'Empire serait plutôt la manifestation d'une souveraineté globale qui ne reconnaît aucune limite territoriale et qui exerce son pouvoir à travers une multitude d'instances et d'institutions (sans centre spécifique) mais unifiées par une même logique : celle du pouvoir homogénéisant du marché mondial. Même les États-Unis, bien que reconnus par les auteurs comme une puissance particulièrement impériale et ayant la constitution politique la plus appropriée pour l'Empire, ne sont pas en mesure de le contrôler. L'Empire est donc postcolonial et postimpérialiste. Par le fait même, ces auteurs rejettent donc les divisions centre/périphérie, puisque dans la présente phase postmoderne de développement capitaliste il n'y aurait plus de différences substantielles entre les pays anciennement classifiés sous ces catégories.

Deux constantes sont identifiables dans les travaux récents sur l'impérialisme. D'une part, ils soulignent l'importance de phénomènes qui avaient tendance à être négligés par le passé, tel que l'hégémonie et la multitude d'instances de pouvoir participant à la domination impérialiste. D'autre part, ils se fondent sur une conception plus complexe de l'État que par le passé. Il n'est pas certain toutefois qu'ils évitent la tendance à surestimer le pouvoir de l'impérialisme par rapport aux forces de résistance nationales et mondiales, car il est difficile de déceler à l'intérieur de leurs analyses les espaces et les pratiques réels de résistance.

Leandro Vergara-Camus

INSTITUTIONNALISME NÉOLIBÉRAL   Neoliberal Institutionalism

Selon les circonstances et en présence d'intérêts complémentaires, la coopération est possible et les institutions sont susceptibles d'influencer ces modèles comportementaux (Keohane, 1984 : 9).

Appartenant au courant théorique néolibéral qui s'est développé au cours des années 1970 et 1980 en **Relations internationales**, l'institutionnalisme est une approche théorique axée sur le rôle et l'influence des **institutions** au sein du **système international**. Elle est composée de deux grands courants : le courant **positiviste** à l'origine des premières

études sur le phénomène d'institutionnalisation en Relations internationales (Hasenclever *et al.*, 1997 : 28) et dont Robert Keohane est l'un des principaux auteurs, ainsi que le courant sociologique développé entre autres par Oran Young (1994). Le courant positiviste, également appelé institutionnalisme néolibéral ou même parfois **néolibéralisme**, propose un programme de recherche rationaliste qui tente de démontrer que les institutions peuvent faciliter la **coopération** internationale « en changeant les motivations des

États, soit en modifiant leurs calculs des profits escomptés » (Hasenclever *et al.*, 1997 : 32). Considérant que les intérêts d'un État ne sont ni prédéterminés ni immuables, le courant sociologique étudie l'influence exercée par les institutions dans la conception de l'identité et dans la définition des intérêts d'un État (voir aussi **constructivisme**). Ce courant s'intéresse tout particulièrement aux processus de négociation et à la teneur des ententes internationales. Compte tenu de l'importance du courant positiviste au sein de l'approche, nous nous concentrerons plutôt sur cette forme d'institutionnalisme.

Endossant les conceptions **réalistes** classiques selon lesquelles le système international est **anarchique** et l'État un **acteur** rationnel et égoïste, les tenants du courant positiviste considèrent cependant que l'**intérêt national** ne se limite pas à la **puissance** et que, contrairement à ce que prétendent certains **néoréalistes**, la motivation première d'un État est la maximisation de ses propres **gains** (*gains absolus*) sans égard aux gains réalisés par les autres États (*gains relatifs*). Ainsi, le climat d'incertitude qui prévaut dans le système international serait lié à la possibilité de désertion toujours présente, situation illustrée par le modèle du « **dilemme du prisonnier** » (voir aussi **théorie des jeux**), et constituerait le principal obstacle à la coopération. Or, selon les institutionnalistes, les institutions « sont une solution au problème de la désertion[1] » (Le Prestre, 1997 : 303), car elles permettraient de réconcilier l'intérêt national et l'intérêt commun des États, facilitant ainsi la coopé-

ration. Définies comme « un ensemble stable et cohérent de règles formelles et informelles régissant les comportements, déterminant les activités et modelant les attentes des États » (Haas *et al.*, 1993 : 4-5), les institutions sont en mesure « d'amener un État à faire les sacrifices nécessaires à court terme pour résoudre le dilemme du prisonnier et ainsi, lui permettre de réaliser des gains à long terme » comme l'explique Mearsheimer dans un article critiquant la position institutionnaliste (Mearsheimer, 1994-1995 : 18). Bref, en modifiant les calculs et les stratégies d'un État quant à la façon d'acquérir les gains visés, les institutions orientent le comportement des États vers la coopération.

Notons toutefois que selon Keohane (Keohane et Martin, 1995 : 39), cette **théorie** est valable uniquement si les États ont des intérêts qui ne sont pas fondamentalement opposés et qu'ils voient les avantages de la coopération. Contrairement au réalisme et au néoréalisme, l'institutionnalisme insiste sur l'harmonisation possible et réaliste des intérêts nationaux, sans pour autant chercher « à modifier les **normes** des comportements internationaux ou à créer un gouvernement mondial » (Le Prestre, 1997 : 303).

Présentes sous forme de **régimes**, d'**organisations** ou de pratiques informelles, les institutions agiraient à quatre niveaux (Haas *et al.*, 1993 : 11). Premièrement, l'augmentation du nombre de transactions entre États rend la

---

1. La littérature institutionnaliste utilise également le terme défection pour désigner un comportement étatique non coopératif.

désertion moins attrayante en éliminant toutes possibilités de gains futurs pour l'État tricheur, en l'exposant à d'éventuelles représailles et en salissant sa réputation internationale. Deuxièmement, les institutions contribuent au développement et à la diversification des relations interétatiques. Or, l'interdépendance accrue des États encourage la coopération. Troisièmement, en augmentant la quantité d'information disponible sur les États, les institutions internationales facilitent la surveillance du comportement des États participants, une situation qui réduit les risques liés à la désertion et qui permet aux États d'anticiper et de se protéger contre de possibles infractions. Enfin, les institutions réduisent les coûts liés à la conclusion d'ententes bilatérales et multilatérales en sécurisant les États participants et en leur permettant de se concentrer sur des éléments autres que le respect des obligations contractuelles.

Positiviste et empirique, ce courant aborde les Relations internationales d'un point de vue systémique, soit à partir des institutions, où tant les États que les **organisations non gouvernementales**, les organisations internationales, les entreprises privées et la **société civile** sont des acteurs importants. L'institutionnalisme se concentre sur le rôle et l'influence des institutions au niveau de l'initiation (négociation et formation) et du maintien (efficacité et évolution) de la coopération. Selon cette approche, les institutions sont à la fois des variables dépendantes (le produit de **politiques étrangères** rationnelles) et des variables indépendantes (elles affectent les formes de coopération entre acteurs internationaux) (Keohane et Martin, 1995 : 46).

Plusieurs critiques ont été formulées à l'endroit de l'institutionnalisme. D'abord, on lui reproche de postuler l'existence d'un intérêt commun à tous les États, d'une définition commune du problème et de préférences identiques quant aux solutions à mettre en œuvre dans le cadre des ententes de coopération. De plus, alors qu'il est traditionnellement associé à l'**économie politique** et à l'environnement, ses auteurs doivent encore aujourd'hui défendre l'applicabilité de cette approche aux questions de **sécurité** et de **défense** nationale (Keohane et Martin, 1995 : 43). Enfin, bien que l'institutionnalisme ne considère pas les gains relatifs comme un obstacle majeur à la coopération, cet élément peut s'avérer déterminant dans certaines circonstances et les auteurs de cette théorie entendent déterminer avec plus de précision le rôle joué par les institutions dans ces conditions (Keohane et Martin, 1995 : 46).

Julie Crowley

113

INSTITUTIONS INTERNATIONALES

[…] les institutions ne font pas que contraindre l'agence humaine ; elles sont d'abord et avant tout des produits des actions humaines (Powell et DiMaggio, 1991: 28).

Renvoyant généralement à un ensemble de règles comportementales, les institutions internationales sont des **acteurs** du **système international** au statut hautement controversé. Alors que les **réalistes** attribuent aux institutions un rôle négligeable, tout particulièrement en matière de **sécurité** et de paix mondiale (Mearsheimer, 1994-1995 : 7), les tenants de l'approche **institutionnaliste néolibérale** défendent d'une seule voix l'importance de l'influence exercée par les institutions sur le comportement des **États**. De leur côté, les **constructivistes** soutiennent que les institutions participent à la constitution **intersubjective** des **identités** et des **intérêts**. Précisons que le concept d'institutions internationales réfère ici à un système de **gouvernance** plutôt qu'à la seule structure formelle que forment les **organisations internationales** (Haas *et al.*, 1993: 5).

Définissant les institutions internationales comme « un ensemble de règles qui stipulent de quelles façons les États doivent coopérer et se faire concurrence » (North et Thomas, cités dans Mearsheimer, 1994-1995 : 8), les réalistes n'y voient qu'un reflet de la distribution mondiale de la **puissance**. Selon eux, les institutions sont modelées en fonction de l'**intérêt national** des grandes puissances. Elles apparaissent alors comme une forme de

« **coopération** décentralisée sans mécanisme de contrôle efficace, à laquelle des États **souverains** ont volontairement adhéré » (Lipson, cité dans Mearsheimer, 1994-1995 : 9). Ainsi, pour les réalistes, les institutions n'ont qu'une faible influence sur les comportements des États et, incidemment, sur la stabilité du système international.

Pour les institutionnalistes néolibéraux, les institutions jouent un rôle déterminant au sein du système international en facilitant la coopération entre les États. Présentes sous forme d'organisations bureaucratiques, de **régimes** ou de pratiques informelles appelées conventions (Haas *et al.*, 1993 : 5), les institutions sont définies comme « un ensemble stable et cohérent de règles formelles et informelles régissant les comportements, déterminant les activités et modelant les attentes des États » (Haas *et al.*, 1993 : 4-5).

Pour Robert Keohane (1989a : 162-163), un des principaux auteurs de l'approche institutionnaliste, il est préférable de se consacrer à l'étude d'ensembles précis, formels ou informels, tels que l'OTAN et l'OMC, plutôt qu'à celle des institutions constituées par de grands groupes ou catégories d'activités comme la religion et le **droit international**. Il s'intéresse ainsi aux institutions qui forment un ensemble interrelié de *règles* et de **normes** identifiables dans le temps et l'espace (Keohane, 1989a : 163), et qui génère des *pratiques* cohérentes, prévisibles et durables (Keohane, 1989a : 166). Pour cet auteur, le concept d'institution permet non seulement de décrire le processus de coopération mais également de l'expliquer. Qualifiant ce processus d'interactif, les institutionnalistes néolibéraux considèrent que l'influence des institutions varie en fonction de la nature de la puissance et des intérêts impliqués (Keohane et Martin, 1995 : 42). En effet, les institutions sont perçues à la fois comme variables dépendantes (le produit de **politiques étrangères** rationnelles) et comme variables indépendantes (elles affectent les formes de coopération entre acteurs internationaux). Keohane souligne également l'importance d'une analyse contextuelle de la coopération où les actions, les attentes et les croyances des acteurs doivent être prises en considération.

Or, cette perspective axée sur le processus de formation des identités et des intérêts se rapproche du constructivisme qui étudie les relations entre « la production et la reproduction des *pratiques* sociales avec leur caractère *situé* dans des contextes particuliers : historique, politique, économique, géographique » (Klotz et Lynch, 1999 : 53). Pour les constructivistes, le concept d'institution réfère généralement à un ensemble de pratiques sociales. Nicolas Onuf parle « d'un modèle stable mais flexible de règles et de pratiques représentant les intentions des agents » (Onuf, 1998 : 61), les règles étant définies comme des standards comportementaux et les pratiques étant formées par l'ensemble des réactions à l'égard de ces règles. Selon Onuf, la coconstitution des agents et des institutions produit une organisation sociale qui peut elle-même être institutionnalisée.

De son côté, le constructiviste Alexander Wendt définit les institutions comme « un ensemble ou une "structure" relativement stable d'identités et d'intérêts habituellement codifiés sous forme de règles et de normes formelles » (Wendt, 1992a : 399). Se référant à la constitution intersubjective des identités et des intérêts, il attribue la force coercitive des institutions à la seule socialisation des acteurs, à leur participation à l'élaboration du savoir collectif (Wendt, 1992a : 399). Selon lui, les institutions sont des entités fondamentalement cognitives nées d'un processus d'appropriation de nouvelles identités et de nouveaux intérêts. Les institutions englobent donc les structures qui fonctionnent de manière coopérative, de même que celles qui sont habitées par le conflit. Wendt conclut que l'**anarchie** du système international est une construction de ses acteurs les plus importants, les États.

Oscillant entre le **libéralisme** et le cognitivisme, le courant sociologique institutionnaliste, développé principalement par Oran Young, rejette la prémisse rationaliste d'un État à l'identité et aux intérêts donnés (Hasenclever *et al.*, 1997 : 27). Ce courant entend revoir le processus de définition et de formation des caractères nationaux à la lumière des forces sociales, des pratiques culturelles, des normes et des valeurs autres que celles issues d'une évaluation de ses intérêts (Keohane, 1989 : 160), et ce, pour démontrer l'importance de l'influence exercée par les institutions sur l'État.

Critique des théories rationalistes réaliste et néolibérale, le cognitivisme attribue aux idées et aux croyances, à la

« distribution de la connaissance », un rôle déterminant dans la constitution de l'intérêt national (Hasenclever *et al.*, 1997 : 136). Les tenants du courant cognitiviste dit « fort » considèrent les institutions internationales comme des entités cognitives desquelles naissent une conception des comportements acceptables, certaines attentes, ainsi que des pratiques destinées à assurer leur continuité (Hasenclever *et al.*, 1997 : 138). Les institutions ne sont pas le résultat d'un **choix rationnel** ni de simples instruments de régulation, mais bien des éléments façonnant les relations politiques internationales.

Julie Crowley

INTERDÉPENDANCE COMPLEXE

Complex Interdependence

Concept proposé par Robert Keohane et Joseph Nye (1977) dans la foulée du débat sur les limites du **réalisme** dans les années 1970, et qui rejette l'idée que les relations entre **acteurs internationaux** doivent forcément être conflictuelles. En premier lieu, ces auteurs contestaient la notion que les **États** constituaient les seuls acteurs effectifs du **système international**. Ils ont attiré l'attention sur l'émergence de forces transnationales, dont les entreprises multinationales, et sur leur importance grandissante dans le système. Il faudrait désormais tenir compte des divers canaux de communication liant les différents acteurs entre eux et qui crée- raient des rapports d'interdépendance. Deuxièmement, ils rejetaient la distinc- tion fondamentale chez les réalistes entre les affaires relevant de la **grande politique** (*high politics*) et celles qui ne concernaient que la **petite politique** (*low politics*). Enfin, ils affirmaient que, à l'époque de l'« interdépendance complexe », la force militaire était de moins en moins un instrument accep- table de diplomatie.

INTÉRÊT NATIONAL

Le langage propre à la décision politique est le langage de l'intérêt national (Hollis et Smith, 1990 : 166).

L'intérêt national est un concept faisant partie intégrante des discours politiques concernant l'**État** et il est souvent confondu avec le but à atteindre en **politique étrangère**. C'est parce que l'objectif défini par les décideurs *est* l'intérêt national qu'il leur est possible d'obtenir l'appui nécessaire à la réalisation de cet objectif (Weldes, 1999 : 4), ce qui fera dire à Henry Kissinger : « Lorsque vous demandez aux Américains de mourir, il faut que vous puissiez l'expliquer dans les termes de l'intérêt national » (Weldes, 1999 : 1).

Parce qu'il identifie les objectifs qui définissent la politique étrangère et parce que c'est un outil qui génère la légitimité, l'intérêt national paraît être un concept fondamental lorsque vient le moment d'*expliquer* l'action des États et donc, des politiques internationales.

Associé à l'école **réaliste**, l'intérêt national implique avant tout une analyse rationnelle des moyens de la **puissance**, qu'ils soient économiques, technologiques, politiques ou militaires. La quête de ces moyens est réalisée dans le but d'assurer le maintien de la **nation** et la **souveraineté** de celle-ci. Hans Morgenthau est connu pour avoir proposé un guide de la politique étrangère qui se résume en ces deux mots : « intérêt national », qu'il définit comme étant « [...] un art qui consiste à rassembler les différents éléments de la puissance nationale dans le but d'en

tirer le maximum » (Morgenthau, 1962 : 139). Selon lui (1962 : 146), l'intérêt national, « conçu comme une puissance parmi d'autres puissances », ne peut être assuré qu'en prenant en considération le caractère national, en maintenant le moral national et en tenant compte des buts et des moyens de l'État. Ces interprétations, qui renvoient à l'hypothèse voulant que l'ensemble des individus d'un territoire partagent une ou plusieurs caractéristiques ethniques (plus particulièrement le lien émotif aux territoire et récits nationaux), nous permettent de comprendre la vision naturaliste de la nation sous-tendue par le réalisme classique et de mettre en évidence l'**épistémologie** rationaliste sur laquelle le concept d'intérêt national se fonde. Raymond Aron (1984 : 586) a souligné l'aspect idéologique inhérent au concept cher à Morgenthau : « Invoquer l'intérêt national, c'est une manière de définir non une politique mais une attitude, de polémiquer contre les idéologues de la paix éternelle, du **droit international**, de la morale chrétienne ou kantienne. »

Kenneth Waltz modifie l'interprétation classique du concept en disant que l'intérêt national se définit avant tout par le fait que l'État veille à assurer sa survie et non pas à augmenter sa puissance (Waltz, 1959 : 38). C'est la distribution inégale des **capacités** dans le **système international** et l'expérience de la compétition qui en découle qui déterminent les objectifs des États : leurs comportements ne peuvent donc être expliqués en référence aux intentions et aux motivations de leurs dirigeants. De même, pour les **institutionnalistes néolibéraux**, les États agissent nécessairement dans leur intérêt. Cet intérêt national varie donc d'un État à l'autre et cela entraîne des excès et des luttes dans les relations, ce qui explique que des structures internationales de contrôle doivent être mises sur pied, garantissant, par des mécanismes d'influence, la **coopération**, la réciprocité et le partage des bénéfices entre les membres. En ce sens, les **institutions** fournissent aux États des moyens d'action nécessaires à l'atteinte de leurs buts.

Pour Joseph Frankel (1970), l'intérêt national est formulé à partir du choix des objectifs définis comme étant les aspirations de la nation. Ces objectifs sont déterminés par les décideurs qui sont les seuls à pouvoir réfléchir à l'opérationalisation de l'intérêt national et à posséder l'autorité nécessaire à son expression, mais également par l'opinion publique, qui définit les limites dans lesquelles ces décisions peuvent être prises. En réduisant les enjeux à leur plus petit commun dénominateur, les voix de l'opinion publique arrivent à un consensus, lequel aura tendance à être respecté malgré les changements de leaders et malgré les lignes de parti :

> La continuité dans l'interprétation des intérêts nationaux les plus importants procure, bien sûr, l'avantage de montrer l'unité nationale et d'assurer que le changement du parti au pouvoir — à la suite d'élections, n'entraînera pas de changements fondamentaux en politique étrangère (Frankel, 1970 : 103).

En ce sens, même si l'intérêt national est un mythe, c'est un mythe nécessaire puisqu'il donne un sens à la nation.

Pour les partisans du **modèle bureaucratique** en politique étrangère, l'intérêt national est perçu comme la résultante d'un processus politique et non pas comme une décision unique découlant de calculs rationnels. Selon cette vision, les agences bureaucratiques et les coalitions démocratiques qui participent au processus de prise de décision sont à la base de la formulation de l'intérêt national et donc des décisions prises dans le domaine de la politique étrangère. Chaque individu du groupe est un joueur dans un jeu de négociations, ce qui fait que la définition de l'intérêt national n'est pas le fait d'un **acteur** unitaire ou une idée cohérente, mais plutôt la résultante de négociations entre plusieurs acteurs qui agissent en fonction d'intérêts et de routines organisationnelles (Allison, 1971).

Pour leur part, les analyses **constructivistes** cherchent à pousser plus loin les aspects contextuels et contingents du concept d'intérêt national et à soulever l'importance de sa dimension identitaire : « [...] la recherche constructiviste propose une explication de l'origine des intérêts et des conditions dans lesquelles ces derniers se transforment » (Klotz et Lynch, 1999 : 58). Par rapport aux approches réaliste, **néoréaliste** et institutionnaliste néolibérale, qui s'accordent toutes pour dire que les **identités** et les intérêts sont des phénomènes donnés, les constructivistes cherchent à savoir comment les intérêts nationaux sont formés et reformés dans un processus d'interaction continu entre les agents et les structures du système (Wendt, 1992) (voir **agent/structure, débat**) et selon un ensemble de significations propre à l'existence de l'État-nation. Pour eux, les identités sont à la base des intérêts. L'intérêt national est donc socialement constitué ; c'est l'ensemble des objectifs historiquement contingents et spécifiques que les décideurs d'un État prétendent poursuivre.

De leur côté, les **théories critiques** ne cherchent pas à définir le concept, elles questionnent plutôt les conditions d'émergence du discours portant sur l'intérêt national et cherchent à mettre en évidence les intérêts défendus par ceux qui le formulent (voir nation). En ce sens, l'utilisation du concept d'intérêt national dans les discours sert à entretenir des sentiments **nationalistes** et ne peut que perpétuer l'existence de relations internationales inégales, au sein desquelles se perpétue la domination de certaines collectivités (ou de certains individus) sur d'autres.

Bien qu'il s'agisse avant tout d'un concept représentant une somme de calculs rationnels (individuels ou collectifs selon les **théories**) au sein d'un État donné, l'intérêt national est utilisé et présenté par les décideurs de manière moralement acceptable pour la communauté internationale. La capacité des États à le formuler de manière autonome est de plus en plus restreinte par les institutions internationales et par le transnationalisme ; l'intérêt qui peut paraître vital pour un État en un temps donné est susceptible d'être critiqué et modifié par les **alliances**, les **organisations** multilatérales, voire l'opinion publique internationale, et la capacité des acteurs d'expliquer rationnellement leurs décisions et de se référer à l'intérêt de la nation est d'autant réduite qu'en Relations internationales, les territoires nationaux et le concept d'État-nation sont remis en question.

Chantal Robichaud

INTERSUBJECTIVITÉ

Intersubjectivity

Un des concepts clés du **constructivisme**. La notion d'intersubjectivité signifie le fait que des idées, des valeurs ou des **normes** soient largement partagées par les membres d'un groupe, d'une société ou même d'un État. Selon les constructivistes, dans le domaine des **relations internationales**, ces idées, valeurs et normes ne comptent que dans la mesure où elles sont effectivement intersubjectives.

JEUX, théorie des

Curieusement, tandis que l'idée de départ de la théorie des jeux réside dans l'exigence d'une représentation plus fine et élaborée de ce que peut être un comportement rationnel, on constate que l'application « poussée à la limite » de cette idée peut néanmoins conduire à des situations absurdes (Parel, 1995).

La théorie des jeux est un modèle mathématique inventé par John von Neumann au milieu du XXe siècle permettant d'étudier le processus de décision en situation de conflit. Cette théorie peut être considérée comme étant l'approfondissement du problème de la stratégie. En principe, la théorie des jeux donne un moyen de déterminer une stratégie prudente à adopter dans une situation de conflit. Cette stratégie permettrait à l'**acteur** en question d'atteindre une situation de *maximin*, c'est-à-dire la maximisation de son utilité.

Ce modèle suppose ainsi que les acteurs impliqués dans le conflit prendront une décision de façon rationnelle au sens micro-économique du terme. On sous-entend par rationalité la recherche de la maximisation des **gains** et de la minimisation des pertes. Comme tout modèle, celui de la théorie des jeux propose une simplification de la réalité sous la forme

d'une situation conflictuelle entre deux acteurs, et où ceux-ci ont à choisir entre deux options de comportement à adopter, et ce, sans possibilité de savoir quel sera le choix de l'autre.

De façon formelle, cette situation est représentée par une matrice illustrant les deux possibilités qui s'offrent à chacun des deux acteurs en cas de conflit (coopérer ou ne pas coopérer), et les quatre résultats possibles en termes de gains. Dans le cas de conflit *pur*, ou jeu à somme nulle, le gain d'un acteur est égal aux pertes de l'autre acteur. La **coopération** entre les acteurs n'est donc pas une stratégie envisageable. Toutefois, dans le cas de jeux à sommes variables, la distribution des gains n'est pas à somme nulle et certaines combinaisons permettent donc aux deux acteurs de faire des gains simultanés (voir **dilemme du prisonnier**). La coordination et la coopération constituent donc des alternatives à la compétition. Selon les jeux et les enjeux auxquels ceux-ci sont appliqués, la distribution des gains et des pertes peut varier.

Selon A. Rapoport, « [la théorie des jeux] est, de façon déterminée, normative, aussi bien par son esprit que par sa méthode. Son but est de prescrire à un joueur rationnel ce qu'il doit faire dans une situation de jeu définie, lorsqu'on a fixé ses préférences et celles des autres joueurs en unités d'utilité » (1967 : 165). On critique toutefois souvent l'utilisation de la théorie des jeux comme outil de prescription des comportements, puisque celle-ci se fonde sur une vision plutôt simplificatrice de la rationalité.

De plus, les **institutionnalistes** ont montré que dans le cas de jeux répétés (ou en séries) entre les mêmes acteurs, une stratégie de gain à long terme engageant la coopération s'avère être davantage rationnelle (au sens micro-économique) que la stratégie de compétition privilégiée par les **réalistes** (Keohane, 1984). Outre les critiques que lui ont adressées les institutionnalistes, la théorie des jeux possède certaines lacunes évidentes, par exemple le fait qu'elle exclut la notion de confiance en l'autre, ou encore qu'elle démontre clairement que la somme de deux intérêts individuels se fait au désavantage des deux (contrairement à ce que prédit la théorie économique). En somme, la théorie des jeux doit plutôt servir à examiner la logique de la décision stratégique davantage que de viser à prescrire la pratique.

Evelyne Dufault

LIBÉRALISME

Les libéraux [...], par leur foi en la raison humaine et en la capacité des êtres humains à réaliser leur potentiel individuel inhérent, ont confiance en l'idée que la honte de la guerre peut disparaître de l'expérience humaine (Burchill, 2001 : 33).

Fondées sur la raison et approfondies pendant le siècle des Lumières entre autres par Immanuel Kant, les théories libérales sont avant tout individualistes. Elles proposent de faire appel à la conscience de l'individu et de l'émanciper des formes d'autorité « en supposant que les individus et les groupes agissent rationnellement dans la poursuite du bien-être matériel et idéal » (Kant, 1991 : 44). C'est donc selon les besoins de la société et des moyens disponibles que le libéralisme se construira, d'une part, grâce au droit institutionnalisé et, d'autre part, par la volonté d'émancipation de l'individu liée à une plus grande liberté de commerce. Le libéralisme correspondrait ainsi, pour certains, à un *système* d'idéaux, de méthodes et de politiques qui ont pour objectif commun de procurer une plus grande liberté à l'individu (Sills, 1968 : 276), alors que pour d'autres, il est plutôt un mouvement historique d'idée, une *pratique* politique et sociale (Arblaster, 1984 : 91).

Plus explicitement, par la revendication du « moins d'**État** » et du « plus de liberté » que suppose l'émancipation de l'individu, les relations entre États et sociétés, et les préférences et intérêts qui découlent de ces relations, sont plus significatives que les **capacités** et la **puissance** des entités politiques que sont les États. Se détachant des visions holistes inscrites dans le contrat social de Rousseau, les idées libérales de Tocqueville et de Constant prônent une intervention minimale de l'État et un maximum d'indépendance pour la sphère privée. Si, en **Relations internationales**, les **théories** libérales se sont confrontées aux théories **réalistes** sur la question du rôle de l'État, il n'en demeure pas moins que, comme elles font de lui un **acteur** rationnel du **système international**, les deux écoles ont été amenées, par le troisième débat (voir **Relations internationales**), à converger et à admettre le partage d'une même **épistémologie** rationaliste.

Les prémisses sur lesquelles se fonde le libéralisme permettent d'identifier trois principales variantes, soit le libéralisme républicain, lequel fait le lien entre la paix et la démocratie, le libéralisme commercial, qui lie la paix et le commerce, et le libéralisme sociologique, qui fait référence aux théories

de l'intégration et au transnationalisme.

L'idéal libéral de la paix démocratique (Russett, 1993 ; Owen, 1994), qui
soutient que les démocraties ne se font
pas la guerre, a ses racines dans le *Projet de paix perpétuelle* de Kant et fut
largement prôné par les principes wil-
soniens. Ces derniers dénoncent les
alliances militaires, mettent en doute
l'idée que l'**équilibre des puissances**
puisse assurer la stabilité et proposent
une forme de monde unifié et pacifié
par des **institutions** universelles et par
le libre-échange. Ce libéralisme américain datant du début du xxᵉ siècle soutient également que l'État, par ses pratiques démocratiques, est censé amener
la paix au niveau international, alors
que les États non démocratiques provo-
quent l'instabilité. « Parce que les gouvernements non libéraux sont en état
d'agression envers leurs propres populations, leurs **politiques étrangères**
deviennent suspectes aux yeux des gouvernements libéraux » (Doyle, 1986 :
1161).

Pour certains auteurs, la reconnaissance des principes de base, que sont
les droits individuels, la règle de droit,
l'égalité devant la loi et le gouvernement représentatif sanctionné par le
consentement populaire, implique que
l'intérêt pour le conflit est nécessairement éliminé puisque la contestation
de la légitimité de l'autre perd tout
fondement (Burchill, 2001 : 34).
Cependant, parce que les conflits ne
sont pas tous interétatiques ou dus à
une contestation de la légitimité des
États, l'idéal de la paix démocratique
est vivement critiqué et demeure une
hypothèse difficilement vérifiable.

Le libéralisme économique, quant à
lui, cherche avant tout à privilégier la
liberté de marché et à faire de l'État un
simple complément à cet objectif. Pour
l'un des premiers tenants de ce courant
de pensée, Adam Smith, l'État coercitif
et l'état de nature de Hobbes sont
effectivement transcendés lorsque les
citoyens se comportent en individus
interdépendants, et ce, principalement
grâce à la pratique du libre-échange au
niveau international. Pour ces libéraux,
la paix internationale est possible, entre
autres parce que les coûts de la guerre
découragent les États à provoquer ou à
participer à un conflit armé. Aussi, un
consensus qui a pour objet la poursuite
du gain et l'accroissement des richesses
se traduit en une plus grande propen-
sion à **coopérer** avec les autres États et
en un refus des conquêtes de territoires
et l'entretien de la compétition économique, lesquelles ne peuvent que
mener à la guerre et donc à la mise en
péril de la prospérité (Angell, 1910).
Quant à la poursuite de la paix dans les
sociétés, elle est possible grâce au
marché, qui tient lieu de mécanisme de
mise en commun des intérêts individuels et qui conduit à un résultat profitable à tous sans que les acteurs aient
à se préoccuper de l'intérêt général.
Par lui, « chacun va au bien commun,
croyant aller à ses intérêts particuliers »
(Montesquieu, 1964 : 538). Il est
également un instrument permettant
la diffusion de l'information et du
savoir nécessaires aux individus dans la
poursuite de leurs aspirations individuelles.

Les variantes du libéralisme ne sont
pas mutuellement exclusives et peuvent même se compléter. C'est dans

cette optique que la troisième variante, soit le libéralisme sociologique pose l'institutionnalisation de la démocratie et du libre-échange comme moyens d'assurer le développement de l'individu, la tolérance culturelle, la paix sociale et la prospérité. C'est en empruntant ces concepts au libéralisme que les théories de l'**interdépendance** (Keohane et Nye, 1977 ; Rosecrance, 1986) se démarqueront en proposant de gérer l'**anarchie** du système international sur la base d'une confiance mutuelle entre les États et d'institutions qui facilitent la coopération. L'**institutionnalisme néolibéral** développa d'ailleurs ces arguments qui ont largement influencé les Relations internationales. Parce que les États s'émancipent de plus en plus des territoires en ouvrant leurs frontières grâce à l'intégration régionale mais aussi par la multiplication des relations transnationales, parce qu'ils sont touchés par des **normes** et conventions internationales largement tributaires du libre-échange et de l'ouverture économique, la poursuite de leurs objectifs nationaux (de **sécurité** et de stabilité tout particulièrement) requiert d'entretenir cette coopération et de mettre sur pied des institutions internationales qui la facilitent (Rosecrance, 1996 : 56 ; Keohane, 1984).

En cherchant à se distinguer de ces dernières théories relevant du courant plus spécifique qu'est l'institutionnalisme, certains libéraux précisent que ce sont les configurations des **intérêts**

et des préférences des États dans leurs relations avec les sociétés, et non les institutions internationales, qui ont le plus d'impact sur le système politique international. En situation de conflit, les États chercheront à résoudre les problèmes sociaux sur les plans national et transnational avant de se préoccuper des incertitudes liées à la coopération (Moravcsik, 1997 : 521). Par la priorité qu'ils donnent à l'État démocratique et à la quête d'égalité et de justice sociale, le libéralisme républicain et le libéralisme sociologique en viennent tous les deux à expliquer que les relations transnationales sont souhaitables et qu'elles conduisent à la stabilité des sociétés. Les autres systèmes politiques encouragent rarement l'ouverture et les liens transnationaux, qu'ils soient privés ou publics (Russett, 1993 : 26).

Le libéralisme est souvent perçu comme l'idéologie dominante qui aurait mené à une « fin de l'histoire » et comme faisant l'objet d'un consensus social. Toutefois, il est nécessaire de garder à l'esprit qu'il ne peut se traduire que de manière complexe, par des interprétations variant selon les époques et les contextes, mais aussi selon les divergences existant entre les courants théoriques et les disciplines, dépendamment de la lecture qu'ils font de la nature de l'État, du marché et de l'individu.

Chantal Robichaud

MARXISME

Ce qui ressort clairement de la pensée marxienne [...] c'est que l'instance économique, de façon générale mais tout particulièrement à l'ère du capitalisme, conditionne (sans la déterminer) l'évolution des rapports sociopolitiques (Hentsch, Holly et Soucy, 1983 : 21).

Le marxisme, de façon générale, vise à comprendre l'histoire sur la base des rapports entre classes sociales. Il se démarque des autres approches en articulant la problématique internationale au contexte spécifique du capitalisme. Ainsi le politique n'est pas traité comme une sphère autonome, mais perçu comme étant façonné par les relations sociales capitalistes. En **théorie** des **Relations internationales**, le concept clé de cette analyse est la notion d'**impérialisme** qui vise précisément à penser le rôle de la **politique étrangère** en l'inscrivant dans le processus de l'accumulation du capital.

À l'origine, il fut difficile pour le marxisme de se positionner face aux Relations internationales. En effet, l'accent qu'il place sur les rapports d'exploitation entre classes dominantes et dominées se prêtait mal à la réalité internationale **anarchique**, puisque les visées expansionnistes du capitalisme semblaient annoncer le déclin du cadre national et des conflits interétati-

ques. Marx et Engels, par exemple, défendent l'idée que le capitalisme a une portée universelle qui, non seulement mène à une convergence des différentes sociétés sous l'effet de l'expansion du champ de l'accumulation du capital (Marx et Engels, 1966), mais universalise aussi les intérêts de classes sociales similaires appartenant à des pays différents. Ainsi la tension entre le cadre national politique et la portée universalisante du capitalisme sera au cœur de l'évolution du traitement marxiste des Relations internationales au cours du XXᵉ siècle et peut s'interpréter comme le fruit d'une ambivalence face à la réalité de l'**État**-nation. S'il s'agit de le reconnaître comme phénomène à part entière, on refuse d'en faire un **acteur** indépendant de son contexte capitaliste.

Ce sont les penseurs de la Seconde Internationale (Luxembourg, Hilferding, Boukharine, Kautsky et Lénine) qui devaient poser les bases d'une lecture marxiste des Relations internationales. Leur réflexion s'articule autour du concept d'**impérialisme** qui permet de saisir l'internationalisation du capital tout en l'inscrivant dans un contexte de rapports interétatiques conflictuels. Pour ces théoriciens, l'impérialisme marque un stade de développement du capitalisme caractérisé par la fusion entre différents types de capitaux (productif et banquier). Il est le résultat d'un effort de consolidation du capital sur le plan interne afin de faire face à la compétition accrue et prend la forme de cartels et de monopoles d'envergure nationale. Cette fusion pose les bases d'une convergence plus large entre capitalistes, maintenant unifiés sur une base nationale, et l'État. L'État, durant la période classique du capitalisme (XIXe siècle), était garant de la reproduction capitaliste en général et transcendait donc les intérêts de capitalistes individuels. Mais au stade de l'impérialisme, l'État devient un acteur beaucoup plus actif dans la compétition entre capitalistes, puisque les intérêts des nouvelles coalitions nationales sont devenus inséparables de la santé économique de leurs pays respectifs.

Selon ces premiers théoriciens de l'impérialisme, cette consolidation nationale se double d'un processus d'internationalisation du capital. L'impérialisme ne préside pas cependant à l'homogénéisation du monde, mais prend forme comme un processus de réarticulation de la division du travail sur une base internationale. Boukharine, en particulier, y voit un processus de spécialisation qui ne fait que renforcer les différences nationales dans le cadre d'un développement inégal (Boukharine, 1967). L'internationalisation du capital va donc de pair avec une différenciation économique croissante entre États-nations.

Si l'on avait déjà reconnu l'importance des rivalités nationales, c'est véritablement l'expérience de la Première Guerre mondiale qui pose le fait politique international, tel que structuré par l'État-nation, comme un défi incontournable à la pensée marxiste. Il s'agissait à l'époque d'expliquer pourquoi l'État, traditionnellement perçu comme le garant de la reproduction du rapport de classe entre capitaliste et prolétaire, avait pu s'investir dans une guerre aux proportions démesurées qui menaçaient les bases mêmes des sociétés capitalistes. Il restait donc à identifier les raisons pour lesquelles la compétition entre factions nationales pouvait dégénérer en guerre fratricide. C'est Lénine qui devait offrir la formulation la plus forte de l'impérialisme et de ses tendances conflictuelles et, pour cette raison, demeure à ce jour la figure emblématique du marxisme en Relations internationales. Traitant directement du problème de la guerre, Lénine propose une synthèse des travaux sur l'impérialisme dans *L'impérialisme, stade suprême du capitalisme* (Lénine, 1979). Selon lui la guerre vient du fait que les coalitions nationales du capital, ayant déjà conquis l'ensemble du monde, n'ont plus de nouveaux débouchés à s'approprier et se trouvent donc condamnées à lutter entre elles pour acquérir d'autres marchés. Ainsi la guerre, dans le capitalisme, apparaît à ses yeux comme le symptôme d'une compétition accrue entre capitalistes d'un stade de développement avancé (le stade « suprême ») qui annonce la fin du capitalisme.

Si les conceptions marxistes de la Seconde Internationale ont su intégrer la problématique interétatique dans leur cadre d'analyse, elles le firent au prix d'un fonctionnalisme qui réduisait l'État à un simple instrument dans l'expansion du capital. Aussi, à partir des années 1970, on observe un virage important dans la réflexion marxiste qui cherche à se dégager de ce déterminisme économique. Cette réaction s'effectue dans deux directions opposées, mais toutes deux soucieuses d'affirmer la spécificité du fait politique international.

Le premier courant, issu du structuralisme français et des travaux d'Althusser, se cristallise autour des travaux de Poulantzas (Poulantzas, 1973). Celui-ci cherche à historiciser l'impérialisme en fonction de l'évolution de la division internationale du travail. Compte tenu de la longévité et du dynamisme insoupçonné du capitalisme, il était devenu nécessaire d'enrichir la notion d'impérialisme en la conceptualisant, non pas simplement comme un stade historique, mais comme un processus sujet à prendre différentes formes. En traçant les formes différentes de cette division internationale du travail à travers l'histoire, cette approche se proposait d'analyser l'évolution de l'infrastructure économique. En particulier, l'émergence des firmes multinationales est perçue comme un changement radical qui remet en question la structure nationale de l'économie (Michalet, 1976).

Ce contexte économique transnational, n'étant plus symétrique au cadre politique national, permet sur le plan théorique d'accorder plus facilement une autonomie à l'État puisque ses intérêts ne correspondent plus directement à ceux des firmes multinationales. Mais comment articuler alors l'État au contexte capitaliste ? Poulant-

zas surmonte cet obstacle en faisant de l'État un lieu de lutte de classe. Ainsi la politique étrangère de l'État ne reflète pas simplement les intérêts capitalistes, mais les intérêts des factions sociales qui arrivent à le dominer. Cette ouverture permet d'historiciser l'impérialisme en posant que les intérêts étatiques évoluent selon ceux des classes sociales qui l'ont investi. En d'autres termes, ce n'est plus simplement le contexte de l'internationalisation du capitalisme qui, en soit, l'amène à agir de façon impérialiste, mais le fait que les groupes qui le dominent tendent dans cette direction. Il n'est jamais clair, cependant, en quoi cette conception volontariste du politique s'accorde avec une conception essentiellement déterministe de l'économique où les besoins fonctionnels du capital sont sensés être la variable la plus déterminante. Si les capitalistes dominent l'État et si leurs intérêts sont définis par les impératifs de la division internationale du travail, le politique n'est-il pas encore réduit à un rôle fonctionnel ?

C'est précisément cette tension qui sert de point de départ à un second courant, inspiré de l'école historique du marxisme britannique, qui s'intéresse plus particulièrement à la forme spécifique du Politique dans le capitalisme. Selon Robert Brenner (1977), les approches qui partent de la division internationale du travail pour penser le rôle de l'État, telles celles de Boukharine ou Poulantzas, en viennent nécessairement à expliquer les rapports internationaux à partir des besoins fonctionnels de cette division. Pour échapper à ce problème, l'accent est mis sur les impératifs particuliers qu'imposent les relations sociales à l'État en ce qui a trait à son financement, sa légitimité, etc. Ainsi la reconnaissance de l'autonomie du politique n'est pas une prémisse théorique comme chez Poulantzas, mais un fait historique propre au capitalisme qu'il s'agit d'expliquer. Selon Justin Rosenberg, qui reprend sur ce point une thèse de Ellen M. Wood (1995), l'autonomie apparente du politique provient de la nature de l'exploitation dans le capitalisme qui ne requiert plus de mécanisme de coercition direct, comme durant le féodalisme (Rosenberg, 1994b). Le politique devient alors apte à se spécialiser dans des tâches qui ne sont plus directement liées à l'économique, et apparaît ainsi comme un agent qui surplombe la société civile et qui agit en arbitre ultime. Selon Rosenberg, les traits que l'on attribue aux Relations internationales (soit l'anarchie, la nature essentiellement conflictuelle des relations entre États, la **souveraineté** interne de l'État, etc.) ne sont pas le produit d'un état de nature, mais du contexte capitaliste qui donne lieu à une dynamique de **sécurité** particulière à l'ère moderne.

La contribution des marxistes aux Relations internationales touche principalement la réflexion sur l'**économie politique internationale** (voir aussi théorie de la **dépendance** et **système-monde**). La subordination de la question de l'État à celle de l'accumulation de capital a longtemps contribué à isoler le marxisme dans cette discipline. Il n'en demeure pas moins que les travaux récents, issus de l'approche historique, ouvrent de nouvelles possibilités à cet égard pouvant éventuellement permettre d'adresser plus directement les problématiques propres aux Relations internationales.

Samuel Knafo

MERCANTILISME   Mercantilism

Pour que la mondialisation réussisse, l'Amérique ne doit pas craindre d'assumer son rôle de toute-puissante superpuissance […]. La main invisible du marché ne pourra jamais fonctionner sans le recours d'un poing invisible – McDonald's ne peut se développer sans McDonnell Douglas, concepteur des F-15. Et le poing invisible qui maintient un monde sécuritaire pour les technologies de la Silicon Valley s'appelle United States Army, US Air Force, US Navy et US Marine Corps (Thomas Friedman, *The New York Times*, 1999).

Le terme mercantilisme a toujours eu une connotation péjorative. Il sert à la fois à désigner le moyen âge de la pensée économique (période préclassique avant Adam Smith) ainsi que le **nationalisme** économique contemporain derrière les attitudes protectionnistes et les politiques commerciales stratégiques, parfois belliqueuses, qui empêcheraient les **nations** de profiter ensemble des bienfaits du libre-échange. Dans un sens large, le mercantilisme décrit à la fois l'utilisation de moyens économiques pour augmenter la **puissance** politique nationale, de même que l'utilisation de la puissance politique pour augmenter les richesses économiques de la nation au détriment des autres.

Sur le plan de la pensée économique, on considère normalement le mercantilisme comme une doctrine économique qui se serait étendue du XVIe au XVIIIe siècles et dont les principaux représentants seraient entre autres Thomas Mun et William Petty. Néanmoins, si les auteurs dits mercantilistes ont débattu des meilleurs moyens pour assurer la richesse et la puissance de l'**État**, aucun d'entre eux ne s'est prétendu mercantiliste et la diversité des points de vue ne permet pas de penser qu'on trouve parmi eux une cohérence doctrinaire. Plutôt que de doctrine, il faut donc parler de corpus mercantiliste.

Le mercantilisme est d'abord un repoussoir, une création de philosophes et économistes **libéraux** qui cherchaient à dénoncer la collusion entre les marchands et l'État dans le système de privilèges et de monopoles de l'Ancien Régime. Le mercantilisme était aussi critiqué pour confondre monnaie et richesse en considérant le stock d'or au sein des frontières nationales comme la véritable richesse du pays. L'or étant un stock limité, l'accumulation de richesses par une nation ne pouvait plus se faire qu'au détriment des autres. L'économie devient donc un jeu à somme nulle où ce que l'un gagne, l'autre le perd (les économistes libéraux, dont Adam Smith, considèrent plutôt qu'avec la liberté des échanges l'économie devient un jeu à somme positive, bénéfique pour tous).

On ne peut comprendre la pensée mercantiliste sans comprendre la logique de puissance qui se trouve derrière. Ce n'est qu'à la lumière des rivalités de puissance de l'époque que l'on peut comprendre l'assertion de l'homme d'État Colbert, secrétaire d'État de Louis XIV : « les compagnies de commerce sont les armées du roi et les manufactures de France sont des réserves ». Les découvertes de nouveaux mondes forcent l'accélération des activités économiques et les États nationaux centralisés émergents, anxieux de consolider leur puissance, vont être amenés à entretenir la croissance économique, à augmenter les recettes fiscales et à améliorer les structures administratives du pays. Comme l'explique l'économiste suédois Hecksher dans son grand ouvrage *Mercantilisme*, la protection de l'industrie nationale, les prohibitions, les monopoles, les réglementations monétaires sont les moyens d'une politique d'unification et de puissance. En plus d'unifier le royaume, le commerce permet d'obtenir l'argent nécessaire à la guerre, comme le défendra Thomas Mun :

> Le commerce extérieur est la richesse du souverain ; l'honneur du royaume, la noble vocation des marchands, notre subsistance et l'emploi de nos pauvres, l'amélioration de nos terres, l'école de nos marins, le nerf de notre guerre, la terreur de nos ennemis.

L'État met donc toute sa puissance pour soutenir le commerce afin d'augmenter davantage sa richesse. En fait, comme l'explique l'historien Fourquet, richesse et puissance vont de pair. Par exemple, le capital n'est pas entendu en termes de moyens de production où le revenu du capital est le pendant d'une contribution productive au bien-être de la société. C'est ici uniquement un outil de puissance, un moyen de capter des revenus, quitte à ce que ce soit au détriment des autres. Pour reprendre la définition du grand historien du capitalisme Fernand Braudel, le capitalisme est alors « accumulation de puissance (qui fonde l'échange sur un rapport de forces autant et plus que sur la réciprocité des besoins), un parasitisme social » (Fourquet, 2002).

Décrié comme absurde et inefficace par les libéraux, c'est seulement à partir de la fin du XIXe siècle que l'on verra quelques rares tentatives pour réhabiliter le mercantilisme. William Cunningham, historien anglais, montrera que les politiques mercantilistes furent efficaces si on considère que leur finalité était la croissance de la puissance nationale. Gustav Schmoller, chef de file de l'école historique allemande et concepteur du terme « mercantilisme », insista sur sa finalité d'unification nationale dans le contexte de l'histoire allemande. La seule véritable tentative de réhabilitation des mercantilistes au sein de la théorie économique fut faite par l'économiste John Maynard Keynes qui chercha à montrer que l'accroissement des stocks d'or servait de moyen pour réduire le taux d'intérêt afin d'accroître l'incitation à investir et augmenter le niveau de l'emploi dans le cadre d'économies où susbsistaient en permanence une main-d'œuvre et des ressources inemployées.

Aujourd'hui, le mercantilisme (ou néomercantilisme) continue à désigner les interventions de l'État sur les marchés mondiaux pour favoriser l'économie nationale au détriment d'autrui. Mais le mercantilisme reste utilisé comme repoussoir afin de montrer les bienfaits potentiels du libre-échange et les interventions de l'État sur les marchés restent appréhendées dans l'antinomie libéralisme versus keynésianisme ou socialisme.

Les marchés ne sont pas des réalités abstraites, ils s'inscrivent dans des pratiques sociales déterminées par des règles et des cadres juridiques. Comme le suggère le politologue Levi-Faur (1998), puisque l'État-providence fait maintenant place à un État compétitif qui cherche à favoriser ses firmes nationales sur les marchés mondiaux, les pratiques mercantilistes contemporaines, au-delà du nationalisme économique traditionnel, se manifestent d'abord dans les conflits quant à la construction des cadres juridiques et des règles sociales qui sous-tendront les « libres » marchés mondiaux. Mercantilisme et libéralisme ne sont alors plus opposés mais bien complémentaires. Mais le mercantilisme, selon Adam Smith, représentait aussi et surtout la collusion marchands/État que le libéralisme économique devait démanteler.

Plus de deux siècles plus tard, le libéralisme économique reste toutefois incapable de se débarrasser de ce « capitalisme de connivence » (selon la formule du Nobel Stiglitz) qui caractérise les économies actuelles. Plutôt que d'en faire un simple repoussoir, peut-être est-il temps de faire du mercantilisme une véritable théorie ?

Marc-André Gagnon

MIGRATION INTERNATIONALE

International Migration

Dans un monde divisé en États souverains, contenant des communautés qui s'imaginent comme étant issues d'ancêtres communs et partageant une destinée commune, les migrations internationales constituent un phénomène insolite, échappant à l'ordre des choses (Zolberg, 1994 : 41).

Il est question de migration internationale – ou plus communément d'immigration – lorsqu'un individu traverse une **frontière** internationalement reconnue, ce qui implique un changement de juridiction d'un **État** à un autre. Il existe plusieurs types de migrations internationales. Certaines personnes migrent dans le but de s'installer définitivement dans le pays d'accueil (immigration à proprement parler), d'autres migrent temporairement pour travailler, étudier, accompagner un membre de leur famille ou même pour faire du tourisme, d'autres revendiquent le statut de réfugiée sur les bases qu'elles ont été persécutées dans leur pays d'origine, d'autres encore traversent des frontières clandestinement ou résident dans le pays d'accueil sans avoir obtenu les documents requis par le gouvernement de ce pays (sans-papiers ou illégaux).

Traditionnellement, l'étude des migrations internationales s'appuie sur des approches individualistes et principalement sur des **théories** qui privilégient **ontologiquement** l'individu en tant qu'**acteur** rationnel. Les chercheurs s'intéressent principalement à des questions de l'ordre de qui émigre ? Pourquoi et comment ? Ils s'intéressent

également aux questions d'intégration car on présupposait souvent que les migrations internationales étaient permanentes. On se concentre donc principalement sur les pays d'immigration dits « traditionnels » – c'est-à-dire les États-Unis, le Canada, l'Australie et la Nouvelle-Zélande. L'intérêt pour d'autres types de migrations internationales est demeuré longtemps marginal (Castles et Miller, 1998 : 19-29).

Ce n'est que vers la fin des années 1980 qu'une approche potentiellement plus féconde commence à être mise de l'avant, soit la théorie des systèmes de migrations internationales (*International Migration Systems*). Il s'agit d'une approche qui peut permettre de comprendre les dynamiques derrière les flux migratoires. Cette approche holiste propose donc d'étudier les flux migratoires dans leur évolution sur la longue durée tout en tenant compte des phénomènes de migrations circulaires, des transferts financiers aux pays d'origine, des réseaux informels entourant les migrants ainsi que des politiques et des conditions structurelles dans les pays d'origine et de destination qui ont un impact sur la façon dont se constituent ces flux (Kritz *et al.*, 1992 : 1-16). Le phénomène des migrations internationales est, dans cette perspective, plus complexe et la dimension « internationale » centrale.

Les questions de migrations internationales n'ont pas toujours été considérées comme importantes dans la discipline des **Relations internationales**.

Les approches **réalistes** et **néoréalistes** traditionnelles nous diraient que la **souveraineté** fait que chaque État est en mesure de contrôler qui peut entrer ou non sur son territoire et, donc, que les questions de migration sont des questions d'ordre strictement interne. Qu'on l'interprète comme une menace potentielle ou comme un phénomène économiquement nécessaire, voire même bénéfique, la capacité de l'État à gérer les flux migratoires à travers ses frontières demeure incontestée.

L'intérêt pour les phénomènes migratoires dans la discipline des Relations internationales est donc relativement récent et tend à s'articuler autour des questions et des débats contemporains. Une de ces questions a trait au rôle de l'État dans le contexte d'un **système international** de plus en plus interdépendant. Les migrations internationales posent-elles un défi à la souveraineté de l'État ? Si oui, à quel niveau ? Y a-t-il « contournement » de l'État ou non ? L'État est-il l'acteur principal en Relations internationales ? Qui sont les acteurs ? Les migrants et les réseaux qui les entourent sont-ils des acteurs autonomes sur la scène internationale ?

Pour Bertrand Badie (1994), le caractère individuel des migrations est ce qui rend ces dernières « corrosives » et « déstabilisantes » pour les États et le système international en remettant en question la souveraineté et la capacité des États. Selon Badie, la logique d'État reposerait sur la territorialisation. Par conséquent, n'importe quel type de mouvement de population devient un « défi dirigé contre l'État ». L'individu et les réseaux qui l'entourent sont des acteurs indépendants sur la scène internationale et, donc, ont la capacité de « contourner » l'État et d'agir de manière autonome à l'externe.

Aristide R. Zolberg (1992, 1994), pour sa part, prend une approche plus historique. Le phénomène de migration en tant que tel n'a évidemment rien de nouveau. Ce qui change c'est le contexte politique, économique, démographique, culturel et social dans lequel s'inscrit ce phénomène à travers l'histoire. L'organisation du système international sur le principe de la souveraineté des États est un contexte particulier et très récent dans l'histoire de l'humanité qui donne aux migrations contemporaines leur aspect « insolite » qui échappe à « l'ordre des choses ». De plus, contrairement à Badie, Zolberg met davantage l'accent sur les structures et surtout sur la façon dont les politiques étatiques ont joué – et continuent de jouer – un rôle déterminant dans la formation des flux migratoires et de l'ampleur qu'ils ont prise à différentes époques. Pour Zolberg, en somme, l'État demeure toujours un acteur central et incontournable dans toute étude des phénomènes de migrations internationales.

Dans une perspective d'**économie politique internationale**, James F. Hollifield (1992) se demande pourquoi les démocraties libérales occidentales n'arrivent pas à contrôler leur immigration. Pour Hollifield, la logique étatique indique que pour préserver la souveraineté de l'État, des politiques d'immigration restrictives sont nécessaires. Toutefois, cette logique se heurte au **libéralisme** qui sous-tend les démocraties en Europe et en Amérique du Nord. Hollifield montre de façon convaincante comment l'accroissement des échanges commerciaux entre pays accroît également la nécessité d'une main-d'œuvre de plus en plus mobile. De plus, le libéralisme politique met l'accent sur les droits des individus. Ces deux facteurs contribuent à l'affaiblissement de la capacité des États à contrôler leur immigration. C'est ce que Hollifield appelle le « paradoxe du libéralisme ». Comme Badie, Hollifield conclut en un certain retrait de l'État en matière de migrations internationales. Mais malgré leurs différentes interprétations du rôle de l'État dans les migrations internationales et sur la place de cet acteur en relations internationales, ces auteurs s'accorderaient tous pour dire que dans un monde où l'interdépendance des économies et des sociétés est sans cesse grandissante, le contrôle ou la gestion efficace des migrations ne sera possible que si les États **coopèrent** et abandonnent un peu de leur souveraineté à des **régimes internationaux**.

Joëlle Bolduc

MONDIALISATION

La « mondialisation » – et, en particulier, le retrait de l'État de ses fonctions régulatrices et d'assistance publique au nom de la mobilité du capital et de la « compétitivité » dans le marché mondial – est le produit de choix politiques, et non pas la résultante de lois naturelles ou la destination inévitable du cours de l'histoire – cela peu importe la façon dont ces choix politiques se sont généralisés à tout le spectre politique à partir de leurs origines néolibérales (Wood, 1997 : 558).

Le concept de « mondialisation » est d'ordinaire utilisé pour désigner une variété de processus de transformation dans l'économie mondiale et, plus largement, dans les sociétés contemporaines. Ces transformations sont le plus souvent perçues comme participant de la transition de sociétés nationales à une société mondiale et d'une économie internationale à une économie réellement globale (Radice, 1999). Les diverses variantes de la thèse de la mondialisation convergent sur le fait que cette transformation de l'espace social a de lourdes implications pour le rôle et les fonctions des **États**. De ce point de vue, l'érosion de la **frontière** entre les sphères interne et internationale, de même que l'intégration de ces deux sphères sur un plan global, devrait être prises en compte par les théories des **Relations internationales**. Ce constat, et les débats qui l'entourent, sont d'ordinaire fondés sur la prémisse selon laquelle les modèles théoriques centrés sur l'État, bien qu'ayant été adéquats jusqu'à la dissolution du **système de Bretton Woods**, furent rendus obsolètes par les transformations contemporaines de l'économie mondiale.

Il importe de distinguer les variantes principales de la thèse de la mondialisation qui sont présentées dans la littérature. La première, qui est de loin la plus répandue, et qui demeure dominante en **économie politique internationale**, est fondée sur la notion que les processus économiques et sociaux à l'échelle du globe ont miné la capacité des États nationaux de gouverner ou même de réguler « leurs » sociétés et « leurs » économies respectives. Les flux privés de biens, de services, d'idées et de communications entre États seraient devenus beaucoup trop importants pour être contenus et régulés par les instances publiques nationales, notamment grâce au développement de technologies qui compressent l'espace-temps (Ohmae, 1990). L'autorité effective s'échapperait alors des instances étatiques et serait absorbée par des organisations différentes, notamment par les **organisations internationales** et transnationales ou par des organisations privées de la **société civile** comme les entreprises transnationales. Un transfert de pouvoir s'effectuerait en fait de l'État vers le marché et des dimensions de la vie sociale auparavant régulées par les autorités publiques se retrouveraient gouvernées par le marché. De surcroît, la démarcation entre le public et le privé et entre le politique et l'économique serait devenue de plus en plus poreuse à mesure que des agents privés se seraient approprié un nombre croissant de fonctions ayant traditionnellement appartenu au domaine public. À cause de cette diffusion du pouvoir dans l'économie mondiale, l'État se trouverait de moins en moins en mesure de remplir ses fonctions passées (Strange, 1996 ; Crouch et Streeck, 1997).

La seconde variante majeure de la thèse de la mondialisation surenchérit par rapport à la première puisqu'elle ne voit pas seulement l'impuissance de l'État comme une conséquence du pouvoir croissant des marchés, mais met aussi l'accent sur l'émergence, à l'ère de la mondialisation, de formes transnationales d'autorité publique. Les tenants de cette conception croient que la mondialisation des rapports économiques a non seulement miné le pouvoir de l'État, mais qu'elle a aussi mené à l'émergence de nouveaux cadres de régulation et de **gouvernance** dans le « nouvel ordre mondial ». Cette question a soulevé de houleux débats dans la discipline des Relations internationales, au cours desquels trois positions se sont démarquées. Les auteurs **néoréalistes** nient qu'un processus ressemblant à la formation d'un État global, qui seul pourrait modifier la logique **anarchique** des rapports interétatiques, est en cours. Puisqu'ils n'identifient aucun cadre de gouvernance globale capable de remplir les besoins des États en termes de sécurité, la souveraineté demeure pour eux le principe organisateur des rapports internationaux. En remettant ainsi en cause l'essentiel de la thèse de la mondialisation, les néoréalistes se font les défenseurs de la validité d'une approche **statocentrique** traditionnelle pour l'étude des Relations internationales (Thompson et Krasner, 1989 ; Krasner, 1995 ; Strange, 1996).

Ils s'opposent ainsi aux auteurs **institutionnalistes néolibéraux** et autres

libéraux internationalistes qui cherchent pour leur part à démontrer qu'un accroissement des formes de **coopération** peut relativiser les conséquences de l'anarchie dans le **système international** (Baldwin, 1993). Pour ceux-ci, la création d'**institutions** de gouvernance globale permet aux États de dépasser la logique à somme nulle de l'anarchie. Puisque la politique internationale se transforme en politique globale, le problème fondamental concerne la formation d'un projet politique transnational capable de stabiliser le système mondial à travers la gestion des formes d'interdépendance créées par les transactions sociales et économiques. La plupart s'entendent pour dire que les capacités régulatrices des organisations de la gouvernance globale sont dépassées par l'échelle inouïe et la fluidité des interactions transnationales, si bien qu'on assiste à un « déficit de gouvernance » (Held, 1995 ; Keohane et Nye, 2001 ; Rosenau et Czempiel, 1992 ; Weiss et Gordenker, 1996). Par exemple, certains voient dans la persistance de l'instabilité financière globale une justification pour l'établissement d'une taxe sur les transactions de change internationales (la taxe Tobin) soumettant les marchés financiers à un contrôle politique transnational (Haq *et al.*, 1996).

Enfin, une troisième série d'auteurs suggère que la mondialisation se caractérise non pas par l'érosion pure et simple du pouvoir effectif des États, mais plutôt par leur « internationalisation ». L'internationalisation de la production et la formation d'une société civile globale mènent non pas à un système de gouvernance globale rem-plaçant l'État, mais plutôt à la réorganisation des dimensions internes et externes du complexe État/société civile au fur et à mesure que l'État devient une « courroie de transmission » ajustant l'économie interne en fonction des exigences d'une économie mondialisée. Ces exigences sont perçues et définies par une classe transnationale de cadres organisée à travers certains réseaux multilatéraux comprenant des organisations telles que le G8, le Fonds monétaire international, la Banque mondiale ou l'Organisation pour la coopération et le développement économique (Cox, 1987 : 253-265 ; Cox, 1992).

Il ne manque pas de critiques de ces variations de la thèse de la mondialisation. Par exemple, l'idée de la transformation contemporaine d'une économie internationale à une économie globale a beaucoup été critiquée (Hirst et Thompson, 1996), comme l'ont été la notion d'une « nouvelle économie » en état d'apesanteur et l'idée d'une finance « globale » sans précédent historique. Certains chercheurs ont aussi noté que les tendances vers l'homogénéisation culturelle sont fortement contrées par des processus de particularisation identitaire comme les tendances à la renationalisation (Bayart, 1996 ; Castells, 1997 ; Cerny, 1996 ; Melucci, 1995). Bien que ces objections soient d'une grande importance et demandent une attention soutenue, il faut noter qu'elles ne remettent pas nécessairement en question les prémisses de base de la thèse de la mondialisation, à savoir que les tendances sociales, politiques et économiques de la mondialisation doivent nécessaire-

135

ment miner la souveraineté étatique. Il semble donc que la seule alternative réelle à la thèse de la mondialisation et à la vision néoréaliste du système international contemporain soit offerte par les analyses examinant de façon critique les dichotomies entre la souveraineté « nationale » et les dimensions « globales » de la vie sociale et entre l'État et le marché sur laquelle les débats sur la mondialisation reposent.

Cette façon de poser le problème de la mondialisation tend à mener à la conclusion que la mondialisation n'implique en rien une phase terminale de la souveraineté, mais plutôt une renégociation de celle-ci. Ainsi, d'une part, de nombreux auteurs inspirés de l'institutionnalisme insistent sur le fait que les États sont aussi puissants qu'auparavant, mais qu'ils doivent réformer leurs pratiques pour maintenir leur capacité d'influencer le développement socio-économique au niveau national (Evans, 1997 ; Weiss, 1998 ; Panitch, 1996 ; Radice, 2000). D'autre part, de nombreuses analyses inspirées du **marxisme** ou de la **sociologie historique** plaident pour une analyse historique de l'évolution des États et des marchés. Les auteurs marxistes, en particulier, ne postuleront pas une opposition entre les États-nations et les marchés, mais verront ces formes institutionnelles comme l'expression politique et économique des rapports sociaux capitalistes sujettes aux mêmes courants antagoniques et aux mêmes tendances à la crise. Sol Picciotto, par exemple, insiste sur le fait que l'analyse devrait se concentrer sur l'évolution parallèle, sur le plan historique, de l'internationalisation du capital et du renforcement de la souve-

raineté à travers le développement des formes juridictionnelles internationales (Picciotto, 1991).

De ce point de vue, l'idée selon laquelle la mondialisation serait un processus à travers lequel les capitaux limiteraient ou dépasseraient l'État apparaît fallacieuse puisqu'elle repose sur une surestimation de la capacité passée des États à « contrôler » le capital. Or, les analyses inspirées des travaux de Karl Polanyi débattent de l'idée que les économies nationales furent soumises, pendant la période d'après-guerre, à un projet de « sécurité économique » répondant à la volonté démocratique des communautés nationales (Deblock, 1992 ; Adda, 1996 ; Lacher, 1999a). Elles insisteront souvent sur le fait que la « société de marché » capitaliste, qu'elle soit développée à l'échelle strictement nationale ou à l'échelle globale, impliquera toujours une large mesure d'insécurité socio-économique et d'inégalités sociales que l'État ne peut pas éradiquer, du moins tant et aussi longtemps que l'existence d'un « marché autorégulateur » rend les populations dépendantes du marché pour avoir accès aux moyens de subsistance (Polanyi, [1944] 1983 : 102-112 ; Altvater et Mahnkopf, 1997 ; Lacher, 1999b). Nombre d'analyses marxistes soulignent de surcroît que c'est la croissance économique soutenue durant le boom d'après-guerre – une croissance *déjà* sous-tendue par l'internationalisation rapide du capital et la libéralisation des mouvements internationaux de marchandises, de crédit et d'investissement – qui rendit possible les politiques nationales d'intervention keynésienne et de planification, dont le succès temporaire permit aux politiciens de déclarer qu'ils avaient apprivoisé le capitalisme.

Aussi faut-il encore démontrer ce que la plupart des contributions aux débats sur la mondialisation qui parlent d'un déclin de l'État tiennent pour acquis, c'est-à-dire l'expansion extensive et intensive sans précédent, après la Seconde Guerre mondiale, de l'emprise des impératifs de marché capitalistes. Cette « universalisation » du capitalisme à l'échelle globale n'implique pas tant un impératif technologique ou la simple « libération » des marchés de contraintes politiques, qu'un processus violent de profonde transformation sociale soumettant de façon croissante les populations du monde, leurs relations sociales et leurs pratiques aux impératifs de l'accumulation du capital. Les phénomènes rassemblés sous la notion de mondialisation peuvent ainsi être compris comme résultantes de stratégies spécifiques adoptées par les acteurs économiques, politiques et sociaux dans le contexte de l'universalisation du capitalisme. Les processus de mondialisation seraient notamment la résultante de choix politiques rencontrant les besoins du capital dans un système où tous les agents économiques principaux opèrent selon des logiques capitalistes (Gowan, 1999 ; Hardt et Negri 2000 : 221-259 ; Panitch, 2000 ; Wood, 2002).

Ces considérations sur la genèse de la mondialisation capitaliste ne devraient jamais être perdues de vue par les recherches évaluant les impacts politiques et socio-économiques de la mondialisation et les débats sur la possibilité de l'avènement d'une « mondialisa-tion à visage humain ». D'une part, la mondialisation ne peut être réduite à la création d'un monde plus unifié et homogène puisque qu'à maints égards, les politiques en faisant la promotion ont maintenu ou renforcé les inégalités socio-économiques, les hiérarchies, les privilèges et les divisions sociales (Bidet et Texier, 1994 ; Adda, 1996 : tome II, ch. 3). D'autre part, le système fragmenté de gouverne globale participe, comme l'expérience d'intégration européenne le démontre, d'une dépolitisation de la formation des politiques économiques qui soustrait celles-ci au contrôle parlementaire (Burnham, 1999 ; Bonefeld, 2001). Il y a enfin un consensus croissant sur le fait que la compétition économique à l'échelle mondiale et la mobilité des capitaux imposent d'importantes contraintes sur les politiques nationales, et cela peu importe le modèle de croissance adopté par les États (Palan et Abbott, 1996 ; Coates, 2000).

L'évaluation des impacts politiques et socio-économiques de la mondialisation est d'autant plus chaudement débattue qu'elle donne lieu à des programmes politiques divergents. Pour les partisans de la mondialisation, les problèmes qui y sont associés ne sont pas inhérents aux rapports capitalistes eux-mêmes, mais peuvent être résolus par le renforcement des dynamiques de mondialisation envers et contre tous — l'orientation néolibérale de Sachs — ou par le développement d'un contrat social global harmonisant la mondialisation aux besoins des populations tels qu'exprimés démocratiquement — l'orientation social-démocrate du Groupe de Lisbonne. Pour les intellectuels inspirés par les travaux de Karl Polanyi ou Karl Marx, ces deux positions sont peu ingénieuses, car au moment d'expliquer l'hégémonie de l'approche néolibérale de la mondialisation et les contraintes confrontées par les réformistes sociaux-démocrates, les impératifs et rapports de pouvoir spéci-fiques au capitalisme sont déterminants et doivent faire l'objet d'une contestation politique (Duménil et Lévy, 1999 ; Radice, 2000 ; Coates, 2000 ; Rosenberg, 2000).

Étienne Cantin et Susan Spronk

MULTIPOLARITÉ

Multipolarity

Répartition de la **puissance** dans le **système international** autour d'au moins trois **États** ou centres de puissance (pôles). Voir **Polarité** (*Polarity*).

NATION

> Le problème avec ce traitement substantialiste du concept de nation en tant qu'entité réelle c'est qu'il adopte une catégorie pratique comme une catégorie d'analyse (Brubaker, 1996).

La nation est une catégorie pratique qui désigne la représentation qu'un ensemble d'individus se fait de ce qui les unit sous la forme d'une communauté socioculturelle ou politico-juridique en un temps donné. En fonction de contextes sociaux spécifiques, ces représentations engloberont un ou plusieurs des critères suivants : le territoire, la citoyenneté, la langue, la religion, la valorisation de certains traits physiques, la mémoire de certains événements communs ou la mise en commun de certains projets.

Le concept de nation n'a pas été problématisé au sein des théories **réalistes** et **libérales** en **Relations internationales**. Dans ces programmes de recherches, la nation — synonyme d'**État** — est réifiée sous la forme d'une unité politique homogène et transhistorique. Ses actions s'expliquent soit en fonction de l'individualisme méthodologique, l'État compris comme un **acteur** rationnel qui cherche à maximiser les gains qui assurent la défense de son **intérêt national** ; soit en fonction de l'analyse des structures du **système international** (réalisme structurel) ou de l'état de nature (réalisme classique). L'incapacité empirique de ces programmes de recherche à rendre compte de processus sociaux spécifiques impliquant des mouvements nationalistes explique que les débats sur le concept de nation aient eu lieu dans d'autres programmes de recherches. C'est dans le cadre de la sociologie du **nationalisme** (John Gellner ; Anthony Smith), de la **sociologie historique** (Charles Tilly), chez des **marxistes** (Benedict Anderson, Eric Hobsbawm, Tom Nairn) et dans les sociologies critiques de l'identité que le concept de nation a été débattu.

Bien que les pères de la réflexion philosophique sur le concept de nation (Ernest Renan et Gottlieb Fichte) n'auraient pas laissé leur pensée se résumer par cette simple dichotomie, on peut affirmer que la tradition philosophique oppose *grosso modo* deux concepts de nation : la nation civique et la nation ethnique. Selon sa représentation *civique*, elle fait référence aux habitants du territoire d'un État ou à la citoyenneté. Selon sa représentation *ethnique*, elle renvoie à un ensemble d'individus partageant un ou plusieurs des traits suivants : la langue, la religion, un trait

139

physique distinct, ou l'association émotive à un territoire ou à un récit national. L'historicisation de ces représentations, effectuée par des approches weberiennes et marxistes, a montré que l'émergence d'une variante de ces représentations s'explique souvent par la configuration des rapports de classes d'une société donnée et du caractère spécifique des élites contribuant à la formation de l'imaginaire national (Hobsbawm, Greenfeld, Nairn). L'universalisme civique des nations britannique, française et américaine ne serait pas indépendant de la composition essentiellement bourgeoise de leurs élites, alors que la composition plus aristocratique et littéraire des nations allemandes et italiennes auraient mené ces dernières à développer un imaginaire national plus particulariste et axé sur la culture.

Un deuxième débat oppose les conceptions *a priori* de la nation aux conceptions *volontaristes*. Les défenseurs de la nation comme catégorie *a priori* ou innée affirment que l'inclusion d'un individu au sein d'une nation est une question de fait ou de définition. L'adéquation des traits spécifiques d'un individu avec un ensemble de traits donnés — que ce soit civiques ou ethniques — est l'aspect déterminant. Les défenseurs de la seconde position affirment que nul ne peut être inclus dans une nation contre son gré, et qu'il revient aux individus de choisir à quelle nation ils appartiennent. À nouveau, les termes de cette opposition consolident des pratiques sociales différentes. La première conception est habituellement défendue par les classes bénéficiant d'un ordre social donné, alors que

les défenseurs d'une conception volontariste de la nation font habituellement partie des membres d'un ordre social dont les aspirations sont lésées par la formation sociale au sein de laquelle ils évoluent. Contre celle-ci, ils cherchent à faire valoir un imaginaire national alternatif, susceptible de renverser des inégalités économiques souvent renforcées par des catégories ethniques.

Deux autres débats portant sur la nation sont étroitement liés ; bien qu'ils renvoient à des questions différentes, on les abordera dans la même foulée. Le premier, **ontologique**, oppose ceux qui conçoivent la nation comme une catégorie réelle ou naturelle à ceux qui la conçoivent comme une entité construite. Le second, *chronologique*, oppose ceux qui conçoivent la nation comme une catégorie dont le référent empirique est transhistorique à ceux qui en situent les conditions d'émergence à l'ère moderne. Les termes du premier débat sont limpides. Selon les réalistes ou essentialistes, la nation est une entité réelle, c'est une unité politique homogène dont le comportement sera habituellement expliqué soit en fonction de l'impératif hobbesien de la survie, soit selon l'impératif lockien de l'intérêt national.

Les **constructivistes** affirment quant à eux que la nation doit être comprise comme une entité imaginée (Anderson, 1996). S'il est sensé affirmer qu'elle existe, ce n'est qu'en tant qu'entité du monde social ou en tant qu'unité du discours politique. La position réaliste ne passe pas le test de l'examen historique, ce qui a pour effet de déplacer l'attention vers un autre débat, chronologique celui-là. Les termes de ce débat — essentiellement au sein de l'approche constructiviste — sont les suivants : à partir de quand les conditions matérielles nécessaires et suffisantes à l'apparition du concept de nation comme entité imaginée sont-elles réunies ? Ici les *traditionalistes* affirmeront que ces conditions sont antérieures à la modernité, alors que les *modernistes* affirment qu'elles ne se trouvent réunies qu'à l'époque moderne. Étymologiquement, il est possible de faire remonter le concept de *natio* à l'Antiquité latine. Cependant, la réception du sens de ce concept a subi de nombreuses transformations au sein de la chrétienté occidentale durant le Bas et le Haut Moyen Âge, de sorte qu'il est indispensable de procéder à une évaluation spécifique à chaque État, afin de voir quand le sens du terme y prend une forme contemporaine (Greenfeld, 1992).

Rogers Brubaker (1996) a poussé ces débats plus loin. S'inspirant des travaux de Pierre Bourdieu sur l'**identité**, il appréhende le concept de nation non pas comme une *catégorie analytique*, mais comme une *catégorie pratique*. Selon lui, ce qui doit faire l'objet d'un travail scientifique ce n'est pas la définition du concept de nation, car cette question tient pour acquis que ce terme a un équivalent empirique, ce qui est une prémisse du discours natio-

naliste. Ce qui doit faire l'objet de recherches, ce sont les intérêts qui sont promus par ceux qui utilisent le concept de nation au sein de pratiques sociales spécifiques. Il ne nie évidemment pas l'existence des mouvements nationalistes, mais affirme qu'en réifiant le concept de nation brandi par des entrepreneurs politiques, des **institutions** ou des mouvements politiques, on tient un discours idéologique et non un discours réflexif ou scientifique. Doivent donc faire l'objet de recherches, d'une part, les conditions de possibilité de l'émergence de discours nationalistes et, d'autre part, les intérêts qui sont défendus par leurs promoteurs.

Les conséquences de ce changement de registre sur l'étude des Relations internationales sont immenses en cela que rien n'empêche l'extension des conclusions de Brubaker aux concepts d'État et surtout à celui d'intérêt national. Sans une appréhension critique du concept d'intérêt « national », il semble que l'étude des Relations internationales soit condamnée à perpétuer une défense implicite des intérêts particuliers de ceux qui brandissent cette expression de façon non problématique.

Frédérick Guillaume Dufour

141

NATIONALISME

> Le nationalisme n'est pas l'éveil des nations à la conscience de soi : il invente les nations là où elles n'existent pas – mais il nécessite des marques pré-existantes sur la base desquelles travailler, même si celles-ci sont purement négatives (Gellner, 1965 : 168).

Concept étroitement lié à celui de **nation** et d'**identité** nationale, le nationalisme s'est imposé graduellement comme un des éléments les plus importants dans les relations internationales. Le nationalisme moderne, né au XIXe siècle en Europe, affirme que le sentiment national est l'élément principal de cohésion sociale d'un groupe de personnes partageant un certain nombre de caractéristiques « nationales » qui le distinguent des autres groupes. Tout le problème réside dans la définition de ces traits. Au cours du XIXe et du XXe siècle, la langue, la culture, la religion, la race et une histoire commune ont toutes été citées comme autant de facteurs centraux qui définiraient un groupe par rapport à un autre et qui lui donneraient son unité. Certes, tous ces facteurs ont été utilisés à un moment donné pour mobiliser un groupe partageant une ou des caractéristiques dites nationales, souvent en vue de proclamer le droit à l'autodétermination et à la formation d'un **État**, d'où le terme plutôt vague d'État-nation que l'on entend souvent pour qualifier l'**acteur** principal des relations internationales. Quelle que soit la réalité « objective » de ces traits, il faut reconnaître que le nationalisme est devenu une force incontournable dans le monde actuel et un élément présent dans plusieurs conflits entre États, et à l'intérieur des États.

Jusqu'à récemment, les sciences sociales, et en particulier l'étude des **Relations internationales**, ont rarement abordé le nationalisme ou l'ont fait sans le problématiser de façon systématique. Cette situation commença à changer tranquillement dans la deuxième partie des années 1970. L'intérêt pour l'étude du nationalisme émerge alors de partout, et ne sera que renforcé avec la plus grande visibilité des conflits ethniques après 1989. Avec, d'une part, la remise en question du **libéralisme**, issue des contradictions grandissantes entre l'expansion du capitalisme et l'expansion plus timide des idéaux du libéralisme politique, et, d'autre part, le désenchantement suscité par le socialisme soviétique, le nationalisme s'impose comme une idéologie politique fondamentale, bien que méconnue, de l'ère moderne.

Avec la vague d'études du début des années 1980, la position **ontologique** qui présentait la nation comme une entité réelle, unitaire et homogène fut rejetée comme un mythe de l'histoire romantique. Dès lors, les questions autour desquelles s'articulent la majorité des ouvrages pivots de ce champ en émergence sont sensiblement les suivantes : *quand* et *où* voit-on apparaître le nationalisme comme forme de phénomène social ? Celui-ci est-il un phénomène spécifiquement lié à l'expansion du monde moderne, ou au capitalisme et à l'industrialisation ? Si la nation est une construction sociale, qu'implique exactement le fait d'affirmer qu'elle est une construction et quelles sont les conditions nécessaires et suffisantes à l'essor d'une telle construction ? Ces travaux s'intéressaient plus au nationalisme en tant que phénomène, processus ou événement social, qu'à la « nation » en tant qu'agent des processus sociohistoriques.

Parmi les figures utilisées pour désigner la nation, l'expression *communauté imaginée* de Benedict Anderson (1996) fut probablement l'une de celles qui fut le plus systématiquement reprise. Anderson définit une nation comme une communauté imaginée à la fois comme limitée et **souveraine**. Elle est « imaginée », selon Anderson, parce que même si ses membres ne vont jamais connaître ni rencontrer la majorité des autres membres, dans l'esprit de chacun vit l'image de leur communion. Elle est « imaginée » comme limitée parce qu'elles ont toutes des frontières finies. Elle est imaginée comme souveraine parce que le concept est né à l'époque où les Lumières et la Révolution détruisaient la légitimité de l'ordre divin et des royaumes dynastiques. Enfin, elle est « imaginée » comme une communauté, parce que la nation est toujours conçue comme une camaraderie profonde au-delà des classes sociales.

Anderson parvint à imposer une expression qui devint centrale dans le champ de l'étude du nationalisme, mais si quelqu'un parvint à imposer une théorie du nationalisme difficile à ignorer, c'est Ernest Gellner. Dans son ouvrage le plus célèbre sur la question, *Nations et nationalisme*, Gellner analysa la relation entre les modes de production et l'adoption de certaines formes d'identité collective. Le nationalisme s'explique ici comme la forme d'identité collective intrinsèquement liée à la transition d'un mode de production axé sur l'agriculture à un mode de production plus spécifique à l'émergence du capitalisme industriel. Certains auteurs marxistes, tels que Hobsbawm (1992) et Nairn (1997), reprochèrent à Gellner de ne pas expliquer suffisamment en quoi le nationalisme résultait d'une interaction entre des processus d'extraction et d'humiliation au cœur desquels étaient en jeu des intérêts matériels concrets. On critiqua également un modèle d'explication du nationalisme qui expose sa diffusion chez les élites lettrées, mais qui reste muet sur la façon dont il était vécu par les classes moyennes et les paysans.

Dans une des contributions importantes à l'étude du nationalisme, Rogers Brubaker (1998) prétend qu'il existe cinq formes de nationalismes : le nationalisme à la recherche d'un État (*state seeking nationalism*), le nationalisme nationalisant (*nationalizing nationalism*), le nationalisme patriotique (*homeland nationalism*), le nationalisme des minorités nationales et le nationalisme national-populiste. Dans son optique, la recherche sur le nationalisme doit se demander de quelle façon et dans quels contextes des promoteurs d'une certaine conception de la nation utilisent et définissent celle-ci au sein de luttes politiques afin d'imposer une conception hégémonique de l'identité collective.

Les **féministes** ont également souligné plusieurs aspects du nationalisme comme phénomène social. On peut regrouper les analyses qu'elles proposent en deux groupes. Le premier étudie la façon dont les idéologies nationalistes ont été utilisées afin d'imposer certains stéréotypes physiques ou comportementaux et certaines tâches et obligations dévolues aux femmes (Enloe, 1993). Ces recherches ont montré comment les femmes se voient attribuer le rôle de reproduire la nation, et de veiller à tout ce qui a trait à l'éducation des enfants en bas âge. Les recherches féministes ont également porté sur la sous-rémunération du temps et de la force de travail des femmes, sous prétexte qu'elles sont du domaine privé et assurent la reproduction du ménage, unité de base de la nation.

L'étude du nationalisme continue à inspirer des programmes de recherche en histoire comparative (Bouchard, 2000) et en sociologie historique (Greenfeld, 1992) qui précisent les façons par lesquelles celui-ci émerge, se transforme et se diffuse. Si, comme le soutenait Hobsbawm, le nationalisme sera amené à disparaître dans un avenir plus ou moins long, il demeure un obstacle de taille à la construction de blocs régionaux et à une plus grande **coopération** des États en matière de relations internationales.

Frédérick Guillaume Dufour

NÉOGRAMSCIENNE, approche

Neogramscian Approach

La théorie, c'est toujours pour quelqu'un ou pour quelque chose (Cox, 1981).

C'est en 1981 que Robert W. Cox donne son coup d'envoi à l'école néogramscienne en publiant « Social Forces, States and World Order ; Beyond International Relations Theory » dans *Millenium*. En 1987, il publie *Production, Power and World Order* qui devint le premier ouvrage de référence de cette approche. En 1990, Stephen Gill s'inscrit fermement dans le sillon de Cox avec la publication de *American Hegemony and the Trilateral Commission*. Il édite, en 1993, *Gramsci, Historical Materialism and International Relations* où plusieurs auteurs (Giovanni Arrighi, Craig Murphy, David Law, Kees van der Pils) convergent vers ce courant.

Cette **théorie** des **Relations internationales** s'inspire des travaux du théoricien **marxiste** italien Antonio Gramsci. Le principal apport de Gramsci au courant de pensée marxiste est sa thèse selon laquelle le pouvoir de la classe dominante ne repose pas seulement sur la coercition, mais également sur sa capacité à étendre son pouvoir idéologique à travers un ensemble d'institutions de nature conservatrice au sein de la **société civile** (l'Église, le système d'éducation, etc.). La classe dominante acquiert un pouvoir **hégémonique** sur la société civile, lorsque non seulement ces institutions ne contestent pas son pouvoir, mais prennent sa défense, ou du moins la défense de l'« ordre », en cas de contestation populaire. Selon Gramsci, une des raisons de l'échec des marxistes italiens à s'emparer du pouvoir fut leur incapacité à instaurer un bloc contre-hégémonique au sein de la société civile italienne.

Certains auteurs plus près du **réalisme** adoptèrent dans les années 1980 la **théorie de la stabilité hégémonique**. Cependant, diront les gramsciens, cette théorie, ne prenant pas en compte la façon dont les relations de production sont liées à des relations de pouvoir, coupe le concept gramscien de son socle **ontologique** (l'analyse matérialiste des relations de production), et en fait un concept formel appliqué à la théorie des **régimes**. Pour Gramsci, les relations de pouvoir reposant sur un discours hégémonique ne sont pas seulement politiques, à l'origine, elles sont économiques et reposent sur l'exploitation des travailleurs. Cet aspect de la théorie gramscienne est au cœur de l'analyse néogramscienne des Relations internationales.

L'approche néogramscienne critique l'approche **néoréaliste**, mais elle veut également se substituer aux approches marxistes qu'elle qualifie d'orthodoxes. Elle s'inspire autant d'auteurs du marxisme occidental (Gramsci, Thompson, Anderson) que d'approches qui s'intéressent moins à l'analyse de classe (Braudel, Polanyi, Wallerstein).

En 1987, Cox se situa au sein de débats marxistes qui opposaient des théoriciens qui mettaient davantage l'accent sur la sphère des échanges (Frank, Wallerstein) à ceux qui mettaient davantage l'accent sur la sphère de la production (Anderson, Brenner). Il prit parti pour les seconds dans ce débat (Cox, 1987 ; 51). Cela n'empêcha pas les néogramsciens de rester influencés par des thèmes des premiers tels que les relations centre-périphérie ou les civilisations.

Cox et Gill revendiquent également une rupture **épistémologique** et non seulement méthodologique avec des approches rivales. Cette revendication apparaît dès 1981. Cox entreprend alors une critique épistémologique, ontologique et normative de la théorie des Relations internationales. Il propose une ligne de démarcation entre la *problem-solving theory* et la **Théorie Critique**. Alors que la première se contenterait, selon Cox, d'isoler et de résoudre un problème dans le monde tel qu'il s'offre au théoricien, la seconde prendrait comme objet d'analyse les conditions d'apparition historiques des relations de pouvoir qui engendrent un problème donné au sein d'un ordre mondial. La **Théorie Critique** est donc nécessairement holistique, historique et transformatrice selon les néogramsciens.

Sur le plan ontologique, Cox et Gill rejettent l'idée que les concepts de l'étude des Relations internationales puissent avoir une valeur transhistorique. La Théorie Critique cherche à en situer les conditions d'émergence historiques et leurs relations avec la configuration des rapports de force au sein d'un

145

ordre mondial donné. Elle est donc susceptible de se transformer et de se mouler aux transformations de l'ordre mondial au sein duquel elle évolue. Le monde social qu'elle cherche à décrire et à transformer est le produit de l'interaction de forces sociales ; il ne peut être expliqué au moyen de lois de la nature (Murphy et Tooze, 1991 : 19).

Les néogramsciens rejettent le dualisme cartésien entre le sujet connaissant et son objet d'étude (Cox, 1981 ; Murphy et Tooze, 1991 ; Gill, 1993). S'inspirant de Vico, ils refusent de revêtir d'un caractère essentiel des concepts ayant des conditions d'émergence au sein d'un processus d'objectivation conditionné par des rapports de force au sein d'un ordre mondial spécifique (Gill, 1993 ; 49-50). Le processus de production intellectuelle n'est pas une activité neutre, mais le résultat de pratiques sociales qui participent elles-mêmes au renforcement ou à la critique de relations de pouvoir. Il en résulte que l'intellectuel ne peut lui-même s'abstraire de ces relations de pouvoir et qu'il doit choisir, comme chez Gramsci et Sartre, son emplacement au sein d'une *guerre de position*.

La connaissance intelligible du monde social n'est possible, selon Cox (1976 : 181), « que comme une création de l'esprit humain ». Le monde social en tant qu'objet de connaissance doit être appréhendé comme le résultat de pratiques sociales dont le sens est partagé de façon **intersubjective** (Gill, 1993 : 27). La connaissance est toujours filtrée par le sujet connaissant et son objet de connaissance est constamment à redéfinir en fonction des transformations des pratiques sociales.

Parmi les prémisses théoriques des néogramsciens, la principale est « de considérer les relations de pouvoir au sein des sociétés et de la politique globale sous l'angle des relations de pouvoir reliées à la production » (Cox, 1987 : 1). Ce qui sous-tend ce travail est « la prémisse selon laquelle le travail est une activité fondamentale qui affecte un éventail d'autres relations sociales et l'organisation de la société dans son ensemble » (Cox, 1987 : ix). Gill rappelle que « [...] pour Gramsci, c'est l'ensemble des relations sociales configuré par les structures sociales (la situation) qui est l'unité d'analyse de base » (Gill, 1993 : 24). Ainsi, la politique globale forme un tout cohérent dont la dynamique structurante est l'expansion modernisatrice du mode de production capitaliste (Gill, 1993 : 15). L'étude des forces sociales, des structures de production ou de la structure politique des sociétés civiles ne peut donc faire abstraction des relations sociales qui structurent les dynamiques de pouvoir au sein d'un ordre mondial donné (Cox, 1976 ; 1981).

Selon Cox, chaque ordre mondial se caractérise par une structure d'accumulation spécifique. Celle-ci correspond à une certaine organisation et hiérarchisation des modes de relations sociales de production à travers lesquelles des surplus sont transférés de la périphérie vers le centre. Chez Cox cependant, la relation centre-périphérie correspond davantage à une relation économique que géographique. La structure d'accumulation d'un ordre mondial donné conforte la position de pouvoir d'un bloc historique. C'est-à-dire qu'un certain ensemble de forces sociales, de classes, d'**États** et de firmes en bénéficient au détriment d'autres, au sein de l'économie globale. Un bloc historique repose toujours sur un certain équilibre entre le consensus et la coercition. Afin de conserver son pouvoir, la principale **puissance** hégémonique se doit d'assurer sa légitimation auprès de ses alliés.

Une grande partie du travail des néogramsciens est consacrée à l'étude de la formation, de la consolidation, de la transformation et de la succession des blocs historiques. Chaque période hégémonique est étudiée en fonction des forces sociales qu'elle favorise et défavorise. Sur le plan normatif, l'approche néogramscienne se caractérise par sa volonté d'articuler des formes de résistance au sein des sociétés civiles locales, nationales et globales de façon à promouvoir une transformation émancipatrice des relations de pouvoir et de production.

Frédérick Guillaume Dufour

NÉOLIBÉRALISME

Neoliberalism

Voir **Institutionnalisme néolibéral**.

NÉORÉALISME

Neorealism

Bien que les capacités soient des attributs des unités, la distribution des capacités entre les unités ne l'est pas. La distribution des capacités n'est pas un attribut des unités mais plutôt un concept à l'échelle du système (Waltz, 1979 : 98).

Parfois également appelé « structuro-réalisme », le néoréalisme est une des **théories** des **Relations internationales** qui a eu le plus d'influence dans la discipline depuis les années 1970 et son fondateur, Kenneth Waltz, est l'auteur le plus cité en Relations internationales. Ce courant théorique a émergé dans les années 1970 en partie de la volonté de corriger certaines faiblesses du **réalisme classique** soulevées notamment par la théorie de l'**interdépendance complexe**. L'érosion perçue de la **puissance** américaine, l'importance accrue des liens transnationaux et le rôle grandissant des **organisations internationales** forcèrent en effet les analystes des Relations internationales à remettre en question le cadre trop rigide et daté du réalisme classique. De plus, le déroulement de la Guerre froide amena un questionnement sur l'incapacité des approches classiques à expliquer de façon satisfaisante pourquoi les **États** montrent un comportement similaire dans leur **politique étrangère** malgré leurs systèmes politiques différents et leurs idéologies divergentes, des variables privilégiées par les réalistes.

Kenneth W. Waltz proposa en ce sens de reprendre certains concepts de base du réalisme traditionnel tout en se voulant en rupture avec celui-ci. Pour les néoréalistes, comme pour les réalistes, les acteurs principaux dans le **système international** sont les États. Les néoréalistes partagent également avec les réalistes classiques la volonté de séparer le domaine politique des domaines économiques et sociaux. En ce sens, tous deux reconnaissent la division entre les dynamiques internes et externes de l'État, le néoréalisme rendant probablement cette frontière encore plus imperméable. Comme on le verra, les deux écoles partagent également la conviction que la nature du système international est anarchique, bien que l'**anarchie** ait un statut différent pour chacune d'entre elles.

Toutefois, Waltz s'éloigne aussi substantiellement du réalisme classique. Son ouvrage principal, *Theory of International Politics* (1979), insiste sur la nécessité d'expliquer les relations internationales à partir du système global, et non pas à partir de ses unités principales, les États. Ce qui se passe à l'intérieur des États n'aurait donc que peu d'incidence sur le fonctionnement essentiel du système international. Son apport principal est la notion de *structure* qui, pour lui, est la variable indépendante qui explique le fonctionnement du système international et qui détermine le comportement des États. Pour les néoréalistes, le résultat des actions des États dans le système international (la guerre, la paix, la stabilité du système international, son instabilité, etc.) est distinct de leurs intentions en tant que telles (décisions de politique étrangère). Waltz croit que la structure du système conditionne à la fois le comportement des acteurs et le processus qui transforme ces actions en résultats. Cette structure est l'anarchie, que les néoréalistes, à la différence des réalistes classiques, ne considèrent pas comme une simple caractéristique du système international.

En tant que structure préexistante aux États, c'est l'anarchie qui est la cause de leur insécurité. En effet, ceux-ci n'ayant aucune garantie face aux intentions de leurs voisins, il ne leur reste plus qu'à s'assurer eux-mêmes de leur survie, soit en développant leurs propres capacités de **défense**, soit en se regroupant en **alliances**. Or tant l'accumulation de moyens militaires que les alliances ont tendance à accroître l'insécurité des voisins, d'où le **dilemme de la sécurité**. Ainsi, la motivation principale des États, qui était, pour la plupart des réalistes classiques, la maximisation de leur puissance, est donc pour les néoréalistes la recherche de leur **sécurité**.

Selon Waltz, la structure du système international possède trois composantes essentielles :

1. Le principe d'ordonnancement de ses unités est l'anarchie. Il n'y a pas de hiérarchie formelle entre les unités comme dans un sys-

tème politique national (où il existe un gouvernement central).

2. Il n'existe pas de différenciation fonctionnelle des unités de base du système. Dans un système politique national, chaque unité possède une fonction spécifique qui lui est attribuée par la constitution et qui détermine le comportement qu'elle doit adopter. Dans le système international, la différenciation fonctionnelle est éliminée par le fait que la structure anarchique « punit » les États qui cherchent à se différencier des autres en menaçant leur survie.

3. La répartition des **capacités** matérielles, éléments fondamentaux de la puissance, est ce qui différencie les unités les unes des autres.

D'un attribut de l'État qu'elle était pour les réalistes, la puissance devient donc plutôt pour les néoréalistes une relation entre les États, un rapport entre plusieurs acteurs. La distribution des capacités définit certaines catégories de puissances (grandes puissances, puissances moyennes et États faibles) ainsi que le nombre de pôles que le système comporte. En raison de leur sensibilité à la variation de leur puissance relativement à celle des autres, les États seraient préoccupés par le maintien de leur position dans le système international :

> Guidés par leur intérêt de survie et d'indépendance, les États sont particulièrement sensibles à toute érosion de leurs capacités relatives. [...] En conséquence, les [néo]réalistes considèrent que l'objectif fondamental des États dans toute

relation n'est pas d'obtenir le **gain** individuel le plus élevé possible mais plutôt d'empêcher les autres États d'arriver à augmenter leurs capacités relatives (Grieco, 1990 : 39).

L'**équilibre des puissances** est donc le résultat d'un comportement collectif qui consiste à s'allier contre l'État le plus puissant, afin de diminuer l'écart relatif de puissance qui les sépare. L'équilibre de la puissance est une condition de reproduction de la structure du système international puisque si les États étaient enclins plutôt à s'allier à l'alliance ou à l'État le plus fort, le système tendrait vers l'empire, donc vers la fin de la structure anarchique. De plus, cette sensibilité des États aux gains relatifs des autres rend la **coopération** interétatique impossible, ou du moins improbable, car l'interdépendance rend les États vulnérables et met en péril leur sécurité et leur survie.

Bien que le néoréalisme waltzien soit la forme la plus connue et la plus influente du néoréalisme, celui-ci a également pris d'autres formes. À titre d'exemple, la prise de conscience du rôle joué par l'économie dans les changements systémiques a amené un courant théorique réaliste de l'étude de l'**économie politique internationale** connu aussi sous le nom de théorie de la surexpansion stratégique (Gilpin, 1981 ; Kennedy, 1989). Ce courant, dérivant ses exemples de la remise en question de l'**hégémonie** américaine, soutient que l'histoire est marquée de cycles hégémoniques dont les transitions sont caractérisées par un phénomène de surexpansion. Selon cette hypothèse, on pourrait observer dans l'histoire l'ascension en puissance d'un

149

État grâce à sa supériorité technologique et à son système économique, le maintien de son hégémonie politico-économique pendant un certain temps, puis la remise en question de sa position par un État ayant lui-même su reprendre à son avantage les techniques de la puissance centrale. S'ensuivrait une guerre hégémonique dans laquelle s'affronteraient les forces du *statu quo* et celles revendiquant une redistribution des ressources de puissance.

Plus récemment, la fin de la Guerre froide et l'émergence des approches critiques en Relations internationales ont forcé une nouvelle redéfinition des approches **positivistes** héritières du réalisme. Le défi lancé par les approches **constructivistes** au néoréalisme a forcé l'intégration par des auteurs comme Barry Buzan (2000) de concepts tels que l'apprentissage ou les acquis culturels et a poussé certains tenants du néoréalisme à étendre les champs d'application du concept de sécurité à des domaines toujours plus divers. Si bien qu'à l'heure actuelle, il est difficile de cerner un corpus théorique néoréaliste unifié et cohérent, de nombreux concepts plus ou moins compatibles avec les préceptes de base de cette école étant venus se greffer à cette approche.

Christian Constantin et Evelyne Dufault

NIVEAU D'ANALYSE, PROBLÈME DU — Level of Analysis Problem

La question du niveau d'analyse a été soulevée à la fin des années 1950 par Kenneth Waltz, avec la publication de son ouvrage *Man, the State and War : A Theoretical Analysis* et lancée par David Singer dans un article célèbre publié en 1961. En fait, le problème du niveau d'analyse pose deux questions distinctes, mais qui sont souvent confondues. En premier lieu, il s'agit de savoir à quel niveau on veut placer l'analyse des **relations internationales** : à celui du système global, à celui du système politique des **États** qui composent le système ou à celui de l'individu ? Dans ce cas, on privilégie un niveau ou l'autre, mais sans nécessairement lui accorder une capacité particulière d'*expliquer* la nature fondamentale des relations internationales. Ainsi, les auteurs holistes, en particulier les partisans du **marxisme** et de la théorie du **système-monde**, conçoivent le **système international** uniquement à partir du système lui-même, et n'accordent que très peu de place aux unités qui le constituent. Chez les **réalistes classiques** la situation est un peu plus floue. Certains d'entre eux, notamment Aron, mettent l'accent surtout sur l'**anarchie** du système international, mais sans pour autant négliger la nature des États et leur comportement les uns envers les autres ou, plus précisément, leur **poli-**

tique étrangère. D'autres, tels que Morgenthau, insistent sur la nature humaine comme une des sources importantes du comportement des États. Dans tous ces exemples, le problème du niveau d'analyse est avant tout une question d'ontologie et de nature *descriptive*.

Chez Waltz et les **néoréalistes**, surtout depuis la publication de *Theory of International Politics* en 1979, le problème du niveau d'analyse pose toute la question du meilleur niveau d'*explication* que constitue le système. Selon Waltz, seule une approche qui part des effets de structure sur les unités qui composent le système et qui privilégie donc le fonctionnement du système international par rapport à ses parties constituantes peut fournir les bases d'une véritable **théorie** des Relations internationales. Toutes les autres

approches ne peuvent donner que des théories qu'il qualifie de réductionnistes, et doivent donc être rejetées. Malgré les prétentions des néoréalistes, le débat sur le niveau d'analyse n'est nullement résolu, même si le terme lui-même est surtout associé à ces derniers. Ainsi, les **constructivistes** abordent la question d'une façon très différente en proposant le **débat entre agence et structure**, les adhérents au **libéralisme** républicain soulignent l'importance de la démocratie comme facteur décisif pour des relations pacifiques entre États, plaçant implicitement le niveau d'analyse à celui des unités constituantes du système, tandis que les partisans des études critiques de la **sécurité** privilégient une conception des relations internationales fondée sur l'individu comme unité de base.

NORME

Les structures de connaissance partagées et les compréhensions intersubjectives peuvent aussi modeler et motiver les acteurs. Les règles socialement construites, les principes, les normes de comportement et les croyances partagées peuvent fournir aux États, aux individus ainsi qu'à d'autres acteurs des compréhensions des moyens efficaces ou légitimes d'obtenir ces biens de valeur (Finnemore, 1996 : 15).

Le concept de norme peut revêtir plusieurs significations selon l'approche théorique utilisée. En effet, une norme peut être soit considérée comme une

règle (le respect des termes d'un accord ou d'un processus de négociation), un principe (la **souveraineté**, la non-ingérence), une valeur (la démocratie, le multiculturalisme), ou encore une attente vis-à-vis des comportements (la protection de l'environnement, le respect des droits de l'Homme).

La question des normes et de l'aspect normatif de l'activité politique n'est pas un sujet nouveau en **Relations internationales**. Comme nous le rappellent M. Finnemore et K. Sikkink (1998 : 889), Aristote et Platon avaient saisi, au IVe siècle avant J.-C., l'importance de la « moralité » en politique. Au XXe siècle, l'analyse de E. H. Carr (1946) l'amena à croire que le **réalisme** échoue à expliquer les Relations internationales, car il exclut des données essentielles à l'analyse comme l'attrait émotionnel vis-à-vis d'un objectif politique et les bases du jugement moral. Plus tard, le travail de I. Claude (1966) sur la fonction de légitimation de l'Organisation des Nations Unies s'inscrivit dans ce courant qui prend en compte les facteurs normatifs. Certains auteurs ont reconnu que l'activité de l'ONU impliquait des normes établies ou, comme les théoriciens de l'intégration, pouvait se créer un certain objectif social commun.

La révolution **behavioraliste** en sciences sociales a cependant relégué la question des normes aux oubliettes. Puis, l'attrait des théories économiques a tourné tous les regards vers une définition de l'utilité des **États** en termes uniquement matériels, laissant ainsi de côté les facteurs d'explication idéels ou sociaux.

Les théoriciens réalistes et surtout **néoréalistes** en Relations internationales ont en ce sens toujours rejeté les normes comme facteur pouvant influencer le comportement des acteurs dans le **système international**. Le concept de norme fait toutefois un retour en Relations internationales, et ce, particulièrement depuis le milieu des années 1980 avec l'avènement de l'approche des **régimes internationaux**. Outre l'approche des régimes, il existe également un programme de recherche **constructiviste** sur les normes en Relations internationales qui s'intéresse

à leur rôle dans le système international. Il importe donc de différencier la définition que ces deux principaux courants donnent de ce concept. Mais il convient avant tout de souligner que le concept de norme en Relations internationales ne doit pas être assimilé à celui utilisé en sciences juridiques, et qui prend le sens de loi.

Le concept de norme est en premier lieu central à la notion de régime international. La définition la plus largement acceptée des régimes est celle de S. Krasner (1983 : 1), qui définit les régimes comme étant des groupes de principes, normes, règles et procédures de décision, implicites ou explicites, autour desquels les attentes des acteurs convergent dans un secteur donné des Relations internationales. Dans l'optique de l'approche des régimes, le concept de norme signifie un type de comportement uniformisé et prend un sens proche de celui de *règle*. En effet, l'approche des régimes met en général l'accent sur la dimension structurelle des régimes plutôt que sur l'aspect normatif. Elle s'intéresse le plus souvent à la façon dont les régimes sont configurés, négociés, etc. Pour la plupart des auteurs du courant des régimes, les normes sont donc régulatrices ou procédurales, c'est-à-dire qu'elles sont considérées comme des outils de régulation des comportements que les États s'imposent dans le but de réduire l'incertitude inhérente à la **coopération**.

Pour d'autres auteurs, le concept de norme prend plutôt le sens de *valeur* ou encore de *principe*. La définition qu'en donnent les auteurs constructivistes retient l'idée de légitimation par la communauté et donc de partage de normes sociales et communes. Pour Martha Finnemore (1996 : 22), les normes sont des attentes partagées par une communauté d'**acteurs** à propos des comportements acceptables. De façon générale, trois types de processus font l'objet d'une attention particulière : l'émergence des normes, leur transmission ou diffusion dans le système international et leur appropriation ou assimilation par les États.

La typologie la plus courante est la distinction faite entre normes constitutives et régulatrices. Les normes régulatrices sont des normes contraignantes qui visent la régulation des comportements (un peu comme dans l'approche des régimes), alors que les normes constitutives sont plutôt habilitantes pour les acteurs. Les normes constitutives participent à la détermination de l'**identité** et de l'**intérêt national**, qui formeront ensuite la base des comportements des acteurs, lorsque ces derniers se les seront appropriées et qu'elles seront institutionnalisées.

En insistant sur la nature sociale de l'intérêt national, les constructivistes considèrent donc les normes comme étant principalement constitutives, c'est-à-dire qu'elles ne font pas qu'influencer le comportement des acteurs, mais qu'elles participent également à la constitution de leur identité propre.

Il faut en outre mentionner l'existence des théories normatives, dont Mervyn Frost (1986 ; 1996) est le représentant le plus connu. Sa théorie normative *constitutive* cherche à fournir des outils et une méthode nous permettant de répondre à des questions éthiques importantes auxquelles, selon

lui, les théories **positivistes** ne peuvent fournir de réponse. Ces questions sont par exemple : quand la guerre est-elle justifiée ? Quand une intervention dans les affaires internes d'un autre État est-elle justifiée ? La politique de dissuasion nucléaire est-elle défendable d'un point de vue moral ? Il rejette une conception stato-centrique et tente plutôt de bâtir une théorie constitutive de l'individualité qui justifie la hiérarchisation des normes établies en Relations internationales. Frost soutient que les individus se constituent mutuellement en tant qu'êtres moraux à travers un processus de reconnaissance réciproque au sein d'une hiérarchie d'institutions qui inclut la famille, la société civile, l'État et la société des États.

> La tâche de la théorie normative devient donc celle de montrer comment nous, en tant qu'individus, sommes constitués comme tels à travers notre participation à une série particulière d'institutions sociales, économiques et politiques qui, en retour, prennent racine dans notre adhérence à certaines normes (Frost, 1986 : 167).

La théorie normative permet enfin selon Frost de réconcilier les deux pôles antagonistes au sein de l'ensemble des normes établies en Relations internationales, soit la souveraineté étatique et le respect des droits individuels, en montrant que les individus ne possèdent pas de droits avant d'entretenir des relations sociales et politiques.

Soulignons enfin un problème méthodologique lié à la mesure des normes. Les normes sont des phénomènes qui sont difficilement observables empiriquement. Des auteurs vont quelquefois choisir l'analyse de dis-

153

cours pour évaluer la présence de telle ou telle autre norme chez un acteur. Pour vérifier la convergence d'États à des normes internationales, d'autres vont chercher dans les textes de lois ou les énoncés de politique des éléments se référant à une norme particulière. Ces travaux arrivent toutefois mal à cerner la dynamique inhérente aux normes constitutives qui participent à la définition de l'identité et de l'intérêt national. Les travaux réalisés jusqu'à présent s'attardent donc davantage aux normes régulatrices.

Evelyne Dufault

ONTOLOGIE

Il est évident qu'il existe un monde imperceptible. Le problème est à quelle distance se situe-t-il du centre-ville et jusqu'à quelle heure est-il ouvert ? (Woody Allen, *Without Features*).

L'ontologie en tant que *domaine de la connaissance* est la branche de la philosophie qui s'intéresse à l'étude de l'être en tant qu'être, c'est-à-dire à l'étude des entités dont on peut affirmer qu'elles existent et de ce que cela implique d'affirmer qu'elles existent. Concrètement, l'ontologie propose une définition du cadre, du contenu et des éléments qui constituent les **Relations internationales**. Ainsi, lorsqu'on fait référence à l'ontologie d'une **théorie**, ce qui est en jeu, c'est la vision que celle-ci propose de la politique globale.

Toute position théorique, et toute description d'un objet d'analyse, comporte une position ontologique et doit résoudre deux problèmes relatifs à celle-ci. Elle doit émettre une prétention à la validité quant à l'existence de certaines entités et de leurs propriétés, et elle doit préciser le niveau d'existence ontologique des *concepts*, *lois théoriques* et autres *entités théoriques* qu'elle emploie. L'opposition classique à ce niveau est entre le réalisme ontologique qui soutient que ces derniers correspondent à quelque chose de réel, et l'instrumentalisme qui soutient que ceux-ci sont des outils heuristiques dont la principale vertu doit être de mener à des prédictions adéquates.

En théorie des Relations internationales, **néoréalistes** et **institutionnalistes néolibéraux** adoptent habituellement un réalisme ontologique. Cela ne les empêche pas d'avoir un désaccord de fond sur les entités explicatives qu'ils considèrent les plus déterminantes afin d'étudier la politique globale. Alors que les **États**, la **puissance** et l'**anarchie**, sont au cœur de la vision du monde des néoréalistes, les États mais aussi les **institutions internationales**, les **intérêts** et la **coopération** sont au cœur de la vision néolibérale du monde. On dit parfois de ces approches qu'elles ont une conception ontologique qui postule le caractère exogène des entités d'analyse des Relations internationales, c'est-à-dire qu'elles supposent que le monde matériel est complètement en dehors et indépendant de la pensée. Autant la **Théorie Critique** que les **poststructuralistes** ont cherché à questionner ce postulat du néoréalisme et de l'institutionnalisme néolibéral. À l'encontre de ces approches, Alexander Wendt a énoncé clairement une critique s'inspirant du **constructivisme**. La thèse de Wendt qu'il résuma habilement

155

par l'expression « l'anarchie est ce que les États en font » ne s'oppose pas nécessairement à l'idée que le **système international** puisse adopter une forme plus ou moins anarchique. Ce qu'il reproche aux néoréalistes, c'est le statut ontologique qu'ils attribuent au concept d'anarchie. Selon Wendt, l'anarchie de type « hobbesienne » n'est pas une dynamique donnée du système international, mais le résultat d'une construction intersubjective des **acteurs** étatiques qui établissent des **normes** qui deviennent plus ou moins contraignantes. Pour les constructivistes, comme pour d'autres courants qui s'opposent au réalisme ontologique, il convient donc d'analyser d'où proviennent ces normes et s'il ne serait pas possible d'en démocratiser davantage la mise en place ou de les rendre plus compatibles avec une vision du monde qui tend vers la paix.

Les questions ontologiques sont pratiquement indissociables des questions **épistémologiques**. Dans ce qui suit, on se contentera de survoler rapidement différentes positions ontologiques et quelques problèmes qui affectent particulièrement le champ des Relations internationales. La position épistémologique qui domina la première partie du XXe siècle est *l'empirisme logique* du Cercle de Vienne. Ce courant cherchait à concilier l'expérimentation et l'observation, avec la rigueur du raisonnement logique. Ses défenseurs soutiennent qu'il existe un monde réel où se produisent des phénomènes déterminés, mais dont ne font pas partie les entités théoriques non observables (les systèmes, les structures, les relations, etc.). Le type de recherche auquel conduira une telle

position est davantage empirique que théorique. En Relations internationales, l'adoption d'une telle position ontologique implique un scepticisme quant à l'existence d'entités comme les systèmes internationaux, le **système-monde**, et de plusieurs entités explicatives des approches structuralistes et holistes. Au contraire, une telle position oriente la recherche sur des données directement observables comme le processus de prise de décision politique tel que celui que Graham Allison a décrit (Allison, 1971).

Popper opposa à cette première position une épistémologie néopositiviste (voir **positivisme**) liée à une position ontologique différente, le *réalisme théorique*. Ce qui démarque cette position de la précédente est qu'ici les entités théoriques sont réhabilitées comme faisant partie d'un monde où elles deviennent réelles à partir du moment où elles sont créées. Le philosophe américain Willard Quine poussa plus loin la critique de l'empirisme en développant sa thèse de la sous-détermination des faits par la théorie. Selon cette thèse, plusieurs théories incompatibles peuvent être logiquement mises en contexte avec une expérience donnée. L'adoption d'une théorie est synonyme selon Quine d'engagement envers une vision du monde. Cette critique de l'empirisme rejoint des critiques adressées au réalisme ontologique par certaines perspectives critiques. Certains, constructivistes, **féministes** et **néogramsciens** par exemple, s'entendent pour soutenir que l'adoption d'une perspective théorique a nécessairement des implications ontologiques. L'adoption d'une théorie plutôt qu'une autre, soutiennent-ils, fait ressortir certains éléments plutôt que d'autres de la politique globale, et le choix des éléments auxquels devraient s'intéresser les chercheurs dans le champ leur paraît être une question politique davantage que théorique.

Le **réalisme scientifique**, développé par le philosophe des sciences Roy Bhaskar, est une position selon laquelle il existe un monde réel indépendant de nous, mais qu'il est inutile de chercher à le réduire à un seul type d'entité. Bashkar conçoit la réalité comme un ensemble complexe d'entités, dont les propriétés sont distinctes les unes des autres, et donc qui ne peuvent pas être réduites à un niveau d'explication « antérieur » ou plus « fondamental ».

On retrouve sous la large bannière constructiviste un éventail de positions ontologiques, allant d'approches pour lesquelles il est crucial que les théories aient des fondements délimités et établis, à d'autres pour lesquelles la recherche de fondements à la théorie n'a plus de raison d'être. Cet ensemble de positions a *grosso modo* en commun de mettre l'accent sur la façon par laquelle des entités de la politique globale émergent et sont construites par des procédures **intersubjectives**. Certaines variantes, comme celle de Wendt, conservent des éléments importants de l'ontologie **réaliste**. Chez celui-ci, l'État demeure aussi réel et moniste (indécomposable) que chez les réalistes ; c'est le type de relations entre ceux-ci qui résulte d'une construction sociale (l'anarchie). Pour les poststructuralistes, non seulement l'anarchie, mais aussi la **souveraineté**, les discours sur la **sécurité** et l'État doivent être analysés comme résultant d'une construction discursive.

Niveaux d'analyse ontologique

En théorie des Relations internationales, on peut distinguer trois positions ontologiques qui constituent les paramètres du débat sur le **niveau d'analyse**. *L'ontologie individualiste* est la plus courante chez les économistes néoclassiques et dans les **théories du choix rationnel**. Selon ses partisans, le point d'ancrage de l'explication réside dans l'individu, l'État chez les néoréalistes, parce que contrairement aux structures, aux processus et aux systèmes sociaux, il est la seule entité dont on puisse dire de façon positive qu'il existe. En Relations internationales, cette position entraîne un problème ontologique particulier, celui du transfert de propriétés habituellement attribuées à un individu, au niveau de l'État (intentionnalité, rationalité, attribution de croyances, etc.). Selon cette position, il faut analyser, expliquer et prédire les comportements de l'État en lui attribuant une rationalité instrumentale.

À l'opposé de cette première position, se trouvent les partisans d'un *holisme ontologique*. Ici, l'État joue un rôle marginal au sein d'une totalité dont la compréhension permet d'expliquer le comportement des composantes, cette totalité est décrite comme le système international chez certains néoréalistes et institutionnalistes, et comme le système-monde par Wallerstein. D'autres ont cherché non pas tellement à réconcilier ces deux positions, mais à poser le problème autrement. C'est ce qu'ont fait les partisans

157

de l'*ontologie relationnelle*. Ceux-ci attribuent une agence réelle à certaines entités (individu, classe, État — voir **agent/structure, débat**), mais ils affirment que celles-ci ne peuvent pas être définies en soi, qu'elles existent en relations avec d'autres, et au sein des dynamiques spécifiques engendrées par les positions au sein de ces relations. La reproduction des relations entre des acteurs en interaction est expliquée ici par le fait que ces acteurs reproduisent des dispositions comportementales favorisant cette reproduction où cherchent à rompre avec sa reproduction.

Ontologie, histoire et politique

Plusieurs questions de fond resteraient à traiter sur l'ontologie des Relations internationales. On se contentera ici de faire rapidement mention de quelques-uns de ces enjeux. Un problème important est le risque de projection dans l'histoire d'entités ou de concepts contemporains. Lorsqu'on utilise des concepts comme ceux d'État, de puissance, d'**équilibre des puissances**, de marché, de capitalisme, etc., il est important de se demander s'il est adéquat d'employer le sens contemporain attribué à ces concepts pour décrire une réalité passée. Pour cette raison, l'histoire demeure un complément important de la recherche en théorie des Relations internationales.

Finalement, il est important de souligner l'apport des **théories critiques**,

néogramscienne, féministe et poststructuraliste qui ont, en outre, mis l'accent sur la relation entre la définition du sens commun en théorie des Relations internationales et la politique. Selon Christine Sylvester (1994), la préoccupation principale de plusieurs approches féministes a été de « refuser les formes de connaissance qui privilégient certaines personnes, certaines expériences, et certains textes, tout en en évacuant d'autres de l'histoire des idées et de l'action ». Cette position partagée par plusieurs autres théories critiques montre bien en quoi la ligne de démarcation entre les questions ontologiques et politiques a souvent une dimension politique en théorie des Relations internationales. Chez les féministes, où le débat a été particulièrement tendu entre celles du « premier monde » et du « **Tiers Monde** », cela a débouché sur une problématisation des implications politiques et sociales liées à chaque forme d'engagement ontologique (Harding, 1986 ; Grant, 1993). Ici, un changement de position politique est parfois susceptible d'entraîner un changement de position ontologique, de la même manière qu'un changement de position ontologique est susceptible d'entraîner un changement de position politique.

Frédérick Guillaume Dufour

ORDRE INTERNATIONAL

En **Relations internationales,** un ordre signifie avant tout une entente implicite entre les **acteurs internationaux** autour des règles et des principes régissant leurs relations et des objectifs généraux qu'ils devraient poursuivre. Depuis le XVIIe siècle, on a assisté à la mise en place d'un ordre international fondé sur la reconnaissance d'un système **anarchique** où prévaut la **souveraineté** des **États,** et régi par un **droit international** souvent difficile à faire respecter, connu sous le nom du **système de Westphalie.**

Un des grands débats en Relations internationales concerne justement la nature de l'ordre international et son avenir. Ainsi, les **réalistes** et les **néoréalistes** parlent volontiers de l'ordre né à Westphalie comme d'un trait permanent du **système international,** qui est donc régi par des pratiques telles que l'**équilibre des puissances,** tandis

que les **libéraux,** et surtout les **néolibéraux,** soutiennent que la **coopération** est non seulement souhaitable mais aussi une des caractéristiques de plus en plus évidentes de l'ordre international, qui peut donc évoluer. Chez les partisans des diverses **théories critiques** et marxistes, l'ordre actuel représente surtout un système injuste qu'il faut réformer ou transformer.

On notera que l'idée d'un nouvel ordre international popularisée par le président George H. Bush, à la suite de la mise en place de la coalition contre l'Irak en 1990, et qui proposait une « nouvelle ère, plus libérée de la menace de la terreur, plus forte dans la poursuite de la justice, et plus sûre dans la recherche de la paix », n'annonçait aucune transformation fondamentale ou durable de l'ordre international, au-delà de la fin de la Guerre froide.

159

ORGANISATION INTERNATIONALE (OIG) International Organization (IGO)

[...] les organisations internationales [...] sont des instruments de la diplomatie qui servent à clarifier les enjeux, à faciliter l'échange de connaissances sur ce qui est en jeu, à développer des compréhensions communes et à encourager la bonne entente (Finkelstein, 1988 : 449).

L'organisation internationale gouvernementale (OIG) est d'abord et avant

tout un lieu de **coopération** interétatique. Michel Virally (1972 : 26) nous en donne une définition à la fois succincte et complète :

Une association d'**États,** établie par accord entre ses membres et dotée d'un appareil permanent d'organes assurant leur coopération dans la poursuite des objectifs d'intérêt commun qui les ont déterminés à s'associer.

Les trois points clés de cette définition nous dirigent vers les éléments qui nous permettent d'identifier une organisation internationale et d'établir la distinction d'avec l'**institution internationale**. L'OIG doit d'abord être constituée d'au moins deux États souverains (certains auteurs en exigent trois) ayant souscrit à l'organisation de par leur volonté propre. Elle doit ensuite poursuivre l'avancement des intérêts communs de ses membres. Bien que parfois un membre puisse en tirer davantage de profit, l'objectif déclaré doit bel et bien être dans l'intérêt commun. Enfin, elle doit avoir une structure formelle (personnel, bureaux, budgets, etc.) qui sera durable ; sous la forme, par exemple, de réunions à intervalles réguliers. Cette structure aura été établie par la voie d'un traité ou d'un autre document constitutif. C'est l'existence de cette structure formelle qui distingue le plus clairement l'organisation internationale de l'institution internationale.

Il existe différentes catégories nous permettant de classer les OIG (Smouts, 1987 ; Archer, 1983). Certains privilégient un critère de classement géographique, et distinguent donc les organisations mondiales (comme l'ONU) des organisations régionales (comme l'Organisation des États américains). D'autres préfèrent les différencier par l'ampleur de la coopération, distinguant les organisations globales, dont l'adhésion est ouverte à tous, aux organisations restreintes qui limitent l'accès à un certain nombre de pays (comme l'OCDE ou l'OPEP). On peut ensuite les distinguer selon qu'elles tendent à être de nature générale, encourageant la coopé-

ration au sens large, ou encore de nature spécialisée, encourageant la coopération dans un domaine précis de politique (militaire, technique, économique, social, etc.). Finalement, on peut également distinguer les organisations selon leur structure bureaucratique et l'étendue de leurs capacités.

Outre les activités dans différents domaines de politique, on attribue couramment cinq fonctions ou rôles spécifiques aux OIG : 1) les organisations internationales contribuent à la légitimation des comportements par la prise de décision collective (Claude, 1966) ; 2) elles exercent une fonction de contrôle qui peut prendre plusieurs formes, des pressions morales aux sanctions économiques ou militaires ; 3) elle est un lieu d'échange d'information et contribue en ce sens à la définition des problèmes collectifs ; 4) « À la fois lieu d'apprentissage pour les élites et milieu grâce auquel les États peuvent s'insérer dans le **système international**, l'organisation internationale favorise la création de **normes**, de valeurs, de codes dont l'ensemble forme − une culture, politique, économique, propre à l'organisation » (Smouts, 1987 : 164).

L'OIG est donc un milieu de socialisation pour les élites comme pour les États ; enfin, 5) la fonction normative de l'OIG découle de la définition des règles de comportements qui contribuent à l'émergence du **droit international** (Smouts, 1987 : 164-166). L'aspect normatif des organisations internationales tient donc au fait que ces dernières contribuent à la définition et à l'institutionnalisation de normes, de règles et de principes qui vont ensuite servir de guides aux États afin d'ajuster leur **politique étrangère** ou leurs politiques nationales. Cette fonction normative est particulièrement importante et, selon certains, prendrait même souvent le pas sur leurs activités de contrôle ou d'intervention (Smouts, 1995 : 16).

Les différents courants théoriques en **Relations internationales** tendent à avoir des visions divergentes sur la nature des organisations internationales. Les auteurs **réalistes** voient dans l'organisation internationale une pure création des États, sujette en tout temps au bon vouloir de ceux-ci. Ils ne la considèrent pas comme un facteur de stabilité internationale puisque selon eux, elle est maintenue par l'**équilibre des puissances**. Les auteurs de l'approche **institutionnaliste** croient quant à eux que les organisations internationales, comme forme spécifique d'institution internationale, peuvent jouer un rôle important dans l'établissement d'une meilleure coopération et d'une plus grande stabilité.

Enfin, d'autres auteurs, pour la plupart **constructivistes**, voient dans l'organisation internationale une entité autonome par rapport aux États qui en sont membres et qui constitue en soi un acteur dans le système international (Finnemore, 1993). Pour ces auteurs, les organisations internationales ont une volonté propre qui est indépendante de la somme des volontés des États membres. L'organisation internationale serait principalement un lieu de socialisation des États, car par la production et l'institutionnalisation de normes, les organisations internationales se trouveraient à modifier ou à influencer dans une certaine mesure le comportement des États, et ce, en légitimant certaines pratiques et en en délégitimant d'autres. Selon Finnemore (1993), les approches traditionnelles ont étudié les relations entre les États (comme variable indépendante) et les organisations internationales (comme variable dépendante), en considérant les préférences des États comme faisant partie de leurs caractéristiques internes propres. Finnemore suggère plutôt l'étude des organisations internationales comme variable indépendante expliquant le comportement des États.

*Evelyne Dufault
et Jean-François Lacasse*

ORGANISATION NON GOUVERNEMENTALE (ONG)

Non-Governmental Organization (NGO)

Il conviendrait de repréciser le rôle des ONG : simples sous-traitants ou partenaires ? Acteurs ou instruments ? Force de propositions ou prestataires de services devant répondre uniquement à des appels d'offre ? (Rubio, 2002 : 84)

Cette catégorie d'**acteurs** internationaux se définit de façon négative en ce sens où elle regroupe toutes les organisations à but non lucratif qui ne sont pas des organismes étatiques. Les ONG peuvent êtres différenciées à partir de leur portée géographique (locale, nationale ou internationale), leur domaine d'intervention, leur positionnement politique et leur structure. Fer de lance de la **société civile**, les ONG incluent les organisations religieuses, professionnelles, sportives, syndicales ainsi que les organismes de charité, les partis politiques et les groupes de pression (humanitaires, environnementaux, etc.).

Nous nous attarderons ici sur les ONG internationales, car elles constituent des acteurs de plus en plus importants des relations internationales et leurs actions donnent souvent lieu à la naissance de réseaux transnationaux qui peuvent influencer les relations internationales de plusieurs façons, notamment en tentant d'influencer directement les gouvernements, en assistant aux grandes réunions internationales ou encore en posant des actions médiatiques.

Si le droit d'association moderne apparaît en Angleterre au XVIIIᵉ siècle, le terme d'« organisation non gouvernementale » apparaît formellement en 1945 lors de la signature de la Charte des Nations Unies. C'est à partir de 1970 que le nombre d'ONG internationales commence à croître de façon significative pour atteindre 25 000 en 2000 (www.uia.org). Les ONG jouent au sein de l'ONU plusieurs rôles dont le plus important est celui d'organe de consultation pour les politiques et projets. Leur intégration à l'ONU permet d'expliquer en partie pourquoi les organisations de **développement** international se qualifient davantage elles-mêmes d'ONG que plusieurs associations à caractère local (sportives par exemple), même si elles possèdent le même statut juridique. C'est le Conseil économique et social des Nations Unies (ECOSOC) qui gère les relations des ONG auprès des différents organes de l'ONU. Aujourd'hui, plus de 2000 ONG ont un statut consultatif à l'ONU (www.un.org/esa/coordination/ngo/).

Les ONG ne possèdent pas de personnalité juridique internationale et elles ne peuvent donc être membres d'**organisations internationales**. Toutefois, plusieurs ONG sont en relation avec des grandes organisations internationales telles que la Banque mondiale, l'Organisation mondiale du commerce et l'Union européenne. Si le rôle qu'y jouent les ONG est principalement consultatif, elles font aussi office de partenaires pour plusieurs projets. Leur position particulière en tant que représentants de la société civile leur permet de proposer un point de vue alternatif à ces projets.

Les ONG ont acquis une influence de plus en plus grande depuis leur intégration à l'ONU (Clark, 1995). Même que certaines grandes ONG (Oxfam, Amnistie internationale) auraient plus d'influence que bien des **États** faibles dans plusieurs sphères du **système international** (Roberts dans Rubio, 2002). La reconnaissance de l'expertise développée par les ONG dans divers domaines sociaux (développement, environnement, aide humanitaire) est aujourd'hui partagée par la plupart des États.

Face au démantèlement de l'État dans le système **libéral** actuel et la réduction du financement des ONG par l'État, ces dernières sont de plus en plus appelées à coopérer avec des entreprises privées dont les multinationales. Ces partenariats sont encouragés par plusieurs États et grandes organisations internationales dont la Banque mondiale. Les ONG disposeraient d'une expertise dont ne peuvent plus se passer certaines entreprises lors de l'étude de faisabilité de certains projets. En effet, les ONG auraient une connaissance approfondie du milieu social dans lequel sont implantés de nombreux projets et peuvent ainsi conseiller les entreprises sur la dimension sociale de leurs projets afin d'empêcher ces derniers de faillir (Heap, 2000).

Si ces associations se qualifient de non gouvernementales, elles n'échappent pourtant que difficilement au contexte politique de l'État dans lequel leur siège se trouve. Par exemple, la plupart des ONG reçoivent des subventions d'un ou de plusieurs États et cela pose certaines limites à leur action. Il reste que plusieurs d'entre elles sont très critiques de la politique des États, et tout spécialement de leurs politiques de financement actuelles (Rubio, 2002). Toutefois, la plupart des ONG dépendent aussi de multiples sources de financement privées.

C'est d'ailleurs ce volet politique qu'il peut être intéressant d'étudier. Il est essentiel de se questionner sur le rôle des ONG, car celui-ci peut varier d'une organisation à l'autre. En effet, sont-elles des « instruments du projet néo-libéral ou [des] bases solidaires des alternatives populaires » (Centre tricontinental, 1999 : 5) ? D'une part, plusieurs d'entre elles viennent renforcer l'ordre mondial établi en prenant la place de l'État dans certains domaines, en collaborant avec des multinationales et en servant d'organes consultatifs à plusieurs institutions internationales. D'autre part, certaines ONG représentent des alternatives populaires qui se placent en opposition face à l'ordre établi et qui dénoncent l'écart grandissant entre riches et pauvres autant au niveau national qu'international. Ce positionnement des ONG doit être pris en compte en Relations internationales, car c'est lui qui nous indique la ligne directrice qu'elles prennent . Toutefois, comme nous le rappelle Heap, certaines d'entre elles vont compromettre certains de leurs principes politiques afin de se plier au conditionnement du financement.

Si on attribue souvent à des ONG le rôle de porte-parole de la population, en tant qu'organisations de la société civile, leur représentativité peut souvent être mise en doute parce que, entre autres, elles poursuivent parfois des intérêts politiques privés très spécifiques. Certes, plusieurs ONG n'ont pas de visées politiques, dans le domaine de l'aide humanitaire par exemple, mais inévitablement, elles ont une certaine incidence sur l'ordre politique.

Jérôme Leblanc

PARADIGME

> Paradigmes : découvertes scientifiques universellement reconnues, qui, pour un temps, fournissent à une communauté de chercheurs des problèmes types et des solutions (Kuhn, 1983 : 11).

C'est à Thomas Kuhn que l'on doit la popularisation du concept de paradigme que la tradition philosophique avait laissé en suspens depuis Platon. Bien que *La structure des révolutions scientifiques* ne soit pas toujours reconnue comme un apport central à la philosophie des sciences, l'ouvrage de Kuhn occupe une place importante en histoire, en plus d'être une source d'inspiration pour les approches rivales au paradigme **épistémologique** cartésien en sociologie des sciences, en sciences sociales et en études littéraires.

Plusieurs sens peuvent être octroyés au concept de paradigme. On se contentera ici de rappeler la clarification que Kuhn apporta à son expression, en distinguant le concept de *paradigme* de celui de *matrice disciplinaire*. Il recommanda de réserver l'usage du terme *matrice disciplinaire*, afin de désigner « l'ensemble des **théories** ou plus généralement des connaissances que partagent un groupe de chercheurs travaillant sur un même sujet à un moment donné », et celui du terme *paradigme*, afin de désigner « non pas ces entités

représentatives elles-mêmes mais la manière dont celui *qui* est éduqué dans la discipline apprend à les reconnaître, à les isoler, à les distinguer » (Nouvel, 2000 : 718). On notera ici un rapprochement entre la sociologie de la connaissance de Kuhn et celle de Bourdieu qui utilise le concept de *champ*, là où le premier utilise celui de *matrice disciplinaire* et celui d'*habitus*, là où Kuhn utilise celui de *paradigme*.

Kuhn identifie trois moments clés au sein de la pratique scientifique : la période de *science normale*, l'entrée en *crise d'un paradigme* et la *révolution scientifique*. Durant une période de *science normale*, un premier paradigme s'articule autour d'un certain nombre de lois théoriques, un vocabulaire conceptuel déterminé et un savoir-faire particulier sur la façon dont doit être menée la recherche scientifique au sein d'une communauté de chercheurs. Ce paradigme engendrera certaines problématiques et certaines lois expérimentales, c'est-à-dire un « ordre du jour » des problèmes que doit aborder une communauté de chercheurs, afin de faire progresser la science. Durant la période de *science normale*, les points de repère de la matrice disciplinaire comme les règles du paradigme sont reconnues par la communauté scientifique. Celle-ci s'accorde sur la nature des problèmes dont la résolution est pertinente comme sur celle des questions qui ne le sont pas. Il est important de noter le caractère **intersubjectif** et institutionnel de la pratique scientifique telle que Kuhn la conçoit.

Une crise survient au sein d'un paradigme lorsqu'une communauté de chercheurs ne parvient plus à résoudre les problèmes qu'il engendre ; la matrice disciplinaire semble alors déficiente et le premier réflexe de la communauté de chercheurs sera de lui substituer quelques hypothèses *ad hoc*. Lors d'une crise, soutient Kuhn, tous les points de repère cognitifs d'une communauté scientifique ne seront pas nécessairement suspendus. Les chercheurs viseront à ce que leur théorie demeure précise, exempte de contradictions internes, d'une grande portée, simple et féconde (Kuhn dans Jacob, 1980), mais ils se butent aux limites de la matrice disciplinaire au sein de laquelle ils évoluent. C'est alors que s'amorce une période où de plus en plus de chercheurs effectueront une transition vers un autre paradigme. Kuhn soutient, à l'encontre de Popper, qu'il est impossible d'expliquer cette transition par la seule valse des arguments logiques (Nadeau, 1994 : 20). Un élément de conversion non cognitif (c'est-à-dire social) serait également constitutif de toute transition entre paradigmes.

Lorsque, à la suite d'une situation de crise, un paradigme est substitué à un autre, il « s'opère un changement complet dans la conception de la manière pertinente de poser les problèmes » (Nouvel, 2000 : 718). C'est ce que Kuhn désigne par *Révolution scientifique*. Nadeau souligne qu'« une révolution scientifique n'est véritablement advenue que lorsqu'une communauté organisée de chercheurs a dans son ensemble et pour l'essentiel changé radicalement de point de vue et de façon de faire » (Nadeau, 1994 : 16).

Certains ont remis en question l'approche de Kuhn en général (Nadeau, 1994), d'autres l'ont fait en sciences sociales en particulier (Boudon, 1986), parce qu'à leur avis aucune rupture épistémologique ou différence entre approches rivales ne s'apparente à ce que Kuhn désigne comme un paradigme. Un des éléments problématiques de l'application de son approche à la théorie des **Relations internationales** est la thèse de l'incommensurabilité des paradigmes, notion reprise par les **postmodernes**. Selon une version forte de cette thèse, il n'y a aucun moyen d'évaluer de façon conclusive si un paradigme est supérieur à un autre. De plus, pratiquement aucun concept d'un des paradigmes ne devrait se retrouver dans un autre. Selon cette lecture, il n'y aurait donc rien de comparable entre des paradigmes rivaux. Selon une lecture plus souple de cette thèse, certains concepts peuvent faire partie du vocabulaire conceptuel de paradigmes rivaux. Si l'on accepte cette deuxième lecture, le concept de paradigme se rapproche alors des expressions *approche* ou *mouvance théorique*, et y avoir recours devient alors superflu.

En métathéorie des études internationales, plusieurs chercheurs (Lapid, 1989 ; Neufeld, 1993 ; Wæver, 1997) emploient la terminologie de Kuhn pour ordonner l'évolution de la discipline. Lapid forgea également l'expression *paradigmatisme* pour souligner un aspect particulier du *troisième débat* en Relations internationales ; le fait que celui-ci porte davantage sur des aspects d'ordre métathéorique que les deux premiers grands débats qui structurèrent ce champ (Lapid, 1989) (voir **Paradigmes, débat entre**, et Relations internationales). D'autres (Smith, 1995), sans nier que certaines approches aient été au centre de l'attention en Relations internationales pendant de longues périodes — l'**idéalisme** (1918-1939), le **réalisme** (1939-1979), le **behavioralisme** (1955-1975), le **néoréalisme** (1978-1985), l'**institutionnalisme** (1984 à aujourd'hui) — refusent de caractériser ces époques comme des paradigmes, et les transitions entre celles-ci comme des *révolutions scientifiques*. Smith invoque plusieurs arguments pour s'opposer à cet emprunt. Il soutient d'abord que les transitions chronologiques entre ces différentes approches sont très poreuses et que l'ensemble de la communauté de chercheurs en études internationales ne bascula jamais dans son ensemble d'un courant à un autre. Un autre inconvénient de cette approche est qu'à l'intérieur même des communautés de recherche, on ne retrouve pas une homogénéité assez forte pour que l'on puisse affirmer qu'elles constituent véritablement un paradigme ou qu'elles partagent une même matrice disciplinaire. Un dernier inconvénient de cet emprunt est que bien qu'il y ait des transitions entre les courants théoriques et que celles-ci amenèrent effectivement à prendre en compte différents éléments et à regarder le monde différemment, on ne saurait qualifier ces transitions de *révolutions scientifiques* sans banaliser le sens de cette expression. Il serait difficile d'identifier une époque où le vocabulaire d'un cadre théorique serait entièrement étranger à celui d'un cadre rival.

Selon Lapid (1989), en Relations internationales, davantage que dans d'autres champs de la science politique, on a souvent eu affaire à un manque de volonté de la part de chercheurs de s'engager dans un débat avec des approches rivales. Jusqu'au début des années 1990, l'exercice de la critique prisé par Popper a été limité à un carcan étroit, et il a effectivement rarement porté sur des enjeux métathéoriques. Cette tendance mena parfois à des dialogues de sourds (voir le débat sur le **féminisme** ; Keohane, 1989 ; Weber, 1994). L'exercice de la critique est ce qui fait ce qu'un cadre théorique vit davantage d'arguments que de dogmes ; l'avenir des Relations internationales en tant que discipline **réflexive** est donc étroitement lié à ce que cet exercice ne soit pas limité, sous prétexte que les différents cadres théoriques sont des paradigmes perméables et qu'ils ne peuvent donc pas être comparés (Neufeld, 1993).

Frédérick Guillaume Dufour

PARADIGMES, LE DÉBAT ENTRE

Inter-paradigm Debate

Selon une version assez répandue de l'histoire de la **théorie** des **Relations internationales**, celle-ci serait passée par une série de débats entre différentes approches, d'abord entre **idéalisme** et **réalisme**, suivi de l'attaque du **behavioralisme**, qui ne remettait en cause ni l'**ontologie** ni l'**épistémologie** implicite du réalisme, mais qui émettait de sérieuses réserves sur le plan de la méthodologie et le manque de « scientificité » des réalistes traditionnels. Ensuite, il y aurait eu un troisième débat, entre réalistes d'un côté, et **libéraux** et pluralistes de l'autre, qui touchait surtout des questions d'ontologie, et qui se déroulait en même temps qu'un autre débat opposant ceux-ci aux partisans des approches **marxistes**, notamment la théorie de la **dépendance** et celle du **système-monde**. Il y a certes rupture entre ces derniers et les autres sur le plan de l'épistémologie et l'ontologie, mais on ne peut parler d'un véritable changement de **paradigme**, à cause de la courte durée et de l'ampleur relativement modeste, du moins aux États-Unis, de la contestation marxisante du paradigme dominant.

Au cours de ce moment flou dans l'histoire de la théorie des Relations internationales, le **néoréalisme** de Kenneth Waltz, lancé avec la publication de son livre *Theory of International Relations* en 1979, a réanimé le réalisme et, indirectement, le libéralisme, qui s'est rénové sous la forme du **néolibéralisme**, ou **institutionnalisme néolibéral**. Tout cela s'est passé en fait à l'intérieur d'un même paradigme dominant, celui du **positivisme**, et qui correspond *grosso modo* à ce que Kuhn (1983) appelait la « science normale ». Si l'on peut parler de changement de paradigme, il faut réserver ce terme pour le défi **postpositiviste**. Il serait difficile de parler d'un véritable débat entre deux types d'approche qui s'opposent sur presque tout, et entre personnes qui ne semblent pas souhaiter ouvrir un dialogue de fond.

Par ailleurs, les approches postpositivistes sont très loin de constituer un paradigme cohérent dans le sens que lui donne Kuhn, et elles ne sont pas près de détrôner les approches positivistes. Tout au plus, on peut dire que le **constructivisme** est en train de s'établir comme l'approche la plus susceptible de remplacer le néoréalisme et le néolibéralisme comme courant dominant, mais il est encore suffisamment large pour que l'on puisse mettre en doute son droit à porter le nom de paradigme.

PASSAGER CLANDESTIN

Free-rider

Voir **biens publics** (*public goods*).

POLARITÉ

Concept emprunté à l'électricité pour désigner le nombre de « pôles » ou de centres de **puissance** dans le **système international**. Il s'agit d'un des éléments les plus importants de la structure du système international selon le **néoréalisme**, surtout chez Waltz (1979). D'après les néoréalistes, une structure bipolaire offre la meilleure garantie de stabilité, puisqu'elle crée un équilibre qui réduit au maximum les incertitudes. La multipolarité serait, par contre, celle qui serait la plus sensible au déséquilibre et donc à l'instabilité et à l'insécurité générale. Enfin, l'unipolarité serait aussi assez instable, parce que la puissance dominante ferait l'objet de rivalités constantes, qui mèneraient éventuellement par son remplacement par un ou plusieurs autres centres de puissances.

POLITIQUE BUREAUCRATIQUE, modèle de la

Les nations peuvent être réifiées, mais à un coût considérable pour la compréhension. En personnifiant les nations, nous faisons peu de cas des caractéristiques cruciales de leur comportement dont les organisations sont les principales forces motrices (Allison, 1971 : 253).

Where You Stand Depends on Where You Sit (Allison et Zelikow, 1999 : 307).

L'approche bureaucratique de l'analyse de la **politique étrangère**, ou le modèle de la politique bureaucratique, fut popularisée par Graham T. Allison au début des années 1970 (Allison, 1971). Dans l'ouvrage désormais célèbre *Essence of Decision*, Allison évalue la pertinence de trois **paradigmes** afin d'expliquer la crise des missiles de Cuba. Pour Allison, le paradigme dominant à l'époque où il rédige *Essence of Deci-sion*, l'approche de l'**acteur** rationnel (voir **Théorie du choix rationnel**), ne rend pas compte de la réalité. En effet, en considérant la décision de politique étrangère comme étant issue d'un calcul stratégique de la part d'un acteur rationnel, centralisé et unitaire, l'analyste ne peut saisir toute la complexité du processus décisionnel et ses implications pour le résultat final.

Allison présente donc deux modèles alternatifs, en plus de ce modèle dit « classique », soit le modèle des processus organisationnels (modèle II) et le modèle bureaucratique (modèle III). Ce dernier est considéré comme la contribution la plus importante de l'ouvrage d'Allison à la **théorie** de l'analyse de la politique étrangère. Ce modèle d'analyse bureaucratique de la politique étrangère vise tout d'abord à expliquer les décisions de politique étrangère (et non pas les événements). Selon Allison, il est possible d'expliquer ces décisions par le jeu des acteurs impliqués dans le processus de prise de décision. La décision de politique étrangère serait le résultat d'un consensus établi entre les acteurs. Ceux-ci peuvent provenir des différentes sphères de la haute bureaucratie de l'**État**, mais également de l'extérieur de l'appareil étatique. Leurs intérêts, systèmes de croyances et de valeurs, et donc leurs façons de définir le problème et ses solutions, peuvent en ce sens différer considérablement de l'un à l'autre, ce qui entraîne la nécessité d'une négociation pour en arriver à un consensus sur la décision à prendre.

L'approche bureaucratique postule que le poste qu'occupe un acteur détermine sa position face à un enjeu. Ainsi, l'appartenance bureaucratique ou organisationnelle des individus, c'est-à-dire les normes, routines et cultures organisationnelles, est un facteur incontournable de l'analyse puisqu'elle détermine en grande partie l'opinion défendue par les différents acteurs en influençant la façon dont ces derniers définissent le problème et les solutions pertinentes. Toutefois, Allison nuance l'influence des facteurs bureaucratiques en admettant que les positions des acteurs impliqués dans la décision sont également influencées par d'autres facteurs tels que l'intérêt personnel, la politique interne, la personnalité des individus ainsi que l'**intérêt national** défini en termes de **sécurité**.

Bien que l'approche proposée par Allison ait été utilisée, reprise et développée par de nombreux auteurs, certains, dont S. D. Krasner et D. A.

Welch, ont formulé des critiques à son endroit. Krasner (1972) soulève en effet que ce modèle néglige beaucoup trop le rôle du Président dans le système politique américain, et ce, non seulement dans le processus de décision mais également dans la structuration de l'environnement gouvernemental. Ainsi, non seulement le Président détient l'autorité de prendre la décision finale, en accord ou non avec le groupe, mais celui-ci détermine également qui fera partie de ce groupe et quelles procédures de décision (*action channels*) seront employées. De plus, Allison contribue à son avis à la déresponsabilisation des dirigeants politiques.

Welch (1992), d'autre part, remet en cause la force de la relation présumée entre la position bureaucratique d'un individu et ses préférences ou intérêts. Il soulève le fait que les autres sources d'intérêt peuvent déterminer davantage les préférences d'un acteur que son appartenance à une organisation bureaucratique. De plus, les indicateurs du pouvoir de chaque acteur sont selon Welch fortement idiosyncratiques et relèvent donc davantage de la personnalité que de la position bureaucratique. Enfin, Welch souligne que les faits entourant la crise des missiles de Cuba ne collent pas tout à fait au paradigme développé par Allison et qu'une situation de crise telle que celle qu'il a choisi d'analyser dans cet ouvrage ne se prête pas bien au modèle proposé.

D'autres critiques de cette approche soulignent qu'elle correspond à un processus politique particulier aux États-Unis, mais ne peut être appliquée telle quelle à d'autres situations, qu'elle ne tient pas suffisamment compte des divergences idéologiques entre les différents participants principaux au processus, et enfin qu'elle est difficile à opérationnaliser, sauf peut-être sur le plan historique, en raison du secret qui entoure normalement les questions de politique étrangère.

Malgré ces critiques, l'influence qu'a eue l'approche proposée par Allison tant sur l'analyse de la politique étrangère que sur la discipline des **Relations internationales** est considérable et a contribué à la critique du **réalisme** et à la remise en question du postulat de la rationalité en politique étrangère, ce qui est encore plus marqué dans la seconde édition de l'ouvrage (Allison et Zelikow, 1999).

Evelyne Dufault

POLITIQUE ÉTRANGÈRE

L'intérêt national doit servir de critère à l'action des hommes d'État qui ne doivent pas se proposer d'autre but que de le servir ou de le défendre (Aron, 1972 : 471).

Selon la définition de Marcel Merle, la politique étrangère est la partie de l'activité étatique qui est tournée vers l'extérieur (Merle, 1984 : 7). La politique étrangère est en effet l'activité par le biais de laquelle les **États** agissent, réagissent et interagissent dans le **système international**. Une action de politique étrangère peut donc être initiée par l'État ou se poser en réaction par rapport à l'initiative d'un autre État, d'une **organisation internationale**, etc. Traditionnellement, on tend à séparer la conduite de la politique étrangère de celle de la politique interne des États sur la base de la différence entre les règles du système politique interne et celles du système politique international, mais on verra que cette distinction tend à s'effacer.

On divise traditionnellement les thèmes de politique étrangère en deux catégories : les thèmes de grande politique (*high politics*) et ceux de petite politique (*low politics*). Les questions de *high politics* comprennent principalement la **sécurité** et la **défense**, éléments considérés comme étant les fondements de l'**intérêt national** des États. Ces sujets de politique étrangère requièrent habituellement une action exceptionnelle de la part de l'État. Au contraire, les sujets de *low politics* font partie de la routine diplomatique et ne touchent aucune des grandes questions traditionnellement considérées comme remettant en cause l'existence même de la **nation**. Cette distinction est cependant de plus en plus critiquée. Cela est dû, en partie, à l'importance grandissante que prend l'économie dans la

171

conduite de la politique étrangère des États, alors que la politique commerciale des États a toujours été considérée comme un thème de *low politics*. La séparation des domaines de politique étrangère en deux catégories selon leur degré d'importance est ainsi beaucoup moins pertinente que par le passé. La politique étrangère tend en ce sens à être appréhendée de façon sectorielle, sans hiérarchisation des enjeux. On traitera plutôt de différents **domaines** de **politique** étrangère (*issue area*).

La politique étrangère est formulée dans un double contexte : interne et externe. Ainsi, malgré sa spécificité en termes d'enjeux et d'arène, la politique étrangère ne peut être dissociée du champ des politiques publiques d'un État. Selon les approches théoriques, l'analyse de la politique étrangère cherchera à expliquer les actions de l'État, les motivations et objectifs des décisionnaires, le « contenu » de la politique, le processus de prise de décision lié à une action spécifique, ou les résultats de ces actions. Ces approches s'attarderont sur divers types de facteurs, tant externes qu'internes, qui peuvent être la psychologie des décideurs, les luttes bureaucratiques, la culture politique nationale, la nature du système politique national, les **capacités** matérielles d'un État, la définition du rôle national, la structure du système international, la distribution de la **puissance** dans le système, etc.

À titre d'exemple, l'analyse **réaliste** de la politique étrangère repose sur la notion d'intérêt national. En effet, pour les réalistes, les États sont des **acteurs** unitaires et rationnels qui cherchent avant tout la préservation de l'indé-

pendance et de la **souveraineté** nationales, l'intégrité territoriale, la sécurité militaire et le bien-être économique. La formulation de la politique étrangère sera donc un processus par lequel l'intérêt national est défini et traduit en un certain nombre d'objectifs spécifiques, les capacités de l'État sont évaluées, une stratégie est élaborée pour atteindre ces objectifs et des actions menées pour soutenir cette stratégie. Un calcul rationnel prenant en compte les buts et les moyens de l'État est en ce sens à la base de la formulation de la politique étrangère. Le processus de décision interne, avec l'accent mis sur le rôle des individus ou des groupes, n'est donc pas du tout pris en compte dans l'analyse réaliste de la politique étrangère.

À l'inverse, le **modèle bureaucratique** de Graham Allison (1971) vise à expliquer les décisions de politique étrangère en mettant l'accent sur le jeu des acteurs bureaucratiques touchés par le processus de décision. La décision de politique étrangère est donc perçue comme étant une sorte de compromis issu d'un jeu de négociation entre plusieurs acteurs. Cette façon de voir la prise de décision postule que l'appartenance bureaucratique ou organisationnelle des individus détermine en partie la position qu'ils adopteront vis-à-vis de l'enjeu qui les préoccupe. En d'autres termes, les **normes**, les intérêts particuliers, les routines organisationnelles, le champ d'opération, la culture, etc. de leur organisation bureaucratique influenceraient leur façon de définir le problème et les solutions qui leur semblent appropriées. Contrairement à l'approche réaliste, la notion d'intérêt national n'est pas le fruit d'un processus de décision rationnel mais plutôt celui de marchandages.

En somme, l'analyse de la politique étrangère tend à se rapprocher de l'analyse des politiques publiques en général, comme l'illustre l'approche des jeux à deux niveaux de Robert D. Putnam (1988). La remise en question croissante de la distinction interne/externe et le rejet de la rationalité de l'État en tant qu'acteur unitaire s'accompagnent d'une plus grande prise en compte des facteurs internes dans l'analyse de la politique étrangère. De plus, l'étude de la politique étrangère tend à élargir son champ d'intérêt afin de se pencher sur d'autres thèmes que les traditionnelles politiques de sécurité. Ainsi, la politique étrangère économique ou environnementale, pour ne nommer que celles-là, sont des champs d'intérêt de plus en plus prisés par les chercheurs en Relations internationales.

Evelyne Dufault

POSITIVISME

> La science elle-même peut donc être considérée comme un problème de minimum, qui consiste à exposer les faits aussi parfaitement que possible avec la moindre dépense intellectuelle (Ernst Mach).

On doit renoncer à caractériser le positivisme comme un cadre rigide plutôt que comme un mouvement de pensée ou une attitude vis-à-vis de la connaissance. Ce qui caractérise ce mouvement, c'est sa volonté d'identifier et d'expliquer des régularités transhistoriques ou des lois de la nature à l'aide de lois théoriques et expérimentales. Le XXe siècle a connu des variantes du positivisme en philosophie des sciences comme en théorie des **Relations internationales**. On abordera ici certaines influences de la première sur la dernière.

Auguste Comte (1798-1857) caractérisa son approche de « positiviste » par l'importance qu'elle accordait à l'antériorité de l'élaboration théorique sur l'observation empirique. On retrouvait chez lui, comme plus tard chez Marie Curie, un grand optimisme face au progrès de la science que l'on attribue de façon un peu hâtive aux Modernes en général. Dès l'aube du XXe siècle, cet optimisme liant étroitement progrès scientifique et progrès général des sociétés n'allait plus de soi, même chez les « positivistes ». En 1929, une poignée de scientifiques et de philosophes des sciences publièrent le *Manifeste du Cercle de Vienne*, un tract qui fut déterminant dans l'histoire du courant positiviste. Selon ses signataires, la lutte pour la science à l'encontre de la métaphysique devait être menée sous la même bannière que celle du socialisme. De la publication du *Manifeste* aux années 1960, l'histoire du positivisme est celle de l'émergence et du déclin du positivisme logique. À la rencontre de la tradition empiriste et de la philosophie analytique, le positivisme logique se caractérisait par trois éléments : sa critique de la métaphysique spéculative, sa recherche d'un fondement aux sciences empiriques et son projet d'unification du langage scientifique (Nadeau, 1999 : 494). Il tentait de marier la vérité *a priori* des jugements analytiques à la recherche empirique (Jacob, 1980).

Chacun de ces éléments fut contesté et souvent par ses anciens promoteurs. Hempel renonça explicitement à la tentative d'unir la science en procédant par la réduction de **théories** plus spécifiques au sein de théories plus générales ayant le même vocabulaire analytique (naturalisme **ontologique**). Le néopositivisme (naturalisme méthodologique), dont la figure de proue fut Karl Popper, émergea en réaction au positivisme logique. Popper révolutionna le courant positiviste en substituant le principe de réfutation (ou « falsification ») à celui de vérifiabilité des théories. Une théorie pour être falsifiable doit être potentiellement fausse, c'est-à-dire qu'il faut qu'il y ait des cas empiriques « potentiels » dont l'avènement ou l'occurrence irait à l'encontre des prédictions fournies par le cadre théorique. S'il est impossible d'indiquer un fait dont l'occurrence impliquerait l'invalidité de la théorie, la théorie n'est pas falsifiable, et ne fait pas partie du domaine de la science, défini par le néopositivisme. Suivant ce raisonnement, on ne peut prouver qu'une hypothèse est vraie ; on peut seulement soutenir qu'elle n'a pas encore

été réfutée. Par exemple, l'observation d'un cygne blanc ne peut « prouver » l'énoncé : « Tous les cygnes sont blancs ». En revanche, cette proposition serait réfutée par l'occurrence d'un cygne noir. « Tester » cette hypothèse revient donc à chercher un cygne non blanc et non à accumuler les occurrences de cygnes blancs. Kenneth Waltz (1979) était conscient de cette nuance lorsqu'il procéda à sa critique de l'induction en Relations internationales. Sa conception de la relation entre la théorie et l'observation le rapproche davantage de Popper que des positivistes des années 1930.

Le néopositivisme domina la philosophie des sciences dans les années 1960 et marqua la théorie des Relations internationales jusqu'au début des années 1980. Ce modèle **épistémologique** distingue les lois théoriques des lois expérimentales. Les premières ont la forme de lois universelles. Elles sont d'un niveau d'abstraction plus élevé. Les lois expérimentales, elles, indiquent la façon de mener une expérimentation afin de mener à une éventuelle validation ou invalidation des prédictions de la théorie. Une théorie est articulée au moyen d'un ensemble de propositions reliées entre elles, les lois théoriques, par des connecteurs logiques. Les lois théoriques ne peuvent être mises à l'épreuve qu'à travers les lois expérimentales qui en sont dérivées. Au sein de la philosophie néopositiviste, elles sont considérées « vraies » seulement dans la mesure où elles n'ont pas encore été falsifiées par l'expérimentation.

Comme l'avait défendu Waltz dans sa critique de l'induction, une théorie se doit d'être qualitativement et non quantitativement différente des lois expérimentales. Le néopositivisme affirme d'une théorie qu'elle est vraie tant et aussi longtemps qu'elle n'a pas été réfutée par l'expérience. Popper attribue également un caractère en principe transhistorique, universel et **intersubjectif** aux résultats de la recherche, dans la mesure où chaque sujet doit être en mesure de parvenir aux mêmes résultats à travers l'expérimentation. Selon l'épistémologie néopositiviste,

> il est totalement erroné de présupposer que l'objectivité de la science dépend de l'objectivité de l'homme de science. [...] Ce qu'on peut appeler l'objectivité scientifique repose uniquement et exclusivement sur la tradition critique qui, en dépit des résistances, rend souvent possible la critique d'un dogme qui prévaut. [...] Elle dépend donc partiellement d'une série de conditions sociales et politiques qui rendent cette critique possible (Popper, 1982 : 82).

Cette revendication du caractère transhistorique des lois théoriques est sans doute un des éléments qui pose le plus de problèmes pour l'application de cette conception de la science en sciences sociales.

Steve Smith (1996 : 15-18) caractérise le positivisme en Relations internationales par cinq éléments : 1) sa quête d'une unité de la science, 2) sa distinction entre les jugements de faits et les jugements de valeurs, 3) sa tendance à considérer les faits comme indépendants de la théorie, 4) sa croyance en l'existence de régularités à la fois sociales et naturelles et 5) son adhésion à une épistémologie empiriste. Il semble que même Waltz, un phare du « positivisme » en théorie des Relations

internationales, ne prétend pas se conformer à l'ensemble de ces critères. Il recherche une unité méthodologique des sciences et croit également qu'il est possible de distinguer les jugements de faits des jugements de valeurs. En revanche, il ne croit pas plus à l'équivalence entre les régularités sociales et les régularités naturelles qu'à l'induction ou à l'indépendance des faits par rapport à la théorie. Toutefois, la volonté de Waltz de se présenter comme un authentique « théoricien », par opposition à nombre de ses prédécesseurs, a mené certains critiques à confondre positivisme et **réalisme** en Relations internationales. Ainsi, lorsque Smith, (1996 : 11) affirme que durant « [...] les quarante dernières années, la discipline des Relations internationales a été dominée par le positivisme », il caractérise assez bien la conception du travail scientifique promue par de nombreux **néoréalistes**. Avant l'intervention de Waltz, de nombreux réalistes tels que Raymond Aron, E. H. Carr et Hans Morgenthau figuraient parmi les penseurs de cette tradition dont le travail s'apparentait parfois davantage à l'herméneutique et à l'historicisme qu'au positivisme.

Cependant, l'empirisme n'est pas plus le bien propre des néoréalistes que des positivistes. Susan Strange (1994), Sandra Whitworth (1994), Immanuel Wallerstein (1974) ou Robert Brenner (1977), représentants d'approches théoriques qui s'écartent à la fois du néoréalisme de Waltz et du néopositivisme, sont des théoriciens dont le travail empirique occupe une grande partie de leurs recherches. Seulement ceux-ci tentent d'expliquer des phénomènes qui les mènent à prendre en compte différents objets d'analyse : l'impact des firmes multinationales, le genre, le **système-monde**, les classes sociales, etc.

L'association de Smith entre positivisme et empirisme demeure importante parce qu'elle soulève la problématique du statut ontologique des entités inobservables (les structures, les relations, les croyances). Selon Smith, l'engouement de certains positivistes pour une épistémologie étroitement empirique les aurait menés à nier la légitimité d'entités théoriques inobservables. Avec l'émergence du **réalisme scientifique** en philosophie des sciences (Bhaskar, 1989) et en théorie des Relations internationales (Wendt, 1999), on tend à défendre l'importance de la valeur explicative de ces entités. Un des arguments de ses avocats contre les méthodologies axées sur l'observation directe est qu'il est de plus en plus de domaines des sciences où notre accès à la connaissance passe par l'observation des effets des entités inobservables sur d'autres entités. Ce débat oppose ceux qui croient que l'ontologie ou l'épistémologie devrait primer sur l'autre.

L'optimisme de Michael Nicholson selon qui « le positivisme assure un critère de démarcation entre ce qui est scientifique et ce qui ne l'est pas » (Smith *et al.*, 1996 : 140) ne fait pas l'unanimité aujourd'hui dans le champ de l'étude des Relations internationales. Autant les approches qui ont tenté de s'en démarquer que celles qui ont cherché à en repérer les critères ne semblent pas être parvenues à clore le débat. Il semble donc que l'on soit contraint de définir le positivisme avec Nicholson d'une façon très générale comme la croyance selon laquelle « il est possible d'avoir des connaissances rationnelles à propos de la vérité des propositions, à propos desquelles il est possible d'avoir un niveau très élevé de reconnaissance intersubjective » (Nicholson dans Smith *et al.*, 1996 : 131).

Notons que l'émergence des **théories critiques** en Relations internationales durant les années 1980 est étroitement liée à la conviction partagée par des chercheurs selon qui le positivisme doit être remis en question au niveau métathéorique par des approches dites **réflexivistes**.

Frédérick Guillaume Dufour

POSTPOSITIVISTES, approches

La théorie internationale renferme maintenant un nombre important d'approches postpositivistes qui créent un espace non seulement pour de nouvelles façons de concevoir les Relations internationales, mais également de nouvelles réalités internationales (Smith *et al.*, 1996 : 37-38).

En théorie des **Relations internationales**, on qualifie de *postpositiviste* plusieurs approches qui ont en commun de s'opposer à au moins une des positions métathéoriques associées au rationalisme cartésien et au courant **positiviste**. Le courant postpositiviste commence à se développer à la fin des années 1970 et au début des années 1980. Yoseph Lapid désigna par l'expression « ère postpositiviste » l'émergence de débats, de problèmes et d'approches qui contestent la façon dont les débats ont été structurés, en particulier pendant la Guerre froide (Lapid, 1989).

On peut situer l'émergence de cette mouvance avec les textes de Cox (1976 ; 1981a), de Maclean (1981) et de Ashley (1981, 1984). Une littérature postpositiviste beaucoup plus dense se développe rapidement dans les années 1980, alors que plusieurs approches commencent à se démarquer au sein même du courant. Cox (1987) jette la pierre angulaire du mouvement **néogramscien** dès le milieu des années 1980, alors que Linklater propose une adaptation de la **Théorie Critique** de l'École de Francfort à l'étude des Relations internationales en 1990. Puis, on voit apparaître un nombre important

de travaux d'inspiration **poststructuraliste** (Der Derian et Shapiro, 1989 ; Der Derian, 1987 ; George, 1994). Au début des années 1990 apparaissent plusieurs ouvrages de théories **féministes** qui s'inscrivent dans la famille postpositiviste (Enloe, 1989 ; Peterson, 1992 ; Tickner, 1992 ; Whitworth, 1994). Une première synthèse succincte et limpide de l'ensemble de ces transformations est présentée par Mark Neufeld en 1995.

L'expression « postpositivisme » doit être distinguée de celle de « néopositivisme » en philosophie des sciences (voir positivisme). Le néopositivisme, associé à Karl Popper, se démarque du positivisme logique du Cercle de Vienne dès les années 1940, mais il poursuit le projet d'établir une méthodologie scientifique valable autant pour les sciences naturelles que pour les sciences sociales (naturalisme méthodologique). Au sein du champ de la **théorie** des Relations internationales, le terme postpositiviste a une signification beaucoup plus diffuse. Il est employé pour désigner une position métathéorique en rupture avec le néopositivisme de Popper. Si les approches postpositivistes s'entendent pour rompre avec la métathéorie des sciences naturelles, elles ne s'accordent pas nécessairement sur les raisons de le faire, ni sur l'alternative la plus viable à celle-ci. On présentera rapidement quatre thèmes sur lesquels le postpositivisme s'est défini en opposition avec des positions qu'il attribue au positivisme.

La théorie du sujet

Un premier thème sur lequel le postpositivisme rompt avec le positivisme est sa conception du sujet et la relation qu'entretient ce sujet avec son objet de connaissance. En opposition au cartésianisme, à l'empirisme anglais et à l'idéalisme kantien, le postpositivisme cherche à situer le sujet connaissant dans son contexte social et historique et à comprendre comment les conditions sociales (classe, race, genre, statut) qui ont participé à la formation de sa subjectivité influencent la façon dont il questionne et analyse son objet de connaissance. Pour les variantes poststructuralistes du postpositivisme, c'est principalement l'insertion d'un sujet dans un réseau de textes ou de formations discursives qui constitue sa subjectivité. Les questions, stratégies discursives et même le lexique, auxquels aura recours un sujet, sont toujours insérés dans un champ discursif ouvert à l'interprétation. Ainsi, dans l'optique postmoderne, il n'y a pas plus de sujet permanent que de fondations permanentes de la connaissance. On peut souligner qu'alors que les poststructuralistes chercheront à situer ce sens dans un contexte discursif, les **marxistes** chercheront à le situer dans les relations sociales.

Comme le relève l'expression *feminist standpoint epistemology* (l'épistémologie d'un point de vue féministe), certaines approches postpositivistes rompent avec l'idée selon laquelle pour qu'une connaissance soit objective, les sujets connaissants doivent être en principe interchangeables, indépendamment de leur genre, classe ou statut social. Chez plusieurs poststruc-

turalistes, l'emplacement du sujet connaissant est essentiel dans la perception phénoménologique qu'il a du monde. Ce point de vue débouche parfois sur une remise en question radicale du concept d'objectivité. Pour les approches inspirées de Habermas (Booth, 1991a ; Linklater, 1990b), la remise en question de la philosophie du sujet débouche sur le développement d'une théorie de l'**intersubjectivité** basée sur la reconnaissance du potentiel d'intercompréhension propre à l'argumentation. Ici, l'objectivité de la connaissance n'est pas garantie par la neutralité du sujet connaissant, mais par les procédures communicationnelles permettant la problématisation de l'objet.

La critique de la réification

Les approches postpositivistes s'accordent également pour remettre en question le naturalisme **ontologique**, c'est-à-dire la thèse selon laquelle les seules entités dont on peut dire qu'elles existent sont celles qui sont identifiées par les sciences de la nature. Le naturalisme ontologique procède à la réduction ontologique des entités observées jusqu'à ce que leur statut ontologique soit celui d'une entité dont l'existence est reconnue par une science naturelle, soit la physique, la chimie ou la biologie. Une variante de l'argument réductionniste a été avancée par l'économiste Kenneth Arrow pour qui toute explication en sciences sociales doit partir de l'individu. Arrow défend une version forte de l'individualisme méthodologique. Plusieurs se sont opposés à cet argument, même parmi les auteurs qui ne se considèrent pas nécessairement comme postpositivistes (Lloyd, 1995).

Au contraire, d'une part, du physicalisme et, d'autre part, de la version forte de l'individualisme méthodologique, les approches postpositivistes défendent la thèse de l'irréductibilité des objets, des processus et des phénomènes sociaux à des objets naturels. Le monde social n'est pas plus transhistorique que naturel. Les postpositivistes se méfient autant de la réification du monde social, c'est-à-dire de sa transformation en un monde naturel que de l'abstraction conceptuelle qui, sous une catégorie générale, nie la spécificité ou la différence d'un des éléments qu'elle englobe. Les postpositivistes ne s'entendent cependant pas sur le statut ontologique qu'ils accordent aux entités du monde social. Pour certains, ces entités sont le résultat des interactions sociales entre individus, pour d'autres les entités doivent être appréhendées sous la forme de discours ou de textes. De manière générale, les postpositivistes entreprennent également une démarche d'historicisation des concepts qu'ils utilisent.

Les dichotomies fait/valeur et science/pouvoir

Le postpositivisme remet en question l'étanchéité de la division entre les jugements de faits et les jugements de valeur. Encore une fois, cette remise en question peut prendre différentes formes et varier en intensité. Robert W. Cox, par exemple, remet en question la neutralité politique des théories, mais il ne nie pas la valeur heuristique de ce qu'il appelle les *problems solving theories* positivistes. Il soutient que la théorie, en plus d'avoir une valeur explicative, peut rendre rigide, mettre en évidence ou ébranler des relations de

dominations concrètes (Cox, 1981). Chez les poststructuralistes, cette remise en question prend souvent la forme d'une déconstruction des énoncés du discours sur la **sécurité**, où sont révélées les relations de pouvoir que le discours est susceptible de (re)produire. La Théorie Critique aborde, elle, cette question sous l'angle de la théorie des actes de langage. Elle cherche à distinguer les propositions en fonction des prétentions à la validité qu'elles émettent (intelligibilité, vérité, normativité et sincérité) et à soumettre la théorie des Relations internationales à une conception éthique ou morale. Dans l'ensemble, les postpositivistes adoptent une attitude **réflexive** et affichent clairement, soit leurs prétentions à la validité normative, soit leur emplacement dans une guerre de position, c'est-à-dire au sein d'un ensemble de rapports de force où ils se positionnent explicitement.

Cette remise en question de la démarcation entre faits et valeurs mène plusieurs postpositivistes à interroger le rôle joué par la théorie politique (en particulier la conception chez Hobbes de l'état de nature), la science politique (son orientation positiviste) et, en particulier, la théorie des Relations internationales (principalement le **réalisme**), dans la (re)production du monde social et des relations de pouvoir. Dans cette optique, l'influence de Foucault et de Derrida sur les poststructuralistes est fondamentale. Le cœur de l'argument de plusieurs de ces auteurs est que la théorie politique internationale produit et reproduit les relations internationales. Ils s'intéressent à la fois à la manière dont le discours scientifique sur la sécurité tend à retirer des thèmes de l'espace démocratique en les « sécurisant » et aux processus sociolinguistiques à travers lesquels sont « créées des menaces » ou une « insécurité ». Les gramsciens et néomarxistes, quant à eux, ne nient pas l'importance de ces processus sociolinguistiques, mais ils cherchent à montrer comment ils sont liés soit à des luttes de classe, soit à des tensions dans les relations sociales, soit au résultat de conflits pour l'établissement d'**hégémonie**. Ces vues peuvent être synthétisées par l'idée de Smith selon laquelle : « [L]'acte de définition du sens commun est l'acte ultime du pouvoir politique » (Smith *et al.*, 1996 : 13).

Progrès et émancipation

Chez les positivistes du XIX⁰ siècle, tels que Comte et Curie, la progression du savoir scientifique était associée à l'idée du progrès de la société en général. De même, chez les membres du Cercle de Vienne, on trouve des positivistes comme Neurath et Carnap, pour qui l'idéal scientifique est lié au développement des idéaux socialistes. Le romantisme et ses variantes du début du XX⁰ siècle avaient remis en question cet optimisme. Toutefois, lorsqu'Adorno et Horkheimer se livrèrent à une critique du mode de pensée scientifique pendant le nazisme, ce n'est pas au nom des passions qu'ils le firent, mais au nom de la raison elle-même :

> [S]i la raison n'entreprend pas un travail de réflexion sur ce moment de régression, elle scellera son propre destin. [...] Ce qui est en cause, ce n'est pas la conservation du passé, mais la réalisation des espoirs du passé (Adorno et Horkheimer, 1974 : 15-16).

L'héritage de la pensée des Lumières est alors revendiqué par des protagonistes qui ont des vues opposées de la relation entre le mode de pensée scientifique et l'émancipation de l'individu au sein de la société.

Neufeld (1995) a montré comment les questions de l'émancipation et de la normativité furent transposées au *Troisième débat* en théorie des Relations internationales. Les postpositivistes critiquèrent la thèse réaliste selon laquelle la poursuite de l'**intérêt national** a effectivement des retombées pour l'ensemble des composantes de la société. Alors que poststructuralistes et féministes développent souvent cette critique sous l'angle des groupes exclus, les plus fréquemment pénalisés au nom de l'intérêt national, les gramsciens et les néomarxistes cherchent à montrer que l'émancipation des uns se fait souvent au prix de l'exploitation des autres. Linklater (1990a), pour sa part, a tenté de soumettre la théorie des Relations internationales au projet de la fondation d'une communauté de communication entre les forces sociales luttant à l'échelle du globe en faveur de l'établissement de conditions de vie plus favorables au renforcement de liens de solidarité aux niveaux local, national et global.

Frédérick Guillaume Dufour

POSTSTRUCTURALISME/ POSTMODERNISME

Poststructuralism/ Postmodernism

> Ce que le postmodernisme a exposé, concrètement, est que les Relations internationales sont un processus discursif, un processus au sein duquel des identités sont formées, le sens est donné, et au travers duquel statut et privilège sont accordés – un processus de connaissance comme pouvoir (George, 1994 : 216).

Les rubriques poststructuralisme et postmodernisme sont généralement confondues en **Relations internationales** et recoupent plusieurs approches méthodologiques, comme la déconstruction, la généalogie ou l'intertextualité, empruntées à des philosophes français tels que Foucault, Derrida, Lacan, Kristeva, Barthes, Lyotard et Baudrillard. Bien que discutées dès la fin des années 1960 dans la philosophie dite continentale influencée par les idées de Nietzsche, ces critiques du structuralisme et des postulats de la modernité ne furent introduites en Relations internationales que vers la fin des années 1980 par des auteurs comme Ashley, Walker, George, Der Derian, Shapiro et Campbell.

Ce qu'il faut d'abord retenir, c'est que le postmodernisme se définit avant tout comme une critique des fondements de la modernité. Selon les postmodernistes, leur approche en est une qui rejette les mythes de la rationalité et du progrès de la science conquérante des Lumières, de la séparation du sujet et de l'objet de la connaissance des **positivistes** ainsi que les prétentions universalistes de tous méta-récits. Plusieurs difficultés se posent d'emblée

à quiconque essaie de définir le postmodernisme : certains diront qu'il s'agit d'une époque, d'autres d'une approche ou d'un mode de pensée ; certains situent ses origines dans les années 1930, d'autres à la fin des années 1960. Qui plus est, son empreinte se retrace dans maintes disciplines : d'abord en architecture, puis en histoire de l'art et en littérature, ensuite en sociologie, en histoire, en science politique, en cinéma, etc. Il n'y a donc pas de définition du postmodernisme et du poststructuralisme qui fasse l'unanimité, ou qui rende compte de l'éclectisme même de ces approches qui résistent à l'imposition de catégories, au parcellement des domaines d'études et aux traditionnels discours sur la connaissance.

Dans la discipline des Relations internationales, les approches poststructuralistes et postmodernistes sont souvent rangées sous le terme générique de **Théorie Critique** avec d'autres approches **postpositivistes** comme les **théories critiques** et **normatives** ainsi que certaines variantes des approches **féministes** et **constructivistes** ou de la **sociologie historique**. Le poststructuralisme s'inscrit ainsi dans le **paradigme réflexif** plutôt que dans le paradigme rationaliste et emprunte une position **épistémologique** « interprétative radicale » plutôt que positiviste (Hoffman, 1991 : 170), radicale en ce sens qu'il est impossible selon les postmodernistes d'anticiper quelques fondements que ce soit pour asseoir la connaissance. Il n'existe donc pas de critères de validité qui permettent d'ériger certains énoncés en « vérités » ; ses adversaires dénoncent ainsi souvent le relativisme de la pensée postmoderniste. La « réalité » et le langage sont ici appréhendés comme des construits sociaux inséparables du pouvoir. Selon les postmodernistes, le monde est constitué comme un texte qu'on ne peut qu'interpréter et non pas d'objets et de phénomènes « réels » que l'on pourrait observer et décrire objectivement hors de toute médiation du langage comme le prétendent les approches positivistes regroupées, en Relations internationales, dans le paradigme rationaliste, (soit le **néoréalisme** et l'**institutionnalisme néolibéral**) (Smith, 1997).

En somme, les notions de texte, de discours et de langage sont les éléments **ontologiques** privilégiés par ces approches. Or, on se doit de souligner que la pensée postmoderniste évacue la notion même de réalité ontologique en refusant de croire qu'il est possible de connaître la nature ou l'essence des choses puisque tout n'est que représentation. Quoi qu'il en soit, il est tout de même primordial d'aborder la question de l'ontologie, car elle permet de délimiter les éléments principaux qui sont étudiés par une approche en répondant à la question de ce qui est. Au niveau épistémologique, les postmodernistes avancent qu'il est impossible de produire des énoncés objectifs ou d'établir des critères de validation, voire des fondements pour la connaissance, que tout est interprétation et que tout savoir s'inscrit dans des relations de pouvoir qui permettent la reproduction de rapports de domination et la marginalisation de groupes et d'idées.

En général, les théoriciens qui empruntent une approche de ce type en Relations internationales tentent de : « [...] déconstruire ou de dénaturaliser, à travers des interprétations détaillées, le langage, les concepts et les textes hérités qui ont constitué les discours privilégiés en relations internationales » (Der Derian et Shapiro, 1989 : 4). Leurs études ne sont donc pas centrées sur l'explication des phénomènes ou des enjeux généralement discutés en Relations internationales — comme les causes des guerres par exemple — mais plutôt sur la critique, voire la déconstruction, des **théories** dominant la discipline. Celles-ci sont appréhendées comme des pratiques discursives qui définissent le sens et privilégient certaines représentations du monde participant à la légitimation de rapports de pouvoir et de domination. Leur objectif est donc de déconstruire et de dénaturaliser les dichotomies communes de la discipline — pensons, par exemple, à la dichotomie centrale des Relations internationales : ordre/ **anarchie** — pour que soient dévoilés l'arbitraire des hiérarchies qu'elles instituent et, en définitive, les rapports savoir/pouvoir qui les fondent.

Pour le philosophe français Jacques Derrida, la déconstruction opère à deux niveaux : il s'agit, d'abord, d'exposer les dichotomies et de renverser les hiérarchies qui composent un discours et, ensuite, de délier les oppositions binaires qui le fondent. On retrouve chez R. B. J. Walker une telle déconstruction du principe fondateur des Relations internationales, la **souveraineté**, qui repose selon lui sur une pléthore de dichotomies arbitraires et réi-

182

fiées par les approches classiques des Relations internationales (Walker, 1993). Parmi ces principes rigides de division, d'exclusion et de légitimation figurent, notamment, les constructions dichotomiques de l'interne et de l'externe, de l'universel et du particulier, de l'**identité** et de la différence. La déconstruction s'emploie notamment à démontrer que le premier terme d'une dichotomie est toujours privilégié sur le deuxième. Walker illustre ainsi comment la souveraineté est le socle même de la construction d'une opposition entre l'interne et l'externe dans la littérature classique des Relations internationales ; une opposition qui construit l'interne souverain en termes d'ordre, de justice et de progrès, et l'externe anarchique en termes de conflits, de politique de **puissance** et de répétition plutôt que de progrès. La préséance de cette dichotomie empêche, selon Walker, que les Relations internationales soient pensées autrement, c'est-à-dire à l'extérieur de l'orthodoxie **réaliste** dominante.

L'idée que la dichotomie identité/différence est centrale dans la construction discursive des menaces, de l'autre et de l'ennemi est l'une des contributions majeures des approches poststructuralistes aux études de la **sécurité**. D. Campbell procède à une telle analyse afin de déconstruire la position américaine face à l'Irak, discours qui précipita les Américains dans la guerre du Golfe. C'est ainsi qu'il n'explique pas ce conflit en termes de **gains** économiques, mais plutôt en termes de processus de construction identitaire ; un processus discursif qui aurait amené les dirigeants américains à remplacer l'en-

nemi déchu du temps de la Guerre froide par un nouvel ennemi tout aussi effrayant, afin de restaurer l'identité américaine en termes de défenseur de l'ordre international (Campbell, 1992).

Dans l'un des ouvrages poststructuralistes les plus importants de la discipline des Relations internationales, *International/Intertextual Relations*, Der Derian écrit :

> Les relations internationales requièrent une approche intertextualiste, c'est-à-dire une interrogation critique des domaines de la pensée où il ne peut y avoir d'arbitre de la vérité, où le sens est dérivé des interrelations entre textes et où la problématique même du langage et autres pratiques signifiantes impliquent qu'il est question de pouvoir (Der Derian et Shapiro, 1989 : 6).

L'intertextualité est une notion empruntée à l'analyse littéraire que développa la sémiologue J. Kristeva dans les années 1960. Bien qu'il y en ait diverses interprétations, cette méthode repose essentiellement sur une évacuation de la notion d'auteur, le texte étant appréhendé comme une construction d'autres textes. Le sens d'une œuvre ne réside donc pas dans le texte en tant que tel, c'est-à-dire dans ce que l'auteur aurait pu vouloir dire, mais bien dans des interrelations entre textes qui permettent le foisonnement d'interprétations qui ne font pas référence à un monde extérieur mais bien à d'autres textes.

La généalogie est une autre méthode utilisée par les poststructuralistes. J. Der Derian en fit une application exhaustive dans *On Diplomacy* qu'il publia en 1987. Telle que développée par M. Foucault, cette méthode est centrée sur l'étude des « régimes de vérité », c'est-à-dire sur les relations

183

entre savoir et **pouvoir** qui se développent dans différents contextes ou périodes pour former des discours dominants sur la vérité et le savoir. Le savoir n'est donc pas une question de connaissances neutres, objectives ou universelles, mais plutôt le fait de processus discursifs qu'une méthode généalogique s'emploie à dévoiler. S. Smith résume ainsi la proposition nodale de cette méthode :

> Le message central de la généalogie est qu'il n'y a rien de tel que la « vérité », seulement des régimes de vérité. Ces derniers reflètent les façons dont le pouvoir et la vérité se développent conjointement dans une relation mutuellement constitutive à travers l'histoire (Smith, 1997 : 181).

Ainsi, les poststructuralistes et postmodernistes tentent, par l'entremise de la déconstruction, de l'intertextualité ou de la généalogie, d'ouvrir les espaces discursifs de la discipline pour laisser émerger les voix des exclus, reculer les frontières imposées par la pensée moderniste et questionner ce qui est naturalisé dans les discours dominants sur les Relations internationales (George et Campbell, 1990 : 280). Et lorsque taxé d'œuvre de négation et de conservatisme par leurs critiques, les poststructuralistes justifient leur perspective par un refus systématique des méta-récits, écueils dans lesquels échouent selon eux les approches rationalistes et que, soutiennent-ils, les théories critiques ne parviennent pas à éviter non plus (Ashley, 1996).

Isabelle Masson

POUVOIR

Power

La capacité morale que possède un **acteur international** et qui lui permet de faire faire à un autre acteur quelque chose que celui-ci ne ferait pas de son propre gré. L'exercice du pouvoir suppose que l'acteur en question dispose à la fois d'une *autorité* reconnue par le droit, la pratique ou une convention, et d'une *légitimité*, c'est-à-dire une reconnaissance explicite ou tacite de la part de la plupart des autres acteurs, et qui lui accordent le droit de se servir de ce pouvoir.

Il faut distinguer le pouvoir de la **puissance**, qui est essentiellement la capacité de la part d'un acteur d'utiliser des ressources *physiques*, notamment militaires, économiques, financières et commerciales, et *morales*, surtout diplomatiques, pour obliger un autre acteur à faire quelque chose qu'il ne ferait pas autrement. Contrairement au pouvoir, l'exercice de la puissance ne suppose pas nécessairement l'existence de l'autorité ou de la légitimité. Par contre, la puissance peut constituer un élément fondamental de l'exercice du pouvoir.

PUISSANCE

La puissance est un ensemble de capacités composites et polymorphes, réelles ou potentielles, qu'utilise un acteur pour amener d'autres acteurs à faire ce qu'autrement ils n'auraient pas fait. (Inspiré de Devin, 2002 : 26-33 et de Dahl, 1973 : 47-90).

La puissance est un concept fondamental et omniprésent en **Relations internationales**. Paradoxalement, la définition de ce concept ne fait pas l'unanimité chez les internationalistes et les politologues. Presque tous les auteurs de la discipline l'utilisent et l'interprètent à leur manière. C'est pourquoi cette définition de la puissance procédera par école de pensée et évitera, par souci de parcimonie, le dénombrement des facteurs de puissance, le débat sur la fongibilité de la puissance et la distinction entre la puissance et le **pouvoir**.

La puissance et son utilisation conceptuelle sont depuis longtemps associées à l'école de pensée **réaliste** en Relations internationales. Un des piliers analytiques de cette école fait valoir que les **États** recherchent la puissance dans leurs relations avec les autres États. La politique internationale est vue comme une lutte pour la quête de puissance. Cette quête est logique dans le sens où les unités politiques évoluent dans un environnement international **anarchique** à l'intérieur duquel elles doivent survivre et prospérer. Le moyen pour y parvenir est donc d'acquérir et d'accumuler de la puissance (Evans et Newham, 1990 : 340). En fait, les rapports de force dominent les relations entre États. Pour Raymond Aron, (1984 : 58) la puissance se définit comme « la capacité d'une unité politique d'imposer sa volonté aux autres unités ». Donc, selon l'école réaliste, le calcul est simple à faire : ce qu'un État peut faire en politique internationale est fonction de la puissance qu'il possède (Evans et Newham, 1990 : 340).

Toutefois, Kenneth N. Waltz, fondateur du **néoréalisme**, réajuste cette définition de la puissance en mettant l'accent sur trois éléments pertinents (Waltz, 1979). D'une part, le **système international** est une structure ayant comme principe d'ordonnancement l'anarchie. D'autre part, dans cette structure, il n'y a pas de différenciation fonctionnelle entre les unités qui y coexistent. Toutes les unités recherchent minimalement la **sécurité** afin d'assurer leur survie. Enfin, la seule différence entre les unités de la structure internationale se perçoit à travers la distribution de la puissance. Or, pour Waltz, la puissance est relative à la position de l'unité dans la structure internationale. Il l'écrit simplement : « La première préoccupation des États n'est pas de maximiser leur puissance [comme le pensent les réalistes] mais plutôt de maintenir leur position relative dans le système » (Waltz, 1979 : 126). La structure impose des contraintes aux unités, ce qui explique leurs comportements et détermine les résultats. Ainsi, le changement de comportement des unités s'explique, non par l'augmentation ou la diminution de leur puissance absolue, mais bien par

185

les contraintes inhérentes à la structure du système international (Evans et Newham, 1990 : 341). Cette structure récompense les comportements qui reproduisent le système, alors qu'elle sanctionne les autres (Waltz, 1979 : 73-74). Ainsi, la quête de puissance relative est récompensée, ce qui rend la **coopération** entre les unités très difficile selon les penseurs néoréalistes. Cette quête de puissance relative est la principale distinction entre la définition de Waltz et la définition classique des réalistes.

Une des critiques de cette définition de la puissance fait valoir que les exégètes réalistes et néoréalistes de la puissance se concentrent trop sur l'exclusion mutuelle interne et externe propre aux États dans leurs relations internationales (c'est-à-dire que l'État est un **acteur** cohérent et unifié qui agit dans un système composé d'États cohérents et unifiés). Cette conception a un impact direct sur leur conceptualisation de la puissance. Celle-ci délaisse, de ce fait, les apports importants qu'offrent le dualisme interne et externe et l'interdépendance grandissante des rapports entre États.

Cette dernière constatation est mise en évidence par Joseph N. Nye et Robert O. Keohane (1977). Pour eux, la puissance se définit de deux manières. La première est l'habileté avec laquelle un acteur entraîne d'autres acteurs à faire ce qu'ils n'auraient pas fait autrement. La relation d'interdépendance asymétrique entre deux acteurs est source de puissance et la nature de cette puissance provient du contrôle de l'acteur le moins dépendant sur les ressources. La deuxième manière définit

la puissance en termes de contrôle sur les résultats. Encore ici, la relation d'interdépendance asymétrique entre deux acteurs est source de puissance. Mais cette puissance est de nature potentielle, c'est-à-dire qu'elle change potentiellement les résultats lors de la négociation politique (*political bargaining*). Pour raffiner leur définition, ils proposent deux dimensions à la puissance : la sensibilité (*sensitivity*) et la vulnérabilité. La première fait référence aux coûts immédiats encourus par l'effet d'une action extérieure, alors que la deuxième correspond aux coûts d'ajustement associés à un changement de politique afin d'abaisser le niveau de sensibilité. De cette manière, la puissance s'interprète en rapport de pouvoir potentiel à l'intérieur d'un système où les unités sont interdépendantes mais dont certaines sont plus sensibles ou plus vulnérables aux initiatives des autres (Keohane et Nye, 1977 : 11-13).

Le débat entourant la définition du concept de puissance en Relations internationales est repris par Barry Buzan. Il propose une nouvelle typologie de la puissance en scindant ce concept en quatre conceptions : la puissance attributive, relationnelle, de contrôle et structurelle[1] (Buzan, 2000). La puissance attributive fait référence à la capacité des unités d'effectuer des tâches spécifiques selon les attributs respectifs qu'elles possèdent. Ainsi, les États peuvent ou non entreprendre certaines actions telles que construire des armes nucléaires. Cette conception attributive de la puissance est la plus

---

1. Il s'agit en anglais de : *attributive, relational, control* et *structural power.*

simple puisqu'elle n'est pas à somme nulle . Chaque unité politique peut augmenter ou diminuer sa puissance indéfiniment grâce à des moyens tels que l'industrialisation, le développement technologique etc.

La puissance relationnelle, pour sa part, ressemble davantage aux définitions réaliste et néoréaliste de la puissance. Ce type de puissance est positionnel et à somme nulle, car il fait référence à la distribution de la puissance parmi les unités d'un système. La puissance relationnelle se définit donc comme la mise en relation de toutes les puissances attributives distribuées parmi les unités d'un système. Elle transforme l'aspect absolu de la puissance attributive en un aspect relatif. De ce fait, c'est grâce à ce type de puissance qu'une hiérarchie peut être établie entre les unités d'un système. Les unités du système international deviennent, selon leur degré de puissance relationnelle, des superpuissances, des puissances, des puissances moyennes, des faibles puissances.

La puissance de contrôle, de son côté, est perçue comme un résultat puisqu'elle n'est autre chose que la capacité d'un acteur (ou d'une unité politique ou d'un État) de modifier le comportement d'un autre acteur[2]. Ce type de puissance postule que si l'acteur A modifie le comportement de l'acteur B, A possède plus de puissance que B. A peut modifier positivement le comportement de l'autre, amener son vis-à-vis à faire quelque chose qu'il n'aurait pas fait, ou négativement, c'est-à-dire l'empêcher de faire ce qu'il veut (Buzan, 2000). À cet égard, Buzan rejoint les propos d'Aron et la défini-

tion réaliste de la puissance cités ci-dessus, mais il rejoint également la définition de Waltz lorsque la puissance de contrôle ne suppose pas que A ait intentionnellement voulu ce changement de comportement de la part de B.

La puissance structurelle est tout simplement le concept de puissance expliqué par Waltz (1979 : 126). La puissance structurelle ne se situe pas dans la capacité des acteurs à influencer le comportement des autres, mais bien dans la nature du système dans lequel ils évoluent (Buzan, 2000). Autrement dit, les puissances dites attributive, relationnelle et de contrôle se concentrent sur la capacité de l'acteur (ou de l'unité politique ou de l'État), alors que la puissance structurelle est imposée aux acteurs indépendamment de leur volonté, car elle est induite par le système ou la structure internationale.

Enfin, Joseph Nye (1990) apporte une distinction fort pertinente entre deux types de puissance. Il s'agit du *hard power* et du **soft power**. Le premier type de puissance fait référence à l'utilisation de moyens militaires et économiques dans le but de modifier le comportement ou de restreindre la volonté des autres pays. Sans contredit, il s'agit de l'utilisation d'une puissance tangible et brute. Le deuxième type de puissance a le même objectif que le *hard power*, sauf que l'influence politique et culturelle est le moyen privilégié pour y parvenir. En fait, il s'agit pour un acteur d'être « […] capable de proposer un agenda et de structurer

2. Elle est aussi parfois appelée la puissance décisionnelle (*decisional*). Voir : Stoll et Ward (1989 : 103).

une situation de telle sorte que les autres pays fassent des choix ou définissent des intérêts qui s'accordent avec les siens propres » (Nye, 1990 : 31). L'utilisation de la *soft power* est moins coûteuse tant en termes de ressources qu'en termes de légitimité, car elle met en jeu des ressources intangibles de puissance telles que la culture, les idées et les institutions dans l'arène de la politique internationale (Nye, 1990 : 25-34).

Hugo Loiseau

RÉALISME CLASSIQUE

Classical Realism

La politique internationale n'étant qu'une partie d'une théorie générale de la politique, la tâche principale est de comprendre les exigences et les problèmes d'une telle théorie. Si ce raisonnement est adéquat, la clé d'une théorie de la politique internationale ne réside pas dans la spécificité de l'objet d'analyse de la politique internationale, mais dans les besoins et problèmes d'une théorie générale de la politique (Morgenthau dans Fox, 1959 : 16).

À partir du moment où elle s'est imposée au sein du champ de la **théorie** des **Relations internationales,** à la suite de la Deuxième Guerre mondiale, la théorie réaliste y a occupé une position déterminante. Les expressions *Realpolitik* ou *Power Politics* servent également à désigner cette théorie dont on présentera ici les origines intellectuelles, l'évolution au sein du champ de la théorie des Relations internationales et les principaux énoncés théoriques.

Le réalisme classique, comme le **néoréalisme**, présente souvent sa tradition comme remontant à l'historien grec Thucydide auteur de *La Guerre du Péloponnèse*. Il revendique également une continuité avec *Le Prince* de Machiavel et avec Hobbes, dont il s'inspire du chapitre 13 du *Léviathan*. Il ne s'impose pas dès le début au sein

du champ de la théorie des Relations internationales, dominé par l'**idéalisme** pendant l'entre-deux-guerres. Certains ouvrages témoignent cependant de sa présence durant cette période (Schumann, 1941 ; Niebuhr, 1932 ; 1941). À l'amorce du Second Conflit mondial, l'historien britannique E. H. Carr rédige un ouvrage qui se veut une critique impitoyable de la **politique étrangère** de son pays et devint une référence essentielle du réalisme classique. Dans *The Twenty Years' Crisis* (1946 [1939]), Carr dénonce l'« utopisme » avec lequel la politique internationale était analysée jusqu'à l'éclatement de la guerre. Hans Morgenthau revient sur ce thème avec la publication de trois ouvrages (1946 ; 1948 ; 1951), où, tout en proposant une analyse de la nature humaine, il se livre à la critique de l'idéalisme qui prévaut durant l'entre-deux-guerres. Avec John Herz (1951), Morgenthau poursuit l'objectif de prévenir la guerre, mais il croit que cet objectif sera atteint seulement si l'analyse des relations internationales se penche sur ce que celles-ci sont « réellement », plutôt que sur ce que les idéalistes voudraient qu'elles soient. Aux États-Unis, deux hommes sont étroitement associés à l'influence politique du réalisme classique : George Kennan (1951 ; 1954), planificateur de la doctrine américaine de « l'endiguement » du communisme, et Henry Kissinger, secrétaire d'État américain de 1973 à 1977.

Selon le réalisme classique, la clé de la compréhension de la politique et du **système international** réside dans l'analyse de la politique de **puissance** à laquelle les **États**, en particulier les grandes puissances, aspirent inlassablement à travers leur conduite diplomatico-stratégique. Une seconde idée cruciale de ce cadre théorique est que le politique constitue une sphère étanche et autonome à laquelle sont subordonnées d'autres sphères, dont l'économique. Le comportement des États au sein du système international s'explique en fonction d'une dynamique politique dont la principale impulsion est la poursuite et la défense de leurs **intérêts** « **nationaux** ». La notion d'intérêt est comprise ici comme étant synonyme de préservation ou d'accroissement de la puissance. La morale n'est pas l'affaire des relations entre les États, seule une « éthique de la prudence » et de la responsabilité est prescrite par des théoriciens comme Aron, qui se penchent sur les conséquences de l'ère nucléaire. Selon les réalistes, dans la mesure où les États entreprennent des actions qui paraissent morales, ils poursuivent une politique de prestige qu'ils jugent profitables à la conservation ou à l'accroissement de leur **pouvoir**.

Étant donné l'absence d'autorité centrale au sein du système international, ce dernier est dit « anarchique ». Parce qu'en cet état d'**anarchie** rien ne peut limiter la compétition de tous contre tous dans leur quête de puissance, le système international tend,

pour paraphraser Raymond Aron, vers la guerre. Dans l'optique de l'historien militaire allemand Carl von Clausewitz, la guerre est la poursuite de la politique par d'autres moyens. Elle est irrationnelle seulement si elle n'est pas le moyen d'arriver à un objectif politique. Seul l'**équilibre des puissances**, c'est-à-dire un jeu d'**alliances** temporaires garantissant un équilibre entre les puissances, peut avoir un effet dissuasif sur les États en apaisant temporairement leurs ambitions guerrières. Morgenthau définit l'**impérialisme** comme la tentative par un État de renverser le *statu quo* — l'équilibre des forces — d'un système international donné. L'impérialisme est donc essentiellement une politique qui, par son caractère dynamique, s'oppose à la préservation du *statu quo* au sein du système international.

La ligne de partage entre le réalisme classique et le **néoréalisme** est davantage chronologique et métathéorique, que théorique. Le premier domina le champ de la théorie des Relations internationales de 1946 jusqu'au milieu des années 1960. Sur le plan métathéorique, il se distingue du néoréalisme d'abord par le fait qu'il soit de façon générale moins exposé à l'épistémologie **positiviste**. Il se caractérise également par l'importance qu'il accorde à l'analyse historique. De plus, les théoriciens de ce courant voyaient des difficultés à traiter de façon positiviste certains concepts de la théorie des Relations internationales. Morgenthau, qui cherchait pourtant à fournir des lois objectives de la politique internationale, jugeait impossible d'avoir un traitement positiviste du concept de pouvoir. Pour Carr, les objets sociaux étaient d'un autre statut **ontologique** que les objets naturels ; ils échappaient à un traitement positiviste, et chez le jeune Aron, la ligne de partage entre la philosophie politique, l'art de la politique et la science politique était souvent très mince. La génération suivante de chercheurs de cette tradition cherchera à formaliser davantage le cadre réaliste de façon à le rendre plus conforme à une **épistémologie** positiviste.

Les niveaux d'analyse

Les théoriciens réalistes ne mettaient pas tous l'accent sur le même **niveau d'analyse**. Pour Herz (1951, 1976) la nature anarchique du système international était déterminante. Parce que le système international est de nature oligopolistique, le nombre d'**acteurs** jouant un rôle décisif dans les relations internationales y est relativement limité. Ce sont essentiellement quelques grandes puissances qui jouent un rôle déterminant au sein du système international parce qu'elles sont les seules à avoir la capacité de transformer la nature de l'équilibre des puissances. Un système international caractérisé par un équilibre des forces entre les grandes puissances aura tendance à être plus stable qu'un système où un tel équilibre fait défaut.

L'unité d'analyse centrale, ou l'**acteur** principal du système international, du réalisme est l'État. Les États sont conçus ici comme des entités égoïstes, en perpétuelle compétition et en possession d'une information souvent imparfaite à l'aide de laquelle ils doivent faire des choix de manière à assurer la préservation de leurs intérêts et l'accroissement de leur puissance. L'État est une entité dont le comportement sur la scène internationale est de nature conflictuelle. Parce qu'il évolue dans un environnement anarchique, il fait face à de constantes menaces, dont il ne peut se protéger qu'en accroissant lui-même sa puissance, ou en formant des alliances temporaires, assurant un équilibre des forces entre les grandes puissances du système international. Le réalisme conçoit l'État comme une entité rationnelle cherchant à maximiser ses **gains** de façon absolue.

L'analyse que font de l'État le réalisme classique et le néoréalisme diffère sur une question cruciale. On utilise souvent l'analogie de la boule de billard pour faire ressortir une thèse de l'analyse néoréaliste selon laquelle ce qui se passe à l'intérieur de l'État est indépendant de son comportement sur la scène internationale ou que les États sont perçus comme des acteurs unifiés. De la même manière que l'analyse cybernétique vide l'État de son contenu, à travers l'analogie de la boîte noire, le néoréalisme vide l'État de son contenu à travers celle de la boule de billard. Le réalisme classique avait une position différente sur cette question. Autant Aron que Carr portaient attention à ce qui se produisait au sein de l'État dans leurs analyses des formes et des dynamiques du système international.

De tous les auteurs de la tradition du réalisme classique, Morgenthau est celui qui a fait le plus reposer sa théorie sur une variante du réalisme que l'on peut qualifier de *biologique*, par opposition au réalisme *structurel*. Chez lui, c'est à l'origine la nature humaine qui

191

est l'entité explicative des relations internationales. La politique internationale est la projection de la nature égoïste, mesquine et perfide de l'humain à l'échelle du système international. C'est chez le théologien-politologue Reinhold Niebuhr (1932, 1943, 1948) qu'il emprunta les assises théoriques de cette conception qui dressait un portrait pessimiste de l'humain, apparentée à la vision qu'en propose la religion piétiste. Les deux théoriciens divergent cependant sur un point important : pour Morgenthau, l'homme est fondamentalement un animal qui cherche à dominer ; pour Niebuhr, il souffre du péché originel d'orgueil.

On a peut-être parfois eu tendance à grossir le trait qui séparait le *réalisme classique* de *l'idéalisme*. La prévention de la guerre demeurait une motivation du premier. Morgenthau croyait que la morale n'était pas l'affaire des relations internationales, mais il partageait la croyance en l'éventualité d'un gouvernement mondial (Buzan dans Smith *et al.*, 1996 : 48). Kubálková rappelle que Carr non seulement ne cachait pas sa sympathie pour le **marxisme**, mais concevait le « réalisme comme une phase transitoire » au sein d'un développement historique où **idéalisme** et réalisme auraient tendance à converger et à se corriger mutuellement (Kubálková, 1998 : 29). Herz, quant à lui, conservait une nostalgie envers les idéaux promus par l'héritage du **libéralisme**.

Le réalisme classique était moins vulnérable aux critiques d'Allison (1971) et de Walker (1993), concernant l'importance de l'analyse de ce qui se passe à l'intérieur de l'État, que ne l'est le néoréalisme. Certains auteurs

de cette tradition, par exemple Carr, s'exposent également moins à la critique de Rosenberg (1994b) concernant la séparation de l'économique et du politique dans la théorie réaliste. Le réalisme classique n'échappe cependant pas plus à l'accusation de réification (Cox, 1981) que le néoréalisme. En accordant une réalité transhistorique au monde social, il s'expose à l'accusation de réifier celui-ci en un ordre naturel qui conforte des relations de puissance.

On fait habituellement coïncider le déclin du réalisme classique avec la montée du **behavioralisme** et l'émergence des **études stratégiques** inspirées des **théories du choix rationnel**. Il est également critiqué par le néoréalisme avec la publication par Waltz de *Theory of International Politics* en 1979. Cependant, on assiste depuis quelque temps à un retour en vogue de cette tradition. Dans la foulée de la critique du positivisme en sciences sociales, à laquelle a participé un ensemble de **théories critiques**, certains auteurs de cette tradition sont redevenus populaires. L'exemple de Carr est sans doute le plus frappant. S'en inspirent aujourd'hui autant Robert W. Cox, qu'Andrew Linklater et Vendulka Kubálková. Parmi les débats contemporains qui témoignent d'une certaine vitalité renouvelée du réalisme, notons l'opposition entre réalistes *défensifs* et réalistes *offensifs* (Labs, 1997 ; Lynne-Jones, 1995). Les partisans de la version défensive du réalisme prétendent que les États se soucient avant tout de leur **sécurité** et ne recherchent donc que la puissance suffisante pour assurer leur survie. Les États seraient des acteurs essentiellement défensifs et ne chercheraient pas à obtenir plus de puissance si cela risquait de mettre en cause leur sécurité. Au contraire, selon les tenants de l'interprétation offensive du réalisme, l'objectif ultime de tous les États est d'obtenir une position dominante dans le système internatio-nal. Ils cherchent toujours à augmenter leur pouvoir et, si possible, à changer la répartition existante de la puissance, même au prix de mettre en danger leur propre sécurité.

Frédérick Guillaume Dufour

RÉALISME SCIENTIFIQUE

Scientific Realism

> Le réalisme scientifique [...] possède un potentiel énorme pour ceux qui souhaitent construire une analyse de l'influence des structures inobservables (comme le système international ou la société des États ?) sur le comportement (Smith, 1996 : 36-37).

Le réalisme scientifique peut se résumer à la vision **ontologique** qui croit que l'on peut prendre en compte des entités inobservables postulées dans les théories scientifiques. Le débat philosophique qu'introduit le réalisme scientifique en philosophie des sciences tient notamment à la question de l'observation directe du monde, à sa perception et à la possibilité de rendre compte ou non de la « réalité ». Ce débat métaphysique concerne donc la connaissance du monde matériel et les limites cognitives humaines. La position adoptée par le réalisme scientifique est ainsi inspirée des travaux du physicien Arthur Eddington, qui a cherché à distinguer le monde du sens commun (*i.e.* la manière d'agir commune à tous les humains, le bon sens) du monde décrit par la science. La description scientifique suggère que la réalité dépeinte dans un discours du sens commun est une illusion, parce qu'elle diffère nécessairement de la perception que peuvent s'en faire les humains. Le réalisme scientifique est, en soi, une forme de réalisme métaphysique (ou *common-sense realism*, réalisme externe ou réalisme tout court), qui concerne la croyance de l'existence d'une réalité indépendant de ses représentations ; le réalisme serait alors une *théorie ontologique* (Searle, 1995 : 154-155). La particularité du réalisme scientifique, dans son sens généralement accepté aujourd'hui, est donc de conférer un statut ontologique à des entités inobservables.

S'il va sans dire que le réalisme scientifique n'a rien à voir avec le **réalisme** (politique) tel qu'il est entendu en théorie des **Relations internationales**, le terme « réalisme » doit cependant être précisé quant à ses nombreux sens en philosophie des sciences avant que l'on aborde le sens spécifique qu'il

193

prend en Relations internationales (Chernoff, 2002 : 192, n6 ; Patomäki et Wight, 2000 : 218-224). Dans sa conception ancienne, le réalisme est compris comme l'existence d'entités universelles (désignées par le nom d'« universels ») et est opposé au nominalisme et au conceptualisme par les empiristes britanniques comme Locke, Hume et Berkeley. Dans sa version moderne, les positivistes logiques l'opposent à l'idéalisme (Stockman, 1983 : 73-74 ; Ladyman, 2002 : 131-138 ; Chernoff, 2002 : 191).

Pour accepter le réalisme scientifique, il faut admettre que le monde matériel/réel et le monde observable ne font pas qu'un, comme le soutient une position **épistémologique** empiriste qui accepte le **positivisme** méthodologique (Kukla, 1998 : 8-9). En outre, le réalisme scientifique est un réalisme épistémique, qui renvoie à la thèse qui postule qu'il est possible de *vraiment savoir* que des entités théoriques inobservables existent. À la différence de l'instrumentalisme, le réalisme scientifique croit que des théories scientifiques constituent des représentations vraies de la nature (Stockman, 1983 : 75). Des degrés divers de réalisme scientifique comme réalisme épistémique ont été énoncés au fil des débats qui ont marqué les années 1970 et 1980 principalement. Dans ses formulations plus récentes, le réalisme scientifique s'est résumé à l'idée inductive de pouvoir *connaître* les entités théoriques ou s'est montré plus prudent en avançant qu'il était *possible de savoir* que les meilleures théories scientifiques sont *près* de la vérité (Putnam, 1984). Une autre version minimaliste (Laudan, 1984) a

soutenu qu'il était *rationnel de croire* que ces théories sont *près* de la vérité (Kukla, 1998 : 10-11). La discussion sur le réalisme scientifique pose donc la question de la nature de vérité en misant sur une théorie de correspondance de la vérité, qui soutient qu'une proposition est vraie parce qu'elle correspond à des faits.

En ce qui a trait aux Relations internationales, c'est surtout par l'entremise des travaux d'Alexander Wendt (1987, 1999), de David Dessler (1989), de Heikki Patomäki et Colin Wight (2000) que le réalisme scientifique a été introduit. C'est avant tout dans l'espoir de rendre compte de la réalité ontologique du **système international** dans une perspective positiviste qu'un auteur comme Wendt a emprunté la voie du réalisme scientifique. Étant donné l'ambition de Wendt d'adapter le réalisme scientifique à la discipline des Relations internationales, ce qui lui a valu une influence croissante dans les développements théoriques survenus au sein du champ, il convient d'expliquer le réalisme scientifique à la lumière de l'utilisation qu'il en fait (Brglez, 2001 ; Chernoff, 2002).

Tout d'abord, Wendt choisit le réalisme scientifique comme approche épistémologique pour la raison toute simple qu'il croit fournir « la fondation d'une position réaliste scientifique dans laquelle les **États** sont réels (ontologie) et connaissables (épistémologie), bien qu'ils soient inobservables » (Wendt, 1999 : 48). Le réalisme scientifique de Wendt repose ainsi sur trois idées préconçues du réalisme scientifique. Premièrement, le monde existe indépendamment de la pensée et du langage des individus qui l'observent. Deuxièmement, les théories scientifiques matures peuvent référer à ce monde. Troisièmement, elles peuvent le faire même si ce monde n'est pas toujours observable (Wendt, 1999 : 51). Le problème dans l'application du réalisme scientifique effectuée par Wendt est le fait qu'il passe sous silence les débats des vingt dernières années en philosophie des sciences sur la reconstruction rationnelle du progrès scientifique et sur la portée du réalisme scientifique (Kratochwil, 2000 : 92-94).

Suivant les travaux de Bhaskar (1975), une théorie réaliste de la science postule que le monde existe indépendamment de la connaissance qu'on s'en fait et que les mécanismes causaux qui gouvernent le cours des événements sont réels, bien qu'ils ne soient pas toujours apparents :

> [...] au cœur de la théorie, il y a une conception ou une représentation d'un mécanisme ou d'une structure naturels qui sont en cours. Sous certaines conditions, certains mécanismes présupposés peuvent être établis comme réels. Et c'est dans le fonctionnement de ces mécanismes que réside la base objective de l'attribution d'une nécessité naturelle (Bhaskar, cité dans Stockman, 1983 : 88).

Le réalisme scientifique est ainsi défini par son penchant naturaliste (unité méthodologique des sciences naturelles et sociales) et objectiviste (croyance possible d'une séparation entre le sujet et l'objet) et par son rejet de l'empirisme épistémologique. Cette position s'en prend ainsi à une théorie de la connaissance qui repose sur une épistémologie empiriste qui ne fait pas de distinction entre la connaissance provenant d'expériences scientifiques et celle dérivant d'observations perçues par les sens (Collier, 1989 : 24-25).

En cherchant à opérer une distanciation vis-à-vis du positivisme, se disant donc **postpositiviste** (dans un sens limité à une critique de l'empirisme épistémologique), le réalisme scientifique prôné par Roy Bhaskar et Rom Harré demeure toutefois plus près du positivisme qu'il ne le prétend, notamment par sa méthodologie naturaliste (Stockman, 1983). C'est un point maintes fois souligné par les philosophes poppériens, qui soutiennent, d'un point de vue rationaliste critique, que les réalistes scientifiques ont été incapables d'aller au-delà d'une reconstruction rationnelle de la méthodologie descriptive en misant sur la reconstruction rationnelle de la pratique scientifique. Ils auraient plutôt dû se montrer plus critiques face au travail scientifique pour tendre vers une approche critique de la théorie de la connaissance, une lacune à laquelle Bhaskar a tenté de remédier dans les années 1990 (Stockman, 1983 : 99). En croyant avoir décrit la seule méthodologie scientifique rendant compte de la nature réelle du monde[1] (Harré, 1970), le réalisme scientifique réitère en ce sens une nouvelle forme d'objectivisme (Stockman, 1983 : 110-111).

---

1. Rom Harré soutient ainsi : « L'objet de ce livre [*The Principles of Scientific Thinking*] est d'offrir un idéal pour la connaissance scientifique qui est dérivé de la science, et non des mathématiques, et qui ne fait pas en sorte de rendre impossible l'atteinte de la connaissance scientifique dans son image » (Harré, cité dans Stockman, 1983 : 85).

Pour répondre au réalisme scientifique, il est nécessaire de parler de sa contrepartie, l'antiréalisme philosophique. Les oppositions sont nombreuses entre les deux options, mais elles tiennent essentiellement à un scepticisme ou à un rejet de la croyance en des entités inobservables postulées par les théories scientifiques (Hacking, 1999 : 84). Une des positions antiréalistes, la variante **constructiviste** notamment, repose avant tout sur la conception de la vérité et du langage comme étant constitutifs de la réalité plutôt que d'être simplement des descriptions (l'empirisme épistémologique en constitue une autre). Par conséquent, avec le tournant linguistique-pragmatique effectué en philosophie des sciences et des sciences sociales, l'instabilité des concepts scientifiques est devenue un problème auxquels ont dû s'attaquer et répondre les réalistes scientifiques (McMullin, 1984 : 9 ; Laudan, 1996 : 6-7). Ce débat sur le rôle constitutif du langage et sur la construction sociale de la connaissance a par le fait même conduit à un débat sur la nature et les bases de la connaissance (voir **fondationnalisme/antifondationnalisme**), de la connaissance scientifique notamment (Kuhn, 1970), ainsi que sur la nature de la vérité (Rorty, 1979).

En Relations internationales, les versions de l'antiréalisme ont pris de l'ampleur avec l'émergence du constructivisme et du **poststructuralisme**. Les positions antiréalistes remettent en question le réalisme épistémique comme philosophie du langage – où le langage correspond à une réalité et n'est utilisé que de façon nominaliste pour décrire de façon neutre. Puisque le langage du politique n'est pas un médium neutre qui expose des idées formées indépendamment des structures de signification qui sous-tendent la pensée et l'action politique, les écrits théoriques construisent socialement ou linguistiquement les réalités. C'est dans cette logique que la théorie devient la pratique (*theory as practice*) (Cox, 1981 ; George, 1994).

Dans son analyse, Wendt reste cependant peu fidèle au réalisme scientifique développé par Bhaskar, notamment en clamant qu'il y a *un* réalisme scientifique (Harré, 1986). Selon lui, l'adoption du réalisme scientifique en Relations internationales permet de créer une voie médiane (*via media*) qui réconcilie une ontologie postpositiviste à une épistémologie et à une méthodologie positivistes. Selon ses croyances, le débat épistémologique des Relations internationales (le *Troisième débat* ; voir **Relations internationales**) peut dès lors laisser place à un débat ontologique. En effet, dans son constructivisme naturaliste (par sa croyance en l'application des méthodes des sciences naturelles dans les sciences sociales), il essaie de marier une ontologie duale représentée par le réalisme scientifique, formée d'un monde matériel résiduel (*rump materialism*) existant indépendamment d'un monde idéel, à une épistémologie positiviste (positiviste selon Wendt, mais plutôt postpositiviste selon les réalistes scientifiques en philosophie des sciences) et une méthodologie positiviste. La difficulté d'importer le réalisme scientifique dans les sciences sociales est alors posée. Selon Wendt, le monde n'est pas fait que d'idées (*it is not ideas all the way down*) : il doit donc exister indépendamment de la pensée et de sa représentation. Les **capacités** matérielles des agents possèdent certains pouvoirs causaux (Wendt, 1999 : 96, 98). Ainsi, Wendt confère aux agents une présocialité, en plus de les essentialiser, particulièrement les États. Ce faisant, il rend compte d'une construction sociale de la réalité plutôt inconséquente, où les États sont par moments construits socialement (par la constitution mutuelle résultant du processus relationnel existant au sein de la culture systémique) et réifiés à d'autres moments (Wendt, 1999 : 171 et Doty, 2000 : 138-139).

De façon générale, on peut dire que le réalisme scientifique comprend : 1) un engagement métaphysique postulant un monde formé d'entités observables et inobservables qui existe indépendamment de la pensée ; 2) un engagement sémantique envers le réalisme épistémique où le langage correspond à une réalité et n'est utilisé que de façon nominaliste pour décrire de façon neutre, les concepts étant des théories scientifiques jugées stables et fidèles à une conception correspondante de la vérité ; et 3) un engagement ontologique qui stipule qu'il est possible d'affirmer que des théories scientifiques sont vraies et peuvent référer à des entités inobservables postulées mais qui existent vraiment (Ladyman, 2002 : 159). Il suffit de rejeter une de ces conditions pour défendre une position dite antiréaliste.

Cherchant à s'en prendre aux thèses antiréalistes en Relations internationales (aux approches postpositivistes en général, mais à certaines approches conventionnelles, comme le **néoréalisme**) et présupposant qu'une majorité de ces chercheurs sont, en fait, des « réalistes scientifiques tacites », Wendt fait l'erreur de confondre réalisme scientifique et positivisme méthodologique en croyant celui-ci indispensable au réalisme scientifique (Wendt, 1999 : 50). Comme le soulignent Milan Brglez (2001) et Fred Chernoff (2002), il ne faut pas pour autant rejeter le réalisme scientifique comme approche valable en sciences sociales et en Relations internationales. Heikki Patomäki et Colin Wight défendent ainsi un réalisme dit critique pour pallier les faiblesses du réalisme scientifique proposé par Wendt et se suppléer aux applications antiréalistes en Relations internationales qu'ils jugent fallacieuses (Patomäki et Wight, 2000). À travers Wendt, le réalisme scientifique aura fait son entrée en Relations internationales. Si le mariage ne s'est pas aussi bien déroulé qu'il ne l'aurait espéré, il demeure que son travail aura permis aux chercheuses et chercheurs en Relations internationales de prendre part à un débat ontologique *et* épistémologique amorcé il y a plusieurs années en philosophie des sciences.

David Grondin

RÉFLECTIVISME

[Les réflectivistes] partagent une conception cognitive et intersubjective d'un processus pour lequel les identités et les intérêts sont endogènes à l'interaction, plutôt qu'un processus rationnel-behavioral pour lequel ils sont exogènes (Wendt, 1992a : 392).

L'émergence de l'expression « réflectivisme » doit être située dans le contexte de la transformation du champ des **Relations internationales** dans les années 1980. On assista durant ces années à ce que Ole Wæver (1997) qualifia d'une « **synthèse néo-néo** » (*neo-neo synthesis*). Par cette expression, il faisait référence au fait qu'il se produisit, à la fin des années 1980, une telle convergence entre le **néoréalisme** et l'**institutionnalisme néolibéral** qu'il devint possible d'affirmer que ces deux approches avaient surmonté leur incommensurabilité. Ces approches partageaient la même **épistémologie positiviste**, la même définition de l'**État** en tant qu'acteur rationnel et déterminant des relations internationales, et, à quelques différences près, elles reconnaissaient maintenant toutes les deux l'importance des **institutions internationales** (Baldwin, 1993 : 4-8). Un des différends qui les opposait encore était de savoir si l'État agissait en fonction de gains relatifs ou de **gains** absolus sur la scène internationale. De plus, alors que les néolibéraux accordaient une priorité explicative aux intérêts des États, les néoréalistes misaient davantage sur la **puissance** de ces derniers comme principe explicatif déterminant. Keohane, représentant important de l'insti-

tutionnalisme néolibéral, témoigne de cette convergence de la façon suivante :

L'institutionnalisme néolibéral partage d'importants engagements intellectuels avec le néoréalisme. Comme les néoréalistes, les institutionnalistes néolibéraux cherchent à expliquer les régularités comportementales en examinant la nature de la décentralisation du système international. Pas plus les néoréalistes que les institutionnalistes néolibéraux ne se contentent d'interpréter des textes. Les deux théories croient qu'il y a une réalité politique internationale qui peut être partiellement comprise, même si elle va toujours rester partiellement voilée. (Keohane, 1989a : 8).

C'est dans ce contexte que Keohane qualifia de réflectiviste l'ensemble des approches en Relations internationales qui ne partageaient pas les prémisses partagées par les promoteurs de cette synthèse, et caricaturés dans le passage précédent comme des interprètes de textes (Wæver, 1997 : 18-19 ; McSweeney, 1999 : 140). Dans son allocution présidentielle à l'International Studies Association de 1988, Kehoane qualifia de *rationaliste* le pôle représenté par la synthèse entre le néoréalisme et l'institutionnalisme néolibéral et de *réflectiviste* l'autre pôle, regroupant implicitement l'ensemble des autres approches en théorie des Relations internationales : le **marxisme**, la **sociologie historique**, la **théorie critique**, la théorie **système-monde**, le **postmodernisme**, le **féminisme**, l'herméneutique et le **constructivisme**. Steve Smith souligna qu'autant le choix du terme « rationaliste », pour faire référence au produit de la synthèse entre les deux premières théories, que celui du terme « réflectiviste » ne fit l'objet d'une très longue justification (Smith *et al.*, 1996).

Le débat principal au sein du champ des Relations internationales durant les années 1980 portait sur les institutions internationales. C'est dans ce contexte que furent également qualifiés de « réflectivistes » un ensemble de chercheurs qui avaient en commun de mettre l'accent soit sur l'interprétation de la subjectivité des **acteurs** pour comprendre le fonctionnement des institutions, soit sur l'importance des **normes** et des règles en tant que phénomènes intersubjectifs en Relations internationales.

Ainsi, une des thèses importantes, qui furent attribuées aux réflectivistes, était que les « institutions n'étaient pas quelque chose que les acteurs rationnels construisaient en suivant leurs propres intérêts, mais plutôt l'inverse, les acteurs agissant au sein de structures méta-institutionnelles qui créent les acteurs » (Wæver, 1997 : 20). Par ailleurs, le fait que les réflectivistes cherchent davantage à « comprendre » qu'à « expliquer » les phénomènes en faisait une position théorique inacceptable en Relations internationales, ou du moins en sciences sociales, pour les rationalistes.

La dichotomie rationaliste/réflectiviste était fort problématique. Comme le souligne Steve Smith, « les approches réflectivistes ont tendance à s'accorder davantage sur leur opposition au **réalisme** et au positivisme que sur toute notion commune qui devrait les remplacer » (Smith, 2000b : 1). Des

différences cruciales séparent effectivement les théories qualifiées de « réflectivistes », si bien qu'elles ne s'entendent ni sur leur penchant empirique ni sur la façon dont elles conçoivent la construction du savoir (Smith, 1997 : 172 ; Hopf, Kratochwil, et Lebow, 2000 : 1). Malgré cette diversité, le théoricien postmoderne Jim George proposa un objectif commun aux approches réflectivistes en Relations internationales, soit de

> nous aider à comprendre davantage la vie politique globale contemporaine en ouvrant des perspectives de recherche qui ont précédemment été fermées ou supprimées ; en écoutant les voix qui précédemment n'ont pas été entendues ; en examinant des « réalités » qui n'étaient pas considérées sous le régime réaliste traditionnel d'unicité et de singularité. Son objectif réitéré est de chercher des « espaces de pensée » dans la discipline des Relations internationales qui fut produite et articulée à travers le discours moderniste de l'Ouest (George, 1989 : 269).

Toutefois, même cette définition de George à tendance à mettre le doigt davantage sur ce qu'ont en commun les approches **poststructuralistes**, que l'ensemble des approches que Keohane qualifia de réflectivistes.

Pour plusieurs poststructuralistes dans la mouvance de Jim George et de David Campbell, de même que pour certains partisans de la **Théorie Critique**, la dichotomie introduite dans le champ des Relations internationales par Keohane fut perçue comme un prétexte pour délégitimer certains agendas de recherche et certaines positions politiques. Une des propositions peut-être les plus sages que ce débat produisit fut celle émise par Ole Wæver qui suggéra que la critique en Relations internationales évite les généralisations hâtives et se concentre davantage sur les arguments proposés par des auteurs que sur des thèses attribuées vaguement à des approches.

Frédérick Guillaume Dufour et Kyle Grayson

RÉFLEXIVISME

Il est devenu clair qu'à plusieurs égards, la théorie des Relations internationales est déjà restructurée dans une orientation post-positiviste qui est : (i) consciemment réflexive, (ii) intentionnellement interprétative et (iii) explicitement critique de l'ordre global actuel (Neufeld, 1995 : 124).

Le réflexivisme devient un concept clé dans le champ de la **théorie** des **Relations internationales** durant la décennie qui a propulsé à l'avant-scène les approches **postpositivistes**, et les **théories critiques** (1985-1995). L'émergence du réflexivisme est habituellement associée au *Troisième débat* (*Third Debate* ; voir **Relations internationales**) lors duquel le champ de la théorie des Relations internationales entreprit sa redéfinition (1987-1992). Au cours de ce débat, qui opposa **néoréalistes**, pluralistes et **néomarxistes** (structuralistes), les défenseurs de chaque approche restèrent généralement campés sur leur position. Face à ce retranchement, un premier point de vue émergea selon lequel les différents cadres théoriques étaient des **paradigmes** incommensurables et donc incomparables. Pour certains **postmodernes**, la conclusion à tirer de cette

impasse était d'adopter une attitude relativiste, alors que pour Keohane (1988), la solution était de juger les approches rivales en fonction de leur capacité de prédiction. Selon un second point de vue, la conséquence de la reconnaissance d'une relative incommensurabilité entre les cadres théoriques était que le débat devait se poursuivre à un autre niveau, celui des présupposés normatifs des théories rivales. C'est dans ce contexte que le concept de « réflexivisme » devint central (Neufeld, 1995 : 46-69).

Le concept de réflexivisme trouve probablement sa première formulation essentielle en théorie des Relations internationales dans un article de Marc Neufeld paru en 1993. Avant d'en aborder le contenu, on rappellera brièvement le contexte **épistémologique** qui l'entourait. Le réflexivisme constitue en quelque sorte une réaction d'insatisfaction avec les **niveaux d'analyse** proposés par les modèles épistémologiques des années 1980 (voir **postpositivisme**). Selon le néopositivisme de Popper, par exemple, la spécificité de la pratique scientifique est de soumettre les lois théoriques à une autocritique permanente à travers un ensemble d'institutions venant garantir l'exercice de cette critique. Toujours selon Popper, la critique des théories scientifiques doit porter d'abord sur les tentatives de trouver des solutions. Ce sont les lois expérimentales qui sont d'abord et avant tout soumises à l'examen d'une communauté de chercheurs à travers les mécanismes garantissant la libre circulation des idées et de la critique. Dans ce modèle, les lois théoriques ne sont jamais soumises directement à l'exercice critique. Elles le sont à travers la critique des lois expérimentales. Le niveau métathéorique, soit l'ensemble des présupposés à la base des énoncés théoriques, ne fait donc jamais l'objet d'un examen direct. Il est tenu pour acquis par le modèle théorique.

Par ailleurs, la sociologie des sciences de Kuhn (1983), inspirée essentiellement des sciences de la nature, n'était pas d'un très grand secours pour trouver une issue au *Troisième débat*. L'intérêt principal de Kuhn n'est pas de comparer les différents paradigmes en fonction de leurs implications métathéoriques et encore moins de leurs présupposés normatifs. C'est ici que le réflexivisme, en tant que théorie de la connaissance, intervient et entend pousser l'exercice de la critique plus loin que la métathéorie associée, d'une part, au néopositivisme et, d'autre part, à la sociologie des sciences de Kuhn. Prenant pour objet le niveau métathéorique, le réflexivisme s'intéresse aux présupposés normatifs d'une théorie et à la vision du monde qu'elle véhicule et tend à (re)produire.

Ainsi jusqu'à tout récemment, les chercheurs en Relations internationales, tels que Kenneth Waltz, mesu-raient la valeur d'une théorie en fonction de sa capacité à expliquer des événements (Waltz, 1979 : 32-33). Une théorie se devait d'être en mesure de « contrôler expérimentalement » les événements ou phénomènes observables (Waltz, 1979 : 33). Lors du *Troisième débat*, de nouvelles approches critiquèrent cette position métathéorique. Inspirées sur ce point, par la **Théorie Critique** de l'École de Francfort, elles contestèrent l'intérêt pour un type de connaissance permettant d'accroître le contrôle technique du monde social, et firent valoir d'autres types d'intérêts de connaissance — praxéologique, émancipatrice — auxquels la science sociale devrait être liée. Ces approches exigèrent de la théorie qu'elle soit réflexive.

La réflexivité est la propriété des positions métathéoriques en théorie des Relations internationales qui se caractérisent par deux thèses développées par Neufeld (1993). La première porte sur la relation entre la théorie et la pratique : « de même que les faits et les valeurs, les communautés de recherches et les ordres du jour politiques sont toujours imbriqués » (Neufeld, 1993 : 60-61). Ce qui signifie qu'autant sur le plan conceptuel que sur celui de l'exercice de la pratique scientifique, le réflexivisme remet en question la division étanche entre théorie et pratique. Selon la seconde thèse, il est possible et nécessaire de « s'engager dans un dialogue rationnel à propos du mérite respectif de différents paradigmes » (Neufeld, 1993 : 60-61). Le réflexivisme n'est donc pas une approche théorique, mais une disposition à s'engager dans un débat ouvert et rationnel à propos des enjeux normatifs et métathéoriques inhérents au processus de théorisation. On approfondira ici en quoi le réflexivisme offre de nouveaux angles d'analyse aux sociologies de la connaissance et aux théories des Relations internationales.

Pierre Bourdieu contribua à la théorisation du concept de réflexivité d'abord en France, puis au sein de la sociologie américaine. Son influence fut déterminante sur certains théoriciens des Relations internationales, notamment Ashley et Wendt. Il présente le réflexivisme comme une forme d'anticartésianisme. Il ne rejette pas le concept d'objectivité, mais en critique les conceptions qui situent l'objectivité à un niveau présocial. La production de savoir est inscrite dans un contexte social dont la sociologie de la connaissance doit rendre compte. Selon Bourdieu, l'interdépendance entre la construction théorique et les conditions sociales inhérentes à la recherche engendre un problème de fond à la tentative de séparer la théorie et la pratique (Bourdieu et Wacquant, 1992 : 34). La théorie n'est pas l'articulation de propositions discursives, mais un ensemble de dispositions génératives de l'*habitus* scientifique (Bourdieu et Wacquant, 1992 : 35). Dans cette perspective, l'« objectivité » est indissociable de la prise en compte des conditions de formation historique des relations au sein d'un champ.

Le réflexivisme s'oppose au théoricisme et au méthodologisme. Dans un premier temps, Bourdieu se méfie des théories qui se disent détachées du contexte social de leur production et des analyses résultant d'une division du travail entre chercheurs. En plus de ne pas correspondre à des divisions réelles de celui-ci, ces théories et analyses n'aident pas à éclaircir l'explication de la complexité du monde social. Selon Bourdieu, la réflexivité implique la prise en compte de trois biais inhérents à la recherche scientifique : l'origine sociale des chercheurs, la position qu'ils occupent au sein du champ académique et le *biais intellectuel*, qui mène les chercheurs à percevoir des problèmes intellectuels ou de significations, là où existent des problèmes pratiques spécifiques.

Neufeld (1993 ; 1995) contribua à la discussion sur la réflexivité en théorie des Relations internationales en développant une *conception dialogique du réflexivisme*. Il proposa trois critères que devrait remplir une approche dite « réflexive ». Le premier est la prise en compte des prémisses sur lesquelles repose la construction d'une théorie : un chercheur doit « porter attention et divulguer les présuppositions trop souvent non mentionnées sur lesquelles sont érigées les édifices théoriques » (Neufeld, 1993 : 55). Le second est la reconnaissance « du contenu politico-normatif des paradigmes et de la tradition de science normale qu'ils génèrent » (Neufeld, 1993 : 55). Selon les réflexivistes, il est pratiquement impossible de séparer les jugements de faits des jugements de valeurs comme le souhaiterait le **positivisme**. Les choix de nature **ontologique** et épistémologique impliquent toujours une dimension normative qui doit être reconnue par les chercheurs. L'attitude réflexiviste « rejette l'existence de standards d'objectivité en dehors de la pensée et de la pratique humaine » (Neufeld, 1993 : 56 ; Smith, 2000a : 97). Neufeld invite les réflexivistes à surpasser l'« anxiété cartésienne » selon laquelle il serait impossible d'avoir « des jugements raisonnés en l'absence d'un langage observationnel neutre » (Neufeld, 1993 : 58). Il reprend ici à son compte les développements de la Théorie Critique de l'École de Francfort.

Selon Neufeld, les cadres théoriques rivaux en Relations internationales sont incommensurables en raison de la « spécificité de leur contenu politico-normatif et des standards à partir desquels ils définissent le savoir » (Neufeld, 1993 : 58). Cependant, à l'encontre du relativisme de certains postmodernes, il soutient que l'incommensurabilité des paradigmes ne les rend pas incomparables. Ceux-ci doivent l'être en fonction de leur contenu politico-normatif, qui devient aussi significatif pour comparer les paradigmes rivaux que leur valeur explicative.

On trouve également une variante « ethnologiste » du réflexivisme en théorie des Relations internationales qui s'inspire de la sociologie des sciences du programme fort (*strong programme*) et de quelques éléments de la théorie des champs de Bourdieu. Ici, le réflexivisme caractérise davantage un objet d'étude qu'une disposition métathéorique. Le réflexivisme « ethnologiste » prend pour objet d'étude le rôle joué par les communautés de chercheurs en Relations internationales dans la (re)production des relations internationales (Bigo, 1995 ; George, 1994 ; Cohn, 1987 ; Enloe, 1989). Il s'intéresse à la façon dont le sens des découvertes d'un chercheur a été construit, ou établi, en fonction de sa position dans un champ. Ces recherches visent à situer le savoir à l'intérieur des positions relationnelles et des règles constitutives qui s'établissent au sein d'un champ, ainsi que l'impact de ce positionnement sur l'interprétation des faits à laquelle se livre un chercheur.

Lapid (1989) souligne que le *Troisième débat* eut au moins deux effets. Il mit fin à un consensus positiviste et ahistorique en théorie des Relations internationales et il favorisa l'émergence de plusieurs approches postpositivistes encouragées par l'influence de nouvelles philosophies des sciences. La sensibilité accrue des réflexivistes pour les enjeux métathéoriques rencontrés par les chercheurs a un impact significatif sur la façon dont la relation entre la recherche et la politique doit être abordée en Relations internationales (Smith, 2000).

Frédérick Guillaume Dufour
et Kyle Grayson

RÉGIME INTERNATIONAL

En adhérant à un « régime », les États acceptent de sacrifier des intérêts immédiats pour créer les conditions d'une coopération à plus long terme (Senarclens, 1992 : 162).

Un régime est une forme particulière d'**institution internationale** et est défini de façon classique comme étant « un ensemble de principes, de **normes**, de règles et de procédures de décision autour desquels les attentes des acteurs convergent dans un domaine donné » (Krasner, 1983 : 1). Nous sommes en présence d'un régime lorsque les **acteurs** qui y participent ne prennent plus leurs décisions de façon totalement autonome (Stein, 1990), dans la mesure où ils sont influencés par la structure du régime (principes, normes, règles et procédures) et par le fait qu'il leur est possible de mieux prévoir les actions ou comportements des autres acteurs qui agissent à l'intérieur de cette même structure. Il est possible d'établir une distinction entre les deux premiers termes (principes et normes) qui constituent les éléments permanents du régime et les deux derniers (règle et procédure) qui font référence aux instruments du régime. Ainsi, « si les règles et les procédures se modifient alors que les principes et les normes restent les mêmes, on est fondé de soutenir que le régime n'a pas changé car sa philosophie fondamentale demeure identique » (Kebabdjian, 1999 : 137).

Contrairement à l'approche **réaliste** qui traite des relations internationales sous l'angle du conflit, la théorie des régimes aborde ces dernières sous celui de la **coopération**. En cherchant à conceptualiser les interrogations sur la coopération internationale, la théorie des régimes se propose d'aller au-delà de la théorie de la **stabilité hégémonique** qui eut un fort impact dans les années 1980. Elle s'inscrit dans le courant **institutionnaliste néolibéral** qui, constatant la répartition asymétrique de l'information entre agents, postule la nécessité de la création d'institutions internationales (Keohane, 1984 ; Smouts, 1998 : 144). Ces institutions sont entre autres un moyen de réduire les coûts d'échange mais, une fois créées, elles ont également des effets structurants. Ces effets tendent à modifier le comportement des acteurs, la définition de leurs intérêts (essentiellement pour les tenants de l'approche institutionnaliste) ainsi que le fonctionnement même du régime.

John Gerard Ruggie (1975) fut le premier à introduire le concept de régime, mais « le corps central de la théorie des régimes est dû à des auteurs néolibéraux [Keohane] et **néoréalistes** [Krasner] » (Kebabdjian, 1999 : 137). L'**économie politique internationale** et la politique internationale de l'environnement ont été parmi les champs qui ont le plus activement participé au développement de la théorie des régimes et la revue *International Organization* a été un outil efficace de promotion de cette approche.

Hasenclever *et al.* (1997 : 1) classent les différentes approches théoriques des régimes en trois types. « Selon les variables explicatives mises de l'avant par ces théories, elles peuvent être classées en tant qu'approches basées respectivement sur la **puissance**, l'intérêt ou la connaissance. » Ils relient respectivement ces trois approches aux trois écoles théoriques que sont le **réalisme**, l'institutionnalisme néolibéral et le cognitivisme.

Pour les réalistes, la coopération n'est possible qu'en présence d'un hégémon qui l'impose ou en supporte les coûts. Ainsi, cette théorie a tendance à considérer les régimes comme des épiphénomènes et n'utilise ce concept que pour en expliquer la genèse. Pour les **libéraux**, et plus particulièrement les tenants de l'approche institutionnaliste, les régimes favorisent la coopération entre les acteurs dans la mesure où 1) ils découragent la désertion par rapport aux autres membres du régime et par rapport au régime lui-même en accroissant le volume d'interactions ; 2) ils augmentent le volume d'information disponible permettant aux acteurs de mieux définir leurs intérêts et leurs politiques, d'avoir une meilleure connaissance des autres acteurs, et d'augmenter la prévisibilité des comportements ; et 3) ils réduisent les coûts de transaction (Le Prestre, 1997 : 304-305). Pour d'autres libéraux, pour qui il existe un intérêt global et qui estiment qu'il est possible de réconcilier l'**intérêt national** et l'intérêt commun, la théorie des régimes tente notamment d'apporter des solutions à la gestion des problèmes complexes surgis de l'**interdépendance**.

La formation d'un régime permet de réduire l'incertitude et, ce faisant, place l'information comme élément central. Les approches systémique et cognitive se sont ainsi intéressées aux régimes en insistant sur le rôle de l'information et sur l'importance de la régulation et des effets rétroactifs dans les processus de formation des régimes. Ces approches ont permis de développer un nouvel aspect des régimes qui concerne leur capacité d'apprentissage.

Si les **États** restent les acteurs principaux des régimes, les acteurs non étatiques peuvent jouer un rôle important dans les différentes phases d'un régime. Trois phases peuvent être identifiées : 1) la mise à l'ordre du jour international du problème autour duquel il va se constituer ; 2) les négociations débouchant sur sa création et 3) sa mise en œuvre. Le processus menant à l'émergence d'un régime commence par l'identification d'un problème et sa mise à l'ordre du jour sur la scène internationale. Cette phase est extrêmement importante dans la mesure où la formulation du problème va influencer la définition du régime, son but. Une fois le problème reconnu comme tel et la volonté de la communauté internationale de le résoudre affirmée, des négociations s'engagent entre les différents acteurs, étatiques et non étatiques, qui débouchent sur la création du régime. Ce dernier est ensuite mis en œuvre afin de résoudre le problème identifié. Chaque phase peut faire l'objet d'intenses négociations et est de durée très variable.

Ces différentes phases ont fait l'objet d'études qui se répartissent chronologiquement en trois grands courants (Helm et Sprinz, 2000). Le premier est caractérisé par des recherches centrées sur les conditions d'élaboration des régimes comme instruments de gestion ou de résolution de conflits. Le second courant s'est intéressé à la mise en œuvre et à la conformité des acteurs du régime. Dans le troisième stade de l'évolution des travaux, qui est en cours, on note un certain retour aux questions de la première phase concernant les conditions de formation.

Des auteurs se sont également penchés sur les caractéristiques des régimes. On a noté qu'un régime peut être caractérisé par sa portée, sa solidité, sa stabilité, sa robustesse et son efficacité (Le Prestre, 2002 : 61, Hasenclever *et al.*, 1997). Ces différentes caractéristiques des régimes ont été peu étudiées, à l'exception de l'efficacité qui fait l'objet d'une littérature importante (Young, 1999). Si la notion d'efficacité est protéiforme, un certain consensus se dégage quant à la conception du problème (Bernauer, 1995 ; Underdal, 1992) et la recherche sur la notion d'efficacité a avancé de façon significative ces dernières années. L'efficacité dépend de l'importance que l'on attribue respectivement à la structure ou aux objectifs du régime (Young, 1996). Une définition large de l'efficacité renvoie, d'une part, à la capacité du régime de résoudre le problème pour lequel il a été créé et, d'autre part, aux changements de comportement des acteurs (Underdal, 1992 ; Young, 1992). Ce changement ne garantit pas à lui seul l'efficacité du régime en termes de

résolution du problème environnemental (Young, 1996), mais est un premier pas nécessaire offrant l'avantage d'être mesurable.

Les critiques concernant la théorie des régimes n'ont pas manqué et la plus classique reste celle de Susan Strange (1982) qui soulignait, non sans raison, le flou entourant la définition du concept. Cette critique est toujours d'actualité et la tentation est grande de voir des régimes partout, sans pour autant pouvoir en déterminer précisément les contours. Les autres critiques de Strange portaient sur l'effet de mode entourant cette approche, surtout aux États-Unis, sa vision statique qui prend l'ordre existant comme un donné et le rôle central qu'occupent les États. Toutefois, vingt ans plus tard, plusieurs de ces critiques ont beaucoup perdu de leur raison d'être. Selon Smouts (1998 : 148), cette approche a fait en sorte que « les théoriciens des régimes ont incontestablement enrichi l'analyse de la coopération internationale » et fait encore l'objet de nombreuses recherches. La critique portant sur la vision statique des régimes est en outre dépassée avec, notamment, l'apport de la théorie de la complexité (*complexity theory*) qui s'intéresse à leurs capacités d'évolution, d'apprentissage et à d'adaptation.

Benoît Martimort-Asso

RÉGIONALISME

La prolifération des accords de tout genre depuis une vingtaine d'années ne doit pas faire illusion ; ce n'est pas l'engouement pour le libre-échange qui pousse les États à s'y engager, mais plutôt la préoccupation de trouver un juste milieu entre défense d'efficacité, d'un côté, et défense de compétitivité, de l'autre (Deblock, Brunelle et Rioux, 2001 : 6).

La notion de régionalisme doit se comprendre dans le contexte de la multiplication des accords économiques régionaux, mais aussi multilatéraux, dans la période contemporaine et réfère ainsi à la problématique de l'intégration économique. Il est important, en premier lieu, de distinguer le terme « régionalisation », qui désigne une tendance empirique d'intensification localisée régionalement des flux économiques, culturels, financiers, etc., de la notion de « régionalisme », qui fait référence à la tentative politique de réguler ou de tirer profit de ces flux.

En général, dans les analyses d'**économie politique**, le terme de régionalisme réfère à deux réalités : une dimension infranationale soit, par exemple, la **coopération** entre deux régions d'un **État** ou de plusieurs États, et une dimension internationale ou interétatique, référant à la coopération entre plusieurs États d'une même région, la plupart du temps d'un même continent (comme l'Amérique du Nord à travers l'ALENA). Le régionalisme s'oppose ainsi à la notion de multilatéralisme dans la mesure où il réfère à une coopération régionale et non pas

globale entre États. Les analyses conventionnelles portant sur le régionalisme, notamment les approches **néoréaliste** et **institutionnaliste néolibérale**, se concentrent tout particulièrement sur la région en termes d'espace international, alors que les **théories critiques** tentent de comprendre la dynamique existant entre celle-ci et la sous-région nationale.

En ce qui a trait au *régionalisme interétatique*, la littérature, à la suite des travaux de Jacob Viner, distingue quatre formes progressives de régionalisme : *la zone de libre-échange*, qui consiste en l'élimination des barrières commerciales mais où chaque État membre maintient une politique commerciale autonome ; *l'union douanière*, qui équivaut à une zone de libre-échange impliquant une politique commerciale commune aux partenaires face aux non-membres, et donc à la mise en place d'un tarif extérieur commun (TEC) ; *le marché commun*, qui réfère à une union douanière où la libre mobilité des facteurs de production (travail et capital) entre les membres est permise ; et *l'union économique*, qui constitue la forme la plus avancée de régionalisme, c'est-à-dire qu'elle s'organise autour des mêmes principes que le marché commun, tout en étant soumise à un contrôle supranational, c'est-à-dire à une institution supranationale garantissant une ample harmonisation des politiques économiques (dimension politique).

Les analyses neoréalistes ont longtemps opposé la notion de régionalisme à celle de multilatéralisme, voyant les processus de régionalisation comme la formation de blocs commerciaux fondamentalement antagoniques. Mais les développements récents relatifs aux processus d'intégration économique continentale en Europe, dans les Amériques et en Asie, d'une part, et les négociations multilatérales au sein de l'OMC, d'autre part, tendent à indiquer une réalité beaucoup plus complexe que celle envisagée par les néoréalistes. Considérant que les États poursuivent leurs stratégies sur plusieurs fronts (multilatéral et régional), un consensus semble s'être dégagé sur la notion de *régionalisme ouvert*, c'est-à-dire où l'arrangement institutionnel régional a pour but d'étendre le libre-échange (comme dans l'ALENA, la ZLEA ou l'ASEAN) et non pas également l'intégration politique (par une institution supranationale comme dans le cas de l'Union européenne ou du Mercosur). On assisterait ici à la reconfiguration d'espaces et de stratégies diverses, et non pas à l'avènement d'une guerre commerciale entre blocs continentaux. Dans le cas du Canada, par exemple, on peut se référer simultanément à son adhésion à une zone de libre-échange (ALENA), à sa ratification d'accords bilatéraux (ex. : Chili, Costa Rica), à sa participation à des discussions et négociations à portée continentale (ZLEA, APEC) ainsi que multilatérales (OMC).

La **mondialisation** s'inscrit dans une dynamique de concurrence de plus en plus poussée des firmes transnationales, de transnationalisation des réseaux de production, de libéralisation des marchés financiers et d'émergence de nouvelles formes de communication. Elle s'est accompagnée d'une plus grande mobilité du capital, d'une reconfiguration des diverses forces sociales et de la transformation du rôle mais aussi des moyens d'action de l'État. La problématique autour du régionalisme s'est donc substantiellement modifiée par l'ouverture des marchés et l'importance accrue des firmes transnationales. Cette nouvelle problématique a reposé la question du rôle de l'État, déjà sérieusement transformé par la montée de la droite néo-conservatrice dans les années 1980, en matière de régionalisme. Sans appeler au retour de l'interventionnisme, plusieurs auteurs ont parlé de l'importance de l'État dans la création et le maintien « d'avantages compétitifs », notamment en matière de recherche et développement, et d'innovation technologique. Certains ont même avancé l'idée que l'État devrait élaborer une « politique commerciale stratégique » qui viserait à appuyer les « champions nationaux » dans le but de promouvoir leur compétitivité dans un marché mondial dominé par des oligopoles. Les subventions et les incitatifs de toutes sortes pour attirer les investissements des entreprises transnationales sont dès lors justifiés par ce discours. La mondialisation a de ce fait eu comme principale conséquence de placer l'État devant l'impératif d'entrer en concurrence avec d'autres États quant à la création et à la promotion d'un environnement propice aux intérêts des firmes transnationales.

Toutes approches confondues, les discussions autour du régionalisme et de l'intégration économique ont eu tendance à se caractériser par des analyses voulant identifier les objectifs et les intérêts derrière les stratégies mises de l'avant par les divers États. À cet effet, certains auteurs ont proposé de faire la distinction entre une intégration régionale stimulée par des impératifs économiques, d'une part, et des impératifs politiques, d'autre part. Dans la plupart des analyses, les intérêts de plusieurs organisations — partis politiques, syndicats, milieu des affaires, coalitions en tous genres — sont également pris en considération.

L'approche néoréaliste conçoit l'intégration régionale comme résultant de la poursuite d'intérêts économiques et politiques des États. Elle met donc l'accent sur des notions abstraites de pouvoir, des intérêts politiques nationaux et des relations interétatiques organisées autour d'une conception monolithique de l'État. L'approche institutionnaliste néolibérale aborde la question de l'intégration économique régionale en mettant l'accent sur la capacité des **institutions internationales**, issues d'accords commerciaux régionaux, à stimuler la coopération entre États tout en cherchant à résoudre et à réguler les litiges dus à la montée de l'**interdépendance** pouvant se présenter.

Les débats sur le régionalisme en **Relations internationales** étant assez limités, les analyses les plus originales ont eu tendance à pallier cette faiblesse en puisant abondamment dans divers champs des sciences économiques et sociales, notamment dans la **théorie** des firmes, la nouvelle théorie du commerce international, l'analyse stratégique sectorielle et la sociologie des entreprises. Toutefois, la théorie des firmes (notamment le paradigme éclectique de Dunning) et la nouvelle théorie de commerce international (en particulier les thèses de Krugman) ont été les plus fécondes. La première analyse les structures internes des firmes transnationales et la façon qu'elles ont d'influencer l'organisation et la composition de la production de marchandises à l'échelle nationale et internationale, ainsi que le dynamisme des flux d'investissements directs à l'étranger. La nouvelle théorie du commerce international, en acceptant certains arguments de la théorie des firmes, a tenté de comprendre les effets produits par le caractère imparfait du marché dû au contrôle et aux économies d'échelle que permet la concentration géographique. Ainsi, les approches plus éclectiques, tout en soulignant les motivations politiques et stratégiques sous-tendant les processus d'intégration, attribuent un rôle déterminant à la structure du marché mondial, marquée par une forte compétition oligopolistique qui limite les possibilités des stratégies étatiques.

Enfin, les approches critiques se distinguent des approches traditionnelles, et des approches éclectiques, par le fait qu'elles ne développent pas leurs analyses en termes d'**intérêts nationaux** abstraits mais cherchent, au contraire, à identifier les intérêts spécifiques sous-tendant le discours officiel. Les idées avancées par les instances étatiques pour justifier leurs politiques économiques font donc l'objet d'une analyse plus détaillée et sont critiquées sur la base des conséquences sur les différentes forces sociales que peuvent avoir les processus de régionalisation. À l'extérieur du champ de l'économie politique internationale, la géographie critique est probablement la perspective la plus originale en soulignant que l'intégration régionale implique beaucoup plus que des phénomènes strictement économiques. Des travaux plus récents ont d'ailleurs exploré les questions portant, entre autres, sur les politiques et droits sociaux ainsi que sur les dimensions culturelles et identitaires du régionalisme.

L'objectif premier de la géographie critique est de théoriser la relation entre l'espace, le temps et l'environnement pour mieux comprendre les dynamiques sociales qui sous-tendent les différentes stratégies des **acteurs** impliqués dans les processus de régionalisation. Ces approches postulent l'impossibilité de poser la question du régionalisme sans la lier aux processus de restructuration de la production économique. Pour Soja (1989), la question régionale doit être comprise à même le caractère géographiquement

inégal du développement capitaliste entre États, régions, branches d'industries et firmes, causé par la quête de surprofits. Ces dernières cherchent à tirer profit de la différenciation régionale infranationale autant qu'internationale ainsi que du développement sectoriel inégal. Dans la même optique, s'inspirant d'Henry Lefebvre, David Harvey (2001) aborde la question de la régionalisation à travers une approche critique de l'espace. Harvey propose d'analyser la régionalisation non pas en termes abstraits mais plutôt en termes concrets en portant attention aux différents groupes sociaux qui constituent l'espace régional. L'analyse du régionalisme doit donc nous permettre de comprendre la configuration de l'espace régional comme étant le produit de luttes et de compromis sociaux.

Paula Andrea Hevia Pacheco

RELATIONS INTERNATIONALES

International Relations

Comprendre les relations internationales aujourd'hui exige la maîtrise de toutes les données (politiques, stratégiques, mais aussi économiques, culturelles, technologiques et sociales), dont elles ne sont très souvent que le reflet ou la résultante (Merle, 1984 : 205).

Le concept de Relations internationales est sujet à beaucoup de confu-

sion. En effet, il est important de bien distinguer entre, d'une part, relations internationales et Relations internationales et, d'autre part, entre les relations internationales et la **politique étrangère**.

Premièrement, le concept de relations internationales est utilisé pour faire référence aux relations entre unités dans l'environnement extraterritorial. Ces rapports peuvent prendre des formes et dimensions diverses, dont le conflit et la **coopération**. Autrefois restreintes aux relations entre **États-nations**, les relations internationales font aujourd'hui référence aux relations entre différents types d'**acteurs**. Ainsi, les chercheurs étudient aussi bien l'action des réseaux transnationaux d'**organisations non gouvernementales** (ONG), ou encore des firmes transnationales. Les relations internationales peuvent donc être globalement définies comme étant l'ensemble des relations existantes entre divers groupes sociaux et qui traversent les **frontières** (Braillard et Djalili, 1994 : 5).

En outre, il est important de distinguer le concept de relations internationales de celui de politique étrangère, car ils ne sont pas synonymes. En effet, alors que les relations internationales touchent aux rapports entre les acteurs et aux résultats de leurs actions, la politique étrangère désigne la politique d'un État par rapport à un enjeu international ou à un État donné. La notion de *relation* est ainsi fondamentale.

De plus, le concept de **R**elations internationales désigne la *discipline* qui étudie les relations internationales. Son statut de discipline autonome est souvent discuté, et on y fait référence le plus souvent en tant que champ spécifique au sein de la discipline de la science politique. En plus de la politique internationale, ce champ peut également inclure le **droit international** et l'**économie politique internationale**. Il faut par ailleurs noter que la perspective française des Relations internationales diffère sensiblement de la perspective anglo-saxonne et plus particulièrement américaine. En raison de la nette prédominance de cette dernière dans la discipline, nous laisserons ici de côté la perspective française pour nous consacrer à l'évolution des Relations internationales dans le monde anglo-saxon.

La question fondatrice du champ, ou de la discipline, des Relations internationales est traditionnellement considérée comme étant une interrogation sur les causes de la guerre et les façons de l'éviter. Plusieurs autres questions unissent toutefois les efforts des chercheurs en Relations internationales. Parmi ces questions, les plus importantes sont : Quelle est la nature du **système international** ? Qu'est-ce que l'**anarchie** ? Sous quelles conditions la coopération est-elle possible ? Quel(s) rôle(s) jouent les acteurs non étatiques ? Les différentes approches théoriques tentent de répondre à certaines de ces questions, ainsi qu'à une multitude d'autres, et ce, à partir d'un certain nombre de postulats (voir les différentes approches). Les nouvelles approches théoriques, plus critiques, tentent cependant de rompre avec ces questionnements et remettent en question la nature et le rôle de l'État. Leurs tenants s'interrogent en ce sens sur la capacité à dépasser l'État comme catégorie d'analyse et comme prisme à travers lequel penser les relations internationales.

Ce champ d'études a été traversé depuis ses débuts, à partir des années 1920, par divers grands débats théoriques (Wæver, 1997). Le premier est le « débat » qui eut cours dans les années 1930 et 1940 entre **réalistes** et **idéa-**

listes[1]. Ce débat est considéré comme étant l'élément catalyseur de l'essor de la discipline. Les réalistes réussirent alors à imposer leur vision comme courant théorique prédominant au sein de la discipline, la vision de l'anarchie du système international et de la rationalité de l'État comme acteur unitaire.

Le deuxième débat en Relations internationales opposa dans les années 1950 et 1960 les réalistes et les **behavioralistes**. Ce débat est en réalité un débat méthodologique, puisque les behavioralistes, s'opposant aux réalistes classiques, pour la plupart des historiens, prônent une plus grande rigueur scientifique et encouragent l'utilisation par la science politique des outils propres aux sciences naturelles. Le troisième débat, le débat « interparadigmatique » des années 1970, se fit à trois parties : les réalistes, les théoriciens de l'**interdépendance** et les néo-**marxistes**. Ce fut un débat **ontologique**, c'est-à-dire qu'il poussa à une réflexion sur l'unité de base à considérer dans l'étude des relations internationales. Les critiques du réalisme remirent en question l'étatocentrisme de la théorie réaliste et suggérèrent plutôt comme unité de base les individus et groupes (**libéraux** interdépendantistes) ou les classes sociales (marxistes).

Enfin, depuis les années 1980 et 1990, on assiste à une recomposition du paysage disciplinaire des Relations internationales. Ce qu'on peut qualifier de quatrième débat est en fait une réflexion **épistémologique** sur la nature du savoir à produire en Relations internationales ainsi que sur l'objectivité du chercheur. Ainsi, le débat se divise en deux axes principaux : le premier est le rapprochement entre **néoréalistes** et **institutionnalistes néolibéraux** (ou débat *néo/néo*), pour former ce qu'on appellera le **paradigme** rationaliste. Le second axe est celui de la radicalisation du débat entre ces rationalistes et les **réflectivistes** (**constructivistes**, **théories critiques**, **postmodernes**, etc.). Rationalistes et réflectivistes (voir Keohane, 1989a) s'opposent notamment sur le statut ontologique de l'État-nation, sur le caractère donné de l'**intérêt national** ou de la structure anarchique du système international ainsi que sur des enjeux épistémologiques tels que l'objectivité du chercheur et le statut accordé à la « réalité ».

Evelyne Dufault

---

1. Pour Ole Wæver, il n'y eut pas de véritable débat entre idéalistes et réalistes. Les réalistes ont plutôt affirmé unilatéralement la supériorité de leur théorie sur celle des idéalistes, qu'ils ont d'ailleurs eux-mêmes baptisés ainsi, à la suite du déclenchement de la Seconde Guerre mondiale (Wæver, 1997 : 9-10).

SÉCURISATION

La sécurité est ce que ses agents en font (Huysmans, 1998b : 2).

Le concept de sécurisation est étroitement lié à celui de **sécurité**, car c'est un processus mis en branle par les élites politiques lorsque celles-ci indiquent qu'un objet constitue un enjeu de sécurité. Le premier à utiliser le terme sécurisation est le politologue danois Ole Wæver (1995). Pour lui, le contenu de la sécurité n'est pas seulement la description d'une réalité externe, mais bien plutôt l'utilisation d'un langage sécuritaire par des « professionnels de la sécurité » qui, à travers leurs actes de langage (*speech acts*), viennent à construire une réalité sociale devenant objet de sécurité. Ainsi, selon lui, les actes de langage sont performatifs, c'est-à-dire qu'ils ont le pouvoir de devenir praxis. Conséquemment, la sécurisation d'un objet dépend de la vision que les autorités ont de la sécurité. Pour Wæver et d'autres auteurs de l'**École de Copenhague** tels que Barry Buzan et Jaap De Wilde, la sécurité est un concept flou qui ne réfère pas seulement à une réalité externe et objective, mais bien à une définition subjective d'un objet qui, posé comme menace au sein des **institutions** et des discours politiques, vient à être perçu comme menace par l'au-

dience ciblée. Le processus de sécurisation comprend cinq étapes : la désignation d'un « objet référent » à sécuriser, la définition subjective d'une menace à la survie grâce à une rhétorique de mise en péril, l'accomplissement de la sécurisation par une personne ou un groupe de personnes dont on reconnaît l'autorité de sécuriser, la prise de mesures d'exception pour contrer la nouvelle menace et, finalement, l'acceptation de cette réalité par l'ensemble de la collectivité ou par un groupe particulier d'individus (Wæver dans *Buzan et al.*, 1998 : 23-26). Ainsi, selon une perspective **constructiviste** dans laquelle *faire c'est dire* et *dire c'est faire*, le jeu **intersubjectif** est constitutif et régulateur de **normes** sociales et de pratiques politiques qui se veulent sécuritaires. L'utilisation d'un langage sécuritaire permet d'établir une interconnexion entre des faits séparés, par exemple entre le fondamentalisme islamique et le terrorisme.

Pendant longtemps, les études de la sécurité ont été influencées par la vision **réaliste** qui réduit la sécurité à des problèmes politico-militaires et au champ des études de la défense et de la stratégie. Selon cette approche traditionnelle, les menaces à la sécurité sont identifiables, mesurables et objectives, elles visent la sécurité, la survie de l'**État-**

213

nation et elles émanent d'une logique inhérente au **système international**. C'est au cours des années 1980 que le concept de sécurité a commencé à être remis en question et son objet référent repensé. L'apport principal de cette (re)conceptualisation est d'avoir dissout les frontières artificielles entre les études traditionnelles de la sécurité et les secteurs politique, économique, sociétal et environnemental et d'avoir démontré l'aspect socialement construit et non objectif des menaces à la sécurité. Les auteurs de l'École de Copenhague ne sont pas les seuls à prendre distance par rapport aux études traditionnelles de la sécurité ; notons entre autres les études de Michael Dillon, celles de Didier Bigo et celles des auteurs réunis sous l'appellation Études critiques de la sécurité (*Critical Security Studies*), qui tentent tous, à leur manière, de répondre aux questions suivantes : comment les menaces sont-elles construites, comment et pourquoi sont-elles consolidées, quelles sont leurs conséquences et comment est-il possible de les modifier ? À partir de ces auteurs, il devient intéressant de chercher à comprendre pourquoi certains enjeux sociaux sont sécurisés et politisés.

Barry Buzan dans *People, States and Fear* (1983) est un des premiers à élargir le référent du concept de sécurité en distinguant différents secteurs sécuritaires par la considération des menaces existentielles propres à ces secteurs. Par exemple, dans le secteur sociétal, ce sont les identités collectives qui représentent l'objet de sécurité. Toutefois, comme le note Didier Bigo (1998b : 65-67), en remplaçant les menaces traditionnelles objectives par de nouvelles menaces subjectives, Buzan distingue les « vraies » des « fausses » menaces et contribue peu à débusquer le piège conceptuel que pose une appréhension réaliste de la sécurité. Une brèche est toutefois ouverte et peut être exploitée par des auteurs se proposant de substituer une approche **réflexive** de la sécurité à l'approche instrumentale traditionnelle. L'objectif est de dé-essentialiser le couple sécurité-insécurité en examinant son processus de construction et de transformation. « La sécurité est un concept essentiellement contesté qui ne peut pas être défini de façon précise en raison de son caractère politique inhérent » (Wæver, 1993 : 87).

Michael C. Williams (2003) pousse plus loin la théorie de la sécurisation de Wæver en montrant l'importance d'étudier non seulement l'impact des actes de langage, mais aussi celui des images. En effet, vivant dans un monde où les moyens de communication utilisent de plus en plus les représentations visuelles, une seule analyse linguistique ne suffit plus. Pour remédier à cette insuffisance, Williams propose d'étudier la structure des représentations visuelles, d'observer la manière dont elles s'imprègnent dans les différentes perspectives sociales, de comprendre la façon dont les images influencent les actes de langage sécuritaires et finalement de trouver les liens entre les représentations visuelles des différents choix politiques et les pratiques de la sécurité. Pour ce faire, l'analyse de la sécurité doit tenir compte des structures changeantes de la communication et des différents aspects contextuels, et de plus, elle requiert des techniques de lecture permettant l'élucidation de la rhétorique des actes de sécurité et celle des représentations visuelles. Ainsi, en posant des questions telles que « les images ont-elles un impact sur les téléspectateurs qui diffère de l'impact qu'ont les mots sur les auditeurs et les textes sur les lecteurs ? » ou encore, « à quel degré les images contribuent-elles aux processus de sécurisation et de désécurisation ? », l'étude des médiums de la représentation et de la communication suggérée par Williams apporte quelque chose de nouveau au programme de recherche de la théorie de la sécurisation et des études de la sécurité. Pour sa part, Bigo (1996), influencé par la sociologie de Pierre Bourdieu, refuse d'étudier les seuls aspects pratiques de la sécurisation et fait une place prépondérante au rôle joué par les professionnels de la sécurité (policiers, services secrets, militaires, agences de renseignements, etc.) en raison de leur capital symbolique et de leur capacité institutionnelle à formuler la sécurité. Ainsi, au contraire de Wæver et de Williams, Bigo met les acteurs de la sécurisation au centre de l'analyse.

Selon Jef Huysmans « dire et écrire la sécurité n'est jamais un acte innocent ou neutre » (Huysmans, 1998a : 11), et en choisissant de sécuriser un objet référent, on fait face à un « dilemme normatif ». En effet, l'utilisation de la grammaire de la sécurité engendre la sécurisation d'un champ qu'on ne souhaite pas nécessairement sécuriser. Ainsi, le fait de parler d'un objet comme d'un problème de sécurité revient à contribuer à sa sécurisation alors que de ne pas en parler dans une perspective de sécurité s'avère une insuffisance méthodologique. Pour sortir de ce dilemme normatif, Huysmans propose, à l'instar de Michel Foucault, une théorisation du nexus savoir-pouvoir – la recherche de la production gouvernant les énoncés de sécurité – et l'interprétation de la sécurisation comme une stratégie politique particulière, et ce, afin de modérer le risque de réification des menaces à la sécurité. Toutefois, il est important de noter que la sécurisation est une stratégie politique pratiquée non seulement à des fins conservatrices comme la préservation d'un *statu quo*, ou à des fins autoritaires comme l'imposition d'une loi ou d'un ordre, mais implique aussi un intérêt émancipateur en permettant la formulation de questions et la mobilisation d'individus autour d'enjeux sociaux particuliers. Dans ces conditions, l'étude et la compréhension des processus de sécurisation et de politisation, permettent une certaine conscientisation sociale pouvant générer des actions positives.

Catherine Courchesne et Nicolas Adam

215

SÉCURITÉ

> Dire et écrire la sécurité n'est jamais un acte innocent (Huysmans, 1998a : 2).

Toute discussion substantielle sur la sécurité commence par quatre questions clés : « Quelle est la nature de l'insécurité ? » ; « À quel objet la sécurité fait-elle référence ? » ; « Qui en assume la responsabilité ? » ; « Quels sont les moyens d'assurer la sécurité ? » Le concept est lui-même largement contesté depuis les années 1980. Il en existe de multiples conceptions qui se distinguent par les réponses parfois très différentes qu'elles donnent à ces quatre questions. Il est cependant possible de départager la littérature en trois sous-catégories enchâssées dans les débats **paradigmatiques** que connaissent les **Relations internationales** depuis la fin des années 1980 : 1) les approches traditionnelles dont l'objet principal est la sécurité nationale des **États**, mise en péril par des menaces essentiellement militaires ; 2) les approches qui plaident en faveur d'un élargissement de ce concept pour permettre la prise en compte de nouvelles menaces ayant émergé dans divers secteurs de la vie sociale (secteurs économiques, sociaux ou politiques, par exemple) ; et, enfin, 3) les positions critiques tendant plus radicalement vers la (re)conceptualisation de l'objet référent de la sécurité qui se traduit par l'accent mis sur la sécurité des individus plutôt que de l'État ainsi que par la reconnaissance de la nature construite des menaces.

La sécurité nationale

La pierre angulaire des approches traditionnelles se nomme sécurité nationale et implique une préoccupation unique pour la préservation de l'État en tant qu'unité principale des relations internationales et, conséquemment, met l'accent sur les menaces militaires qui pourraient remettre en question sa **souveraineté** et l'intégrité de son territoire. Cette perspective est privilégiée par les **études stratégiques** qui ont mobilisé ce corpus tout au long de la Guerre froide. Celles-ci embrassent des prémisses **réalistes** et rationalistes qui font de la sécurité un enjeu essentiellement politico-militaire en postulant que la survie d'un État exige le maintien d'une **puissance** militaire relativement plus importante que celles de ses voisins. Postulant que l'absence d'une autorité supra-étatique, soit l'**anarchie**, contraint les États à privilégier avant toutes choses la préservation de leur souveraineté et la maximisation de leurs intérêts propres, des auteurs comme Stephan Walt confinent leur objet d'étude aux menaces militaires externes à l'État ainsi qu'à l'usage et au contrôle des forces armées (Walt, 1991).

Dans ce monde où on ne peut compter que sur soi-même[1], la survie d'un État dépend donc de sa capacité à accumuler de la puissance et à dissuader tous les autres États du système de

---

1. On qualifie en anglais ce système de *self-help system*.

l'agresser par l'expansion de ses forces militaires. La source de la menace est donc de nature matérielle et s'appréhende objectivement par l'évaluation des **capacités** d'un État. L'escalade de l'armement qui en découle est ainsi le produit de la compréhension des relations internationales comme un jeu à somme nulle, puisque le **gain** d'un État représente invariablement une perte pour tous les autres États, ce qui justifie, selon les réalistes et les **néo-réalistes**, la conduite prudente d'une politique pragmatique nommée *realpolitik*. Tributaire de la nature humaine pour Morgenthau ou de la structure inhérente et objective du système pour Waltz, la nature de l'insécurité menaçant les États est donc inchangée depuis que Thucydide commentait la guerre du Péloponnèse. Boîte noire ou boule de billard, l'État est un **acteur** rationnel n'agissant qu'au nom de son **intérêt national,** afin de se prémunir des agressions inévitables qui surgissent d'un **système international** anarchique.

L'élargissement de la sécurité nationale

Depuis la fin de la Guerre froide, plusieurs spécialistes, parfois informés par certaines propositions **constructivistes,** ont contesté ce primat des questions militaro-politiques en soulignant la nécessité d'élargir les études de sécurité pour y inclure des menaces de nature économique, environnementale ou « sociétale » ignorées par les études stratégiques. B. Buzan *et al.* se donnent donc pour objectif de préserver la cohérence du concept de sécurité ainsi que celle du champ des études de sécurité, tout en tenant compte de la nouvelle conjoncture du système international issue de la fin de la Guerre froide exigeant, selon eux, un élargissement des menaces considérées (Buzan *et al.*, 1998 : 4). C'est en tentant de répondre à la question « qu'est-ce qui fait d'un problème un enjeu de sécurité en Relations internationales » qu'ils en viennent à introduire des propositions constructivistes dans leur cadre théorique. C'est ainsi qu'ils ne traitent pas les menaces comme des faits objectifs issus de conditions matérielles, comme la distribution de la puissance dans le système international, une notion chère aux réalistes qui misent sur l'évolution des capacités militaires et économiques ou de la situation géostratégique d'un État pour évaluer sa puissance et, donc, sa vulnérabilité. Pour eux, le « processus de **sécurisation** » tout comme celui de la politisation relèvent plutôt de dynamiques **intersubjectives**. Bien que relevant d'une logique interne propre le distinguant des processus politiques, le « processus de sécurisation » d'un enjeu est également compris comme une version extrême de la politisation, la sécurisation relevant d'actes de langage (Buzan *et al.*, 1998 : 26). C'est pourtant dans le corpus de la conception militaro-politique traditionnelle de la sécurité qu'ils disent puiser l'essentiel de ce qui fait d'un enjeu un problème de sécurité proprement international : « Dans ce contexte, la sécurité est une question de survie » (Buzan *et al.*, 1998 : 21).

Les menaces ne sont donc plus que de nature exclusivement militaire. En fait la sécurité se présente dans leur

217

optique comme un concept englobant ayant une signification spécifique mais prenant différentes formes selon le secteur considéré. Dans le secteur « sociétal », par exemple, ce sont les menaces existentielles à la sécurité des identités collectives, tels que les mouvements migratoires, qui sont considérées. En outre, les objets référents de la sécurité varient selon le **niveau d'analyse** qui est emprunté. C'est ainsi qu'en s'intéressant toujours au secteur « sociétal », on pourra considérer soit la **nation**, le clan, la tribu, la civilisation, la collectivité ou la race.

Bien entendu, les thèses de B. Buzan *et al.* n'épuisent pas les tentatives d'élargissement du concept de la sécurité. D'autres auteurs ont également participé à ce décloisonnement de la conceptualisation de la sécurité nationale, comme Mohammeb Ayoob, par exemple, qui insiste sur les particularités des menaces rencontrées au **Tiers Monde** dans l'optique théorique d'un « réalisme subalterne » (Ayoob, 1997 : 127). Pour ce dernier, des menaces internes plus qu'externes prévalent dans cette région du monde composée d'États instables aux niveaux politique et institutionnel et où l'on dénombre la majorité des conflits aujourd'hui. En fait, l'expérience du Tiers Monde pose pour plusieurs auteurs, issus d'écoles alternatives au réalisme, un défi important à la conception universaliste des études de sécurité traditionnelles excluant les réalités de pays où l'État est non seulement impuissant à gérer de multiples menaces transnationales mais aussi lui-même une menace pour sa population (Acharya, 1997 : 322).

Les études critiques de sécurité

Bien qu'appréciant ces tentatives d'élargissement, la préservation de l'État comme principal objet référent de la sécurité a conduit d'autres spécialistes à privilégier une position plus critique articulée dans le cadre du **paradigme « réflexif »**. Engagé à réinscrire les questions de sécurité dans un débat proprement politique, Ken Booth fait de l'individu l'objet principal de la sécurité et de l'État, un agent de la sécurité parmi d'autres comme les **ONG**, les **institutions** régionales ou multilatérales et, bien entendu, la **société civile**.

Pour Booth, l'émancipation plus que la survie est l'objectif principal de la sécurité : « L'émancipation est la libération des gens (individuellement et collectivement) des contraintes physiques et humaines qui les empêchent de faire ce qu'ils auraient choisi de faire librement » (Booth, 1991a : 339). Il envisage donc le dépassement du **dilemme de la sécurité** des réalistes à condition que soient développés des **identités** et des intérêts communs et que soient répandues entre les acteurs des obligations morales et politiques garantes de pratiques pacifiées, pour lesquelles la promotion de la **coopération** régionale et multilatérale, de la démocratie, du désarmement ou encore du renforcement des sociétés civiles sont des outils déterminants.

Pour Keith Krause (1998), le programme de recherche des études critiques de la sécurité se joue à trois niveaux. Le premier est d'exposer comment les menaces et leurs réponses sont construites plutôt que naturelles et déterminées par des conditions matérielles objectives, ce qui leur confère ainsi une nature proprement contingente, sociale, politique et historique. Jef Huysmans établit des distinctions fort intéressantes entre 1) les analyses qui oscillent entre des compréhensions performatives du langage (le langage participe à la construction sociale du monde) ou représentationnelles du langage (le langage est neutre et représente la réalité) ; 2) les analyses constructivistes non structuralistes penchées sur les constructions discursives des menaces profitant d'un statut **hégémonique** ; et, enfin, 3) les analyses relevant plutôt d'un constructivisme sociologique ou structuraliste intéressé par les dimensions institutionnelles du lien savoir-pouvoir sous-tendant les discours dominants (Huysmans, 1998a). Préférant cette dernière perspective, Huysmans se penche sur la structuration du champ de la sécurité et, par conséquent, sur l'importance des positions stratégiques des spécialistes de la sécurité interrogeant ainsi les processus sociopolitiques et les rapports de pouvoir qui sous-tendent la production de ces discours dominants (Huysmans, 1998a : 8).

Dans la même veine, Didier Bigo explique comment les discours sur l'ordre international sont construits en fonction « des luttes entre *experts* à l'intérieur du champ de la sécurité pour imposer leurs énoncés, leurs systèmes de classement comme problématique légitime, la seule vision du monde possible sur *qui fait peur* » (Bigo, 1995 : 9).

De plus, les approches critiques entreprennent de démontrer comment les objets référents de la sécurité sont également des construits sociaux et non des entités immuables, essentiels et donnés par une lecture empirique du système international. Pour Krause, la tentative de Buzan *et al.* tombe dans les écueils du paradigme rationaliste, malgré leur orientation apparemment constructiviste qui les amène à s'intéresser aux *processus de sécurisation* parce qu'un tel discours obscurcit la séparation arbitraire des discours sur les menaces des objets à sécuriser qu'il sous-tend. Pour les tenants des études critiques de sécurité, l'un et l'autre sont inséparables puisque dans la construction de la menace se situe implicitement l'objet référent de la sécurité. Enfin, leur troisième objectif et de transcender le dilemme de sécurité, cet incontournable des approches réalistes et néoréalistes, en le contextualisant, en l'historicisant et en y réintégrant les pratiques des acteurs sociaux.

Sans conteste, la (re)conceptualisation de la sécurité dépasse les limites de notre démonstration. Notons entre autres que des **féministes** comme Spike V. Peterson ou J. Ann Tickner ont aussi grandement contribué à sortir les préoccupations de sécurité hors du cadre limitatif de l'anarchie ou du dilemme de la sécurité. Les approches féministes de la sécurité insistent sur les insécurités des exclus (tout particulièrement des femmes) oblitérées par les constructions ethnocentriques, hiérarchiques et patriarcales du discours dominant en Relations internationales, et considèrent l'État comme l'une des principales sources de l'insécurité (Peterson, 1992).

Isabelle Masson

219

SÉCURITÉ COLLECTIVE   Collective Security

Idée qui se veut une alternative à la pratique de la **sécurité** individuelle des **États** et les systèmes de **défense** auxquels elle donne naissance, notamment celui de l'**équilibre des puissances** et celui des **alliances**. Il ne faut pas confondre l'idée de la sécurité collective avec celle de la *défense collective*, fondée sur une **alliance** vouée à la défense de ses membres sur le plan régional, et contre un ennemi externe reconnu. L'Organisation du Traité de l'Atlantique Nord (l'OTAN), du moins à l'époque de la Guerre froide, est sans doute l'exemple le mieux connu d'une institution de défense collective.

À la base, la sécurité collective affirme que la sécurité est une question qui concerne tous les membres du **système international** sans exception et qu'elle ne peut être assurée que si tout le monde accepte l'idée que la sécurité est effectivement l'affaire de tous. Il s'agit en fait d'ériger en pratique universelle le principe des *Trois mousquetaires* de « un pour tous, tous pour un ». Autrement dit, une agression d'un membre de la communauté internationale contre un autre membre doit être considérée comme une agression contre la sécurité de tous les membres. L'idée de la sécurité collective ne remet donc pas en cause la structure **anarchique** du système international, mais plutôt son fonctionnement.

La première tentative de mettre sur pied une forme institutionnalisée de sécurité collective, la Société des nations (SDN), créée par le Traité de Versailles en 1919, a échoué pour plusieurs raisons : les deux grandes puissances montantes, les États-Unis et l'Union soviétique, n'en faisaient pas partie (en fait l'URSS y a été admise en 1934, quand la SDN était déjà en crise), elle n'a jamais disposé des moyens de ses ambitions, mais surtout, la SDN n'a jamais su surmonter la prééminence des **intérêts nationaux** de ses États membres. La successeure de la SDN, l'Organisation des Nations Unies (l'ONU), a certes tenté de donner plus de force à la notion de sécurité collective, reconnue implicitement dans l'article 39 de sa Charte, mais si cette **organisation** a aidé à régler plusieurs conflits internationaux, on peut difficilement prétendre qu'elle a agi jusqu'ici de façon très efficace comme instrument de sécurité collective.

L'expérience de la SDN et de l'ONU nous permet de cerner les failles principales du concept de sécurité collective. En premier lieu, celle-ci représente une vision étroite de la sécurité, limitée à l'idée de la sécurité militaire. Deuxièmement, elle tend à figer la structure du système international, d'abord en respectant la hiérarchie entre les différentes puissances du monde, et donc les intérêts des puissances les plus importantes et, ensuite, en ne laissant aucune place à la contestation du système. Troisièmement, les notions de paix et d'agression sont très subjectives. La paix signifie souvent beaucoup plus qu'une absence de conflit, mais comment décider quand une situation de paix acceptable par tous les intéressés est vraiment en vigueur ? De la même façon, la première frappe ne vient pas nécessairement d'un État agresseur, mais comment déterminer qui a vraiment provoqué qui ? Encore une fois, si l'idée de la sécurité collective ne s'arrête qu'à la volonté de mettre fin aux hostilités, elle peut s'avérer nettement insuffisante. Ces quelques interrogations servent à indiquer combien la notion de sécurité collective est à la fois difficile à définir et à pratiquer de façon satisfaisante.

SOCIÉTÉ CIVILE

Civil society

> La société civile est en soi un champ de relations de pouvoir : les forces de la société civile sont reliées, en appui ou par opposition, aux pouvoirs de l'État et du marché (Cox, 1999 : 23).

La notion de société civile désigne généralement le réseau d'**institutions** et de pratiques de la société qui sont autonomes par rapport à l'**État**, et par lesquelles les individus et les groupes se représentent, s'organisent et se mobilisent, souvent en vue d'agir sur l'État et sur les mécanismes de prise de décision.

L'origine du concept remonte à la Rome antique où la *civilis societas* représentait les communautés qui agissaient en suivant des **normes** au-delà des lois de l'État. Les économistes **libéraux** classiques écossais, tel que Adam Smith, voyaient en la société civile un espace où pouvait s'exprimer un nouveau sens moral nécessaire à l'émergente société commerçante. Selon Kant, seule une société civile universelle permettrait d'endiguer les politiques extérieures belliqueuses des États. Hegel, en misant davantage sur l'État pour l'avènement d'un esprit universel, se méfie de la société civile parce qu'elle est mue par des intérêts privés et partisans. Dans le même ordre d'idées, Marx associe la société civile à une bourgeoisie se situant entre l'État et le marché. Elle sert de vecteur de la reproduction des inégalités économiques. Comme chez Smith, la société civile pour Marx est réduite aux acteurs de la sphère économique.

L'apparition de l'usage de ce concept dans le champ d'étude des **Relations internationales** provient de la présence grandissante d'**organisations non gouvernementales (ONG)** autant dans la sphère globale que nationale. Il y a aujourd'hui pratiquement autant de définitions de ce concept qu'il y a d'approches théoriques des relations internationales. Certains auteurs mettent davantage l'accent sur son aspect communautaire ou local (Putnam, 2000), tandis que d'autres insistent sur sa dimension transnationale, voir postwestphalienne (Lipschutz 1992, Linklater 1990a).

Le concept de société civile est l'objet d'un engouement particulier depuis la fin de la Guerre froide. Le concept de **gouvernance**, mis de l'avant par la Banque mondiale à la fin des années 1980, et adopté par plusieurs autres institutions internationales dans les années 1990, est fortement lié à celui-ci. La gouvernance, généralement appliquée aux pays en développement, est un indicateur de la gestion des affaires publiques. Ainsi, la « bonne gouvernance » se mesure notamment à la grande participation de la société civile, entendue comme des acteurs privés, dans la gestion des affaires traditionnellement publiques. Le rôle de la société civile consiste alors à combler le vide créé par le retrait de l'État dans la société tel qu'il est véhiculé par l'idéologie néolibérale des institutions internationales financières (Banque mondiale, FMI). La société civile partage ce rôle dans la gouvernance avec plusieurs autres instances non étatiques tels que les firmes multinationales et le marché mondial.

La Banque mondiale utilise également le concept de capital social que Robert Putnam (2000) mesure au degré de cohésion et de dynamisme de la société civile (famille, associations de toutes sortes, mais non politiques) au sein de la société. Dans une perspective selon laquelle le **développement** passe par le marché, le capital social serait une condition essentielle au développement durable et à la saine gestion des projets de développement communautaire.

Au XXe siècle, un développement important du concept de société civile vient du théoricien **marxiste** Antonio Gramsci. Celui-ci s'inscrit à l'encontre des interprétations économicistes de

Marx. Pour Gramsci, tout pouvoir repose à la fois sur la contrainte, le monopole étatique de la violence et l'idéologie, c'est-à-dire la capacité de la classe dominante de rallier les institutions culturelles dominantes à une vision du monde qui sert ses intérêts. Sa conception de l'**hégémonie** l'amène à penser qu'un renversement révolutionnaire doit passer par l'appropriation des institutions de la société civile. Une société civile qui se conforme aux intérêts de la classe dominante est un indice d'hégémonie.

Robert Cox (1999) apporte aux relations internationales une interprétation de ce concept. D'une part, elle représente le mouvement contestataire transnational face à l'ordre mondial néolibéral établi. D'autre part, elle représente un ensemble de forces sociales qui constituent un mouvement complémentaire à un bloc hégémonique dominant. Cox introduit également dans son analyse les institutions culturelles qui influencent la forme que prendra la société civile et qui participent ou non à légitimer l'ordre établi, c'est-à-dire la famille, les institutions d'enseignement, l'Église, etc. La notion de société civile chez les néogramsciens s'éloigne de celle de Putnam et des **néolibéraux** parce qu'elle ne croit pas que les forces agissant sur le marché soient nécessairement synonymes de développement, mais qu'elles poursuivent leurs intérêts personnels.

La notion de société civile au sein de la **Théorie critique** de l'École de Francfort (Habermas, 1978) s'inspire grandement de celle de Kant. Ce dernier prône l'établissement d'une société civile universelle comme condition essentielle de la paix mondiale, la justice, la liberté et l'égalité. Ici la société civile peut jouer un rôle émancipateur et a pour mission d'être médiatrice de la politique et de la morale. Elle se caractérise par une pluralité d'opinions régie par un usage critique de la raison où l'éthique du discours et l'atteinte de consensus sont mis de l'avant pour l'atteinte d'un idéal de paix. Elle est positionnée en dehors de l'État et de l'économie. Elle comprend de manière générale des « lieux » virtuels ou réels tels que les forums de discussions et les tribunes libres dans les médias, mais aussi les mouvements populaires et les ONG qui se situent en dehors des sphères politiques et économiques. À l'ère de la **mondialisation**, elle prend un caractère transnational et cherche à favoriser l'institutionnalisation d'une démocratie cosmopolite postnationale et post-westaphalienne (Linklater, 1998).

Durant les années 1990, on évoquait davantage l'émergence d'une société civile globale, fortement associée à la mondialisation constituée de régimes non gouvernementaux et d'acteurs transnationaux qui interviennent dans des domaines sociaux où les États sont incapables ou peu disposés à intervenir (Lipschutz, 1992). Cette société civile globale, qui selon Lipschutz se caractérise par un certain activisme, se manifeste en particulier lors des sommets mondiaux ou régionaux où s'organise la mondialisation. Lipschutz montre que ces régimes agissent soit en complémentarité avec les **régimes internationaux** interétatiques, soit à l'encontre des institutions de l'hégémonie néolibérale.

Jérôme Leblanc

SOCIÉTÉ INTERNATIONALE

International Society

Dans le langage courant, on utilise indépendamment le terme « société internationale » et « communauté internationale » pour désigner l'ensemble des **acteurs** internationaux, particulièrement les acteurs étatiques. Toutefois, en théorie de **Relations internationales**, le concept de « société

internationale » prend un sens plus spécifique puisqu'il a été utilisé et son sens précisé par l'**École anglaise** afin de suggérer l'existence d'une véritable société d'**États** qui serait régie par des **normes** et règles au même titre que les sociétés nationales.

SOCIOLOGIE HISTORIQUE

Bien que distinctes, l'histoire et les sciences sociales ne peuvent être constituées de façon significative l'une sans l'autre ; pour cette raison, ce qui importe est la problématisation de l'incontournable tension que suscite cette rencontre (Katznelson, 1997 : 96).

La sociologie historique est une mouvance théorique à la rencontre de trois champs rarement mis en dialogue : la politique comparée, les **Relations internationales** et l'histoire. Elle prend pour objet d'étude un éventail de phénomènes et de processus sociaux pour lesquels l'échelle d'analyse la plus appropriée s'étend sur plusieurs siècles, tels que l'interaction entre la guerre et la formation des **États** (Tilly, 1992), la formation des États (Mann, 1980 ; Tilly, 1992), le développement des différents régimes politiques (Moore, 1966), du **nationalisme** (Greenfeld, 1993) et du capitalisme (Wallerstein, 1979 ; Wood, 1999) ou les révolutions (Skocpol ; Tilly, 1995). Skocpol et Somers (1980) regroupent ces objets traditionnels de la sociologie historique en trois catégories : les dynamiques sociétales, les époques de transformations culturelles et les structures sociales. Dans la même veine, Katznelson (1997) identifie l'action collective, le changement structurel et les pratiques historiques comme étant ses trois principaux champs d'intérêts. Ceux-ci ne sont pas le fruit du hasard parce que cette mouvance cherchait, en outre, à capitaliser sur une faiblesse de la théorie de la modernisation de Parsons, soit sa difficulté à expliquer les processus de transforma-

tions sociales et à montrer comment ils répondent aux motivations de certains agents, non pas abstraits, mais situés dans l'histoire.

Bien que l'on puisse faire remonter ses origines aux travaux de Marx et Weber, la sociologie historique contemporaine émerge vraiment avec la publication de l'ouvrage de Barrington Moore *Social Origins of Dictatorship and Democracy* (1966). À cette époque, les principales théories en sciences sociales étaient la variante d'individualisme méthodologique proposée par le behaviorisme de Skinner et le fonctionnalisme de Parsons. Autant pour le behaviorisme que pour le fonctionnalisme, la prise en compte de l'histoire était négligeable, sinon encombrante, afin d'arriver à des généralisations scientifiques. La sociologie historique amorça une remise en question de cet a-historisme des sciences sociales. Elle contribua, en outre, à montrer que les limites de certains modèles du **développement** économique et social, dont celui de Walter Rostow sur les étapes du développement et d'autres variantes de la théorie de la modernisation, étaient liées au fait que ces auteurs avaient sous-estimé certaines spécificités historiques de leur objet d'étude. Le développement des différents États, des alliances entre les différentes forces sociales et la configuration des formations sociales, pour ne nommer que quelques exemples, sont des processus sociaux dont il est difficile de saisir les spécificités et les variations en faisant abstraction de l'histoire. Pour l'étude des relations internationales, une des contributions les plus importantes de la sociologie historique a été d'avoir amorcé une réflexion sur l'État moderne, et sur certains processus qui ont mené à sa formation, notamment la guerre. À une époque où plusieurs théories des Relations internationales considéraient l'État comme une entité donnée, la sociologie historique eut le mérite d'avoir cherché à le reproblématiser.

L'approche pluridisciplinaire dont s'inspire généralement la sociologie historique a été fortement influencée par l'approche de l'École des Annales, notamment par les travaux de Marc Bloch, George Duby et Fernand Braudel. Ces auteurs ont mis en relief l'importance de l'analyse des fondements économiques et sociaux – l'histoire matérielle – des dynamiques et processus de transformations historiques eux-mêmes, dimensions généralement évacuées par la tradition dominante dont l'objet d'analyse demeurait centré sur une histoire factuelle des intrigues de palais (Bloch, 1994 : 12). Bien que l'École des Annales s'intéresse généralement aux processus de transformations macro-historiques, tels que le développement de la féodalité et du capitalisme, la méthode dominante demeure largement comparative. Pour les Annales, il ne s'agit pas seulement de problématiser les différentes structures de la vie matérielle, mais aussi de mettre en relief la géographie de ces macrostructures. Marc Bloch et George Duby, par exemple, ont fait la généalogie matérielle de la féodalité telle qu'elle s'est développée en Europe, tout en montrant comment ce processus de transformation macrohistorique a marqué

différentes régions d'Europe (Bloch, 1967 ; 1994 ; Duby, 1973 ; 1977).

Si les comparaisons développées par Bloch et Duby demeurent généralement limitées au continent européen, celles développées par Fernand Braudel adoptent une échelle mondiale (Braudel, 1979c : 9). À ce titre, le concept d'économie-monde développé par Braudel – concept qui a fortement influencé la théorie du **système-monde** de Wallerstein – véhicule l'idée d'une géographie différentielle par laquelle se déploie la dynamique structurelle du capitalisme. L'apport de l'École des Annales au développement de la sociologie historique demeure l'importance qu'elle a accordée à l'analyse des fondements matériels des structures de pouvoir telles qu'elles se sont développées dans l'histoire, ainsi que l'approche pluridisciplinaire et comparative qu'elle mit de l'avant afin d'atteindre cet objectif.

Karl Polanyi, un des pionniers du courant institutionnaliste, bien connu pour son ouvrage *The Great Transformation* (1944), peut également être considéré comme un précurseur de la sociologie historique. Il présenta son utilisation de l'histoire de la façon suivante :

> Notre travail n'est pas historique, ce que nous cherchons ce n'est pas une séquence convaincante d'événements remarquables, mais une explication de leurs tendances en termes d'institutions créées par des êtres humains. Nous nous sentirons libre d'investir le passé avec pour seul objectif d'éclairer le présent ; nous effectuerons des analyses détaillées de périodes critiques et nous nous soucierons beaucoup moins de l'enchaîne-

ment fastidieux du temps ; nous devrons empiéter sur plusieurs disciplines dans la poursuite de ce seul objectif (Polanyi, 1944 : 4).

Polanyi ne concevait donc pas la frontière entre les différentes sciences sociales comme incontournable. On retrouvera la même position chez plusieurs auteurs de la sociologie historique vingt ans plus tard. En revanche, il considérait l'étude de l'histoire comme un domaine à part des sciences sociales. Chez lui, l'analyse historique servait de matériel empirique pouvant servir à illustrer certains aspects du monde contemporain.

Dans *The Social Origins of Dictatorship and Democracy* (1966), Barrington Moore mène une étude comparative sur la manière dont les relations de classes ont influencé les développements des régimes politiques en Grande-Bretagne, en France, aux États-Unis, au Japon, en Chine et en Inde. Plus précisément, il cherche à expliquer pourquoi les trois premiers États avaient adopté des régimes démocratiques, alors que le quatrième avait abouti au fascisme et le cinquième au communisme. Moore accorde beaucoup d'importance à la nécessité de situer ces processus dans leur contexte historique. Comme l'affirme un commentateur, chez lui : « la révolution et la lutte des classes ne sont pas traitées indépendamment du temps et de l'espace » (Katznelson, 1997 : 89).

Il ne développa malheureusement pas beaucoup l'aspect international de cette question. Dans la mesure où les configurations de classe jouaient chez lui un rôle plus important que les intérêts de l'État, Moore a été considéré

comme un des auteurs les plus influencés par Marx au sein du champ de la sociologie historique. Dans un ouvrage récent, portant sur la relation entre la recherche de la quête de la pureté morale et la persécution, il démontre que ses influences sont aujourd'hui très vastes et qu'il ne succombe certainement pas à un déterminisme économique (Moore, 2000).

Tout en reconnaissant le rôle significatif de la configuration des rapports de classes dans les processus de transformation sociale, mis en évidence par les travaux de Moore, la génération suivante s'est sensiblement éloignée de la conception « marxisante » de l'État adoptée par ce dernier (Mann, 1986 ; 1988). Les travaux de Theda Skocpol et de Michael Mann s'inscrivent, à cet égard, dans la tradition weberienne, dans la mesure où l'État, plutôt que d'être problématisé comme un simple lieu d'affrontement entre diverses classes sociales, est conçu comme un organe administratif et coercitif autonome à l'égard des déterminants socio-économiques. Par exemple, chez Skocpol, l'État serait *réellement* autonome lorsqu'il est inséré dans la dynamique conflictuelle de la politique internationale.

En plus de postuler l'autonomie des différentes sphères du social (politique, économique, culturelle, militaire) les unes envers les autres et d'en analyser les interactions complexes dans l'histoire, cette génération de sociologues a tenté de dépasser une sociologie historique centrée sur les dynamiques intra-sociétales. En effet, Skocpol et Mann ont tous deux souligné l'importance de la dynamique de compétition au sein de laquelle les États sont imbriqués. À cet égard, ils se sont intéressés aux différentes formes institutionnelles adoptées par l'État afin de mettre en relief l'avantage que confèrent certaines formes d'organisation du pouvoir politique dans l'issue de ce processus de compétition, notamment la capacité de certaines formes d'État à extraire les ressources matérielles nécessaires aux entreprises militaires. Bien qu'ils partagent généralement une conception **réaliste** des Relations internationales, ces auteurs ont néanmoins mis en relief le rôle des différentes formes institutionnelles de l'État dans le processus de compétition au niveau international.

Selon Charles Tilly, ce qui explique l'engouement des sociologues pour l'étude de l'histoire, c'est le fait qu'il y ait eu un changement d'attitude dans leur pratique à partir du moment où « certains sociologues ont commencé à écrire comme si le moment où quelque chose se produit affecte significativement la façon dont il se produit » (Tilly, 1981 : 38). Tilly définit l'analyse historique par le type d'explication qu'elle fournit, c'est-à-dire par le fait que le *temps* et le *lieu* d'une action ou d'une transformation sociale soient pris en compte dans son explication. Pour expliquer ces phénomènes sociaux, il est nécessaire d'avoir comme toile de fond deux processus fondamentaux : « l'expansion du capitalisme et la croissance des États-nations et des systèmes d'États » (Tilly, 1981 : 44).

Le cadre d'analyse développé par Tilly s'inscrit contre toute approche téléologique et volontariste du changement social. *Coercion, Capital and European States* souligne le caractère aléatoire et hasardeux du processus de formation de l'État. À ce titre, « la structure de l'État apparaît essentiellement comme un *produit secondaire* des efforts des gouvernants pour acquérir les moyens de la guerre » (Tilly, 1992 : 221, nos italiques). S'il est vrai que l'État national deviendra au cours des siècles la forme d'organisation politique dominante en Europe, cela n'implique pas que tous les pays aient pris le même chemin pour y parvenir. Au contraire, Tilly soutient que chaque région a connu un parcours différent qui fut, dans chaque cas, façonné par différentes combinaisons et variations entre la concentration du capital et celle de la contrainte, une combinaison elle-même fortement influencée par la position de chaque unité politique à l'intérieur du **système international**. Selon Tilly, bien que les différentes élites politiques aient été confrontées au même impératif, celui d'acquérir les moyens de la guerre, les conditions structurelles différentes au sein desquelles elles évoluaient, c'est-à-dire les variations de la concentration du capital et de la contrainte, se sont manifestées par le développement de stratégies d'action distinctes qui ont elles-mêmes abouti à la formation de différents types d'État.

Face à une tendance voulant éviter les pièges que sont le déterminisme économique et le téléologisme (Skocpol, Mann et Tilly), que l'on associe généralement au **marxisme**, s'est développée une forme de sociologie historique proposant un renouvellement du marxisme. Robert Brenner (1977), Ellen et Neil Wood (1997) soutiennent qu'en postulant, au lieu d'en retracer l'origine, l'autonomie des différentes sphères sociales du pouvoir comme point de départ, la sociologie historique d'inspiration weberienne court le risque de passer à côté d'un processus historiquement spécifique qui doit lui-même faire l'objet d'une analyse. Brenner et Wood soutiennent ainsi que bien qu'étant réelle, l'autonomie du politique chère à la sociologie historique weberienne serait un phénomène *spécifique* aux sociétés capitalistes. Leurs travaux cherchent à démontrer que ce qui caractérise les sociétés pré-capitalistes, c'est le rôle central qu'y jouent des moyens de coercition extra-économiques (coercition physique, privilèges juridiques, etc.) dans la capacité des classes dominantes à assurer la reproduction de leur pouvoir social.

Aussi, l'analyse historique doit-elle être en mesure de mettre en relief la spécificité de chacune des formations sociales. Un tel projet nécessite, selon Ellen Wood, la capacité d'identifier les dynamiques de motricité qui animent toute formation sociale, c'est-à-dire les impératifs et les contraintes qui sont liés à certaines formes d'organisation du pouvoir social. À la spécificité de ces impératifs est intimement liée celle du pouvoir par lequel les surplus sont appropriés des producteurs directs. Ce ne serait qu'à partir d'une telle problématisation que pourrait être comprise la spécificité prise par la sphère économique. La critique de l'économie politique développée par Marx offrirait une telle piste de solution. C'est ce que tentent de démontrer empiriquement les Wood en analysant trois éléments : la spécificité de l'État anglais au XVIe siècle, la transformation sociale du rôle joué par les marchés avec l'avènement de capitalisme et la spécificité du capitalisme comme forme de relations sociales.

Frédérick Guillaume Dufour et Thierry Lapointe

SOFT POWER

La question critique pour l'avenir des États-Unis, ce n'est pas de savoir s'ils commenceront le prochain siècle dans une position de superpuissance avec un approvisionnement en ressources inégalables, mais plutôt dans quelle mesure ils seront capables de contrôler l'environnement politique de façon à pousser les autres États à faire ce qu'ils veulent (Nye, 1990 : 175).

Le *soft power*[1] est un concept qui a été proposé par Joseph S. Nye pour expliquer les transformations de la **puissance** dans les relations internationales. Publié au début des années 1990, son ouvrage essentiel à ce propos, *Bound to Lead*, propose une réponse aux thèses de l'époque qui évoquaient le déclin de la puissance américaine (particulièrement l'ouvrage de Paul Kennedy,

---

1. Les traductions proposées étant jugées insatisfaisantes, nous avons choisi de conserver le terme anglais pour désigner ce concept.

Naissance et déclin des grandes puissances). Nye prétendait alors que la puissance américaine n'était pas vraiment en déclin, que c'était plutôt le concept même de puissance qui devait être revisité. Le *soft power* prendrait de plus en plus d'importance et complémenterait la puissance traditionnelle de contrainte (ou *hard power*).

Le *soft power* peut être défini comme une forme de puissance moins fongible, moins coercitive et moins tangible. Les objectifs sont les mêmes (modifier le comportement ou restreindre la volonté des autres acteurs), mais les moyens sont différents. La fongibilité de la puissance se définit comme sa capacité à être transférée d'une problématique vers une autre. Antérieurement, la puissance était plus fongible qu'elle ne l'est aujourd'hui. Par exemple, une puissance économique se traduisait presque automatiquement dans une puissance militaire. Il était courant d'utiliser sa puissance militaire pour acquérir des ressources, surtout par la conquête de territoires. « De nos jours, cependant, l'usage direct de la force pour obtenir un gain économique est devenu trop onéreux et trop dangereux pour les grandes puissances modernes » (Nye, 1990 : 189).

Deuxièmement, le *soft power* est considéré comme moins coercitif que la puissance traditionnelle. En effet, le *soft power* s'appuie sur la conception d'un **système international** interdépendant. Dans ce cadre, c'est moins à travers des méthodes coercitives (militaires ou économiques) qu'un **acteur** peut influencer un autre acteur, mais plutôt à travers une certaine forme d'influence que Nye appelle la « capacité

de cooptation ». La puissance américaine se distinguerait donc par cette capacité « de structurer une situation de telle sorte que les autres pays fassent des choix ou définissent des intérêts qui s'accordent avec les siens propres » (Nye, 1990 : 191). La diffusion des valeurs par le biais des **institutions internationales** ou encore la prédominance des États-Unis dans le domaine des télécommunications participent à cette capacité de cooptation qui rend la puissance moins coercitive.

Finalement, le *soft power* selon Nye est moins tangible que la puissance traditionnelle. « La cohésion nationale, l'universalité de la culture et les institutions internationales » (Nye, 1990 : 195-196) font partie de ces facteurs moins tangibles qui déterminent la puissance. Cette caractéristique explique que son utilisation entraîne moins de coûts en termes de ressources (il est moins coûteux d'utiliser son influence par le biais la culture que de mettre en branle l'appareil militaire), mais aussi en termes de légitimité puisque dans un monde interdépendant le fait d'adopter une attitude belliciste peut être coûteux en termes d'alliance économique ou politique.

Le *soft power* ne nie pas l'importance de la puissance plus traditionnelle qui a comme pierre de faîte l'appareil militaire. La théorie de Joseph Nye tente de montrer que les deux types de puissance coexistent, mais que le *soft power* est de plus en plus central dans un monde où le plus puissant n'est pas tant celui qui frappe le plus fort que celui qui a la capacité de réunir le plus d'acteurs autour de lui, de maîtriser l'information et de déterminer l'ordre du jour.

Une autre caractéristique essentielle du *soft power* est qu'il peut facilement être appliqué à des acteurs différents de l'acteur étatique, qui reste tout de même fondamental chez Nye. Par exemple, des acteurs privés tels que les **organisations non gouvernementales** ou les entreprises culturelles peuvent aussi utiliser un *soft power* qui parfois vient en contradiction avec les volontés gouvernementales : « La capacité de ralliement qui devient plus importante dans l'âge de l'information est en partie un sous-produit social et économique plutôt que seulement un résultat d'action officielle de la part des gouvernements » (Nye, 2002 : 73).

Dans un de ses plus récents ouvrages *The Paradox Of American Power : Why The World's Only Superpower Can't Go It Alone,* Nye se fait défenseur d'une hégémonie qui se base sur le *soft power*. Moins que des facteurs purement économiques, selon lui l'hégémonie durable est affaire de capacité de ralliement, donc d'influence culturelle et politique. En optant pour l'unilatéralisme, les États-Unis feraient donc fausse route en comprenant mal les transformations de la puissance qui se sont faites plus aiguës dans les dernières décennies.

Catherine Voyer-Léger

SOUVERAINETÉ

Sovereignty

[...] La tentative même de traiter la souveraineté comme une question de définition et de principe légal encourage une certaine amnésie à propos de son caractère historique et culturel spécifique (Walker, 1993 : 166).

Intimement liée à la question des fondements de l'autorité et du **pouvoir** politique, la question de la souveraineté est demeurée l'objet de vifs débats. À ce jour, il n'existe aucun consensus quant à la signification heuristique du concept à l'intérieur de la discipline des **Relations internationales**. Les différentes interprétations du concept reflètent, en fait, la pluralité des positions théoriques au cœur de la discipline.

Au niveau des caractéristiques institutionnelles que l'on attribue généralement à l'**État** souverain, le champ des Relations internationales est demeuré grandement influencé par les écrits du sociologue allemand Max Weber. Selon Weber, la souveraineté n'est autre que la capacité de l'autorité politique à exercer le monopole de la violence légitime à l'intérieur de frontières clairement définies. En d'autres mots, la souveraineté est l'institutionnalisation de relations d'autorité formellement hiérarchisées où l'État exerce l'autorité suprême à l'intérieur d'un territoire délimité. De plus, la notion de souveraineté implique la capacité d'une communauté politique à façonner de manière autonome le caractère propre de ces relations d'autorité et des institutions leur étant associées, c'est-à-dire sans l'intervention ou l'influence de forces extérieures – certains parlent en ces termes de l'indépendance constitutionnelle de l'État (Sorensen, 1999 ; Jackson 1999 ; Philpott, 1995 ; 1999 ; 2000).

Lorsque l'on fait référence à l'organisation et à l'institutionnalisation des relations d'autorité, il est commun de parler en termes de souveraineté « interne » afin de distinguer celle-ci de ses dimensions « externes ». Cette distinction est, bien entendu, de nature purement analytique puisque la souveraineté « interne » de l'État repose sur une série de conventions qui visent à régir les rapports entre les États en garantissant les conditions d'existence de cette **institution**. À ce titre, l'indépendance constitutionnelle de l'État trouve son corrolaire au niveau « externe » dans la reconnaissance du principe de non-intervention et de l'égalité formelle des États. Parallèlement, cette distinction permet de mettre en relief l'importance de la reconnaissance mutuelle de la souveraineté des États dans la conduite des relations internationales. En effet, un État qui possède les attributs de la souveraineté « interne » mais qui ne bénéficie pas de la reconnaissance de cette souveraineté par la communauté internationale se verra, en règle générale, exclu du statut d'**acteur** à part entière du **système international**. En contrepartie, plusieurs des États qui ont vu le jour dans la foulée du mouvement de décolonisation des années 1960 ont été reconnus comme des États souverains par la

communauté internationale bien qu'ils aient été dépourvus des attributs de la souveraineté « interne », d'où la distinction entre souveraineté juridique (*juridical statehood*) et empirique de l'État (*empirical statehood*) (Jackson et Rosberg, 1985 : 49).

Du point de vue théorique, le concept de souveraineté de l'État demeure un objet de débats fort importants à l'intérieur de la discipline. Il importe donc de problématiser le sens de ce concept en relation avec les divers discours théoriques qui dominent le champ.

Chez les **réalistes** et **néoréalistes**, la question de la souveraineté est abordée en relation étroite avec la problématique de l'**anarchie**. C'est l'absence d'un Léviathan mondial qui établit les conditions d'existence des États en tant qu'acteurs souverains. Parallèlement, l'état d'insécurité latent créé par la structure anarchique du système international présuppose la capacité des États à agir de manière autonome afin de développer les stratégies nécessaires afin de garantir leur survie. La souveraineté équivaut donc aux **capacités** matérielles des États qui leur permettent d'agir de façon autonome tout en étant la condition même de leur existence. Ces approches font difficilement la distinction entre État et souveraineté. En effet, leur conception de l'agence, c'est-à-dire l'État, présuppose la capacité à confronter la menace de façon autonome (Darel, 1999). Surtout chez les néoréalistes tel que Waltz (1979), la souveraineté s'apparente davantage à un attribut intrinsèque qu'à une institution sociale. L'égoïsme des États, le **dilemme de la**

231

sécurité et la maximisation de la **puissance** demeurent des réalités universelles au sein d'un système d'États anarchique peu importe le type d'acteur en question ou les institutions développées.

Des **constructivistes** tels que Wendt se sont attaqués à cette conception de la souveraineté qu'ils considèrent hautement statique et a-sociale. Ils mettent ainsi l'accent sur le caractère relationnel de la souveraineté de même que sur son rôle normatif dans les processus de socialisation des États (Wendt, 1987 ; 1992a ; 1999 ; Philpott, 1999 ; 2000). L'approche constructiviste problématise ainsi la souveraineté comme une institution sociale qui formalise les normes d'interaction à l'intérieur du système international et qui façonne de manière significative l'**identité** et les **intérêts** des États. C'est ici l'acte social de reconnaissance mutuelle de leur souveraineté respective qui représente le moment déterminant de la fondation d'un système d'États souverains. Daniel Philpott renverse, par exemple, le rapport de causalité entre anarchie et souveraineté à la base des approches réalistes et néoréalistes en soutenant que c'est la reconnaissance mutuelle des limites territoriales de l'autorité politique des États qui est au cœur de la dichotomie séparant la sphère interne de la sphère internationale.

La souveraineté est ainsi conceptualisée comme une **norme** constitutive de la **société internationale** (Philpott, 1999 : 567). Deux dimensions de la souveraineté sont ainsi mises en valeur. L'une, statique, établit les normes constitutives de la souveraineté de l'État en termes d'exercice de l'autorité politique suprême à l'intérieur de **frontières** délimitées. L'autre, dynamique, consacre les normes régulatrices déterminant le type d'acteurs jugés légitimes et les prérogatives que ces derniers se voient reconnaître à l'intérieur du système international. Sorensen suggère ainsi que « l'institution de la souveraineté et le degré concret de l'autonomie de l'État sont deux choses différentes » (Sorensen, 1999 : 595).

Les **poststructuralistes** ont contribué à une remise en question de la conceptualisation traditionnelle du concept de souveraineté à l'intérieur de la discipline. Ils ont, en effet, mis en relief le caractère a-historique et a-social des fondements théoriques de la discipline, et démontré comment les pratiques discursives des théories dominantes en Relations internationales – des pratiques d'exclusion qui réduisent les voies alternatives à un statut marginal – participent à la reproduction des structures de domination en les représentant comme des réalitées universelles. Leur critique des catégories **ontologiques** de la discipline – comme l'État et la souveraineté – demeure certes l'une des principales contributions de théoriciens comme Walker, Ashley ou Bartelson. Ils ont tenté de mettre en relief les façons dont certains discours sur la souveraineté contribuent à naturaliser et à universaliser des pratiques d'exclusion et de marginalisation de l'Autre. Ces discours mettent l'accent sur la segmentation de l'espace politique et renforcent, par le fait même, une conception limitée de l'identité, la citoyenneté et la sécurité « nationale » de telle sorte qu'ils contribuent à générer (et à légitimer) un climat favorable à l'exercice de la violence de l'État.

Chez les auteurs néomarxistes tels que Rosenberg (1994b) et Teschke (2003), la souveraineté est problématisée en tant que relation sociale historiquement constituée. Ces auteurs tentent ainsi de mettre en relief la spécificité des formes de souveraineté à partir des relations sociales de propriété et du mode d'extraction des surplus qui leur sont associées. Ces auteurs se sont attaqués à l'idée généralement reçue en Relations internationales que la souveraineté de l'État, telle que nous la connaissons à ce jour, s'est vue sanctionnée au XVIIᵉ siècle par la Paix de **Westphalie** (1648). Ils ont ainsi mis en relief le fait que dans les sociétés précapitalistes, le mode d'appropriation des surplus reposait sur l'utilisation des moyens extra-économiques et que l'État demeurait, à ce titre, le mécanisme d'appropriation par excellence pour les classes dominantes. À partir de ce constat, ces auteurs soutiennent

l'idée que le processus de centralisation et de territorialisation de l'autorité politique qui s'est accentué au XVIIᵉ siècle aurait plutôt mené vers le développement d'une forme absolutiste de la souveraineté où la sphère publique et privée n'était pas encore clairement distinguée puisque l'État demeurait encore la propriété des dynasties. Ce ne sera qu'avec la transition vers le capitalisme, mode d'extraction des surplus reposant sur des moyens « purement » économiques, que les sphères publique et privée seront clairement séparées et que la souveraineté de l'État prendra la forme abstraite et dépersonnalisée que nous connaissons à ce jour. Enfin, ces auteurs suggèrent que la forme du pouvoir social que ces types de souveraineté ont ainsi institutionnalisée doit être prise en compte afin de comprendre la spécificité des dynamiques et impératifs propres aux systèmes internationaux.

Thierry Lapointe

233

SPHÈRE D'INFLUENCE

Sphere of Influence

Une sphère d'influence existe dans la mesure où une grande **puissance** réussit à faire admettre par d'autres grandes puissances qu'elle a un droit de regard presque exclusif sur la politique intérieure et extérieure de certains pays qui lui sont géographiquement ou politiquement proches. On associe l'idée de

sphère d'influence avec les grandes puissances impérialistes du XIXᵉ siècle, et qui ont divisé le monde colonial en autant de zones « protégées » et exclusives, mais aussi avec la notion d'**équilibre des puissances**. On pourrait même dire que l'équilibre des forces dépendait de la reconnaissance implicite de l'existence de sphères d'influence. Les pays qui faisaient partie de la sphère d'influence d'une grande puissance devaient avoir un régime politique qui n'était pas hostile à celle-ci, et poursuivre une **politique étrangère** conforme à ses **intérêts**. Toute tentative d'une autre grande puissance d'intervenir auprès d'un pays faisant partie de la sphère d'influence d'une autre puissance était considérée comme un acte hostile, voire une cause de guerre.

Au cours du XXᵉ et depuis le début du XXIᵉ siècle, l'idée de sphères d'influence n'a rien perdu de sa force. Pendant la Guerre froide, les « blocs » occidental et soviétique constituaient de véritables sphères d'influence. Une partie de la concurrence entre les États-Unis et l'Union soviétique consistait à tenter d'établir des sphères d'influence dans des régions encore en dehors des deux blocs, notamment en Afrique et au Moyen-Orient. On peut considérer que le « proche étranger » (les anciens pays membres de l'URSS) représente aujourd'hui une sphère d'influence russe, tout comme l'Amérique latine et les Antilles continuent à faire partie de la sphère d'influence des États-Unis.

STABILITÉ HÉGÉMONIQUE, théorie de la

Theory of Hegemonic Stability

Pour que l'économie mondiale soit stable, il est nécessaire qu'il s'y trouve un stabilisateur, un seul stabilisateur (Kindleberger, 1973 : 305).

La théorie de la stabilité hégémonique avance l'idée que l'existence d'une **hégémonie** pratiquée par un seul **État** permet de maintenir un ordre mondial. C'est à la suite de l'annonce du déclin de la **puissance** des États-Unis dans les années 1970 que la théorie a été développée par des théoriciens du choix rationnel (Kindleberger, Krasner, Gilpin) et par des **institutionnalistes libéraux** (Modelski, Ikenberry, Kupchan). Leurs approches s'accordent pour donner une importance théorique prioritaire aux **capacités** extraordinaires, à la fois par leur diversité et par leur degré de concentration par rapport à l'ensemble du système, que possède le leader hégémonique (Rapkin, 1990 : 5).

L'approche développée par Krasner et Kindleberger propose d'établir une corrélation entre la variable indépendante qu'est l'hégémonie et la variable dépendante qu'est un **régime international** stable. La stabilité des régimes repose sur le leadership positif d'un État qui établit des **normes** et des règles et en supervise l'application par les autres États, notamment dans le domaine des relations économiques internationales (Krasner, 1983 : 2). Étant donné qu'ils sont le lieu où les attentes des différents acteurs convergent, les régimes sont considérés comme un bien commun nécessaire à la stabilité. Les formes de leadership adoptées par ces **institutions**, dans le but de stabiliser les **relations internationales**, varient et peuvent être établies selon des principes de coercition ou, au contraire, de « bienveillance » des leaders. La priorité qui est accordée aux régimes explique qu'il soit possible, en période de déclin ou même « après l'hégémonie » (Keohane, 1984), de maintenir cette stabilité au moyen d'une « certaine » **multipolarité** établie par les institutions internationales mises en place depuis la Seconde Guerre mondiale.

Ailleurs, on mettra plus d'importance sur les questions de **sécurité** et d'ordre. Par l'application d'un modèle micro-économique, et donc individualiste, aux décisions politiques prises dans une perspective globale, et donc holiste (Gilpin, 1981 : 9), la théorie de la stabilité hégémonique chez Gilpin s'inscrit davantage dans une perspective **d'économie politique internationale**. Elle suppose que les acteurs que sont les États entreprennent des calculs coûts-bénéfices qui les amènent à transformer le système à leur avantage, à accumuler des ressources matérielles et à contrôler les sources de capital, les marchés et les avantages compétitifs (Keohane, 1984 : 32). Chaque État sera enclin à coopérer afin de retirer des bénéfices de cette quête de puissance et les risques de conflit diminueront d'autant. Ainsi, les périodes hégémoniques que furent le *Pax Britannica* et le *Pax Americana* ont assuré la paix et la stabilité du **système international**, et la Grande-Bretagne tout comme les États-Unis ont créé et renforcé les règles et normes de l'ordre économique libéral international (Gilpin, 1981 : 144). De

ce point de vue, la **coopération** et l'interdépendance ne sont cohérentes que si elles sont organisées autour d'une hégémonie (Kebadjian, 1999).

En ce début de siècle, Gilpin comme Krasner (et contrairement à Strange, Huntington ou Gill), considèrent que l'on ne peut plus parler des États-Unis comme étant le seul hégémon et qu'il faut admettre que la santé économique et les ambitions nationales de multiples États dominants sont les forces motrices qui déterminent les caractéristiques politiques et économiques de l'économie globale (Gilpin, 2000 : 51). Selon eux, comme les fondements politiques nécessaires à la stabilité sont fragilisés par le déclin de l'hégémon, il faut s'attendre à ce que le capitalisme globalisant se trouve menacé et coure le risque de disparaître. Pour d'autres, plus nuancés, cette hégémonie peut être divisée au niveau de la triade États-Unis–Japon–Europe sur le plan économique (Kebadjian, 1999), mais ce n'est qu'à partir de bases sociopolitiques américaines, soit les plus « solides », que l'ouverture des marchés est possible.

Par ces lectures structuralistes, comme le soulignent de nombreuses critiques, la théorie de la stabilité hégémonique ne se penche pas sur le sort des États faibles et ne tient pas compte des conséquences idéologiques qu'implique l'existence d'une hégémonie en relations internationales.

C'est en partie en réponse à cela que certains théoriciens **libéraux**, pour lesquels l'hégémonie demeure le seul moyen de mener les États du système à coopérer et donc qui encouragent l'aspect normatif de la théorie de la stabilité hégémonique, proposent que l'hégémon prenne le leadership à un niveau global et remplace ses objectifs quantitatifs par des visées qualitatives (Modelski, 1987 : 223-224). La réciprocité des gains entre les leaders et les États plus faibles est mise de l'avant dans cette analyse. Le leader veillera à déployer des efforts visant à diffuser les innovations technologiques, économiques et politiques, à dynamiser l'économie, à poursuivre l'intérêt général, à réduire les moyens de coercition et à encourager la démocratisation (Rapkin, 1990 : 248-54). La domination qui en découle est en quelque sorte souhaitée, elle devient « légitime » (Rapkin, 1990 : 52), puisqu'elle repose sur des éléments de consentement, d'idéologie et d'intérêts partagés par les « dominés » et non pas sur la simple puissance économique (ou militaire). Par l'institutionalisation de cette subtile domination et par le pluralisme que cela implique, l'idéal kantien de la paix démocratique devient atteignable.

Finalement, par son hypothèse centrale qui veut que les acteurs poursuivant l'**intérêt national** (ou général) aient la capacité de modifier ou d'influencer l'ordre mondial, la théorie de la stabilité hégémonique s'avère moins déterministe que les théories **réaliste** classique et même **néoréaliste**. Par ailleurs, parce qu'elle ne cherche pas à établir une synthèse des facteurs économiques *et* politiques, parce qu'elle met de côté l'analyse des processus de décision et des structures politiques liées à la définition de l'intérêt et parce qu'elle néglige d'expliquer l'existence d'inégalités entre les acteurs, la théorie use tout autant de parcimonie que le réalisme ; elle évite d'ouvrir la boîte noire qu'est l'État et d'analyser le rôle des détenteurs du pouvoir impliqués dans l'exercice du leadership hégémonique, pour se limiter à expliquer et à prédire en quoi celui-ci est souhaitable, voire nécessaire, sur le plan structurel. Par opposition à ces approches rationalistes et fortement normatives, les théoriciens néomarxistes critiquent la théorie de la stabilité hégémonique et reprennent le concept gramscien d'hégémonie pour dénoncer plus radicalement les aspects de domination, d'exploitation, de coercition et d'inégalité qu'il sous-tend (voir **Hégémonie**).

Chantal Robichaud

STATO-CENTRIQUE

State-centered

Terme qui se réfère à toute approche théorique en **Relations internationales** qui met l'État au centre de son **onto-logie**, notamment le **réalisme**, le **néoréalisme** et le **néolibéralisme**.

SYNTHÈSE NÉO-NÉO

Pour la plupart des **positivistes**, le débat principal en théorie des **Relations internationales** depuis les années 1980 se passe entre **néoréalistes** et **néolibéraux**. Cependant, comme le démontre Ole Wæver (1997), les différences entre les deux approches sur les plans **épistémologique** et **ontologique** sont en fait si avancées qu'il faudrait plutôt parler de l'existence d'une *synthèse néo-néo*, c'est-à-dire d'un accord fondamental sur la façon de concevoir les Relations internationales, que d'un véritable débat en tant que tel. Cela dit, il est important d'établir les points principaux de convergence et de divergence entre ces deux courants pour apprécier jusqu'à quel point il serait permis de parler de la réalité de cette synthèse néo-néo. David Baldwin (1993), dans un ouvrage collectif où néoréalistes et néolibéraux s'expriment sur la question, tend à apporter des arguments en faveur de cette thèse quand il résume les différences essentielles qui les séparent de la manière suivante :

(a) Les deux considèrent que le **système international** est **anarchique**. Les néoréalistes prétendent que l'anarchie met des limites sur la **politique étrangère**, et que les néolibéraux sous-estiment l'importance de la survie comme l'objectif de tous les **États**, tandis que les néolibéraux accusent les néoréalistes de sous-estimer l'importance de l'**interdépendance** internationale, de la **mondialisation** et des **régimes**.

(b) Les néoréalistes considèrent que la **coopération** entre États est difficile à atteindre et à maintenir, et dépend de la **puissance** des États, tandis que les néolibéraux pensent que la coopération est facile à atteindre dans des domaines où les États ont des intérêts mutuels.

(c) Ils se distinguent sur la question des **gains absolus et des gains relatifs**.

(d) Selon les néoréalistes, l'anarchie oblige les États à se préoccuper de la puissance relative, la **sécurité** et la survie dans un **système international** concurrentiel. Les néolibéraux se soucient plus du bien-être économique ou des questions d'**économie politique internationale** et d'autres problèmes non militaires.

(e) Les néoréalistes mettent l'accent plus sur les capacités que sur les intentions et les intérêts des États. Les néolibéraux mettent l'accent sur les intentions et les préférences des États.

(f) Les néolibéraux considèrent les régimes et les **institutions** comme des forces significatives dans les relations internationales. Selon les néolibéraux, ces derniers facilitent la coopération, tandis que les néoréalistes déclarent qu'ils ne font rien pour adoucir les effets contraignants de l'anarchie sur la coopération.

SYSTÈME INTERNATIONAL

Les systèmes internationaux sont l'aspect interétatique de la société à laquelle appartiennent les populations soumises à des souverainetés distinctes (Aron, 1984 : 113).

Un système est composé d'unités en interaction et manifeste des propriétés et un comportement différents de ceux des unités. En ce sens, un changement dans une unité ou dans les relations qu'elles entretiennent entre elles peut produire un changement ailleurs dans le système (Jervis, 1997 : 6). Le concept de système international réfère traditionnellement au système d'**États**, dont Aron donne cette définition : « J'appelle système international l'ensemble constitué par des unités politiques qui maintiennent entre elles des relations régulières et sont toutes susceptibles d'être impliquées dans une guerre générale » (Aron, 1984 : 103). Ainsi, cette notion implique l'existence d'interactions entre les États et suggère que le comportement de chacun est un facteur nécessaire dans le calcul des autres (Bull, 1995 : 9-10).

Le système international se distingue des systèmes nationaux par son principe d'organisation **anarchique** plutôt que hiérarchique, c'est-à-dire par l'absence d'un gouvernement central pouvant imposer une régulation des comportements des unités du système. Les différentes théories de **Relations internationales** divergent toutefois quant aux conséquences de cette anarchie pour le système international. Pour les **réalistes** et les **néoréalistes**, l'anarchie du système international entraîne une

méfiance mutuelle entre les États et fait en sorte qu'on ne peut compter que sur soi-même. Pour les **institutionnalistes néolibéraux**, l'anarchie peut être encadrée par des **institutions internationales** qui favorisent la **coopération** dans le système international alors que les auteurs de l'**École anglaise** postulent plutôt l'existence d'une société internationale globalement régie par un certain nombre d'institutions (comme la diplomatie ou l'équilibre de la puissance) atténuant les conséquences de l'anarchie. Pour le **constructivisme** ainsi que plusieurs autres perspectives sociologiques, l'anarchie est plutôt un construit social et les États sont fortement, mais pas totalement, déterminés par la structure normative et institutionnelle du système international.

Pour les réalistes, la caractéristique première d'un système international est la configuration du rapport des forces. L'analyse du système portera donc sur les limites du système, sur le nombre d'**acteurs** (étatiques) et la répartition des forces entre eux et sur la situation de ces acteurs sur le plan géographique. Pour Aron, on détermine de façon plus pertinente l'appartenance d'un État au système international avec le critère de la participation politico-militaire (Aron, 1984 : 104). La configuration du rapport des forces peut prendre une forme unipolaire, bipolaire ou multipolaire.

Quelle que soit la configuration, les unités politiques comportent une hiérarchie, plus ou moins officielle, déterminée essentiellement par les forces que chacune est supposée capable de mobiliser : à une extrémité les grandes, à l'autre les petites puissances... (Aron, 1984 : 107).

Pour H. Bull toutefois, le plus célèbre représentant de l'École anglaise, l'existence de moyens de communication entre deux États ou plus suffit à identifier les membres d'un système international (Bull, 1995).

Une autre caractéristique qui permet de différencier les systèmes internationaux est la nature des régimes des États qui en font partie. Ainsi, on distinguera les systèmes homogènes, dont les États partagent un ensemble de valeurs politiques, des systèmes hétérogènes, dont les États se réclament de valeurs contradictoires. L'homogénéité d'un système favoriserait sa stabilité, sa prévisibilité et la limitation de la violence, alors que les systèmes hétérogènes seraient plus favorables à l'occurrence de guerres. L'analyse réaliste des interactions entre les unités du système international a par ailleurs donné lieu à l'élaboration de la **théorie des jeux**, dont l'exemple le plus connu demeure le **dilemme du prisonnier**.

Kenneth Waltz, l'auteur central du courant néoréaliste, a amené la notion de *structure* à l'analyse du système international de l'école réaliste. Pour Waltz,

[à] un niveau, un système est constitué d'une structure, et la structure est la composante de niveau systémique qui permet de concevoir les unités comme étant partie d'un ensemble plutôt que comme un simple agrégat. À un autre niveau, le système est constitué d'unités interreliées. Le but de la théorie des systèmes est de montrer comment les deux niveaux fonctionnent et interagissent, et il est nécessaire pour cela de les différencier l'un de l'autre (Brecher, 1987).

D'autres approches théoriques mettent l'accent sur différentes caractéristiques du système international. Ainsi, les différentes approches **marxistes** insisteront sur l'effet structurant des rapports d'exploitation économique entre classes dominantes et classes dominées dans le système international, alors que les constructivistes considéreront plutôt la structure du système comme étant composée des **normes** et des **institutions internationales**. Selon les approches, on inclura également une multitude d'autres acteurs que les États dans l'analyse du système international, tels que les firmes transnationales, les **organisations non gouvernementales**, les **organisations internationales**, et l'on considérera différents domaines d'interaction (politique, militaire, économique et culturel).

Evelyne Dufault

239

SYSTÈME-MONDE, théorie du

L'exploitation et le refus d'accepter l'exploitation comme inévitable ou juste constituent l'antinomie persistante de l'ère moderne. Elles sont jointes dans une dialectique qui est loin d'avoir atteint son point culminant durant le XXᵉ siècle (Wallerstein, 1974 : 357).

La théorie du système-monde connaît son essor à la fin des années 1970 et au début des années 1980. L'historien des Annales, Fernand Braudel, et le sociologue Immanuel Wallerstein publièrent en 1979 des ouvrages fondamentaux pour son développement. Bien que la théorie du système-monde soit parfois associée presque exclusivement aux travaux de Wallerstein, principalement dans le monde anglo-saxon, les thèses de Braudel, et dans une moindre mesure de Giovanni Arrighi, seront également abordées ici. Sans nier l'importance des secondes, on mettra davantage l'accent sur leurs similitudes que sur leurs divergences.

La théorie du système-monde adopte une méthodologie holistique. Elle conçoit le système-monde comme la seule unité de comparaison valable en sciences sociales. Chez Braudel, cette position se trouve reflétée dans sa conception du temps et de l'espace. Pour l'historien français, le *tempo* de l'histoire a trois rythmes. *L'histoire événementielle* prend pour objet les structures du quotidien et correspond au temps individuel. *L'histoire conjoncturelle* prend pour objet l'interaction entre les individus et les structures économiques et politiques. Finalement,

l'histoire sur la longue durée prend pour objet les transformations géographiques, démographiques et culturelles perceptibles seulement sur des siècles. Braudel, Wallerstein et Arrighi se méfient des **États**-nations comme unité d'analyse. Wallerstein, qui tient à faire d'un système social fermé sa principale unité d'analyse, affirme qu'il n'en a existé que deux variantes historiques : les micro-systèmes et les systèmes-mondes. Les premiers n'existant plus, il se penche sur le système-monde moderne.

Braudel distingue *l'économie-mondiale* des *économies-mondes*. Une économie-monde « ne met en cause qu'un fragment de l'univers, un morceau de la planète économiquement autonome, capable pour l'essentiel de se suffire à lui-même et auquel ses liaisons et ses échanges intérieurs confèrent une certaine unité organique » (Braudel, 1979c : 14). Cette unité organise de façon cohérente un ensemble d'espaces économique et politique, et trois règles tendancielles en résument l'organisation. L'espace qu'elle occupe doit varier lentement. Il doit être dominé au centre par une ville capitaliste (Braudel, 1979c : 18), et ses diverses zones sont hiérarchisées en une configuration spatiale où l'on retrouve des régions secondaires développées et d'énormes marges extérieures. L'économie-mondiale, quant à elle, s'étend

à la terre entière ; elle représente « le marché de tout l'univers », « le genre humain ou toute une partie du genre humain qui commerce ensemble et ne forme plus aujourd'hui, en quelque sorte, qu'un seul marché » (Sismondi cité dans Braudel, 1979c : 14).

Une économie-monde est structurée par une *division du travail*, mais la théorie du système-monde critique la conception néoclassique de ce concept. La division internationale du travail, explique Braudel,

> n'est pas le fruit de vocations qui seraient « naturelles » et iraient de soi, elle est un héritage, la consolidation d'une situation plus ou moins ancienne, lentement, historiquement dessinée. La division du travail à l'échelle du monde (ou d'une économie-monde) n'est pas un accord concerté et révisable à chaque instant entre partenaires égaux. Elle s'est établie progressivement comme une chaîne de subordinations qui se déterminent les unes les autres. L'échange inégal, créateur de l'inégalité du monde, et, réciproquement, l'inégalité du monde, créatrice obstinée de l'échange, sont de vieilles réalités (Braudel, 1979c : 46).

Cette *division internationale du travail* s'organise sous la forme de la domination d'une zone périphérique par une zone centrale. L'appropriation des surplus des États de la périphérie par ceux du centre est la dynamique principale permettant la reproduction de cette domination. Cette dernière adopta plusieurs formes historiques : le pillage, l'échange inégal et les politiques d'ajustements structurels. Une des nouveautés de la théorie du système-monde par rapport à celle de la **dépendance** est le concept de semi-périphérie qui vient désigner une zone se situant à plusieurs égards entre les deux autres zones. Wallerstein précise que

> certaines de ces zones ont été des zones du centre à un moment antérieur d'une économie-monde donnée. D'autres ont

été des zones périphériques qui subirent une promotion en raison des changements géopolitiques d'une économie-monde en expansion (Wallerstein, 1974 : 349-350).

Il met l'accent sur le rôle clé de la zone semi-périphérique en ce qu'elle vient lubrifier et donner une certaine mobilité à la dynamique de domination entre le centre et la périphérie, en plus de donner une apparence plus souple et plus mobile aux rapports de domination. Wallerstein critique également la conception **marxiste** du capitalisme qui situe la spécificité des relations sociales capitalistes dans la nécessité pour le travailleur de vendre sa force de travail. Braudel, quant à lui, définit le capitalisme en outre comme « une accumulation de **puissance** (qui fonde l'échange sur un rapport de force autant et plus que sur la réciprocité des besoins) » (Braudel, 1979b : 8). Wallerstein soutient que le capitalisme « n'implique pas seulement l'appropriation de la plus-value par un propriétaire aux dépens d'un travailleur, mais l'appropriation de surplus de l'ensemble de l'économie-monde par les États du centre » (Wallerstein, 1979 : 18-19). Il reproche aux marxistes de tenter de comprendre dans un cadre national une dynamique qu'il aborde à une échelle globale. C'est ce qui mène Wallerstein et Braudel à considérer certains problèmes, comme celui des stades de transition des modes de production, comme de faux problèmes. Une économie-monde capitaliste repose nécessairement, selon eux, sur la coexistence des modes de production.

Un désaccord oppose Braudel et Wallerstein sur la question de l'origine du capitalisme. Selon le second, la spé-

241

cificité à l'origine du système-monde européen est la présence persistante d'une économie-monde qui ne se transforma jamais en empire et donna naissance à une division « internationale » du travail. L'absence d'une autorité politique centralisée permit au capitalisme de prendre son essor parce que « le capitalisme comme mode économique est basé sur le fait que les facteurs économiques opèrent au sein d'une arène plus large que celle que les entités politiques sont en mesure de contrôler » (Wallerstein, 1974 : 348). Historiquement, les États du centre accédèrent à une position privilégiée du fait qu'ils orientèrent leur économie sur l'élevage et les produits manufacturiers. Puis, ils jouèrent l'équilibre entre libre-échange et protectionnisme à leur avantage. Selon Wallerstein, l'émergence du capitalisme et de l'économie-monde européenne date de 1557, année où Charles Quint et les prétentions impériales des Habsbourg sont défaits. Braudel la date au XIIIe siècle en Italie (Braudel, 1979c : 56). On retrouverait même, selon lui, la présence d'éléments capitalistes, de marchés, ainsi que de capital marchand et financier dès les XIe et XIIe siècles (Braudel, 1979c : 783 ; Wallerstein, 1986).

La théorie du système-monde cherche à montrer comment les déplacements du centre de l'économie-monde européenne correspondent aux déplacements du centre du pouvoir politique au sein du système-monde moderne. Le cycle de la succession des puissances hégémoniques a donc une base matérielle. Braudel, Wallerstein et Arrighi ne s'entendent cependant pas

sur le cycle économique qui détermine cette succession. Arrighi distingue les *cycles systémiques d'accumulation du capital* de la *tendance séculaire* et du *cycle de Kondratieff* auxquels Braudel et Wallerstein accordent beaucoup d'importance. Selon Arrighi (1994 : 7), « le cycle des prix séculaire et le cycle systémique d'accumulation du capital sont complètement désynchronisés ». Seuls les derniers sont, selon lui, des phénomènes proprement capitalistes et permettent l'étude de « la succession des régimes à travers lesquels l'économie-monde capitaliste s'est étendue » (Arrighi, 1994 : 10).

Du côté de la **sociologie historique**, Skocpol se livra à une critique en profondeur de la méthodologie de Wallerstein. Elle critiqua particulièrement son choix du système-monde comme principale unité d'analyse (Skocpol et Somers, 1980). Tilly, quant à lui, soutient que Wallerstein sous-estime le rôle joué par la guerre dans la formation des États européens (Tilly, 1992). Les néomarxistes adressèrent également des critiques à cette théorie qui portèrent d'abord sur l'accent mis sur la sphère de la circulation au détriment de celle de la production (Brenner, 1977 ; Wood, 1999, 2000). Ces critiques doutent que le mode d'extraction des surplus procède davantage du système-monde que des luttes de classes concrètes. D'autres critiques s'élevèrent contre la conception des classes sociales de Wallerstein (Brewer, 1987 ; Gerstein, 1983) qui assimile parfois l'esclavage, le servage et la nécessité pour le travailleur de vendre sa force de travail à plus ou moins la même relation sociale, c'est-à-dire l'exploitation. On lui reprocha également de présenter, dans un texte ambigu, le concept de *classe* comme pratiquement interchangeable avec celui de *race* (Wallerstein, 1979). Dans l'ensemble, c'est le critère proposé par cette théorie pour définir la spécificité du capitalisme qui a été le plus sévèrement remis en question.

Frédérick Guillaume Dufour

THÉORIE

La théorie des relations internationales change constamment [...] Il se peut que les explications théoriques d'aujourd'hui doivent être raffinées et corrigées au fur et à mesure que l'on découvre de nouvelles données, que l'on fait des classifications et des mesures plus exactes, et que l'on entreprend des analyses plus pénétrantes ici et à l'étranger (Dougherty et Pfalzgraff, 1997 : 5).

Même si la discipline des **Relations internationales** a été longtemps dominée par une seule approche théorique générale, celle du **réalisme**, on peut difficilement prétendre qu'il y a jamais existé une théorie unique des Relations internationales, capable d'expliquer les phénomènes internationaux à la satisfaction de tous ceux qui faisaient partie des spécialistes de ce domaine. C'est encore moins le cas aujourd'hui, avec l'émergence des diverses **théories critiques**, et qui remettent en cause à la fois l'**épistémologie**, l'**ontologie** et la méthodologie des approches dites **positivistes** qui avaient gagné l'adhésion de la plupart des spécialistes des Relations internationales, du moins en Amérique du Nord jusqu'aux années 1980.

Le terme même de *théorie en Relations internationales* se prête à plusieurs interprétations. De façon générale, nous pouvons dire qu'une théorie

nous permet d'établir des rapports entre les phénomènes étudiés en vue de mieux comprendre ou de mieux expliquer le sens de ces relations. En un mot, la théorie rend le monde plus intelligible, et oriente nos recherches sur le plan ontologique. La notion de théorie doit être nettement distinguée de celle de *modèle* avec laquelle elle est trop souvent confondue[1]. Un modèle propose surtout une représentation descriptive et simplifiée de la réalité ou des rapports entre les différentes parties constituantes d'un phénomène. Contrairement à la théorie, il n'offre ni explication ni interprétation de ces rapports.

En réalité, depuis le renouveau du débat sur la théorie des Relations internationales au cours des années 1980, la majeure partie de la discussion autour de celle-ci concerne des questions sur la nature de la théorie, sur son statut, sur ses objectifs, sur ses fondements épistémologiques et ontologiques. Autrement dit, on soulève avant tout des interrogations d'ordre *métathéo-*

1. Ainsi dans un ouvrage bien connu, consacré à la réflexion théorique en Relations internationales, les auteurs déclarent : « Bien que les philosophes des sciences fassent souvent des distinctions techniques entre théories, **paradigmes** et modèles, [...] nous nous servirons indifféremment de ces termes » (Rosenau et Durfee, 1995 : 191).

rique (du grec *meta*, signifiant « au-delà »), indication que la théorie des Relations internationales passe actuellement par une période de grande réflexion sur son identité.

Pour certains, la théorie commence par une observation des faits, la démonstration d'un rapport entre cause et effet, pour déboucher finalement sur une explication qui pourrait être appliquée à des situations identiques, ou du moins semblables, avec les mêmes résultats. Dans de tels cas, on parlera d'une théorie *explicative*, qui passe normalement par la formulation d'une ou des hypothèses en vue d'expliquer un phénomène donné, suivie d'un processus de vérification fondé sur l'observation de faits concrets et de propositions de relations causales. Elles sont alors présentées comme les bases d'une explication plausible, qui sera éventuellement remplacée par d'autres explications qui seront plus fondées, grâce à l'apport de nouveaux éléments découverts lors de la recherche ou au cours de l'évolution des événements. L'objectif ultime de ce processus serait la découverte de généralisations, voire de véritables lois. Comme le dit Waltz (1979 : 6) : « Les lois sont des "faits d'observation" ; les théories sont des "processus spéculatifs introduits pour les expliquer". » Malheureusement pour Waltz et les **néoréalistes**, les sciences sociales n'ont jamais réussi à établir de façon concluante de telles lois. Elles ont tout au plus prétendu avoir découvert des probabilités ou des tendances. Des généralisations dignes de ce nom sont encore plus rares en Relations internationales, tandis que des lois sont pour tout dire inexistantes.

Pour d'autres, il faut procéder par un questionnement sur les conceptions préalables, voire les préjugés, les expériences antérieures et les croyances que chaque chercheur porte en lui et qui influent inévitablement sur sa perception de la réalité. Autrement dit, on part du fait que le chercheur fait partie directement ou indirectement de la réalité sociale qu'il étudie. Dans une telle vision, la théorie vise plus à *comprendre* ou à *interpréter* qu'à *expliquer* les relations internationales. Elle nie, ou du moins relativise, la capacité d'une observation « objective » d'un monde social auquel nous sommes liés et sur lequel nous avons tous un point de vue, même si nous tentons de nous y tenir à distance. On parle alors de théories dites *constitutives*.

Les approches théoriques se divisent aussi entre celles qui se prétendent **fondationnalistes** et celles qui se déclarent *antifondationnalistes*. Une théorie est fondationnaliste dans la mesure où elle considère qu'il existe une base indiscutable sur laquelle on peut fonder une interprétation ou une explication des choses. Les antifondationnalistes rejettent l'existence d'un tel fondement. Par exemple, le **marxisme** se repose, en dernière instance, sur la notion de l'omni-présence de la lutte des classes pour expliquer la réalité sociale, économique et politique. Il est donc une approche ouvertement fondationnaliste. Par contre, les **postmodernistes** proclament leur antifondationnalisme, en partant de l'idée qu'il ne peut y avoir aucune grande théorie qui expliquerait le monde et qui permettrait de démontrer par le fait même la supériorité d'une

245

théorie par rapport à une autre. Il n'est pas difficile d'imaginer les difficultés à établir un véritable débat entre les tenants de ces deux conceptions fondamentales de la philosophie. Certains spécialistes des Relations internationales, en s'inspirant du concept de **paradigme** proposé par le philosophe des sciences Thomas Kuhn, vont jusqu'à conclure qu'un tel débat est devenu impossible ou peu utile, qu'il existe une véritable *incommensurabilité* entre approches fondationnalistes et antifondationnalistes.

Enfin, il faudrait s'interroger sur les objectifs avoués ou non avoués de l'approche théorique qui est utilisée. On pense en particulier à la distinction importante proposée par Robert Cox entre les théories qui cherchent essentiellement à résoudre des problèmes dans le **système international** (*problem-solving theories*) en vue d'en assurer un meilleur fonctionnement, et celles qui proposent une critique des fondements mêmes du système. Les premières prennent « le monde tel qu'elles le trouvent, avec les rapports sociaux et de pouvoir existants et les institutions à l'intérieur desquelles ils sont organisés, comme le cadre donné pour l'action » (Cox, 1981 : 128). Donc ces « problem-solving theories » seraient foncièrement conservatrices ou, du moins, pencheraient en faveur du maintien du *statu quo*, même si elles ne le reconnaissent pas, tandis que les théories critiques chercheraient à comprendre comment on en est arrivé là et à transformer le système ou tout au moins à le concevoir autrement. Les premières se prétendent « objectives » mais ne le sont nullement, les secondes se veulent

explicitement réformistes, révolutionnaires, ou cherchent simplement à démasquer les buts réels d'une approche théorique.

La distinction proposée par Cox simplifie quelque peu les différences entre approches théoriques, mais sert à souligner un aspect important des théories en Relations internationales, leur *téléologie*. En fait, malgré les prétentions de certaines théories de séparer valeurs, observations et analyses, ou de rejeter toute forme de fondationnalisme, toutes les approches théoriques dans cette discipline portent en elles une idée implicite ou explicite des finalités souhaitables des relations internationales, que ce soit l'équilibre fondamental du système international chez les néoréalistes, l'insistance sur le devoir d'émancipation de la **Théorie Critique**, ou la dénonciation de l'exclusion chez la plupart des postmodernes.

Cela nous amène à parler d'un troisième courant théorique en Relations internationales qui diffère des approches explicatives et constitutives et qui sont essentiellement *analytiques*. Celui-ci met l'accent sur l'éthique des relations entre **acteurs internationaux**. Il s'agit de la **théorie normative**, qui puise ses origines dans l'**idéalisme** de l'entre-deux-guerres, et qui a toujours attiré un certain nombre d'adeptes, et qui a gagné du terrain depuis les années 1980 (voir aussi **normes**).

Il serait sans doute injuste d'ignorer les préoccupations morales de réalistes classiques comme Morgenthau, Niebuhr ou Aron, pour qui il ne fallait jamais confondre réalisme et *Realpolitik*, fondée uniquement sur une interprétation très étroite de la **puissance** et des demandes de l'**intérêt national**. Mais leur vision de l'éthique internationale reposait avant tout sur l'idée de la pratique de la responsabilité de la part des grandes puissances en relations entre États. Les partisans d'une approche normative se posent une série de questions très différentes, et qui concernent des choses comme la moralité de l'utilisation de la force en relations internationales, les droits de l'Homme et les limites de l'exercice de la **souveraineté**, et la justice distributive à l'échelle mondiale.

Le pluralisme dans la conception de la théorie en Relations internationales qui s'établit depuis les années 1980 témoigne non seulement de la vitalité de cette discipline, mais aussi du fait qu'elle a pris sa place parmi les autres sciences sociales.

Evelyne Dufault

THÉORIES CONSTITUTIVES

Constitutive Theories

Voir **Théorie**.

THÉORIES EXPLICATIVES

Explanatory Theories

Voir **Théorie**.

THÉORIES NORMATIVES

Normative Theories

Toute théorie des Relations internationales (RI) est en soi une théorie normative. Par cela, j'entends que même les théories qui renvoient à des approches positivistes et dont l'objectif visé reste l'étude des politiques internationales de manière à se rapprocher le plus possible des méthodes utilisées dans les sciences naturelles ne peuvent éviter des présupposés normatifs en sélectionnant quelles données sont importantes, en interprétant ces données et en expliquant pourquoi de telles recherches sont importantes (Cochran, 1999 : 1).

Renvoyant à une riche tradition avec des auteurs comme Grotius, Rousseau, Kant, Hegel et Marx, les approches normatives du politique ont longtemps été limitées à la théorie politique et à la philosophie. Ce n'est que vers la fin des années 1970, avec des auteurs habituellement associés à l'**École anglaise** comme Martin Wight et Hedley Bull, que les approches normatives se sont développées en **Relations internationales**. C'est d'ailleurs au cours des années 1980, plus particulièrement avec la parution du livre *Toward a Normative Theory of International Relations* (1986) de Mervyn Frost et *Men and Citizens in the Theory of International Relations* (1990) de Andrew Linklater, que se développe au sein du champ l'idée de théories normatives des Relations internationales, distinctes des théories traitant des **normes** en tant que structures sociales des relations internationales (Buzan, 2004 : 14). Les normes correspondant à des standards de comportement décrivent non seulement comment on agit, mais également comment on devrait agir (Brown, 2002b : 147), les approches normatives cherchent à mettre en lumière les normes et valeurs sous-jacentes aux différentes pratiques, analyses et formes d'organisation politique ayant cours sur la scène internationale. Les approches normatives ont ainsi pour objet d'étude les critères de jugements éthiques dans la conduite de la politique globale et recherchent des principes partagés qui favoriseraient une plus grande inclusion morale et une meilleure reconstruction sociale des pratiques internationales (Cochran, 1999 : 2).

On dénote ainsi deux facettes aux approches normatives. Dans un premier temps, elles mettent en lumière les comportements et les choix prescrits par les diverses théories, qu'elles soient **positivistes** ou non (Brown, 2002 : 148). Ainsi, même si le programme des approches normatives est souvent présenté comme une opposition entre « approches normatives », qui renseignent sur la façon dont les choses devraient être d'un point de vue éthique, et approches « positivistes », qui indiquent comment les choses sont en soi, cette dichotomie n'est qu'à moitié fondée. Ainsi, on notera que les diverses approches positivistes sont normatives, puisqu'elles mettent en valeur certaines variables et certains comportements au détriment d'autres. En partant de l'idée que l'étude des relations internationales n'est pas une profession innocente (Cable, 1981 : 305), les approches normatives, comme les **théories critiques**, permettent de mettre en lumière pourquoi et comment certains enjeux sont rendus intelligibles en tant que problèmes politiques alors que d'autres restent à l'écart et sont plutôt définis comme étant des problèmes apolitiques d'ordre « économique », « culturel » ou « privé » (Smith, 1997 : 508). Les approches normatives vont toutefois beaucoup plus loin que les théories critiques en situant la question de l'éthique et des normes au cœur de l'analyse, au lieu de la limiter aux biais associés aux méthodes de recherche (Frost, 1996 : 33).

Dans un second temps, les approches normatives cherchent à identifier les normes *déclarées* d'un ordre international, c'est-à-dire les normes tenues pour acquises et endossées par les **acteurs** agissant sur la scène internationale. Ces normes sont ensuite

248

confrontées aux normes *actuelles* qui gouvernent la conduite des **États**, c'est-à-dire les standards sur lesquels se basent les États pour agir sur la scène internationale (Brown, 2002 : 149). Enfin, une approche normative des Relations internationales cherchera à évaluer de façon critique les prémisses morales sous-tendant ces normes déclarées et actuelles afin de fournir des pistes de conduite basées sur des considérations éthiques aux divers acteurs évoluant sur la scène internationale. Ainsi, la possibilité pour les acteurs de choisir entre différents comportements à adopter reste la prémisse fondamentale des approches normatives, puisque les actions ne sont alors pas déterminées, mais bien dirigées en fonction d'un objectif précis (Brown, 2002b : 148). Les principaux débats au sein des approches normatives sont donc intimement liés au **débat agent-structure**.

Les approches normatives des Relations internationales reposent essentiellement sur deux traditions **ontologiques** distinctes, soit le cosmopolitanisme et le communautarisme. Concrètement, ces deux traditions soulèvent le problème de la priorité morale lorsqu'un problème survient dans les relations entre l'individu et l'État. Le cosmopolitanisme prend l'individu comme point de départ de la réflexion morale et questionne la façon dont les **frontières** étatiques sont invoquées comme limites d'obligation morale envers les individus dans les diverses pratiques internationales (Cochran, 1999 : 21). Elle est ainsi caractérisée par un idéal d'universalité dans ses revendications éthiques. Cette position est fortement

inspirée des travaux sur la justice de John Rawls (1971) et de Charles Beitz (1979), quoique pas nécessairement limitée à ceux-ci. Enfin, l'idée que l'État soit l'élément à la base de pratiques internationales morales est questionnée par cette tradition. En Relations internationales, Andrew Linklater incarne cette position en s'attaquant au problème de l'obligation morale de l'individu envers l'État ou envers l'humanité à part entière, qui sont deux positions difficilement conciliables (Linklater, 2000 : 1836).

Les approches normatives s'inspirant du communautarisme, quant à elles, avancent que la réalisation de l'individu passe par la poursuite de biens communs à l'intérieur d'une communauté. Parce que les relations éthiques entre individus prennent place à l'intérieur de la communauté, les analyses communautaristes considèrent celles-ci en tant que référence ultime en matière de pensée morale (Cochran, 1999 : 52). En Relations internationales, la communauté morale habituellement identifiée et défendue est l'État. *Just and Unjust Wars* (1977) de Michael Waltzer défend cette position et plaide en faveur d'une justice distributive basée sur l'État. Néanmoins, d'autres auteurs comme Molly Cochran (1999) cherchent à aller au-delà de la distinction ontologique entre cosmopolitanisme et communautarisme et plaident plutôt en faveur d'une analyse s'inspirant du pragmatisme de Richard Rorty.

Concrètement, selon Mervyn Frost, les approches normatives des Relations internationales cherchent notamment à répondre aux questions suivantes : Que doit-on faire en cas de famine dans un autre État ? Comment doit-on traiter les individus qui demandent le statut de réfugié politique ou économique ? Comment réagir face à un État qui fait preuve de pratiques génocidaires à l'endroit de sa population ? Doit-on user de la force pour stopper les abus des droits humains dans certains pays (Frost, 1996 : 2) ? Il reste cependant clair que la fin de la Guerre froide a signifié la fin d'un ordre international et le début d'un nouvel ordre marqué par la capacité des États-Unis de déterminer quelles normes sont effectives et de quelle façon il importe de répondre lorsque celles-ci sont bafouées (Brown, 2002 : 151). L'augmentation substantielle du nombre d'interventions humanitaires et d'interventions armées menées au nom d'impératifs de justice ou de morale depuis le début des années 1990 justifient que les approches normatives aient leur place en Relations internationales. Ainsi, l'intervention de l'OTAN au Kosovo ou encore l'intervention militaire en Irak de 2003 sont autant d'exemples démontrant que les approches normatives s'avèrent des outils théoriques fondamentaux pour analyser et juger de manière critique les politiques menées par les divers acteurs sur la scène politique globale.

Anne-Marie D'Aoust

TIERS MONDE

En fin de compte, le Tiers Monde est le siège d'une quadruple crise : terminologique, sémantique, idéologique, qualitative (Jouve, 1988 : 11).

De façon générale, on peut dire qu'« un Tiers Monde apparaît lorsqu'un système de **puissance** dual, **bipolaire** est modifié par la présence d'un groupe de petits **États** faibles qui partagent un certain sens de l'intérêt commun contre l'ascendant des deux grandes puissances » (Wight, 1977 : 177). Le concept de Tiers Monde, au sens de *tiers parti*, n'est pas récent, et Wight en fait remonter l'origine en 1733, alors que d'Argenson tente de formuler une politique permettant à la France de promouvoir l'indépendance des États italiens. Par *tiers parti*, d'Argenson veut signifier l'existence de petites puissances n'étant pas rattachées aux grandes maisons d'Autriche ou de Bourbon. Dans le monde contemporain, le concept de Tiers Monde fait référence aux pays en développement de l'Afrique, de l'Asie et de l'Amérique latine qui ne se sont pas alignés sur l'un des grands blocs durant la Guerre froide. Depuis la fin de cette dernière, toutefois, l'étiquette de Tiers Monde est plutôt tombée en désuétude et tend à être remplacée par celle de « pays en **développement** ». Le concept de Tiers Monde, on le comprendra, pose donc un problème de définition puisque celui-ci fait référence à un mélange d'acceptions économiques et politiques. Il désigne en effet à la fois des pays à la périphérie du **pouvoir** politique et un ensemble de pays possédant des caractéristiques économiques et sociales.

La paternité du concept de Tiers Monde, dans son utilisation moderne, est incertaine. On l'attribue fréquemment au démographe Alfred Sauvy, qui, d'une analogie au tiers état de la France d'avant la Révolution, aurait créé l'expression Tiers Monde pour désigner les pays sous-développés dans un article du *France Observateur* publié en 1952. Depuis sa création, le concept a revêtu plusieurs significations et devint pour certains un slogan politique.

La Conférence afro-asiatique de Bandoung, en avril 1955, constitue ni plus ni moins « l'acte de naissance » politique du Tiers Monde contemporain. Les représentants des vingt-neuf États présents y condamnèrent la colonisation et encouragèrent l'affirmation du Tiers Monde dans sa volonté de prendre en main son propre destin. De cette affirmation découleront l'afro-asiatisme qui deviendra un tiers-mondisme, ainsi que le Mouvement des non-alignés. L'idéologie du tiers-mondisme tire ses origines du processus de décolonisation et de la reconnaissance de l'existence d'un troisième « monde » formé de trois continents : l'Afrique, l'Asie et l'Amérique latine. Elle repose sur l'idée que l'extension de la révolution socialiste par une autre voie que celle empruntée par l'URSS est possible dans et par le Tiers Monde, puisque des potentialités révolutionnaires y sont présentes en raison de la misère et de l'humiliation dont ces peuples sont victimes (Chaliand, 1987 : 93). L'autre idée que l'on doit à la Conférence de Bandoung est celle du non-alignement, qui propose de rechercher la paix internationale dans le rejet de la bipolarité et de l'alignement des pays du Tiers Monde sur l'un des deux blocs.

En 1958, Frantz Fanon, auteur politique antillais, approfondit l'analyse de la spécificité des pays du Tiers Monde. Il observe alors que certaines composantes du troisième bloc,

> pour se soustraire à la politique bipolaire, ont, par leur attitude, « introduit une dimension originale dans l'**équilibre des puissances** ». Elles entendaient ainsi rompre avec les « préoccupations bellicistes », mieux se consacrer « à l'essor économique, au recul de la faim, à la promotion de l'homme » (cité dans Jouve, 1986 : 15).

Fanon demande alors à nouveau aux membres du Tiers Monde de ne pas s'aligner dans l'immédiat sur l'un des deux blocs afin de préserver cette spécificité.

Mao Tsé-Toung avait également sa théorie des trois mondes, qu'il ne faut pas confondre avec le concept de Tiers Monde. Mao divisait les pays en trois groupes ne correspondant pas aux divisions communes (pays capitalistes, pays communistes, pays du Tiers Monde non alignés). Pour Mao, le premier monde était composé des deux superpuissances de l'après-guerre, le deuxième des puissances intermédiaires, les pays en développement comme la Chine constituant le troisième monde. Au contraire de Fanon, Mao privilégiait une alliance des pays du Tiers Monde avec les puissances intermédiaires afin de renverser les deux superpuissances mondiales.

Les concepts rivaux à celui de Tiers Monde sont nombreux. Notons entre autres ceux de **nations** prolétaires, pays sous-développés, pays en développement, pays de la périphérie (par opposition à ceux du centre), Sud (par opposition au Nord) ou encore zone des tempêtes. La diversité des termes qui désignent cette réalité montre bien que le concept de Tiers Monde est loin de rallier tous les points de vue. De fait, plusieurs critiques lui sont adressées. Dans les années 1970 surtout, certaines réfutations provenaient de **marxistes** soviétiques orthodoxes prétendant que la division du monde se faisait uniquement selon un axe idéologique formé des pays capitalistes et communistes. Selon eux, voir le monde divisé en trois, comme le faisait par ailleurs Mao, était une sorte d'hérésie pour l'idéologie marxiste-léniniste puisque cela signifiait renier la lutte du prolétariat contre la bourgeoisie.

Une autre critique, formulée en particulier par Régis Debray dans *La critique des armes*, veut que le concept de Tiers Monde soit européo-centriste et aliénant. Le concept ne correspondrait à aucune réalité géographique, historique ou politique. L'unification que le concept tente d'imposer entre les situations des pays africains, asiatiques et latino-américains est ainsi cri-

tiquée. Plusieurs auteurs abondent dans le même sens, notamment l'islamologue marxiste Maxime Rodinson, et considèrent que l'usage d'une référence unique pour parler d'une multitude de pays divisés par de grandes disparités économiques, sociales, politiques et culturelles n'est d'aucune utilité pour la réflexion et l'action politique.

S'ajoute à ces critiques l'évolution du **système international** qui, dans les dix dernières années, a rendu obsolète la division du monde en trois groupes de pays. On préférera donc l'expression de « pays en développement » ou « Sud » à celle de « Tiers Monde ». Toutefois, les mêmes critiques s'appliquent à ces concepts. Ainsi, il ne faut pas négliger le fait que les pays en développement ne forment pas un bloc unifié ; certains pays ont connu un développement économique impressionnant et se sont joints au « Nord » symbolisé par l'OCDE, alors que d'autres, les pays les moins avancés, sont demeurés dans un état de sous-développement chronique. Les intérêts de ces pays sont diversifiés et ne convergent pas nécessairement pour tous les enjeux, ce qui nécessite de faire une utilisation nuancée du concept de « Tiers Monde » ou de « pays en développement ».

Evelyne Dufault

UNIPOLARITÉ

Une répartition de la **puissance** internationale autour d'une seule puissance ou d'un pôle dominant unique. Selon certains observateurs, le **système international** vit sous une forme d'unipolarité, celle des États-Unis, depuis la fin de la Guerre froide, et encore plus depuis les événements du 11 septembre 2001. Voir **polarité** (*polarity*).

WESTPHALIE, système de

Un mythe fondateur typique [Westphalie] offre un cas clair illustrant comment on en est arrivé au système européen « classique », le prototype du système international actuel. De façon pratique et globale, il explique l'origine de ce qui est considéré comme les principales caractéristiques de ce système, soit la territorialité, la souveraineté, l'égalité et la non-intervention (Osiander, 2001 : 266).

Au sein de la discipline des **Relations internationales**, le système de Westphalie est généralement présenté comme l'archétype du **système international** moderne, cela essentiellement parce qu'il consacrait les paramètres généraux guidant jusqu'à ce jour les relations interétatiques. La référence à Westphalie est liée aux traités de Münster et d'Osnabrück signés en 1648 respectivement par le roi de France et la reine de Suède avec le Saint Empire Germanique. Ces traités visaient à mettre en place les termes d'une paix durable pour une Europe traversée depuis le début XVIIᵉ siècle par les conflits religieux et déchirée par les prétentions universalistes du Saint Empire Germanique (c'est-à-dire la Guerre de Trente Ans de 1618-1648). L'emploi du système de Westphalie dérive donc de l'interprétation généralement acceptée en Relations internationales des impli-

cations pratiques qu'auraient eues ultérieurement ces deux traités de paix dans la structuration des relations interétatiques, c'est-à-dire la reconnaissance du principe de **souveraineté** de l'**État** et du principe de non-intervention (Morgenthau, 1985 : 293-294) ; la territorialisation des relations interétatiques (Kratochwil et Ruggie, 1986 ; Ruggie, 1993a) ; la reconnaissance de l'égalité formelle des **acteurs** du système international (Gross, 1948 ; Holsti, 1991) ; la codification des rapports internationaux par le biais de l'introduction des premiers principes du **droit international** (Morgenthau, 1985 : 294) ; et enfin la sécularisation de la diplomatie et l'établissement du mécanisme de l'**équilibre des puissances** comme principe régulateur du système international (Holsti, 1991).

Inspirés par un article publié en 1948 par le juriste Leo Gross, qui identifiait la Paix de Westphalie comme un tournant dans l'évolution des rapports internationaux, ce sont principalement les auteurs **réalistes** qui, les premiers, ont fait dériver la structure du système international contemporain des traités de Münster et d'Osnabrück (Gross, 1948 ; Morgenthau, 1985 ; Gilpin, 1981 ; Holsti, 1991). Selon Gross, l'aspect fondamental de ces traités est qu'ils auraient mis en place les fondations nécessaires à la reconnaissance juridique du principe de souveraineté absolue de l'État et, par extension, à l'égalité formelle des acteurs du système international.

Ainsi, tandis que sous l'ère féodale les rapports internationaux reposaient sur une chaîne hiérarchique de droits et de privilèges régulant les relations entre les dynasties monarchiques avec le Saint Empire Romain et la papauté – ces derniers pouvant, de par leur rôle de représentant universel de la Chrétienté, se prévaloir d'un droit de regard dans les affaires internes des dynasties européennes – la Paix de Westphalie aurait permis d'éliminer cette hiérarchie des droits en instituant comme fondement de la nouvelle structure du système international le principe de relations de pouvoir horizontales entre acteurs jouissant de droits et de statuts égaux (Holsti, 1991 : 26). En institutionnalisant le principe de souveraineté absolue comme pierre angulaire du système international contemporain, la Paix de Westphalie aurait permis de mettre à l'abri l'arène du politique des traditionnelles intrusions des questions religieuses dans les affaires d'État, sécularisant de la sorte les relations internationales et pavant la voie à la mise en place du mécanisme (rationnel) de l'équilibre des puissances comme principe régulateur des rapports internationaux. La logique de la raison d'État aurait ainsi remplacé le rôle « irrationnel » des motifs religieux dans la conduite des affaires de l'État.

Bien que l'interprétation mise de l'avant par l'approche réaliste domine la discipline des Relations internationales, elle s'expose à certaines critiques. Le débat repose sur l'interprétation du rôle et de la signification de la Paix de Westphalie dans la création du système international contemporain. Tout en employant le concept de système de Westphalie comme archétype du système international contemporain, les auteurs appartenant à l'**École anglaise** (Wight, 1977 ; Bull, 1995 [1977]) contestent l'idée que la Paix de Westphalie représenterait un moment de rupture. Ceux-ci ont une interprétation différente du moment où les assises d'un tel système furent mises en place et situent encore plus loin les premiers balbutiements du système international moderne, c'est-à-dire au XVᵉ siècle, lors du Concile de Constance (1414-1418), où les fondements légaux fondant la légitimité de telles intrusions auraient été éliminés (Wight, 1977 : 129-131). Pour l'École anglaise, donc, loin de marquer le point de départ du système international contemporain, la Paix de Westphalie représenterait plutôt un moment culminant dans le vaste processus historique qui a mené à la mise en place du cadre juridique du système international contemporain.

Tandis que les approches précédentes associent avant tout la modernité du système international à l'émergence de la reconnaissance mutuelle de la souveraineté des États, certains auteurs **constructivistes** soutiennent plutôt qu'elle serait le produit d'un long processus de transformation sociale ayant radicalement affecté l'**identité** des États (Ruggie, 1993a ; 1998 ; Kratchowil et Ruggie, 1986 ; Spruyt, 1994a ; 1994b). Selon Ruggie et Spruyt, la Révolution commerciale du XIᵉ siècle aurait mis en branle un mouvement de transformation sociale important ayant lui-même participé à la restructuration et à la réorganisation de l'espace politique des États. La Révolution commerciale aurait mené au développement du système moderne de propriété reposant sur le principe romain de propriété absolue et, ce faisant, aurait permis la mise en place des conditions nécessaires à la réorganisation du pouvoir politique à l'intérieur d'un espace public exclusif et distinct de la sphère privée (Ruggie, 1993a ; Spruyt, 1994).

Parallèlement, cette réorganisation aurait radicalement affecté l'organisation spatiale du pouvoir politique, c'est-à-dire qu'elle aurait participé à la centralisation et à la territorialisation du pouvoir d'État. Aussi, selon Ruggie ce serait le processus de différenciation du pouvoir politique et de territorialisation du pouvoir d'État qui représenterait la caractéristique principale du système international contemporain puisqu'il serait lui-même constitutif de la différenciation entre un espace national et international (Ruggie, 1993a : 151).

Krasner fut l'un des premiers à souligner le caractère essentiellement prémoderne des contentieux que les négociateurs présents à Münster et Osnabrück tentaient de régler (Krasner, 1993 : 236). Il soutient également que le principe de souveraineté n'est pas quelque chose d'immuable mais bien, en tant que rapport de pouvoir, toujours contesté et sujet au changement (Krasner, 1993 : 236). Krasner avance que les **institutions** liées à la souveraineté de l'État – c'est-à-dire la capacité d'une forme centralisée d'autorité politique à exercer un pouvoir absolu à

l'intérieur de frontières déterminées – existaient déjà bien avant la Paix de Westphalie. Tout au plus, cette dernière n'aurait fait que codifier des pratiques et institutions déjà existantes. Parallèlement, les travaux de A. Ossiander ont mis en évidence le fait que les termes mêmes par lesquels la Paix de Westphalie fut négociée avaient beaucoup moins à voir avec la réorganisation du système d'États européen qu'avec la réorganisation interne du Saint Empire (Krasner, 1993 : 244 ; Ossiander, 2001 : 266).

Tentant d'identifier un moment précis dans le temps où le principe de souveraineté aurait pour la première fois été reconnu, les approches traditionnelles auraient ainsi extrapolé à l'Europe tout entière les implications pratiques des traités de Münster et d'Osnabrück dont une clause reconnaissait un certain degré d'autonomie aux princes allemands par rapport à l'empereur en ce qui avait trait à la poursuite de leur politique extérieure. Comme Krasner et Ossiander l'ont souligné avec acuité, l'absence flagrante d'une réflexion sur le concept de souveraineté en termes historiques a posé de sérieuses limites quant à la capacité du champ des Relations internationales de saisir les transformations significatives de ce concept dans l'espace et dans le temps. Cela étant dit, en ne définissant la souveraineté de l'État qu'en termes purement institutionnels, c'est-à-dire comme la capacité d'une forme d'autorité politique quelconque à affirmer son pouvoir absolu sur un territoire donné, Krasner nous fournit très peu d'outils pour saisir la spécificité historique des différentes formes de souveraineté en formation entre le XVIIe et le XIXe siècle.

Des auteurs **marxistes** soutiennent quant à eux que ce n'est qu'en reproblématisant la souveraineté de l'État comme étant la résultante de certaines relations sociales que le champ des Relations internationales qu'on pourra être à même de saisir la spécificité des dynamiques sociales que cette forme institutionnelle a exprimée dans l'espace et dans le temps (Teschke, 2001 ; Rosenberg, 1994). En fait, ce ne serait qu'à partir d'une problématisation des formes spécifiques revêtues par le pouvoir social dans l'espace et dans le temps que le champ des Relations internationales serait à même de saisir la spécificité des impératifs structurels, de la rationalité et des stratégies d'action mis de l'avant afin de répondre à ces impératifs et, enfin, des dynamiques de pouvoir des différents systèmes internationaux.

C'est à partir des prémisses méthodologiques du matérialisme historique que cette approche a tenté de mettre en relief la spécificité historique des rapports internationaux dans l'Europe postwestphalienne, en mettant en évidence leur nature prémoderne. Ces auteurs soutiennent généralement l'idée que la forme du pouvoir social prédominante sur le continent européen au XVIIe siècle demeurait essentiellement précapitaliste. C'est-à-dire que la manière dont la classe dominante s'appropriait les surplus des producteurs directs reposait sur l'utilisation de moyens extra-économiques – c'est-à-dire coercition, privilèges juridiques, taxation – plutôt que sur des moyens purement économiques. L'État demeurait le lieu privilégié par l'aristocratie afin de maintenir son pouvoir social et la dynamique d'accumulation politique qui était la stratégie de reproduction sociale prédominante. Ces auteurs soulignent le caractère essentiellement privé et personnel de la souveraineté au XVIIe siècle – forme radicalement distinctive du caractère « public », abstrait et dépersonnalisé qu'exprime la forme moderne de la souveraineté de l'État. Ces auteurs ont non seulement problématisé l'impact de cette forme spécifique du pouvoir social sur la forme revêtue par la souveraineté de l'État dans l'Europe postwestphalienne, mais aussi son influence dans la structuration même des rapports interétatiques. Ils ont mis en évidence la nécessité pour le champ des Relations internationales de reproblématiser historiquement et socialement les systèmes internationaux.

Enfin, les débats actuels autour du système de Westphalie sont fortement influencés par la reconnaissance du fait, et ce, même chez plusieurs auteurs réalistes, que la **mondialisation** pose un défi considérable au principe de souveraineté. Plusieurs se demandent en conséquence si le système westphalien persiste dans un contexte où le rôle et les prérogatives de l'État « westphalien » sont de plus en plus remis en question.

Thierry Lapointe

Bibliographie

Acharya, A., 1997, « The Periphery as the Core : The Third World and Security Studies », dans K. Krause et M. C. Williams (dir.), *Critical Security Studies : Concepts and Cases*, Minneapolis, Borderlines, University of Minneapolis Press, p. 299-329.

Adams, K. R., 2003, « Attack and Conquer ? International Anarchy and the Offense-Defense-Deterrence Balance », *International Security*, vol. 28, n° 3, p. 45-83.

Adda, J., 1996, *La mondialisation de l'économie*, 2 volumes, Paris, Éditions La Découverte.

Adorno, T. W. et M. Horkheimer, 1974, *La dialectique de la raison*, Paris, Gallimard.

Adorno, T. W. et K. Popper, 1979, *De Vienne à Francfort. La querelle allemande des sciences Sociales*, Bruxelles, Éditions Complexe.

Agamben, G., 2003, *État d'exception : Homo Sacer*, vol. II, n° 1, Paris, Seuil.

Aglietta, M., A. Brender *et al.*, 1990, *Globalisation financière : L'aventure obligée*, Paris, Economica.

Agnew, J., 2003, « Contemporary Political Geography : Intellectual Heterodoxy and Its Dilemmas », *Political Geography*, vol. 22, n° 6, p. 603-606.

Agnew, J., 2002, *Making Political Geography*, Londres, Hodder Arnold.

Albert, M., 1999, « On Boundaries, Territory and Postmodernity : An International Relations Perspective », dans David Newman (dir.), *Boundaries, Territory and Postmodernity*, Londres et Portlant, Frank Cass, p. 53-68.

Albert, M., D. Jacobson et Y. Lapid (dir.), 2001, *Identities, Borders, Orders : Rethinking International Relations Theory*, Minneapolis, University of Minnesota Press.

Albert, M., T. Kopp-Malek, 2002, « The Pragmatism of Global and European Governance : Emerging Forms of the Political "Beyond Westphalia" », *Millenium*, vol. 31, n° 3, p. 453-472.

Allison, G. T., 1977, « Modèles conceptuels et la crise des missiles de Cuba », dans P. Braillard, *Théories des Relations internationales*, Paris, PUF, p. 172-196.

Allison, G. T., 1971, *Essence of Decision. Explaining the Cuban Missile Crisis*, Boston, Little Brown.

Allison, G. T. et P. D. Zelikow, 1999, « L'essence de la décision. Le modèle de l'acteur rationnel », *Cultures et conflits*, n° 36.

Allison, G. T. et P. D. Zelikow, 1999, *Essence of Decision. Explaining the Cuban Missile Crisis. Second Edition*, New York, Longman, 416 p.

Altvater, E., A. Amin et R. Palan, 1996, « Theme : Historicizing International Political Economy », *Review of International Political Economy*, vol. 3, n° 2, p. 209-215.

Altvater, E., A. Amin, R. Palan *et al.*, 1994, « Forum for Heterodox International Political Economy », *Review of International Political Economy*, vol. 1, n° 1, p. 1-12.

Altvater, E. et B. Mahnkopf, 1997, « The World Market Unbound », *Review of International Political Economy*, vol. 4, n° 3, p. 448-471.

Amin, S., 1970, *L'accumulation à l'échelle mondiale, critique de la théorie du sous-développement*, Paris, IFAN, Anthropos.

Amoore, L., R. Dodgson *et al.*, 1999, « Paths to a Historicised International Political Economy », *Review of International Political Economy*, vol. 7, n° 1, p. 53-71.

Amoore, L., R. Dodgson *et al.*, 1997, « Overturning "Globalisation" : Resisting the Teleological and Reclaiming the "Political" », *New Political Economy*, vol. 2, n° 1, p. 179-195.

Anderson, B., 1996, *Imaginaire national*, Paris, La Découverte.

Angell, N., 1910, *La grande illusion*, Paris, Librairie Hachette.

Arblaster, A., 1984, *The Rise and Decline of Western Liberalism*, New York, Basil Blackwell.

Arbour, J.-M., 1997, *Droit international public*, 3ᵉ édition, Cowansville, Yvon Blais.

Archer, C., 1983, *International Organizations*, Londres, G. Allen and Unwin.

Archibugi, D., D. Held et M. Kohler, 1998, *Re-Imagining Political Community, Studies in Cosmopolitan Democracy*, Stanford, Stanford University Press.

Armstrong, D., 2003, « A Turbulent World : An Uncertain IR », *Journal of International Relations and Development*, 2003, vol. 6, n° 4, p. 358-372.

Aron, R., 1984, *Paix et guerre entre les nations*, 8ᵉ édition, Paris, Calmann-Lévy.

Aron, R., 1972, « En quête d'une doctrine de la politique étrangère », dans *Études politiques*, Paris, Gallimard, p. 460-478.

259

Bibliographie

Aron, R., 1965, « L'ordre anarchique de la puissance », dans *Les désillusions du progrès. Essais sur la dialectique de la modernité*, Paris, Calmann-Lévy, p. 196-221.

Arrighi, G., 1994, *The Long Twentieth Century*, Londres et New York, Verso.

Arrighi, G., 1993, « The Three Hegemonies of Historical Capitalism », dans S. Gill (dir.), *Gramsci, Historical Materialism and International Relations*, Cambridge, Cambridge University Press.

Art, R. J. et R. Jervis (dir.), 1985, *International Politics : Anarchy, Force, Political Economy, and Decision-Making*, 2ᵉ édition, Boston, Little Brown.

Arrighi, G. (dir.), 1985, *Semi-peripheral. The Politics of Southern Europe in the Twentieth Century*, Londres, Sage Publications.

Ashley, R. K., 1996, « The Achievements of Post-Structuralism », dans S. Smith, K. Booth et M. Zalewski (dir.), *International Theory : Positivism and Beyond*, Cambridge, Cambridge University Press, p. 240-253.

Ashley, R. K., 1989, « Living on Border Lines : Man, Poststructuralism, and War », dans J. Der Derian et M. J. Shapiro (dir.), *International/Intertextual Relations : Postmodern Readings in World Politics*, Lexington et Toronto, Lexington Books, p. 259-321.

Ashley, R. K., 1987, « The Geopolitics of Geopolitical Space : Towards a Critical Social Theory of International Politics », *Alternatives*, vol., 12, n° 4, p. 403-443.

Ashley, R. K., 1984, « The Poverty of Neo-Realism », *International Organization*, vol. 38, n° 2, p. 225-286.

Ashley, R. K., 1981, « Political Realism and Human Interest », *International Studies Quarterly*, n° 25, p. 204-236.

Ashley, R. K. et R. B. J. Walker (dir.), 1990, « Special Issue. Speaking the Language of Exile, Dissidence in International Studies », *International Studies Quarterly*, vol. 34, n° 3, p. 259-416.

Ashworth, L. M., 2002, « Did the Realist-Idealist Great Debate Really Happen ? A Revisionist History of International Relations », *International Relations*, vol. 16, n° 1, p. 33-51.

Austin, J. L., 1970, *Quand dire c'est faire*, Paris, Seuil.

Axelrod, R., 1984, *The Evolution of Cooperation*, New York, Basic Books.

Axelrod, R. et R. O. Keohane, 1992, « Achieving Cooperation under Anarchy : Strategies and Institutions », dans C. Kegley Jʳ et E. R. Wittkopf, *The Global Agenda. Issues and Perspectives*, 3ᵉ édition, New York, McGraw-Hill, p. 216-222.

Axelrod, R. et R. O. Keohane, 1986, « Achieving Cooperation Under Anarchy : Strategies and Institutions », dans K. A. Oye (dir.), *Cooperation Under Anarchy*, Princeton, Princeton University Press, p. 226-254.

Ayoob, M., 1997, « Defining Security : A Subaltern Realist Perspective », dans K. Krause et M. C. Williams (dir.), *Critical Security Studies : Concepts and Cases*, Minneapolis, Borderlines, University of Minneapolis Press, p. 121-149.

Badie, B., 1994, « Flux migratoires et relations internationales », dans B. Badie et C. Wihtol de Wenden (dir.), *Le défi migratoire. Questions de relations internationales*, Paris, Presses de la fondation nationale des sciences politiques, p. 27-39.

Baldwin, D. A. (dir.), 1993, *Neorealism and Neoliberalism : The Contemporary Debate*, New York, Columbia University Press.

Balibar, É. et I. Wallerstein, 1988, *Race, nation et classe : les identités ambiguës*, Paris, La Découverte.

Banque mondiale, 1992, *Governance and Development*, Washington, The World Bank.

Baran, P. A. et P. M. Sweezy, 1966, *Monopoly Capital*, New York, Monthly Review Press.

Barkawi, T. et M. Laffey (dir.), 2001, *Democracy, Liberalism, and War : Rethinking the Democratic Peace Debate*, Londres, Lynne Rienner.

Barkawi, T. et M. Laffey, 1999, « The Imperial Peace : Democracy, Force and Globalization », *European Journal of International Relations*, vol. 5, n° 4, p. 403-434.

Bartelson, J., 1995, *A Genealogy of Sovereignty*, New York, Cambridge University Press.

Bartky, S. L., 1998, « On Psychological Oppression », dans M. F. Rogers (dir.), *Contemporary Feminist Theory*, Boston, McGraw-Hill.

Batistella, D., 2003, *Théories des relations internationales*, Paris, Presses de Sciences po.

Bayart, J.-F., 1996, *L'illusion identitaire*, Paris, Fayard.

Bayart, J.-F., 1989, *L'État en Afrique. La politique du ventre*, Paris, Fayard.

Baylis, J. et S. Smith (dir.), 1997, *The Globalisation of World Politics : An Introduction to International Relations*, Oxford, Oxford University Press.

Bibliographie

Beaud, M., 1987, *Le système national/mondial hiérarchisé*, Paris, La Découverte.

Beitz, C., 1979, *Political Theory and International Relations*, Princeton, Princeton University Press.

Bendersky, J., 1983, *Carl Schmitt : Theorist for the Reich*, Princeton, Princeton University Press.

Benhabib, S., 1995, « Feminism and Postmodernism », dans Seyla Benhabib *et al.*, *Feminist Contentions : A Philosophical Exchange*, New York, Routledge, p. 17-34.

Bennett, A. LeRoy, 1983, *International Organizations*, 3ᵉ édition, Englewood Cliffs, Prentice-Hall.

Berger, P. L. et T. Luckmann, 1986 [1966], *La construction sociale de la réalité*, Paris, Méridiens Klincksieck.

Bergstein, C. F. (dir.), 1975, *Toward a New World Trade Policy. The Maidenhead Papers*, Lexington, Lexington Books.

Berlin, I., 1990, *Éloge de la liberté*, Paris, Calmann-Lévy.

Bernauer, T., 1995, « The Effect of International Environmental Institutions : How We Might Learn More », *International Organization*, vol. 49, n° 2, p. 351-377.

Betts, R. K., 1997, « Should Strategic Studies Survive ? », *World Politics*, vol. 50, n° 1, p. 7-33.

Bhaskar, R., 1989, *Reclaiming Reality : A Critical Introduction to Contemporary Human Sciences*, Londres, Verso.

Bhaskar, R., 1975, *A Realist Theory of Science*, Brighton, Harvester.

Bidet, J. et J. Texiet, 1994, *Le nouveau système du monde*, Paris, PUF.

Biel, R., 2000, *The New Imperialism. Crisis and Contradictions in North/South Relations*, London, Zed Books.

Bigo, D., 2002, « Genre et relations internationales », colloque AFSP « Genre et politique », 30 et 31 mai 2002. Disponible [en ligne] : www.afsp.msh-paris.fr/archives/2002/genretxt/bigo.pdf.

Bigo, D., 1998a, « Sécurité et immigration : vers une gouvernementalité de l'inquiétude », *Culture et Conflits*, nᵒˢ 31-2, p. 13-38.

Bigo, D., 1998b, « L'Europe de la sécurité intérieure : penser la sécurité autrement », dans A.-M. Le Gloannec (dir.), *Entre union et nations : l'État en Europe*, Paris, Presses de Sciences Po, p. 55-90.

Bigo, D., 1996, *Polices en réseaux, l'expérience européenne*, Paris, Presses de Science Po.

Bigo, D., 1995, « Grands débats dans un petit monde : Les débats en relations internationales et leur lien avec le monde de la sécurité », *Cultures et Conflits*, n° 19-20, p. 7-48.

Birgit. L. et E. Prügl, 2001, « Feminism and Constructivism : Worlds Apart or Sharing the Middle Ground ? », *International Studies Quarterly*, vol. 45, n° 1, p. 111-129.

Bloch, E., 1972, *La philosophie de la renaissance*, Paris, Petite Bibliothèque Payot.

Bloch, F., 1977, *The Origins of International Economic Disorder*, Berkeley, University of California Press.

Bloch, M., 1994, *La société féodale*, Paris, Albin Michel.

Bloch, M., 1967, *Seigneurie française et manoir anglais*, Paris, Armand Colin.

Bohman, J., 2000, « Distorted Communication : Formal Pragmatics as a Critical Theory », dans L. E. Hann (dir.), *Perspective on Habermas*, Chicago, Open Court.

Bohman, J., 1998, « The Globalization of the Public Sphere », *The Modern Schoolman*, vol. 75, n° 2.

Bonefeld, N. (dir.), 2001, *The Politics of Europe : Monetary Union and Class*, Basingstoke, Palgrave.

Boniface, P., 2001, *Le monde contemporain : grandes lignes de partage*, Paris, PUF.

Booth, D., 1985, « Marxism and Development Sociology : Interpreting the Impasse », *World Development*, vol. 13, n° 7, p. 761-787.

Booth, K. (dir.), 2004, *Critical Security Studies and World Politics*, Boulder, Lynne Rienner.

Booth, K., 1997, « Security and Self : Relections of a Fallen Realist », dans K. Krause et M. C. Williams (dir.), *Critical Security Studies : Concepts and Cases*, Minneapolis, University of Minnesota Press, p. 83-119.

Booth, K., 1995, « Human Wrong in International Relations », *International Affairs*, vol. 71, n° 1, p. 103-126.

Booth, K., 1991a, « Security and Emancipation », *Review of International Studies*, vol. 17, n° 4, p. 313-326.

Booth, K., 1991b, « Security in Anarchy. Utopian Realism in Theory and Practice », *International Affairs*, vol. 67, n° 3, p. 527-545.

Bibliographie

Booth, K. et S. Smith (dir.), 1995, *International Relations Theory Today*, Cambridge, Polity Press.

Booth, K. et P. Vale, 1997, « Critical Security Studies and Regional Insecurity : The Case of Southern Africa », dans K. Krause et M. C. Williams (dir.), *Critical Security Studies : Concepts and Cases*, Minneapolis, University of Minnesota Press, p. 329-358.

Bouchard, G., 2000, *Genèse des nations et histoire du Nouveau-Monde : Essai d'histoire comparée*, Montréal, Boréal.

Boudon, R., 1986, *L'idéologie. Ou l'origine des idées reçues*, Paris, Fayard.

Boukharine, N., 1967, *L'économie mondiale et l'impérialisme*, Paris, Anthropos.

Bourdieu, P., 2001, *Science de la science et réflexivité*, Paris, Raisons d'agir.

Bourdieu, P. et L. J. D. Wacquant, 1992, *An Invitation to Reflexive Sociology*, Chicago, University of Chicago Press.

Boyd, R. N., 1984, « The Current Status of Scientific Realism », dans J. Leplin (dir.), *Scientific Realism*, Berkeley, Los Angeles et Londres, University of California Press, p. 41-82.

Braillard, P. et M.-R. Djalili, 1994, *Les Relations internationales*, Paris, PUF.

Brams, S. J., 1985, *Superpower Games*, Yale, Yale University Press.

Braudel, F., 1996, *Autour de la Méditerranée*, Paris, Éditions de Fallois.

Braudel, F., 1985, *La dynamique du capitalisme*, Paris, Flammarion.

Braudel, F., 1979, *Civilisation matérielle, économie et capitalisme. XVᵉ-XVIIIᵉ siècle. Tomes I (a), II (b), III (c)*, Paris, Armand Colin.

Braudel, F., 1969, *Écrits sur l'histoire*, Paris, Flammarion.

Brecher, M., 1987, « Système et crise en politique internationale », dans B. Korany (dir.), *Analyse des relations internationales : Approches, concepts et données*, Montréal, Gaëtan Morin.

Brecher, M. et F. P. Harvey (dir.), 2002, *Conflict, Security, Foreign Policy, and International Political Economy : Past Paths and Future Directions in International Studies*, Ann Arbor, University of Michigan Press.

Brecher, M. et F. P. Harvey (dir.), 2002, *Critical Perspectives in International Studies*, Ann Arbor, University of Michigan Press.

Brenner, R., 2002, *The Boom and the Bubble : The U.S. in the World Economy*, Londres, Verso.

Brenner, R., 1985, « Agrarian Roots of European Capitalism », dans T. H. Aston et C. H. E. Philpin (dir.), *The Brenner Debate : Agrarian Structure and Economic Development in Pre-Industrial Europe*, Cambridge, Cambridge University Press.

Brenner, R., 1977, « The Origins of Capitalist Development : a Critique of Neo-Smithian Marxism », *New Left Review*, nᵒ 104, p. 25-92.

Brewer, A., 1987, *Marxist Theories of Imperialism. A Critical Survey*, London et New York, Routledge et Kegan Paul.

Brglez, M., 2001, « Reconsidering Wendt's Meta-Theory : Blending Scientific Realism With Social Constructivism », *Journal of International Relations and Development*, vol.4, n° 4, p. 339-363.

Brierly, J. L., 1963, *The Law of Nations : An Introduction to the International Law of Peace*, H. Waldock (dir.), 6ᵉ édition, Oxford, Clarendon Press.

Brown, C., 2002a, « The "Fall of the Towers" and International Order », *International Relations*, vol. 16, n° 2, p. 263-267.

Brown, C., 2002b, « The Normative Framework of Post-Cold War International Relations », dans S. Lawson (dir.), *The New Agenda for International Relations*, Cambridge, Blackwell, p. 147-163.

Brown, C., 2001, « World Society and the English School : An "International Society" Perspective on World Society », *European Journal of International Relations*, vol. 7, n° 4, p. 423-441.

Brown, C., 1994, « Turtles All the Way Down : Anti-Foundationalism, Critical Theory and International Relations », *Millennium*, vol. 23, nᵒ 2, p. 213-236.

Brown, C., 1992, *International Relations Theory : New Normative Approaches*, Columbia, Columbia University Press.

Brown, W., 1991, « Feminist Hesitations, Postmodern Exposures », *Differences*, vol. 3, n°1, 1991, p. 63-84.

Brubaker, R., 1998, « Myths and Misconceptions in the Study of Nationalism », dans J. A. Hall (dir.), *The State of the Nation : Ernest Gellner and the Theory of Nationalism*, Cambridge, Cambridge University Press.

Brubaker, R., 1996, *Nationalism Reframed. Nationhood and the National Question in the New Europe*, Cambridge, Cambridge University Press.

Bibliographie

Brunelle, D. et C. Deblock, (dir.), 1994, *L'Amérique du Nord et l'Europe communautaire. Inté-gration économique, intégration sociale*, Sainte-Foy, Presses de l'Université du Québec.

Brysk A., C. Parsons et W. Sandholtz, 2002, « After Empire : National Identity and Post-Colonial Families of Nations », *European Journal of International Relations*, vol. 8, n° 2, p. 267-305.

Bueno de Mesquita, B. et D. Lalman, 1992, *War and Reason. Domestic and International Imperatives*, New Haven et Londres, Yale University Press.

Bull, H., 1995 [1977], *The Anarchical Society : A Study of Order in International Politics*, 2ᵉ édition, New York, Columbia University Press.

Bull, H., 1966, « Society and Anarchy in International Relations », dans H. Butterfield et M. Wight (dir.), *Diplomatic Investigations. Essays in the Theory of International Politics*, London, Allen and Unwin, p. 35-50.

Bunge, M., 1999, *Social Sciences Under Debate : A Philosophical Perspective*, Toronto, Univer-sity of Toronto Press.

Burchill, S., 2001, « Liberalism », dans S. Burchill et A. Linklater, *Theories of International Rela-tions*, 2ᵉ edition, New York, Palgrave, p. 29-69.

Burchill, S. et A. Linklater, 2001, *Theories of International Relations*, 2ᵉ edition, Londres, Palgrave.

Burke, A., 2004, « Just War or Ethical Peace ? Moral Discourses of Strategic Violence After 9/11 », *International Affairs*, vol. 80, n° 2, p. 329-354.

Burnham, P., 1999, « The Politics of Economic Management in the 1990s' », *New Political Economy*, vol. 4, n° 1.

Burnham, P. , 1990, *The Political Economy of Postwar Reconstruction*, New York, St. Martin's Press.

Butler, J., 1993, *Bodies That Matter : On the Discursive Limits of « Sex »*, New York, Routledge.

Butler, J., 1990, *Gender Trouble : Feminism and the Subversion of Identity*, New York, Routledge.

Buzan, B. et O. Wæver, 2003, *Regions and Powers : The Structure of International Security*, Cambridge, Cambridge University Press.

Buzan, B., 2004, *From International to World Society ? : English School Theory and the Social Structure of Globalisation*, Cambridge et New York, Cambridge University Press.

Buzan, B., 2000, « The Theory and Practice of Power in International Relations : Past and Future », dans J. V. Ciprut (dir.), *The Art of the Feud : Reconceptualizing International Rela-tions*, Westport, Praeger, p. 47-66.

Buzan, B., 1996, « International Society and International Security », dans R. Fawn et J. Larkins, *International Society After the Cold War. Anarchy and Order Reconsidered*, Londres et New York, Macmillan et St. Martin's Press, p. 261-287.

Buzan, B., 1993, « From International System to International Society : Structural Realism and Regime Theory Meet the English School », *International Organization*, vol. 47, n° 3, p. 327-352.

Buzan, B., 1991, *People, States and Fear : An Agenda for International Security Studies in the Post-Cold War Era*, 2ᵉ édition, Boulder, Lynne Rienner.

Buzan, B., 1983, *People, States and Fear*, Brighton, Harvester.

Buzan, B., C. Jones et R. Little, 1993, *The Logic of Anarchy : Neorealism to Structural Realism*, New York, Columbia University Press.

Buzan, B., O. Wæver et J. De Wilde, 1998, *Security : A New Framework for Analysis*, Boulder, Lynne Rienner.

Cable, J., 1981, « The Useful Art of International Relations », *International Affairs*, vol. 57, n° 2, p. 301-3 14.

Campbell, B., F. Crépeau et L. Lamarche (dir.), 2000, *Gouvernance, reconceptualisation du rôle de l'État et émergence de nouveaux cadres normatifs dans les domaines social, politique et environnemental*, Montréal, CEDIM/CEIM.

Campbell, D., 2003, « Cultural Governance and Pictorial Resistance : Reflections on the Imaging of War », *Review of International Studies*, vol. 29, n° S1, p. 57-73.

Campbell, D., 2001, « International Engagements : The Politics of North American International Relations Theory », *Political Theory*, vol. 29, n° 3, p. 432-448.

Campbell, D., 1998, *National Deconstruction : Violence, Identity, and Justice in Bosnia*, Minnea-polis et Londres, University of Minnesota Press.

Campbell, D., 1998, *Writing Security : United States Foreign Policy and the Politics of Identity*, 2ᵉ édition, Minneapolis, University of Minnesota Press.

Bibliographie

Campbell, D., 1992, *Writting Security : United States Foreign Policy and the Politics of Identity*, Minneapolis, University of Minneapolis Press.

Campbell, D. et M. Dillon, 1993, *The Political Subject of Violence*, Manchester et New York, Manchester University Press et St. Martin's Press.

Cardoso F. H. et E. Faletto, 1977, « The Consumption of Dependency Theory in the US », *Latin America Research Review*, vol. 12, n° 3, p. 7-27.

Cardoso F. H. et E. Faletto, 1969, *Dependencia y Desarrollo en America Latina*, Mexico, Siglo XXI.

Carment, D., 2003, « Assessing State Failure : Implications for Theory and Policy », *Third World Quarterly*, vol. 24, n° 3, p. 407-428.

Carnap, R., 1959, « The Elimination of Metaphysics and Meaning Through Logical Analysis of Language », dans A. J. Ayer (dir.), *Logical Positivism*, New York, The Free Press.

Carr, E. H., 1946 [1939], *The Twenty Years' Crisis, 1919-1939 : An Introduction to the Study of International Relations*, London, Macmillan.

Carver, T., H. Kinsella, M. Zalewski et R. C. Carpenter, 2003, « Forum : Gender and International Relations », *International Studies Review*, vol. 5, n° 2, p. 387-392.

Castells, M., 1997, *The Information Age : Economy, Society and Culture, volume II : The Power of Identity*, Malden, Blackwell.

Castles, S. et M. J. Miller, 1998, *The Age of Migration. International Population Movements in the Modern World*, 2e édition, New York et Londres, The Guilford Press.

Centre tricontinental, 1999, *Les ONG : instruments du néolibéralisme ou alternatives populaires*, Paris, L'Harmattan.

Cerny, P. G., 1998, « Neomedievalism, Civil War and the New Security Dilemma : Globalisation as Durable Disorder », *Civil Wars*, vol. 1, n° 1, p. 36-64.

Cerny, P. G., 1996, « Globalization and Other Stories : The Search for a New Paradigm for International Relations », *International Journal*, vol. 51, n° 4, p. 617-637.

Cerny, P. G. (dir.), 1993, *Finance and World Politics : Markets, Regimes and States in the Post-Hegemonic Era*, Aldershot, Edward Elgar.

Chafetz, G., M. Spirtas et B. Frankel, (dir.), 1999, *The Origins of National Interests*, Londres et Portland, Frank Cass.

Chaliand, G., 1987, *Repenser le Tiers-monde*, Bruxelles, Éditions Complexe.

Charillon, F., 2002, *Politique étrangère : nouveaux regards*, Paris, Presses de Science Po.

Charillon, F. et A. Blom, 2001, *Théories et concepts des relations internationales*, Paris, Hachette.

Chavagneux, C., 1998, « Peut-on maîtriser la mondialisation », *Économies et Sociétés*, série P. n° 34, numéro consacré aux « Études d'économie politique internationale », n° 4, p. 25-68.

Checkel, J. T., 1998, « The Constructivist Turn in International Relations », *World Politics*, vol. 50, n° 2, p. 324-348.

Chernoff, F., 2002, « Scientific Realism as a Meta-Theory of International Politics », *International Studies Quarterly*, vol. 46, p. 189-207.

Cheru, F., 1997, « The Silent Revolution and the Weapons of the Weak : Transformation and Innovation from Below », dans S. Gill et J. H. Mittleman (dir.), *Innovation and Transformation in International Studies*, Cambridge, Cambridge University Press, p. 153-169.

Chilcote, R., 2000, *Theories of Comparative Political Economy*, Boulder, Westview Press.

Clark, A. M., 1995, « Non-Governemental Organisations and Their Influence on International Society », *Journal of International Affairs*, vol. 48, p. 507-525.

Clark, I., 1999, *Globalization and International Relations Theory*, Oxford, Oxford University Press.

Claude, I., 1989, « The Balance of Power Revisited », *Review of International Studies*, vol. 15, n° 1, p. 77-85.

Claude, I., 1984, *Swords Into Plowshares*, 4e édition, New York, Random House.

Claude, I., 1966, « Collective Legitimization as a Political Function of the United Nations », *International Organization*, vol. 20, n° 3, p. 367-379.

Claude, I., 1962, *Power and International Relations*, New York, Random House.

Clough, M., 1997, « Fin de l'intérêt national ? », *Limes*, n° 1, p. 75-92.

Coates, D., 2000, *Models of Capitalism : Growth and Stagnation in the Modern Era*, Cambridge, Polity Press.

Cochran, M., 2002, « Deweyan Pragmatism and Post-Positivist Social Science in IR », *Millennium*, vol. 31, n° 3, p. 525-548.

Bibliographie

Cochran, M., 1999, *Normative Theory in International Relations*, Cambridge, Cambridge University Press.

Cochrane, F., R. Duffy et J. Selby (dir.), 2003, *Global Governance, Conflict and Resistance*, Houndmills et New York, Palgrave Macmillan.

Cohen, B., 1977, *Organizing the World's Money : The Political Economy of International Monetary Relations*, New York, Basic Books.

Cohen, G. A., 2001, *Karl Marx's Theory of History. A Defense,* Princeton, Princeton University Press.

Cohen, S. B., 2003, « Geopolitical Realities and United States Foreign Policy », *Political Geography*, vol. 22, n° 1, p. 1-33.

Cohen, Y. (dir.), 1981, *Femmes et Politique*, Montréal, Le Jour.

Cohn, C., 1987, « Sex and Death in the Rational World of Defense Intellectuals », *Signs*, vol. 14, n° 4, p. 687-718.

Cohn, C., H. Kinsella et S. Gibbings, 2004, « Women, Peace, and Security », *International Feminist Journal of Politics*, vol. 6, n° 1, p. 130-141.

Cohn, T. H., 2003, *Global Political Economy : Theory and Practice*, New York, Longman, 2ᵉ édition.

Collier, A., 1989, *Scientific Realism and Socialist Thought*, Hemel Hemsptead, Hertfordshire et Boulder, Harvester Wheatsheaf/Lynne Rienner.

Cooke, M., 1997, *Language and Reason : A Study of Habermas's Pragmatics*, Cambridge, MIT Press.

Copeland, D., 2003, « A Realist Critique of the English School », *Review of International Studies*, vol. 29, n° 3, p. 427-441.

Cox, M., T. Dunne et K. Booth (dir.), 2001, *Empires, Systems and States : Great Transformations in International Politics*, Cambridge et New York, Cambridge University Press.

Cox, R. W., 1999, « Civil Society at the Turn of the Millennium », *Review of International Studies*, n° 25, p 3-28.

Cox, R. W., 1995, « Civilizations : Encounters and Transformations », *Studies in Political Economy*, n° 47, p. 7-31.

Cox, R. W., 1993, « Production and Security », dans D. Haglund, D. Dewitt et J. Kirton (dir.), *Building a New World Order : Emerging Trends in International Society*, Oxford, Oxford University Press, p. 141-158.

Cox, R. W., 1987, *Production, Power and World Order : Social Forces in the Making of History*, New York, Columbia University Press.

Cox, R. W., 1992, « Multilateralism and World Order, » *Review of International Studies*, vol. 18, p. 161-179.

Cox, R. W., 1983, « Gramsci, Hegemony and International Relations : An Essay in Method », *Millennium*, vol. 12, n° 3, p. 162-175.

Cox, R. W., 1981, « Social Forces, States and World Order : Beyond International Relations Theory », *Millennium*, vol. 10, n° 2, p. 126-155.

Cox, R. W., 1976, « On Thinking About the Future of World Order », *World Politics*, vol. 28, p. 175-196.

Cox, R. W. et T. J. Sinclair, 1996, *Approaches to World Order*, Cambridge, Cambridge University Press.

Crawford, R. M. A. et D. S. L. Jarvis (dir.), 2001, *International Relations—Still an American Social Science ? : Toward Diversity in International Thought*, Albany, State University of New York Press.

Crouch, C. et W. Streeck (dir.), 1997, *Political Economy of Modern Capitalism : Mapping Convergence and Diversity*, Londres, Thousand Oaks et Sage.

Currie, J. H., 2001, *Public International Law*, Toronto, Irwin Law.

Dahl, R. A., 1973, *L'analyse politique contemporaine*, Paris, Robert Laffont.

Dalby, S., 2002, *Environmental Security*, Minnesota, University of Minnesota Press.

Dalby, S., 2002, « Global Environment/Local Culture : Metageographies of Post-Colonial Resistance », *Studies in Political Economy*, vol. 67, p. 55-82.

Daly, M., 1978, *Gyn/Ecology : The Metaethics of Radical Feminism*, Boston, Beacon Press.

Darel, P. E., 1999, « Sovereignty, Survival and the Westphalian Blind Alley in International Relations », *Review of International Studies,* vol. 25, p. 217-231.

Bibliographie

Davies, D., 1930, *The Problem of the Twentieth Century*, Londres, Ernest Benn.

Deblock, C., 1992, « La sécurité économique internationale : entre l'utopie et le réalisme », dans C. Deblock et D. Éthier (dir.), *Mondialisation et régionalisme : la coopération internationale est-elle encore possible ?*, Sainte-Foy, Presses de l'Université du Québec, p. 333-378.

Deblock C., D. Brunelle et M. Rioux, 2001, « Globalisation, investissements et concurrence. La voie du régionalisme : le projet des Amériques », *Continentalisation*, Cahier de recherche 01-09, GRIC, septembre, p. 6.

Deblock, C. et D. Éthier (dir.), 1992, *Mondialisation et régionalisation. La coopération économique est-elle encore possible ?*, Sainte-Foy, Presses de l'Université du Québec.

Debray, R., 1974, *La critique des armes*, Paris, Seuil.

Der Derian J., 2001, *Virtuous War : Mapping the Military-Industrial-Media-Entertainment Network*, Boulder, Westview Press.

Der Derian, J. (dir.), 1995, *International Theory : Critical Investigations*, Washington Square, New York University Press.

Der Derian, J., 1987, *On Diplomacy. A Genealogy of Western Estrangement*, Oxford, Basic Blackwell.

Der Derian, J. et M. Shapiro (dir.), 1989, *International/Intertextual Relations : Postmodern Readings of World Politics*, Lexington, Lexington Books.

Desch, M. C., 2003, « It is Kind to Be Cruel : The Humanity of American Realism », *Review of International Studies*, vol. 29, n° 3, p. 415-426.

Dessler, D., 1989, « What's at Stake in the Agent-Structure Debate », *International Organization*, vol. 43, n° 3, p. 441-473.

Devin, G., 2002, *Sociologie des relations internationales*, Paris, La Découverte.

Dicken, P., 1998, *Global Shift. Transforming the World Economy*, New York, Guilford Press.

Dietz, M. G., 2003, « Current Controversies in Feminist Theory », *Annual Review of Political Science*, vol. 6, p. 399-431.

Dillon, M., 1996, *Politics of Security : Towards a Political Philosophy of Continental Thought*, Londres, New York, Routledge.

Dilorio, J. A., 1992, « Feminism and War : Theoretical Issues and Debates », *Reference Services Review*, vol. 20, n° 2, p. 51-58.

Donnelly, J., 2000, *Realism and International Relations*, Cambridge, Cambridge University Press.

Donnelly, J., 1998, *International Human Rights*, Boulder, Westview Press.

Doty, R. L., 2000, « Desire All the Way Down », *Review of International Studies*, vol. 26, n° 1, p. 137-139.

Dougherty, J. E. et R. L. Pfalzgraff, *Contending Theories of International Relations : A Comprehensive Survey*, 4ᵉ édition, New York, Longman.

Doyle, M., 1986, « Liberalism and World Politics », *American Political Science Review*, n° 80, p. 1151-1169.

Drainville, A. C., 1995, « Of Social Spaces, Citizenship, and the Nature of Power in the World Economy », *Alternatives*, vol. 20, printemps, p. 51-79.

Drulak, P., 2001, « The Problem of Structural Change in Alexander Wendt's Social Theory of International Politics », *Journal of International Relations and Development*, vol. 4, n° 4, p. 363-380.

Duby, G., 1977, *L'économie rurale et la vie des campagnes dans l'Occident médiéval*, Paris, Flammarion.

Duby, G., 1973, *Guerriers et paysans : VIIᵉ-XIIᵉ siècle. Premiers essors de l'économie européenne*, Paris, Gallimard.

Dufour, F.-G., 2001, *Patriotisme constitutionnel et nationalisme. Autour de Jürgen Habermas*, Montréal, Liber.

Duménil, G. et D. Lévy (dir.), 1999, *Le triangle infernal. Crise, mondialisation, financiarisation*, Paris, PUF.

Dummet, M., 1991, *Les origines de la philosophie analytique*, Paris, Gallimard.

Dunne, T. et N. J. Wheeler, 2004, « We the Peoples : Contending Discourses of Security in Human Rights Theory and Practice », *International Relations*, vol. 18, n° 1, p. 9-23.

Dunne, T., 2003, « Society and Hierarchy in International Relations », *International Relations*, vol. 17, n° 3, p. 303-320.

Bibliographie

Dunne, T., 1997, « Realism », dans J. Baylis et S. Smith (dir.), *The Globalization of World Politics*, Oxford, Oxford University Press, p. 109-124.

Dunne, T., 1995, « The Social Construction of International Society », *European Journal of International Relations,* vol. 1, n° 3, p. 367-389.

Eagleton, T., 2002 [1991], *Ideology : an Introduction*, Londres et New York, Verso.

Edkins, J., 2003, *Trauma and the Memory of Politics*, Cambridge, Cambridge University Press.

Edkins, J., 2002, « Forget Trauma ? Responses to September 11 », *International Relations*, vol. 16, n° 2, p. 243-256.

Eichengreen, B. J., 1997, « The Bretton Woods System : Paradise Lost ? », dans B. J. Eichengreen et M. Flandreau (dir.), *The Gold Standard in Theory and History*, Londres, Routledge, p. 313-328.

Eichengreen, B. J., 1996, *Globalizing Capital : A History of the International Monetary System*, Princeton, Princeton University Press.

Eichengreen, B. J., 1990, « Hegemonic Stability Theories of the International Monetary System », dans *Elusive Stability : Essays in the History of International Finance, 1919-1939*, Cambridge, Cambridge University Press, p. 271-311.

Eisenstein, Z., 1979, *Capitalist Patriarchy and the Case for Socialist Feminism,* New York, Monthly Review Press.

Elazar, D., 1999, « Political Science, Geography, and the Spatial Dimension of Politics », *Political Geography*, vol. 18, p. 875-886.

Elias, N., 1996, *The Germans*, New York, University of Columbia Press.

Elman, C. et M. F. Elman (dir.), 2003, *Progress in International Relations Theory*, Cambridge, MIT Press.

Elshtain, J. B., 1995, *Women and War*, Chicago, University of Chicago Press.

Elshtain, J. B., 1987, *Women and War*, New York, Basic Books.

Elshtain, J. B., 1981, *Public Man, Private Woman. Women in Social and Political Thought*, Princeton, Princeton University Press.

Elson, D. et R. Pearson, 1981, « The Subordination of Women and the Internationalization of Factory Production », dans K. Young et al. (dir.), *Of Marriage and the Market*, Londres, Routledge.

Emanuelli, C., 1999, *Droit International public : Contribution à l'étude du droit international selon une perspective canadienne*, Montréal, Wilson et Lafleur.

Emmanuel, A., 1969, *L'échange inégal*, Paris, Maspero.

Enloe, C., 2004, « "Gender" is Not Enough : The Need for a Feminist Consciousness », *International Affairs*, vol. 80, n° 1, p. 95-98.

Enloe, C., 2000, *Bananas, Beaches and Bases : Making Feminist Sense Out of International Politics*, 2ᵉ édition, Londres, Pandora.

Enloe, C., 1996, « Margins, Silences and Bottom Rungs : How to Overcome the Underestimation of Power in the Study of International Relations », dans S. Smith, K. Booth et M. Zalewski (dir.), *International Theory : Positivism and Beyond*, Cambridge, Cambridge University Press, p. 186-202.

Enloe, C., 1993, *The Morning After : Sexual Politics in Post-Cold War Era*, New York, Routledge.

Eschle, C., 2002, « Engendering Global Democracy », *International Feminist Journal of Politics*, vol. 4, n° 3, p. 315-342.

Evans, G. et J. Newham, 1990, *The Dictionnary of World Politics*, Londres, Simon & Schuster.

Evans, P. B., 1997, « The Eclipse of the State : Reflections on Stateness in the Era of Globalisation », *Global Politics*, vol. 50, n° 1, p. 62-87.

Ferguson, R. B. (dir.), 2003, *The State, Identity and Violence : Political Disintegration in the Post-Cold War Era*, Londres et New York, Routledge.

Feyerabend, P., 1979, *Contre la méthode. Esquisse d'une théorie anarchiste de la connaissance*, Paris, Seuil.

Finel B. I., 2001, « Black Box or Pandora's Box : State Level Variables and Progressivity in Realist Research Programs », *Security Studies*, vol. 11, n° 2, p. 187-227.

Finkelstein, L. S. (dir.), 1988, *Politics in the United Nations System*, Durham, Duke University Press.

Finlayson, A. (dir.), 2003, *Contemporary Political Thought : Reader and Guide*, Washington Square, New York University Press.

Bibliographie

Finnemore, M., 1996, *National Interests in International Society*, Ithaca, Cornell University Press.

Finnemore, M., 1993, « International Organizations as Teachers of Norms : The United Nations Educational, Scientific, and Cultural Organization and Science Policy », *International Organization*, vol. 47, n° 4, p. 565-597.

Finnemore, M. et K. Sikkink, 2001, « Taking Stock : The Constructivist Research Program in International Relations and Comparative Politics », *Annual Review of Political Science*, vol. 4, p. 391-416.

Finnemore, M. et K. Sikkink, 1998, « International Norm Dynamics and Political Change », *International Organization*, vol. 52, n° 4, p. 887-917.

Follett, M. P., 1965 [1918], *The New State : Group Organization the Solution of Popular Government*, Gloucester, Peter Smith.

Follett, M. P., 1941, *Dynamic Administration : The Collected Papers of Mary Parker Follet*, Bath, Management Publications Trust.

Foot, R., J. Gaddis et A. Hurrell (dir.), 2003, *Order and Justice in International Relations*, Oxford et New York, Oxford University Press.

Foot, R., S. N. MacFarlane et M. Mastanduno (dir.), 2003, *U.S. Hegemony and International Organizations : The United States and Multilateral Institutions*, Oxford et New York, Oxford University Press.

Foucault, M., 1969, *L'archéologie du savoir*, Paris, Gallimard.

Fourquet, F., 2002, *Richesse et puissance*, Paris, La Découverte et Syros.

Fox, W. T. R., 1959, *Theoretical Aspects of International Relations*, Indiana, University of Notre Dame Press.

Frank, A. G., 1978, *Dependent Accumulation and Underdevelopment*, Londres et Basingstoke, Macmillan Press.

Frank, A. G., 1972, *Capitalisme et sous-développement en Amérique latine*, Paris, François Maspéro.

Frank, A. G., 1967, *Capitalism and Underdevelopment in Latin America*, édition révisée, New York et Londres, Monthly Review Press.

Frank, R. H., 1988, *Passions within Reason : The Strategic Role of Emotions*, New York, Norton.

Frankel, B. (dir.), 1996a, *Realism : Restatements and Renewal*, Londres et Portland, Frank Cass

Frankel, B. (dir.), 1996b, *The Roots of Realism*, Londres et Portland, Frank Cass

Frankel, J., 1970, *National Interest*, New York, Praeger Publishers.

Freund, J., 2004 [1965], *L'essence du politique*, 3ᵉ édition, Paris, Dalloz.

Freyberg-Inan, A., 2004, *What Moves Man : The Realist Theory of International Relations and its Judgment of Human Nature*, Albany, State University of New York Press.

Friedrichs, J., 2001, « International Relations Theory in France », *Journal of International Relations and Development*, vol. 4, n° 2, p. 118-138.

Frost, M., 2003, « Tragedy, Ethics and International Relations », *International Relations*, vol. 17, n° 4, p. 477-495.

Frost, M., 1996, *Ethics in International Relations : A Constitutive Theory*, Cambridge, Cambridge University Press.

Frost, M., 1986, *Towards a Normative Theory of International Relations*, Cambridge, Cambridge University Press.

Garner, J. W., 1925, « Limitations on National Sovereignty in International Relations », *American Political Science Review*, vol. 19, n° 1.

Gaubatz, K. T., 2001, « The Hobbesian Problem and the Microfoundations of International Relations », *Security Studies*, vol. 11, n° 2, p. 164-186.

Gellner, E., 1997, *Nationalism*, New York, New York University Press.

Gellner, E., 1991, « Civil Society in Historical Context », *International Social Science Journal*, vol. 43, p. 495-510.

Gellner, E., 1989, *Nations et nationalisme*, Paris, Payot.

Gellner, E., 1965, *Thought and Change*, Chicago, University of Chicago Press.

George, J. et D. Campbell, 1990, « Patterns of Dissent and the Celebration of Difference : Critical Social Theory and International Relations », dans R. K. Ashley et R. J. B. Walker (dir.), « Numéro spécial. Speaking the Language of Exile, Dissidence in International Studies », *International Studies Quarterly*, vol. 34, n° 3, p. 269-293.

Bibliographie

George, J., 1994, *Discourses of Global Politics : A Critical (Re)introduction to International Relations*, Boulder, Lynne Rienner.

George, J., 1989, « International Relations and the Search for Thinking Space : Another View of the Third Debate », *International Studies*, vol. 33, n° 3, p. 269-279.

Gerstein, I., 1983, « Théories de l'économie mondiale et de l'impérialisme », dans T. Hentsch, D. Holly et P.-Y. Soucy, *Le Système mondial*, Montréal, Éditions Nouvelle Optique, p. 162-191.

Giddens, A., 1985, *The Nation-State and Violence*, Berkeley et Los Angeles, University of California Press.

Giddens, A., 1984, *The Constitution of Society. Outline of the Theory of Structuration*, Berkeley et Los Angeles, University of California Press.

Gill, S., 2003, *Power and Resistance in the New World Order*, Londres, Palgrave.

Gill, S., 1995, « Globalization, Market Civilization, and Disciplinary Neoliberalism », *Millenium. Journal of International Studies*, n° 24, p. 399-423.

Gill, S. (dir.), 1993, *Gramsci, Historical Materialism and International Relations*, Cambridge, Cambridge University Press.

Gill, S., 1986, « Hegemony, Consensus and Trilateralism », *Review of International Studies*, vol. 12, n° 2, p. 205-221.

Gill, S., 1998, « New Constitutionalism, Democratisation, and Global Political Economy », dans *Pacifica Review*, vol. 10, n° 1, p. 23-38.

Gill, S. et D. Law, 1988, *The Global Political Economy. Perspectives, Problems and Policies*, Baltimore, Johns Hopkins University Press.

Gill, S. et J. Mittelman (dir.), 1997, *Innovation and Transformation in International Relations*, Cambridge, Cambridge University Press.

Gilpin, R., 2001, *Global Political Economy. Understanding the International Economic Order*, Princeton, Princeton University Press.

Gilpin, R., 2000, *The Challenge of Global Capitalism. The World Economy in The 21st Century*, Princeton, Princeton University Press.

Gilpin, R., 1988, « The Theory of Hegemonic War », *The Journal of Interdisciplinary History*, n° 18, p. 591-613

Gilpin, R., 1987, *The Political Economy of International Relations*, Princeton, Princeton University Press.

Gilpin, R., 1981, *War and Change in World Politics*, Cambridge, Cambridge University Press.

Gilpin, R., 1975, *U.S. Power and the International Corporation : The political Economy of Foreign Direct Investment*, New York, Basic Books.

Gilpin, R. et J. M. Gilpin, 2001, *Global Political Economy : Understanding the International Economic Order*, Princeton, Princeton University Press.

Gilpin, R. et J. M. Gilpin, 1987, *The Political Economy of International Relations*, Princeton, Princeton University Press.

Godin, B. et Y. Gingras, 2000, « The Experimenter's Regress : From Skepticism to Argumentation », *Cahiers d'épistémologie*, UQAM, Cahier 2010, n° 273.

Gould, H. D., 1998, « What is Stake in the Agent-Structure Debate ? », dans V. Kulbálková, N. Onuf et P. Kowert (dir.), *International Relations in a Constructed World*, Armonk, New York et Londres, M. E. Sharpe, p. 79-98.

Gowan, P., 1999, *The Global Gamble : Washington's Faustian Bid for World Dominance*, Londres, Verso.

Gramsci, A., 1978, *Les cahiers de prison*, Paris, Gallimard.

Gramsci, A., 1971, *Selections From the Prison Notebooks of Antonio Gramsci*, traduit par Quintin Hoare et Geoffrey Nowell Smith, New York, International Publishers.

Grant, J., 1993, *Fundamental Feminism : Contesting the Core Concepts of Feminist Theory*, New York, Routledge.

Grant, R. et K. Newland (dir.), 1988, *Gender and International Relations*, Cambridge, Polity Press.

Gray, C., 2002, *Geopolitics and Strategic History, 1871-2050*, Londres, Frank Cass.

Greenfeld, L., 1992, *Nationalism : Five Roads to Modernity*, Cambridge, Harvard University Press.

Grieco, J. M., 1990, *Cooperation Among Nations. Europe, America, and Non-Tariff Barriers to Trade*, Ithaca, Cornell University Press.

Bibliographie

Griffiths, M. et T. O'Callaghan, 2002, *International Relations : The Key Concepts*, Londres, Routledge.

Grinspun, R. et M. Cameron (dir.), 1993, *The Political Economy of the North American Free Trade*, Montréal, McGill-Queen's University Press.

Gross, L., 1948, « The Peace of Westphalia, 1648-1948 », *American Journal of International Law*, vol. 42, n° 1, p. 20-41.

Gross, O., 2000, « The Normless and Exceptionless Exception : Carl Schmitt's Theory of Emergency Powers and the "Norm-Exception" Dichotomy », *Cardozo Law Review*, vol. 21, p. 1825-1867.

Guibernau, M., 2004, « Anthony D. Smith On Nations and National Identity : A Critical Assessment », *Nations and Nationalism*, vol. 10, n° 1, p. 125-142.

Guillaume, X., « Foreign Policy and the Politics of Alterity : A Dialogical Understanding of International Relations », *Millenium*, vol. 31, n° 1, p. 1-26.

Gulik, E. V., 1955, *Europe's Classical Balance of Power*, New York et Londres, W. W. Norton and Co.

Gusterson, H., 1996, *Nuclear Rites : A Weapons Laboratory at the End of the Cold War*, Berkeley, University of California Press.

Guzzini, S., 2004, *Constructive Criticism : Alexander Wendt and Constructivism in International Relations*, Londres, Routledge.

Guzzini, S., 1998, *Realism in International Relations and International Political Economy : The Continuing Story of a Death Foretold*, Londres, Routledge.

Guzzini, S. et A. Leander, 2001, « A Social Theory for International Relations : An Appraisal of Alexander Wendt's Theoretical and Disciplinary Synthesis », *Journal of International Relations and Development*, vol. 4, n° 4, p. 316-338.

Haacke, J., 1996, « Theory and Praxis in International Relations : Habermas, Self-Reflection, Rational Argumentation », *Millennium*, vol. 25, n° 2, p. 255-291.

Haas, E., 1964, *Beyond the Nation-State : Functionalism and International Organization*, Stanford, Stanford University Press.

Haas, E., 1958, *The Uniting of Europe,* Stanford, Stanford University Press.

Haas, E. B., 1953, « The Balance of Power : Prescription, Concept, or Propaganda », *World Politics*, vol. 5, n° 4, p. 442-477.

Haas, P. M. et E. B. Haas, 2002, « Pragmatic Constructivism and the Study of International Institutions », *Millenium*, vol. 31, n° 3, p. 573-602.

Haas, P. M., R. O. Keohane et M. Levy, 1993, *Institutions for the Earth*, Cambridge, Massachusetts Institute of Technology (MIT).

Habermas, J., 2001, *The Postnational Constellation, Political Essays*, Cambridge, MIT Press.

Habermas, J., 2000, *Après l'État-nation*, Paris, Fayard.

Habermas, J., 1998, *L'intégration républicaine*, Paris, Fayard.

Habermas, J., 1996, *Between Facts and Norms*, Cambridge, MIT Press.

Habermas, J., 1994, *Postmetaphysical Thinking*, Cambridge, MIT Press.

Habermas, J., 1987a, *Logique des sciences sociales et autres essais,* Paris, PUF.

Habermas, J., 1987b et 1987c, *Théorie de l'agir communicationnel Tome 1 et Tome 2*, Paris, Fayard.

Habermas, J., 1978, *L'espace public*, Paris, Payot.

Habermas, J., 1976, *Connaissance et intérêt*, Paris, Gallimard.

Habermas, J., 1971 [1968], *Knowledge and Human Interest*, Boston, Beacon Press.

Hacking, I., 1999, *The Social Construction of What ?*, Cambridge et Londres, Harvard University Press.

Hafner-Burton, E. et M. A. Pollack, 2002, « Mainstreaming Gender in Global Governance », *European Journal of International Relations*, vol. 8, n° 3, p. 375-401.

Halliday, J., 1992, « Hidden from International Relations », *Signs*, vol. 22, n° 7, p. 58-74.

Halperin, M., 1974, *Bureaucratic Politics and Foreign Policy*, Washington, Brookings Institution.

Hann, L. E. (dir.), *Perspective on Habermas*, Chicago, Open Court.

Hansen, L., 1997, « R. B. J. Walker and International Relations : Deconstructing a Discipline », dans I. B. Neumann et O. Wæver (dir.), *The future of International Relations : Masters in the Making ?*, Londres, Routledge, p. 316-336.

Bibliographie

Haq, M., I. Kaul et al., 1996, The Tobin Tax, London, Oxford University Press.

Harding, S. (dir.), 2004, The Feminist Standpoint Theory Reader : Intellectual and Political Controversies, New York, Routledge.

Harding, S. (dir.), 1987, Feminism and Methodology : Social Science Issues, Milton Keynes, Open University Press.

Harding, S., 1986, The Science Question in Feminism, Ithaca, Cornell University Press.

Hardt, M. et A. Negri, 2001. Empire, Paris, Exils.

Harmon, M. D., 1997, The British Labour Government and the 1976 IMF Crisis, Londres, Macmillan.

Harré, R., 1986, Varieties of Scientific Realism, Oxford, Blackwell.

Harré, R., 1970, The Principles of Scientific Thinking, Chicago, University of Chicago Press.

Harris, N., 1986, The End of the Third World : Newly Industrializing Countries and the Decline of an Ideology, Londres, Tauris.

Harrison, E., 2002, « Waltz, Kant and Systemic Approaches to International Relations », Review of International Studies, vol. 28, n° 1, p. 143-162.

Hartsock, N., 1998, « The Feminist Standpoint : Toward a Specifically Feminist Historical Materialism », dans M. F. Rogers (dir.), Contemporary Feminist Theory, Boston, McGraw-Hill.

Harvey, D., 2001, Spaces of Capital. Towards a Critical Geography, New York, Routledge.

Harvey, D., 1989, The Condition of Postmodernity, Cambridge, Blackwell.

Hasenclever, A., P. Mayer et V. Rittberger, 1997, Theories of International Regimes, Cambridge, Cambridge University Press.

Hayek, F. A., 1974, The Road to Serfdom, Chicago, University of Chicago Press.

Healy, B. et A. Stein, 1973, « The Balance of Power in International History : Theory and Reality », Journal of Conflict Resolution, vol. 17, n° 1, p. 33-61.

Heap, Simon, 2000, NGO's Engaging with Business : A World of Differences and a Difference to the World, Oxford, INTRAC, n° 11.

Held, D., 1995, Democracy and the Global Order : From the Modern State to Cosmopolitan Governance, Stanford, Stanford University Press.

Held, D., 1993, « Democracy : From City States to a Cosmopolitan Order », dans D. Held (dir.), Prospects for Democracy : North, South, East, West, Cambridge, Polity, p. 13-52.

Helleiner, E., 1994, States and the Reemergence of Global Finance. From Bretton Woods to the 1990s, Ithaca, Cornell University Press.

Hellman, G., et al., 2003, « Forum : Are Dialogue and Synthesis Possible in International Relations ? », International Studies Review, vol. 5, n° 2, p. 123-153.

Helm, C. et D. Sprintz, 2000, « Measuring Effectiveness of International Environmental Regimes », Journal of Conflict Resolution, vol. 44, n° 5, p. 630-652.

Hentsch, T., D. Holly et P.-y. Soucy, 1983, « Les fondements marxistes d'une analyse de la société mondiale », dans T. Hentsch, D. Holly et P.-y. Soucy, Le système mondial, Montréal, Nouvelle Optique, p. 13-48.

Hentsch, T., D. Holly et P.-y. Soucy, 1983, Le système mondial, Montréal, Nouvelle Optique.

Herf, J., 1994, « Un nouvel examen du modernisme réactionnaire : les nazis, la modernité et l'Occident », dans Z. Sternhell (dir.), L'éternel retour : contre la démocratie, l'idéologie de la décadence, Paris, Presses de la Fondation nationale des sciences politiques, p. 161-195.

Herz, J., 1976, The Nation-State and the Crisis of World Politics : Essays on International Politics in the Twentieth Century, New York, D. McKay.

Herz, J., 1968, « The Territorial State Revisited », Polity, vol. 1, p. 11-34.

Herz, J., 1957, « Rise and Demise of the Territorial State », World Politics, vol. 9, n°4, p. 473-479.

Herz, J., 1951, Political Realism and Political Idealism, Chicago, University of Chicago Press.

Herz, J., 1950, « Idealist Internationalism and the Security Dilemma », World Politics, vol. 2, n° 2, p. 157-180.

Hess, B. B. et M. Ferree, 1987, Analyzing Gender, Newbury Park, Sage.

Hettne, B. et F. Soderbaum, 1999, « Towards Global Social Theory », Journal of International Relations and Development, vol. 2, n° 4, p. 358-368.

Hettne, B., 1995, Development Theory and the Three Worlds. Towards an International Political Economy of Development, Harlow, Addison Wesley Longman.

Hill C., 2002, « 11 September 2001 : Perspectives from International Relations », International Relations, vol. 16, n° 2, p. 257-262.

Bibliographie

Hirst, P. et G. Thompson, 1996, *Globalisation in Question*, Londres, Polity.

Hobsbawm, E., 1992, *Nations et nationalisme depuis 1780. Programme, mythe, réalité*, Paris, Gallimard.

Hobson, J. A., 1902, *Imperialism : A Study*, Londres, Allen and Unwin.

Hobson, J. M., 2000, *The State and International Relations*, Cambridge, Cambridge University Press.

Hoffman, M., 1991, « Restructuring, Reconstructing, Reinscription, Rearticulation : Four Voices in Critical Theory », *Millennium*, vol. 20, n° 2, p. 169-185.

Hoffman, M., 1987, « Critical Theory and the Inter-Paradigm Debate », *Millennium*, vol. 16, n° 2, p. 231-249.

Holden, G., 2002, « Who Contextualizes the Contextualizers ? Disciplinary History and the Discourse about IR Discourse », *Review of International Studies*, vol. 28, n° 3, p. 253-270.

Hollifield, J. F., 1992, *Immigrants, Markets, and States. The Political Economy of Postwar Europe*, Cambridge, et Londres, Harvard University Press.

Hollis, M. et S. Smith, 1992, « Structure And Action : Further Comment », *Review of International Studies*, vol. 18, p. 187-188.

Hollis, M. et S. Smith, 1991, « Beware of Gurus : Structure and Action in International Relations », *Review of International Studies*, vol. 17, p. 393-410.

Hollis, M. et S. Smith, 1990, *Explaining and Understanding International Relations*, Oxford, Clarendon Press.

Holloway, J., 1995, « The Abyss Opens : The Rise and Fall of Keynesianism », dans W. Bonefeld et J. Holloway (dir.), *Global Capital, National State and the Politics of Money*, New York, St. Martin's Press, p. 7-34.

Holsti, K. J., 1991, *Peace and War : Armed Conflicts and International Order, 1649-1989*, Cambridge, Cambridge University Press.

Hoogvelt, A., 1997, *Globalization and the Postcolonial World : The New Political Economy of Development*, Baltimore, Johns Hopkins University Press.

Hopf, T., 2002, *Social Construction of International Politics : Identities & Foreign Policies, Moscow, 1955 and 1999*, Ithaca et Londres, Cornell University Press.

Hopf, T., 1998, « The Promise of Constructivism in International Relations Theory », *International Security*, vol. 23, n° 1, p. 171-200.

Hopf, T., F. Kratochwil et R. N. Lebow, 2000, *Reflexivity : Method and Evidence*, The Mershon Centre, Princeton, Princeton University Press.

Horkheimer, M., 1978, *Théorie critique : Essais*, Paris, Payot.

Horkheimer, M., 1974, *Théorie traditionnelle et théorie critique*, Paris, Gallimard.

Hudson, V. avec C. S. Vore, 1995, « Foreign Policy Analysis Yesterday, Today and Tomorrow », *Mershon International Studies Review*, n° 39, p. 209-238.

Huntington, S., *Foreign Policy*, mars-avril 2004, p. 30-45

Huysmans, J., 2004, « International Politics of Insecurity : Unilateralisme, Inwardness and Execptionalism », Communication présentée à la Convention annulle de l'International Studies Association, Montréal, 17 au 20 mars 2004, en ligne (www.isanet.org)

Huysmans, J., 1998a, « Dire et écrire la sécurité : le dilemme normatif des études de sécurité », *Cultures et Conflits*, n° 31-32 (www://conflits.org/article.php37id_article=330]).

Huysmans, J., 1998b, « Desecuritization and the Aesthetics of Horror in Political Realism », *Millennium*, vol. 27, n° 3, p. 569-589.

Hyndman, J., 2004, « Mind the Gap : Bridging Feminist and Political Geography Through Geopolitics », *Political Geography*, vol. 23, n° 3, p. 307-322.

Ikenberry, G. J., 2003, « Illusions of Empire : Defining the New American Order », *Foreign Affairs*, vol. 83, n° 2, p. 144-177.

Ikenberry, G. J., 2001, *After Victory : Institutions, Strategic Restraint, and the Rebuilding of Order After Major Wars*, Princeton, Princeton University Press.

Inayatullah, N., 2004, *International Relations and the Problem of Difference*, New York et Londres, Routledge.

Jackson, R. 1999, « Sovereignty in World Politics : A Glance at the Conceptual and Historical Landscape », *Political Studies*, vol. 67, p. 431-456.

Jackson, R. et C. Rosberg, 1985, « The Marginality of African States », dans G. M. Carter et P. O'Meara (dir.), *African Independence. The First Twenty-Five Years*, Bloomington, Indiana.

Bibliographie

Jacob, P. (dir.), 1980a, *De Vienne à Cambridge*, Paris, Gallimard.

Jacob, P., 1980b, *L'empirisme logique : ses antécédents, ses critiques*, Paris, Les Éditions de Minuit.

Jaquette, J., 2003, « Feminism and the Challenges of the 'Post-Cold War' World », *International Feminist Journal of Politics*, vol. 5, n° 3, p. 331-355.

Jarvis, D. S. L. (dir.), 2002, *International Relations and the "Third Debate" : Postmodernism and its Critics*, Westport et Londres, Praeger.

Jarvis, D. S. L., 2000, *International Relations and the Challenge of Postmodernism : Defending the Discipline*, Columbia, University of South Carolina Press.

Jervis, R. L., 2003, « The Confrontation Between Iraq and the US : Implications for the Theory and Practice of Deterrence », *European Journal of International Relations*, vol. 9, n° 2, p. 315-337.

Jervis, R. L., 1997, *System Effects. Complexity in Political and Social Life*, Princeton, Princeton University Press.

Jervis, R. L., 1978, « Cooperation under the Security Dilemma », *World Politics,* vol. 30, n° 2, p. 167-214.

Jervis, R. L., 1976, *Perception and Misperception in International Relations,* Princeton, Princeton University Press.

Jervis, R. L., H. Nau et R. Schweller, 2002, « The Problem of International Order Revisited : A Review Essay », *International Security*, vol. 27, n° 1, p. 174-185.

Jessup, P. C., 1956, *Transnational Law*, New Haven, Yale University Press.

Johnston, A., 2001, « Treating International Institutions as a Social Environment », *International Studies Quarterly*, vol. 45, n° 4, p. 487-516.

Jones, R. W. (dir.), 2001, *Critical Theory and World Politics*, Boulder, Lynne Rienner.

Jones, R., 1981, « The English School of International Relations : A Case for Closure », *Review of International Studies*, vol. 7, n° 1, p. 1-13.

Jordaan, E., 2003, « The Concept of Middle Power in International Relations : Distinguishing Between Emerging and Traditional Middle Powers », *Politikon : South African Journal of Political Studies*, vol. 30, n° 2, p. 165-182.

Jouve, E., 1988, *Le Tiers Monde*, Paris, PUF, coll. « Que sais-je ? ».

Jouve, E., 1986, *Le Tiers Monde dans la vie internationale*, 2e édition, Paris, Berger-Levrault.

Kadera, K. *et al.*, 2003, « Democratic Survival, Peace, and War in the International System », *American Journal of Political Science*, vol. 47, n° 2, p. 234-248.

Kaldor, M., 2004, « Nationalism and Globalisation », *Nations and Nationalism*, vol. 10, n° 1, p. 161-178.

Kaldor, M., 2003, « American Power : From 'Compellance' to Cosmopolitanism ? », *International Affairs*, vol. 79, n° 2, p. 1-22.

Kaldor, M., 2003, « The Idea of Global Civil Society », *International Affairs*, vol. 79, n° 3, p. 583-594.

Kant, I., 1991, *Kant : Political Writings*, 2e édition, édité par Hans Reiss, Cambridge, Cambridge University Press.

Kant, I., 1988, *Projet de paix perpétuelle*, Paris, Hatier.

Kant, I., 1947, *La philosophie de l'histoire. Les origines de la pensée de Hegel*, Paris, Gonthier.

Kardam, N., 2004, « The Emerging Global Gender Equality Regime from Neoliberal and Constructivist Perspectives in International Relations », *International Feminist Journal of Politics*, vol. 6, n° 1, p. 85-110.

Katalin, S., 2001, « Devaluing Diplomacy ? A Critique of Alexander Wendt's Conception of Progress and Politics », *Journal of International Relations and Development*, vol. 4, n° 4, p. 380-403.

Katzenstein, P. J., 2003, « Same War—Different Views : Germany, Japan, and Counterterrorism », *International Organization*, vol. 57, n° 4, p. 731-760.

Katzenstein, P. J. (dir.), 1996, *The Culture of National Security. Norms and Identity in World Politics*, New York, Colombia University Press.

Katznelson, I., 1997, « Structure and Configuration in Comparative Politics », dans M. I. Lichbach et A. S. Zuckerman (dir.), *Comparative Politics : Rationality, Culture, and Structure*, p. 81-111.

Kay, C., 1989, *Latin American Theories of Development and Underdevelopment,* New York, Routledge.

Keane, J., 2003, *Global Civil Society ?*, Cambridge, Cambridge University Press.

Kebabdjian, G., 1999, *Les théories de l'économie politique internationale*, Paris, Seuil.

Bibliographie

KegleyJr, C. W. et G. A. Raymond, 2003, « Preventive War and Permissive Normative Order », *International Studies Perspectives*, vol. 4, n° 4, p. 89-103.

Kennan, G. F., 1954, *The Realities of American Foreign Policy*, Princeton, Princeton University Press.

Kennan, G. F., 1951, *American Diplomacy 1900-1950*, New York, New American Library.

Kennedy, P., 1989, *The Rise and Fall of the Great Powers. Economic Change and Military Conflict from 1500 to 2000*, Glasgow, Fontana Press.

Keohane, R. O., 2002, *Power and Governance in a Partially Globalized World*, Londres et New York, Routledge.

Keohane, R. O., 1989a, « International Institutions : Two Approaches », dans *International Institutions and State Power : Essay in International Relations Theory*, Boulder, Westview Press, p. 158-179.

Keohane, R. O., 1989b, « International Relations Theory : Contributions of a Feminist Standpoint », *Milllennium*, vol. 8, n° 2, p. 245-255.

Keohane, R. O. (dir.), 1986, *Neorealism and its Critics*, New York, Columbia University Press.

Keohane, R. O., 1984, *After Hegemony – Cooperation and Discord in the World Political Economy*, Princeton, Princeton University Press.

Keohane, R. O., 1983, « Inflation and the Decline of American Power », dans R. E. Lombra et W. E. Witte (dir.), *Political Economy of International and Domestic Monetary Relations*, Ames, p. 7-24.

Keohane, R. O. et L. L. Martin, 1995, « The Promise of Institutionalist Theory », *International Security*, vol. 20, n° 1, p. 39-51.

Keohane, R. O. et J. S. Nye, 2001, *Power and Interdependance : World Politics in Transition*, 3e édition, Boston, Little Brown.

Keohane, R. O. et J. S. Nye, 1977, *Power and Interdependence. World Politics in Transition*, Boston, Little, Brown.

Keohane, R. O. et J. S. Nye, 1972, *Transnational Relations and World Politics*, Cambridge, Harvard University Press.

Keynes, J. M. et J. Luzi, 1999, *The End of Laissez-Faire*, suivi de *Suis-je un libéral ?*, Montréal, Comeau et Nadeau, coll. « Contre-feux ».

Kiely, R., 1995, *The Sociology of Development. The Impasse and Beyond*, Londres, University College.

Kindleberger, C. P., 2000, *Comparative Political Economy, A Restrospective*, Cambridge, Massachusetts Institute of Technology Press.

Kindleberger, C. P., 1973, *The World in Depression 1929-1939*, Londres, Allen Lane.

Kindred, H. M. *et al.*, 2000, *International Law : Chiefly as Interpreted and Applied in Canada*, 6e édition, Toronto, Emond Montgomery.

Kissinger, H. A.,1957, *A World Restored. Metternich, Castelreagh and the Problems of Peace 1812-1822*, Boston, Hougthton and Mifflin.

Klare, M., 2001, *Resource Wars : The New Landscape of Global Conflict*, New York, Henry Holt.

Klotz, A., 1995, *Norms in International Relations. The Struggle Against Apartheid*, Ithaca, Cornell University Press.

Klotz, A. et C. Lynch, 1999, « Le Constructivisme dans la théorie des Relations internationales », *Critique Internationale*, n° 2, p. 51-62.

Knowles, J., 2003, « Anti-foundationalism », dans *Norms, Naturalism and Epistemology : The Case for Science Without Norms*, Houndmills, Basingstoke, Hampshire, Palgrave Macmillan, p. 66-113.

Knutsen, T. L., 1997, *A History of International Relations Theory*, 2e édition, Manchester, Manchester University Press.

Kofman, E. et G. Youngs (dir.), 2003, *Globalization : Theory and Practice*, 2e edition, Londres et New York, Continuum.

Korany, B. (dir.), 1987, *Analyse des relations internationales. Approches, concepts et données*, Montréal et Québec, Gaëtan Morin et CQRI.

Kowert, P. A., 2003, « History and Theory in the New Sociologies of International Relations », *International Studies Review*, vol. 5, n° 2, p. 77-80.

Kowert, P., 1999, « The Three Faces of Identity », dans G. Chafetz, M. Spirtas et B. Frankel (dir.), *The Origins of National Interest*, Londres, Portland, Frank Cass.

Bibliographie

Krasner, S. D., 1995, « Compromising Westphalia », *International Security*, vol. 20, n° 3, p. 115-151.

Krasner, S. D., 1993, « Westphalia and All that », dans J. Goldstein et R. O. Keohane (dir.), *Ideas and Foreign Policy : Beliefs, Institutions and Political Change*, Ithaca, Cornell University Press, p. 235-264.

Krasner, S. D., 1986, « Of Systems, Boundaries, and Territoriality : An Inquiry into the Formation of the State System », *World Politics*, vol. 34, n° 1, p. 27-52.

Krasner, S. D., 1985, *Structural Conflict : The Third World Against Global Liberalism*, Berkeley, University of California Press.

Krasner, S. D. (dir.), 1983, *International Regimes*, Ithaca et Londres, Cornell University Press.

Krasner, S. D., 1978, *Defending the National Interest : Raw Materials Investments and U.S. Foreign Policy*, Princeton, Princeton University Press.

Krasner, S. D., 1972, « Are Bureaucracies Important ? (Or Allison Wonderland) », *Foreign Policy*, n° 7, p. 159-179.

Kratochwil, F. V., 2000a, « Theory and Political Practice : Reflections on Theory Building in International Relations », dans P. Wapner et L. Edwin J. Ruiz (dir.), *Principled World Politics : The Challenged of Normative International Relations*, Lanham, Rowman & Littlefield, p. 50-64.

Kratochwil, F. V., 2000b, « Constructing a New Orthodoxy ? Wendt's "Social Theory of International Politics" and the Constructivist Challenge », *Millenniun*, vol. 29, n° 1, p. 73-101.

Kratochwil, F. V., 1996, « Is the Ship of Culture at Sea or Returning ? », dans Y. Lapid et F. V. Kratochwil (dir.), *The Return of Culture and Identity in IR Theory*, Boulder, et Londres, Lynne Rienner, p. 201-222.

Kratochwil, F. V. et G. Ruggie, 1986, « International Organization : A State of the Art on an Art of the State », *International Organization*, vol. 40, n° 4, p. 753-775.

Krause, K., 1998, « Critical Theory and Security Studies : The Research Programme of Critical Security Studies », *Cooperation and Conflict : Nordic Journal of International Studies*, vol. 33, n° 3, p. 298-333.

Krause, K. et M. C. Williams (dir.), 1997, *Critical Security Studies : Concepts and Cases*, Minneapolis, University of Minnesota Press.

Kristof, L. K. D., 1960, « Les origines de la géopolitique et son évolution », Paris, Institut de stratégie comparée, 27 p. (www.stratisc.org/pub/pub_kristof_tdm.html).

Kritz, M. M., L. L. Lim et H. Zlotnik (dir.), 1992, *International Migration Systems. A Global Approach*, Oxford, Clarendon Press.

Krulic, J., 1993, « La revendication de la souveraineté », *Pouvoirs*, n° 67, p. 21-32.

Kubálková, V., 1998, « "The Twenty Years" Cartharsis : E. H. Carr and IR », dans V. Kubálková, N. Onuf et P. Kowert (dir.), *International Relations in a Constructed World*, Armonk, M. E. Sharpe, p. 25-57.

Kubálková, V., N. Onuf et P. Kowert (dir.), *International Relations in a Constructed World*, Armonk, M. E. Sharpe.

Kuhn, T., 1983, *La structure des révolutions scientifiques*, Paris, Flammarion, coll. « Champs » (traduction officiellement revue par Kuhn).

Kuhn, T., 1970, *The Structure of Scientific Revolutions*, 2e édition, Chicago, Chicago University Press.

Kuhn, T., 1962, *The Structure of Scientific Revolutions*, Chicago, University of Chicago Press.

Kukla, A., 1998, *Studies in Scientific Realism*, New York et Oxford, Oxford University Press.

Kupchan, C. A. et C. A. Kupchan, 1991, « Concerts, Collective Security and the Future of Europe », *International Security*, vol. 16, p. 114-161.

La Branche, S., 2003, « La transformation des normes de participation et de durabilité en valeurs ? Réflexions pour la théorie des régimes », *Études internationales*, vol. 34, n° 4, p. 611-630.

Labs, E. J., 1997, « Beyond Victory : Offensive Realism and the Expansion of War Aims », *Security Studies*, vol. 6, p. 1-49.

Lacher, H., 1999a, « "Embedded Liberalism", Disembedded Markets : Conceptualizing the *Pax Americana* », *New Political Economy*, vol. 4, n° 3, p. 343-360.

Lacher, H., 1999b, « The Politics of the Market : Re-reading Karl Polanyi », *Global Society*, vol. 13, n° 3, p. 313-326.

Lacoste, Y., 1976, *La géographie, ça sert d'abord à faire la guerre*, Paris, Maspero.

Ladyman, J., 2002, « Scientific Realism », dans *Understanding Philosophy of Science*, Londres et New York, Routledge, p. 129-161.

Bibliographie

Laïdi, Z., 1994, *Un monde privé de sens*, Paris, Fayard.

Lakatos, I. et A. Musgrave (dir.), 1970, *Criticism and the Growth of Knowledge*, Cambridge, Cambridge University Press.

Lake, D., 2003, « The New Sovereignty in International Relations », *International Studies Review*, vol. 5, n° 3, p. 303-324.

Lake, D. A, 2003, « Fair Fights ? Evaluating Theories of Democracy and Victory », *International Security*, vol. 28, n° 1, p. 154-167.

Lang Jr, A. F., 2002, *Agency and Ethics : The Politics of Military Intervention*, Albany, State University of New York Press.

Lapid, Y., 1999, « Where Should We Begin ? Political Geography and International Relations », *Political Geography*, vol. 18, p. 895-900.

Lapid, Y., 1989, « The Third Debate : On the Prospect of International Theoy in a Post-Positivist Era », *International Studies Quarterly*, vol. 33, n° 3, p. 235-254.

Laski, H., 1927, *The Problems of Peace*, Oxford, Oxford University Press.

Lasswell, H., 1941, « The Garrison State », *American Journal of Sociology*, vol. 46, n° 4, p. 455-468.

Laudan, L., 1996, *Beyond Positivism and Relativism : Theory, Method and Evidence*, Boulder, Westview Press.

Laudan, L., 1984, « A Confutation of Convergent Realism », dans J. Leplin (dir.), *Scientific Realism*, Berkeley, Los Angeles et Londres, University of California Press, p. 218-249.

Laurent, A., 1998, *Les grands courants du libéralisme*, Paris, Armand Colin.

Layne, C., 2002, « The "Poster Child" for Offensive Realism : America as Global Hegemon », *Security Studies*, vol. 12, n° 2, p. 120-164.

Le Prestre, P., 2004, « La reconstruction identitaire de l'Amérique après le 11 septembre », *Études internationales*, vol. XXXV, n° 1, p. 25-48.

Le Prestre, P., 2002, *Governing Global Biodiversity*, Brookfield, Ashgate.

Le Prestre, P., 1997, *Écopolitique internationale*, Montréal, Guérin Universitaire.

Le Prestre, P. et J.-P. Revéret, 2000, « L'IEPF et la nouvelle gouvernance environnementale internationale », dans *L'IEPF, dix ans après : quel bilan ? Quelles perspectives ? Actes du Colloque international, Québec 30-31 mars, 1999*, Québec, IEPF, p. 103-109.

Leander, A., 2002, « Do We Really Need Reflexivity in IPE ? Bourdieu's Two Reasons For Answering Affirmatively », *Review of International Political Economy*, vol. 9, n° 4, p. 601-609.

Lecourt, D. (dir.), 2000, *Dictionnaire d'histoire et philosophie des sciences*, Paris, PUF.

Legro, J. et A. Moravscik, 1998, *Is Anybody Still a Realist ?*, Weatherhead Center for International Affairs Working Paper.

Lelart, M., 2000, *Le système monétaire international*, Paris, La Découverte.

Lénine, V., 1979, *L'impérialisme, stade suprême du capitalisme*, Paris, Anthropos.

Levi-Faur, D., 1998, « The Competition State as a Neomercantilist State », *Journal of Socio-Economics*, vol. 27, n° 6, p. 665-686.

Leys, C., 1996, *The Rise and Fall of Development Theory*, Bloomington, Indiana University Press.

Leyshon, A. et N. Thrift, 1997, *Money/Space : Geographies of Monetary Transformation*, New York, Routledge.

Lindberg, L., 1963, *The Political Dynamics of European Economic Intergration*, Stanford, Stanford University Press.

Linklater, A., 2000, « Men and Citizens in International Relations », dans A. Linklater (dir.), *International Relations : Critical Concepts in Political Science*, vol. V, Londres, Routledge, p. 1836-1854.

Linklater, A., 1998, *The Transformation of Political Community : Ethical Foundations of the Post-Westphalian Era*, Cambridge, Polity Press.

Linklater, A., 1996, « The Achievements of Critical Theory », dans S. Smith, K. Booth et M. Zalewski (dir.), *International Theory : Positivism and Beyond*, Cambridge, Cambridge University Press, p. 279-298.

Linklater, A., 1995a, « Neo-Realism in Theory and Practice », dans K. Booth et S. Smith (dir.), *International Relations Theory Today*, Cambridge, Polity Press, p. 241-262.

Linklater, A., 1995b, « Political Community », dans A. Danchev (dir.), *Fin de Siècle : The Meaning of the Twentieth Century*, London, Tauris Academic Publishing.

Linklater, A., 1992, « The Question of the Next Stage : A Critical-Theoretical Point of View », *Millennium*, vol. 21, p. 77-98.

Bibliographie

Linklater, A., 1990a, *Men and Citizens in the Theory of International Relations*, Londres, Macmillan.

Linklater, A., 1990b, *Beyond Realism and Marxism : Critical Theory and International Relations*, Londres, Macmillan.

Lipschutz, R. D., 1992, « Reconstructing World Politics : The Emergence of a Global Civil Society », *Millennium*, vol. 21, n° 3, p. 389-420.

Lipson, C., 1984, « International Cooperation in Economic and Security Affairs », *World Politics*, vol. 37, n° 1, p. 1-23.

Little, R., 2003, « The English School vs. American Realism : A Meeting of Minds or Divided by a Common Language ? », *Review of International Studies*, vol. 29, n° 3, p. 443-460.

Lloyd, C., 1995, *The Structures of History*, Oxford, Blackwell.

Long, D. et P. Wilson (dir.), 1995, *Thinkers of the Twenty Years' Crisis : Inter-War Idealism Reassessed*, Oxford, Clarendon Press.

Lorber, J., 1998, « Beyond the Binaries : Depolarizing the Categories of Sex, Sexuality and Gender », dans M. F. Rogers (dir.), *Contemporary Feminist Theory*, Boston, McGraw-Hill.

Lorot, P. et F. Thual, 1997, *La géopolitique*, Paris, Montchrestien.

Luhmann, N., 1969 [2001], « La légitimité », dans *La légitimation par la procédure*, Québec, Les Presses de l'Université Laval/Cerf, p. 19-29.

Lustick, I., 1999, « Geography and Political Science », *Political Geography*, vol. 18, p. 901-904.

Luterbacher, U. et D. F. Sprinz (dir.), 2001, *International Relations and Global Climate Change*, Cambridge, MIT Press.

Lynne-Jones, S., 1995. « Offense-Defense Theory and Its Critics », *Security Studies*, vol. 4, p. 660-691

MacKenzie, Iain, 2003, « Poststructuralism and Postmodernism », dans A. Finlayson (dir.), *Contemporary Political Thought : Reader and Guide*, Washington Square, New York University Press, p. 438-472.

MacLean, J., 1981, « Political Theory, International Theory, and Problems of Ideology », *Millennium*, vol. 10, n° 3, p. 102-125.

Macleod, A., Masson, I. et D. Morin, 2004, « Identité nationale, sécurité et la théorie des relations internationales », *Études internationales*, vol. 35, n° 4, p. 7-24.

Macleod, A. et C. Voyer-Léger, 2004, « La France : d'une puissance moyenne à l'autre », *Études internationales*, vol. 35, n° 1, p. 73-96.

Maiguashca, B., 2000, « Theorising Politics in "No Man's Land" : Feminist Theory and the Fourth Debate », dans M. Ebata et B. Neufeld (dir.), *Confronting the Political in International Relations*, Houndmills, Basingstoke, Hampshire et Londres, Millennium, p. 123-150.

Makki, F., 2004, « The Empire of Capital and the Remaking of Centre-Periphery Relations », *Third World Quarterly*, vol. 25, n° 1, p. 149-168.

Mann, M., 2003, *Incoherent Empire*, Londres et New York, Verso.

Mann, M., 1988, *States, War and Capitalism*, Oxford, Basil Blackwell.

Mann, M., 1986, *The Sources of Social Power. Volume I. A History of Power from the Beginning to A.D. 1760*, New York, Cambridge University Press.

Mann, M., 1980, « The Autonomous Power of the State : Its Origins, Mechanisms, and Results », dans T. Skocpol et M. Somers, « The Uses of Comparative History in Macrosocial Inquiry », *Comparative Studies in Society and History*, vol. 22, n° 2, p. 174-197.

Maoz, Z., 1997, « The Controversy over the Democratic Peace : Rearguard Actions or Cracks in the Wall ? », *International Security*, vol. 22, n° 1, p. 162-198.

Marchand, M. H., 2003, « Challenging Globalisation : Toward a Feminist Understanding of Resistance », *Review of International Studies*, vol. 29, n° S1, p. 145-160.

Martin, L., 1999, « Formal Methods, Formal Complaints : Debating the Role of Rational Choice in Security Studies – The Contributions of Rational Choice : A Defense of Pluralism », *International Security*, vol. 24, n° 2, p. 74-83.

Marx, K. et F. Engels, 1966, *Manifeste du parti communiste*, Paris, Éditions Sociales.

Mason, M., 1991, *Development and Disorder, A History the Third World Since 1945*, Toronto, Between the Lines.

Matthew, R. A., 2002, *Dichotomy of Power : Nation Versus State in World Politics*, Lanham et Oxford, Lexington Books.

Mattingly, G., 1988, *Renaissance Diplomacy*, New York, Dover Publications.

Bibliographie

Mayer, P., V. Rittberger et M. Zürn, 1993, « Regime Theory. State of the Art and Perspectives », dans V. Rittberger et P. Mayer (dir.), *Regime Theory and International Relations*, Oxford, Clarendon Press, p. 391-430.

McCormick, J. P., 1997, « Emergency Powers », dans *Carl Schmitt's Critique of Liberalism : Against Politics as Technology*, Cambridge, Cambridge University Press, p. 121-156.

McMichael, P., 1996, *Development and Social Change : A Global Perspective*, Thousand Oaks, Pine Forge Press.

McMullin, E., 1984, « A Case for Scientific Realism », dans J. Leplin (dir.), *Scientific Realism*, Berkeley, Los Angeles et Londres, University of California Press, p. 8-40.

McSweeney, B., 1999, *Security, Identity & Interests : A Sociology of International Relations*, Cambridge, Cambridge University Press.

Mearsheimer, J. J., 2002, « Liberal Talk, Realist Thinking », *University of Chicago Magazine*, vol. 94, n° 3, p. 1-3.

Mearsheimer, J. J., 2001, *The Tragedy of Great Power Politics*, New York, W.W. Norton.

Mearsheimer, J. J., 1994-1995, « The False Promise of International Institutions », *International Security*, vol. 19, n° 3, p. 5-49.

Melucci, A., 1995, « The Process of Collective Identity », dans H. Johnston et B. Klaudermans (dir.), *Social Movements and Culture*, Minneapolis, University of Minnesota Press, p. 41-63.

Merle, M., 1984, *La politique étrangère*, Paris, PUF.

Merle, M., 1981, *Forces et enjeux dans les relations internationales*, Paris, Economica.

Michalet, C.-A., 1976, *Le capitalisme mondial*, Paris, PUF.

Milner, H., 1993, « The Assumption of Anarchy in International Relations Theory : A Critique », dans D. A. Baldwin (dir.), *Neorealism and Neoliberalism. The Contemporary Debate*, New York, Columbia University Press.

Minatchev, A. et J. Lévesque, 2004, « L'identité et la sécurité de la Russie : les crises internationales comme miroir de la guerre en Tchétchénie », *Études internationales*, vol. XXXV, n° 4, p.49-72.

Minchington, W. G., 1969, *Mercantilism : System or Expediency ?*, Lexington, D. C. Health.

Mitrany, D., 1975, *Functional Theory of Politics*, New York, St. Martin's Press.

Mitrany, D., 1943, *A Working Peace System : An Argument for the Functional Development of International Organization [and other essays]*, Oxford, Oxford University Press et Quadrangle Books.

Modelski, G., 1987, *Long Cycles in World Politics*, Seattle, University of Washington Press.

Mohanty, C., 1997, « Women Workers and Capitalist Scripts : Ideologies of Domination, Common Interests and the Politics of Solidarity », dans A. Jacqui et C. Mohanty (dir.), *Feminist Genealogies, Colonial Legacies, Democratic Futures*, Londres, Routledge, p. 3-29.

Mohanty, C., A. Ruso et L. Torres (dir.), 1991, *Third World Women and the Politics of Feminism*, Bloomington, Indiana University Press.

Montesquieu, 1964, « De l'esprit des lois », dans *Œuvres complètes*, Paris, Seuil, p. 527-808.

Moore, B. Jr, 2000, *Moral Purity and Persecution*, Princeton, Princeton University Press.

Moore, B. Jr, 1978, *Injustice : The Social Bases of Obedience and Revolt*, Londres, Macmillan.

Moore, B. Jr, 1966, *Social Origins of Dictatorship and Democracy*, Boston, Beacon Press.

Moore, P. et D. Looser, 1993, « Theoretical Feminism : Subjectivity, Struggle and the Conspiracy of Post-Structuralism », *Style*, vol. 27, n° 4, p. 511-538.

Moravcsik, A., 1997, « Taking preferences seriously : A Liberal theory of International Politics », *International Organization*, vol. 51, n° 4, p. 513-553.

Morgenthau, H. J., 1985, *Politics Among Nations : The Struggle for Power and Peace*, 6e édition, New York, Alfred Knopf.

Morgenthau, H. J., 1978, *Politics Among Nations : the Struggle for Power and Peace*, 5e édition, New York, Alfred Knopf.

Morgenthau, H. J., 1967, *Politics Among Nations : the Struggle for Power and Peace*, 4e édition, New York, Alfred Knopf.

Morgenthau, H. J., 1962, *Politics Among Nations. The Struggle for Power and Peace*, 3e édition, New York, Alfred Knopf.

Morgenthau, H. J., 1951, *In Defense of the National Interest*, New York, Alfred Knopf.

Morgenthau, H. J., 1946, *Scientific Man versus Power Politics*, Chicago, Chicago University Press.

Bibliographie

Morrow, J., 2002, « The Laws of War, Common Conjectures, and Legal Systems in International Politics », dans J. Goldsmith et E. Posner (dir.), *Rational Design : Explaining the International Institutions*, numéro spécial de *The Journal of Legal Studies*.

Morton, A. D., 2003, « Historicizing Gramsci : Situating Ideas in and Beyond Their Context », *Review of International Political Economy*, vol. 10, n° 1, p. 118-146.

Mouritzen, H., 1997, « Kenneth Waltz : A Critical Rationalist Between International Politics and Foreign Policy », dans I. B. Neumann et O. Wæver (dir.), *The Future of International Theory : Masters in the Making ?*, Londres et New York, Routledge, p. 66-89.

Mousseau, M. H. Hegre et J. R. O'Neal, 2003, « How the Wealth of Nations Conditions the Liberal Peace », *European Journal of International Relations*, vol. 9, n° 2, p. 277-314.

Mouzelis, N. P., 1988, « Sociology of Development : Reflections on the Present Crisis », *Sociology*, n° 22, p. 23-44.

Muller, J. Z., 1994, « La critique radicale conservatrice de la démocratie libérale dans l'Allemagne de Weimar : Hans Freyer et Carl Schmitt », dans Z. Sternhell (dir.), *L'éternel retour : contre la démocratie, l'idéologie de la décadence*, Paris, Presses de la Fondation nationale des sciences politiques, p. 131-159.

Munck, T., 1990, *Seventeenth Century Europe : State, Conflict and Social Order in Europe 1598-1700*, Londres, Macmillan.

Muravchik, J., 2002, « Marxism » *Foreign Policy*, n° 133, p. 36-38.

Murphy, C. N. et D. R. Nelson, 2001, « International Political Economy : A Tale of Two Heterodoxies », *British Journal of Politics & International Relations*, vol. 3, n° 3, p. 393-413.

Murphy, C. N. et R. Tooze (dir.), 1991, *The New International Political Economy*, Boulder, Lynne Rienner.

Nadeau, R., 1999, *Vocabulaire technique et analytique de l'épistémologie*, Paris, PUF.

Nadeau, R., 1994, « La philosophie des sciences après Kuhn », *Cahiers d'épistémologie*, Cahier n° 9409, Montréal, Université du Québec à Montréal.

Nagel, T., 1997, *The Last Word*, New York, Oxford, Oxford University Press.

Nairn, T., 1997, *Faces of Nationalism. Janus revisited,* London et New York, Verso.

Narayan, U., 2004, « The Project of Feminist Epistemology : Perspective From a Nonwestern Feminist », S. Harding (dir.), 2004, *The Feminist Standpoint Theory Reader : Intellectual and Political Controversies*, New York et Londres, Routledge, p. 213-224.

Narayan, U., 1998, « The project of Feminist Epistemology : Perspectives from a Non-Western Feminist », dans M. F. Rogers (dir.), *Contemporary Feminist Theory*, Boston, McGraw-Hill.

Nardin, T., 1983, *Law, Morality, and the Relations of States*, Princeton, Princeton University Press.

Neufeld, M., 2004, « Pitfalls of Emancipation and Discourses of Security : Reflections on Canada's 'Security with a Human Face' », *International Relations*, vol. 18, n° 1, p. 109-123.

Neufeld, M., 1995, *The Restructuration of International Relations Theory*, Cambridge, Cambridge University Press.

Neufeld, M., 1993, « Reflexivity and International Relations Theory », *Millennium*, vol. 22, n° 1, p. 48-76.

Neumann, I. B., 2004, « Beware of Organicism : The Narrative Self of the State », *Review of International Studies*, vol. 30, n° 2, p. 259-267.

Neumann I. B., 2003, « The English School on Diplomacy : Scholarly Promise Unfulfilled », *International Relations*, vol. 17, n° 3, p. 341-369.

Nguyen, Q. D. avec P. Daillier et A. Pellet, 1999, *Droit International Public*, Paris, Librairie générale de droit et de jurisprudence, E.J.A.

Nicholson, L. J., 1990, *Feminism/Postmodernism*, New York, Routledge.

Niebuhr, R., 1948, *Christianity and Power Politics*, New York, Charles Scribner's Sons.

Niebuhr, R., 1941 et 1943, *The Nature and Destiny of Man : A Christian Interpretation*, vol. I et II, New York, Charles Scribner's Sons.

Niebuhr, R., 1932, *Moral Man and Immoral Society*, New York, Charles Scribner's Sons.

Norris, A., 2004, « "Us" and "Them" : The Politics of American Self-Assertion After 9/11 », *Metaphilosophy*, vol. 35, n° 3, p. 249-272.

Nouvel, P., 2000, « Paradigme », dans D. Lecourt (dir.), *Dictionnaire d'histoire et philosophie des sciences*, Paris, PUF, p. 717-721.

Nye, J. S., 2004, *Soft Power : The Means to Success in World Politics*, New York, Public Affairs.

Bibliographie

Nye, J. S., 2002, *The Paradox of American Power : Why the World's Only Superpower Can't Go It Alone*, Oxford, Oxford University Press.

Nye, J. S., 1990, *Bound to Lead. The Changing Nature of American Power*, New York, Basic Books Publishers.

Ó Tuathail, G. et J. Agnew, 1992, « Geopolitics and Discourse : Practical Geopolitical Reasoning in American Foreign Policy », *Political Geography*, vol. 11, n° 2, p. 190-204.

Ó Tuathail, G. et S. Dalby (dir.), 1998, *Rethinking Geopolitics*, Londres, Routledge.

Ó Tuathail, G., S. Dalby et P. Routledge (dir.), 1998, *The Geopolitics Reader*, Londres, Routledge.

O'Meara, D. et V. Sobee, 2004, « Grande-Bretagne : la (re)construction d'une relation privilégiée », *Études internationales*, vol. 35, n° 4, p. 97-124.

O'Neill, J. Balsiger, et S. D. VanDeveer, 2004, « Actors, Norms, and Impact : Recent International Cooperation Theory and the Influence of the Agent-Structure Debate », *Annual Review of Political Science,* vol. 7, p. 149-175.

O'Sullivan, N., 1997, « Difference and the Concept of the Political in Contemporary Political Philosophy », *Political Studies*, vol. 45, p. 739-754.

Ohmae, K., 1990, *The Borderless World : Power and Strategy in the Interlinked Economy*, New York, Harperbusiness.

Onuf, N., 2002, « Institutions, Intentions and International Relations, *Review of International Studies*, vol. 28, n° 3, p. 211-228.

Onuf, N. G., 1998, « Constructivism : A User's Manual », dans V. Kubálková, N. Onuf et P. Kowert (dir.), *International Relations in a Constructed World*, Armonk, M. E. Sharpe, p. 58-78.

Onuf, N. G., 1989, *World of Our Making : Rules and Rule in Social Theory and International Relations*, Columbia, University of South Carolina Press.

Osiander, A., 2001, « Sovereignty, International Relations, and the Westphalian Myth », *International Organization*, vol. 55, n° 2, p. 252-287.

Osiander, A., 1994, *The States System of Europe, 1640-1990 : Peacemaking and the Conditions of International Stability*, Oxford, Clarendon Press.

Osorio, J., 1999, « Fuentes y Tendencias de la Teoria de la Dependencia », *La Teoria Social Latinoamericana II*, Mexico, El Caballito, p. 157-178.

ÓTuathail, G., 2003, « Re-Asserting the Regional : Political Geography and Geopolitics in World Thinly Known », *Political Geography*, vol. 22, n° 6, p. 653-655.

ÓTuathail, G., 1996, *Critical Geopolitics : The Politics of Writing Global Space*, Minneapolis, University of Minnesota Press.

Owen, J. M., 1994, « How Liberalism Produces Democratic Peace », *International Security*, vol. 19, n° 2, p. 87-125.

Oye, K. (dir.), 1989, *Cooperation under Anarchy*, Princeton, Princeton University Press.

Pagès, G., 1971, *The Thirty Years War 1618-1648*, New York, Harper Torchbooks.

Painter, J., 2003, « Towards a Post-Disciplinary Political Geography », *Political Geography*, vol. 22, n° 6, p. 637-639.

Palan, R., 1998, « Les fantômes du capitalisme mondial : l'économie politique internationale et l'école de la régulation », *L'année de la régulation*, vol. 2, p. 63-86.

Palan, R. P. et J. Abbott, 1996, *State Strategies in the Global Political Economy*, Londres, Cassell.

Palmers, B. D., 2000, *Culture of Darkness, Night Travels in the Histories of Transgression [From Medieval to Modern]*, New York, Monthly Review Press.

Panitch, L., 2000, « The New Imperial State », *New Left Review*, n° 2, mars-avril, p. 5-20.

Panitch, L., 1996, « Rethinking the Role of the State », dans J. H. Mittelman (dir.), *Globalization : Critical Reflections*, Boulder, Lynne Rienner, p. 83-116.

Parel, V., 1995, « La théorie des jeux », *Cahiers Français,* coll. « Les nouvelles théories », n° 272, juillet-septembre, Paris, Documentation française.

Parker, D. (dir.), 1984, *The Thirty Years' War*, Londres et Boston, Routledge et Kegan Paul.

Patomäki, H., 2003, « Problems of Democritizing Global Governance : Time, Space and Emancipatory Process », *Journal of International Relations and Development*, vol. 9, n° 3, p. 347-377.

Patomäki, H. et C. Wight, 2000, « After Postpositivism ? The Promises of Critical Realism », *International Studies Quarterly*, vol. 44, n° 2, p. 213-238.

Pedersen, T., 2002, « Cooperative Hegemony : Power, Ideas and Institutions in Regional Integration », *Review of International Studies*, vol. 28, n° 4, p. 677-696.

Bibliographie

Perret, V., 2003, « Les discours sur la société civile en relations internationales : Portée et enjeux pour la régulation démocratique de la mondialisation », *Études internationales*, vol. XXXIV, p. 381-400.

Peterson, V. S., 2004, « Feminist Theories Within, Invisible to, and Beyond IR », *Brown Journal of World Affairs*, vol. 10, n° 2, p. 35-46.

Peterson, V. S., 2003, *A Critical Rewriting of Global Political Economy : Integrating Reproductive, Productive and Virtual Economies*, London et New York, Routledge.

Peterson, V. S. (dir.), 1992, *Gendered States : Feminist (Re)Visions of International Relations Theory*, Boulder, Lynne Rienner.

Petrova, M. H., 2003, « The End of the Cold War : A Battle or Bridging Ground Between Rationalist and Ideational Approaches to International Relations ? », *European Journal of International Relations*, vol. 9, n° 1, p. 115-163.

Philpott, D., 2002, « The Challenge of September 11 to Secularism in International Relations », *World Politics*, vol. 55, n° 1, p. 66-95.

Philpott, D., 2001, « Liberalism, Power, and Authority in International Relations : On the Origins of Colonial Independence and Internationally Sanctioned Intervention », *Security Studies*, vol. 11, n° 2, p. 117-163.

Philpott, D., 2001, *Revolutions in Sovereignty : How Ideas Shaped Modern International Relations*, Princeton, Princeton University Press.

Philpott, D., 2000, « The Religious Roots of Modern International Relations », *World Politics*, vol. 52, p. 206-245.

Philpott, D., 1999, « Westphalia, Authority, and International Society », *Political Studies*, vol. 67, p. 566-589

Philpott, D., 1995, « Sovereignty : An Introduction and Brief History », *Journal of International Affairs*, vol. 8, n° 2, p.353-367.

Picciotto, S, 1991, « The Internalization of the State », *Review of Radical Political Economics*, vol. 22, n° 1, p. 28-44.

Piotte, J.-M., 1970, *La pensée politique de Gramsci*, Paris, Anthropos, coll. « Sociologie et connaissance ».

Pitelis, C. et Sugden, R., 1991, *The Nature of Transnational Firms*, Londres, Routledge.

PNUD, 1997, *La Gouvernance en faveur du développement humain durable*, New York, PNUD.

Polanyi, K., 1983, *La grande transformation : aux origines politiques et économiques de notre temps. Préface de Louis Dumont*, Paris, Gallimard.

Polanyi, K., 1977, « The Economistic Fallacy », *Review*, vol. 1, n° 1, p. 9-18.

Poliensky, J. V, 1968, « The Thirty Years' War and the Crises and Revolutions of Seventeenth-century Europe », *Past & Present*, n° 39, p. 34-43.

Polanyi, K., 1966, *Dahomey and the Slave Trade*, Seattle, University of Washington Press.

Polanyi, K., 1944, *The Great Transformation*, Boston, Beacon Press.

Poliensky, J. V, 1978, *War and Society in Europe, 1618-1648*, Cambridge et New York, Cambridge University Press.

Popper, K., 1982, *La connaissance objective*, Bruxelles, Éditions Complexe.

Popper, K., 1973, *La logique de la découverte scientifique*, Paris, Payot.

Porter, B. (dir.), 1972, *The Aberystwyth Papers : International Politics 1919-1963*, Londres, Oxford University Press.

Posen, B. R., 2003, « Command of the Commons : The Military Foundation of U.S. Hegemony », *International Security*, vol. 28, n° 1, p. 5-46.

Poulantzas, N., 1973, « L'internationalisation des rapports capitalistes et l'État-nation », *Les Temps Modernes*, n° 319, p. 1456-1500.

Poulantzas, N., 1968, *Pouvoir politique et classes sociales*, Paris, François Maspéro.

Poundstone, William, 1992, *Prisoner's Dilemma*, New York, Doubleday.

Powell, W. et P. DiMaggio (dir.), 1991, *The New Institutionalism in Organizational Analysis*, Chicago, The University of Chicago Press.

Prins, G., 2003, « Globalisation- Critical Reconstructions », *Journal of International Relations and Development* vol. 6, n° 2, p. 185-200.

Prügl, E., 2002, « Toward a Feminist Political Economics », *International Feminist Journal of Politics*, vol. 4, n° 1, p. 31-37.

Bibliographie

Puchala, D. J., 2003, *Theory and History in International Relations*, New York, Routledge.

Puchala, D. J. (dir.), 2002, *Visions of International Relations : Assessing an Academic Field*, Columbia, University of South Carolina Press.

Putnam, R. D., 2000, *Bowling Alone : The Collapse and Revival of American Community*, New York, Simon & Schuster.

Putnam, R. D., 1988, « Diplomacy and Domestic Politics : The Logic of Two-Level Games », *International Organization,* vol. 42, n° 3, p. 427-460.

Putnam, H., 1984, « What Is Realism ? », dans J. Leplin, *Scientific Realism*, Berkeley, Los Angeles et Londres, University of California Press, p. 140-153.

Quine, W. von Orman, 1977, *Le mot et la chose*, Paris, Flammarion.

Radice, H., 2000, « Responses to Globalisation : A Critique of Progressive Nationalism », *New Political Economy*, vol. 5, n° 1, p. 5-19.

Radice, H, 1999, « Taking Globalisation Seriously », dans L. Panitch et C. Leys (dir.), *Socialist Register 1999 : Global Capitalism Versus Democracy*, Londres, Merlin, p. 1-28.

Ragin, C. C., 1999, *The Comparative Method. Moving Beyond Qualitative and Quantitative Strategies,* Los Angeles et Berkeley, University of California Press.

Rahnema, M. et V. Bawtree (dir.), 1997, *The Post Development Reader*, Londres, Zed Books.

Ramel, F., 2003, « La sécurité humaine : une valeur de rupture dans les cultures stratégiques au Nord ? », *Études internationales*, vol. 34, n° 1, p. 80-104.

Randall, V., 2004, « Using and Abusing the Concept of the Third World : Geopolitics and the Comparative Political Study of Development and Underdevelopment », *Third World Quarterly*, vol. 25, n° 1, p. 41-54.

Rapkin, D. P. (dir.), 1990, *World Leadership and Hegemony,* Boulder et Londres, Lynne Rienner.

Rapoport, A., 1974, *Fights, Games and Debates*, 5e édition, Ann Arbor, The University of Michigan Press.

Rapoport, A., 1967, *Combats, débats et jeux*, Paris, Dunod.

Rawls, J., 1995, *Libéralisme politique*, Paris, PUF.

Rawls, J., 1971, *A Theory of Justice*, Londres, Belknap Press.

Reiter, D. et A. C. Stam, 2003, « Understanding Victory : Why Political Institutions Matter », *International Security*, vol. 28, n° 1, p. 168-179.

Rengger, N. J., 2000, *International Relations, Political Theory and the Problem of Order. Beyond International Relations Theory ?,* Londres et New York, Routledge.

Reus-Smit, C., 2003, « Politics and International Legal Obligation », *European Journal of International Relations*, vol. 9, n° 4, p. 591-625.

Reus-Smit, C., 2002, « Imagining Society : Constructivism and the English School », *British Journal of Politics & International Relations*, vol. 4, n° 3, p. 487-510.

Rich, P., 2002, « Reinventing Peace : David Davies, Alfred Zimmern and Liberal Internationalism in Interwar Britain », *International Relations*, vol. 16, n° 1, p. 117-133.

Rioux, J.-F., E. Keenes et G. Légaré, 1988, « Le néo-réalisme ou la reformulation du paradigme hégémonique », *Études internationales*, vol. 19, n° 1, p. 57-80.

Rist, G., 1997, *The History of Development : From Western Origins to Global Faith,* traduction de P. Camiller, Londres et New York, Zed Books.

Robb, C. S., 1998, « Principles for a Woman-Friendly Economy », dans M. F. Rogers (dir.), *Contemporary Feminist Theory*, Boston, McGraw-Hill.

Roberson, B. A., (dir.), 2002, *International Society and the Development of International Relations*, Londres, Continuum.

Robinson, J., 2003, « Political Geography in a Postcolonial Context », *Political Geography*, vol. 22, n° 6, p. 647-651.

Rockmore, T., 1992, « Hegel, German Idealism and Antifoundationalism », dans T. Rockmore et B. J. Singer, *Antifoundationalism Old and New*, Philadelphie, Temple University Press, p. 105-125.

Rogers, M. F. (dir.), 1998, *Contemporary Feminist Theory*, Boston, McGraw-Hill.

Rorty, R., 1979 [2001], *Philosophy and the Mirror of Nature,* Princeton, Princeton University Press.

Rose, G., 1998, « Neoclassical Realism », *World Politics*, vol. 51, octobre, p. 144-172

Rosecrance, R., 2002, « International Security and the Virtual State : States and Firms in World Politics », *Review of International Studies*, vol. 28, n° 3, p. 443-455.

Bibliographie

Rosecrance, R. N., 1996, « The Rise of The Virtual State », *Foreign Affairs,* vol. 75, n° 4, p. 45-61.

Rosecrance, R. N., 1986, *The Rise of the Trading State : Commerce and Conquest in the Modern World,* New York, Basic Books.

Rosenau, J. N., 1995, « Governance in the Twenty-first Century », *Global Governance,* vol. 1, n° 1, p. 13-43.

Rosenau, J. N., 1992, « Governance, Order and Change in World Politics », dans J. N. Rosenau et E.-O. Czempiel (dir.), *Governance Without Government : Order and Change in World Politics,* Cambridge, Cambridge University Press, p. 1-29.

Rosenau, P. M., 1992, *Post-Modernism and the Social Sciences. Insights, Inroads, and Intrusions,* Princeton, Princeton University Press.

Rosenau, J. N., 1966, « Pre-Theories and Theories of Foreign Policy », dans *The Scientific Study of Foreign Policy,* New York et Londres, The Free Press, p. 95-149.

Rosenau, J. N. et E.-O. Czempiel (dir.), 1992, *Governance Without Government : Order and Change in World Politics,* Cambridge, Cambridge University Press.

Rosenau, J. N. et M. Durfee, 1995, *Thinking Theory Thoroughly. Coherent Approaches to an Incoherent World,* Boulder, Westview Press.

Rosenberg, J., 2000, *The Follies of Globalisation Theory,* Londres, Verso.

Rosenberg, J., 1994a, « The International Imagination – IR Theory and Classic Social Analysis », *Millennium,* vol. 23, n° 1, p. 85-108.

Rosenberg, J., 1994b, *The Empire of Civil Society. A Critique of the Realist Theory of International Relations,* Londres, Verso.

Rosenthal, S. B., 1992, « Pragmatism and the Reconstruction of Metaphysics : Toward a New Understanding of Foundations », dans T. Rockmore et B. J. Singer, *Antifoundationalism Old and New,* Philadelphie, Temple University Press, p. 165-188.

Rouse, J., 1987, « Against Realism and Anti-Realism », dans *Knowledge and Power : Toward a Political Philosophy of Science,* Ithaca, NY et Londres, Cornell University Press, p. 127-165.

Rubio, F. (dir.), 2002, « Les ONG, acteurs de la mondialisation », *Problèmes politiques et sociaux,* n°s 877-878.

Ruddick, S., 1995, *Maternal Thinking,* Boston, Beacon Press.

Ruggie, J. G., 1998, *Constructing the World Polity : Essays on International Organization,* Londres et New York, Routledge.

Ruggie, J. G., 1993a, « Territoriality and Beyond : Problematizing Modernity in International Relations », *International Organization,* vol. 47, n° 1, p. 139-174.

Ruggie, J. G. (dir.), 1993b, *Multilateralism Matters : The Theory and Praxis of an Institutional Form,* New York, Columbia University Press.

Ruggie, J. G., 1992, « Multilateralism : The Anatomy of an Institution, » *International Organization,* vol. 46, n° 3, p. 561-598.

Ruggie, J. G., 1983, « Continuity and Transformation in the World Polity : Toward a Neorealist Synthesis », *World Politics,* vol. 35, n° 2, p. 195-285.

Ruggie, J. G., 1982, « International Regimes, Transactions, and Change : Embedded Liberalism in the Postwar Economic Order », *International Organization,* vol. 36, n° 2, p. 195-231.

Ruggie, J. G., 1975, « International Responses to Technology : Concepts and Trends », *International Organization,* vol. 29, n° 3, p. 557-584.

Rupert, M., 2003, « Globalising Common Sense : A Marxian-Gramscian (Re-)Vision of the Politics of Governance/Resistance », *Review of International Studies,* vol. 29, n° S1, p. 181-198.

Rupert, M., 2001, *Ideologies of Globalization : Contending Visions of a New World Order,* Londres et New York, Routledge.

Rupert, M., 1997, « Globalization and Contested Common Sense in the United States », dans S. Gill et J. H. Mittleman (dir.), *Innovation and Transformation in International Studies,* Cambridge, Cambridge University Press, p. 138-152.

Rupert, M., 1995, *Producing Hegemony : The Politics of Mass Production and American Global Power,* Cambridge, Cambridge University Press.

Rupert, M. et H. Smith (dir.), 2002, *Historical Materialism and Globalization : Essays on Continuity and Change,* New York, Routledge.

Russett, B., 1993, *Grasping the Democratic Peace : Principles for a Post-Cold War World,* Princeton, Princeton University Press.

Bibliographie

Rustin, C., 1999, « Habermas, Discourse Ethics, and International justice », *Alternatives*, vol. 24, n° 2, p. 167-193.

Sassen, S., 2003, « The State and Globalization », *Interventions : Journal of Postcolonial Studies*, vol. 5, n° 2, p. 241-248.

Schelling, T. C., 1986, *Stratégie du conflit*, Paris, PUF.

Schmidt, B. C., 2002, « Anarchy, World Politics and the Birth of a Discipline : American International Relations, Pluralist Theory and the Myth of Interwar Idealism », *International Relations*, vol. 16, n° 1, p. 9-31.

Schmidt, B. C, 2002, « Together Again : Reuniting Political Theory and International Relations Theory », *British Journal of Politics & International Relations*, vol. 4, n° 1, p. 115-141.

Schmidt, B. C., 1998, *The Political Discourse of Anarchy*, Albany, State University of New York Press.

Schmitt, C., 1988 [1922], *Théologie politique*, Paris, Gallimard.

Schmitter, P. C., 1969, « Three Neo-Functional Hypotheses About International Integration », *International Organization*, vol. 23, p. 161-166.

Schuman, F. L., 1941 [1933], *International Politics : The Western State in Transition,* 3ᵉ édition, New York, McGraw-Hill.

Schumpeter, J., 1983, *Histoire de l'analyse économique*, Paris, Gallimard.

Schuurman, F. J., 1993, *Beyond the Impasse : New Directions in Development Theory*, Londres, Zed Books.

Schwab, G., 1970, *The Challenge of the Exception : An Introduction to the Political Ideas of Carl Schmitt Between 1921 and 1926*, Berlin, Duncker & Humblot.

Schwarzenberger, G., 1951 [1941], *Power Politics : An Introduction to the Study of International Relations and Post-War Planning*, Londres, J. Cape.

Schweller, R. et W. C. Wohlforth, 2000, « Power Test : Evaluating Realism in Reponse to the End of the Cold War », *Security Studies*, vol. 9, n° 3, p. 6-107.

Searle, J. R., 1995, *The Construction of Social Reality*, New York, Free Press.

Searle, J. R., 1972, *Les actes de langage*, Paris, Hermann.

Sedgwick, E., 1990, *Epistemology of the Closet*, Berkeley, University of California Press.

Sen, A., 1979, « Rational Fools », dans H. Harris (dir.), *Scientific Models and Man*, Oxford, Oxford University Press.

Senarclens, P. de, 1998, « La mondialisation entre ordre et anarchie », dans P. de Senarclens (dir.), *Mondialisation, souveraineté et théories des Relations internationales*, Paris, Armand Colin, p. 182-205.

Senarclens, P. de, 1992, *La politique internationale*, Paris, Armand Colin.

Shannon, T. R., 1989, *An Introduction to the World-System*, Boulder, Westview Press.

Shapiro, M. J., 2004, *Methods and Nations : Cultural Governance and the Indigenous Subject*, New York, Routledge.

Shapiro, M. J. et H. Alker Jʳ (dir.), 1996, *Challenging Boundaries : Global Flows, Territorial Identities*, Minneapolis, University of Minnesota Press.

Sharp, P., 2003, « Herbert Butterfield, the English School and the Civilizing Virtues of Diplomacy », *International Affairs*, vol. 79, n° 4, p. 855-878.

Sharp, P., 2003, « Mullah Zaeef and Taliban Diplomacy : An English School Approach », *Review of International Studies*, vol. 29, n° 4, p. 481-498.

Sheehan, M., 1996, *The Balance of Power : History and Theory*, New York, Routledge.

Sil, R. et E. M. Doherty (dir.), 2000, *Beyond Boundaries ? : Disciplines, Paradigms, and Theoretical Integration in International Studies*, Albany, State University of New York Press.

Sills, D. L. (dir.), 1968, *International Encyclopedia of Social Sciences*, New York, Macmillan et Free Press.

Singer, D. J., 1961, « The Level-of-Analysis Problem in International Relations », *World Politics*, vol. 14, n° 1, octobre, p. 77-92.

Sklair, L., 2002, *Globalization : Capitalism and Its Alternatives*, Oxford, Oxford University Press.

Sklair, L., 1988, « Transcending the Impasse : Metatheory, Theory, and Empirical Research in the Sociology of Development and Underdevelopment », *World Development*, vol. 16, n° 6, p. 697-709.

Skocpol, T., 1979, *States and Social Revolution*, Cambridge, Cambridge University Press.

Bibliographie

Skocpol, T. et M. Somers, 1980, « The Uses of Comparative History in Macrosocial Inquiry », *Comparative Studies in Society and History*, vol. 22, n° 2, p. 174-197.

Slaughter, A.-M., A. Tulumello et S. Wood, 1998, « International Law and International Relations Theory : A New Generation of Interdisciplinary Scholarship », *American Journal of International Law*, n° 92, p. 367-397.

Smith, S., 2002, « The End of the Unipolar Moment ? September 11 and the Future of World Order », *International Relations*, vol. 16, n° 2, p. 171-183.

Smith, A. D., 1998, *Nationalism and Modernism. A Critical Survey of Recent Theories of Nations and Nationalism*, Londres et New York, Routledge.

Smith, A. D., 1981, *The Ethnic Revival*, Cambridge, Cambridge University Press.

Smith, S., 2003, « International Relations and international relations : The Links Between Theory and Practice in World Politics », *Journal of International Relations and Development*, vol. 9 n° 3, p. 233-240.

Smith, S., 2000a, « The Increasing Insecurity of Security Studies : Conceptualizing Security in the Last Twenty Years », dans S. Croft et T. Terriff (dir.), *Critical Reflections on Security Studies*, London et Portland, Frank Cass, p. 72-101.

Smith, S., 2000b, « The Discipline of International Relations : Still an American Social Science », *British Journal of Politics and International Relations*, vol 3, n° 3, p. 374-402.

Smith, S., 2000c, « Wendt's World », *Review of International Studies*, vol. 26, n°1, p. 151-163.

Smith, S., 1997, « New Approaches to International Theory », dans J. Baylis et S. Smith (dir.), *The Globalization of World Politics : An Introduction to International Relations*, Oxford, Oxford University Press.

Smith, S., 1997, « Power and Truth : A Reply to William Wallace », *Review of International Studies*, vol. 23, n° 4, p. 507-516.

Smith, S.,1996, « Positivism and Beyond », dans S. Smith, K. Booth et M. Zalewski (dir.), *International Theory : Positivism and Beyond*, New York, Cambridge University Press, p. 13-44.

Smith, S., 1995, « The Self-Images of a Discipline : A Genealogy of International Relations Theory », dans K. Booth et S. Smith (dir.), *International Relations Theory Today*, Cambridge, Polity, p. 1-37.

Smith, S., K. Booth et M. Zalewski (dir.), 1996, *International Theory : Positivism and Beyond*, Cambridge, Cambridge University Press.

Smouts, M.-C., 1998, « La coopération internationale de la coexistence à la gouvernance mondiale », dans M.-C. Smouts (dir.), *Les nouvelles relations internationales : Pratiques et théorie*, Paris, Presse de Sciences Po, p. 135-160.

Smouts, M.-C., 1995, *Les organisations internationales*, Paris, Armand Colin.

Smouts, M.-C., 1987, « L'organisation internationale : nouvel acteur sur la scène mondiale ? », dans B. Korany, *Analyse des relations internationales*, Montréal, Gaëtan Morin, p. 147-166.

Smouts, M.-C., 1980, « Nouveaux centres de pouvoir et problématique de la puissance », *Revue française de science politique*, vol. 30, n° 2, p. 222-236.

Smouts, M.-C., D. Battistella et P. Venesson, 2003, *Dictionnaire des relations internationales*, Paris, Dalloz.

Snidal, Duncan, 1996, « International Political Economy Approaches to Institutions », *International Review of Law and Economics*, vol. 17, p. 121-137.

Snyder, G. H., 2002, « Mearsheimer's World – Offensive Realism and the Struggle for Security : A Review Essay », *International Security*, vol. 27, n° 1, p. 149-173.

Snyder, J., 2002, « Anarchy and Culture : Insights From the Anthropology of War », *International Organization*, vol. 56, n° 1, p. 7-45.

Soja, E., 1989, *Postmodern Geographies. The Reassertion of Space in Critical Social Theory*, London, Verso.

Sorensen, G., 1999, « Sovereignty : Change and Continuity in a Fundamental Institution », *Political Studies*, vol. 67, p. 590-604.

Specter, M., 2004, « Perpetual War or Perpetual Peace ? Schmitt, Habermas and Theories of American Empire », en ligne sur le site *Political Theory*, [www.politicaltheory.nifo/essays/specter.html].

Spegele R., 2002, « Emancipatory International Relations : Good News, Bad News or No News at All ? », *International Relations*, vol. 16, n° 3, p. 381-401.

Bibliographie

Spruyt, H., 1994a, « Institutional Selection in International Relations : State Anarchy as Order », *International Organization*, vol. 48, n° 4, p. 527-557.

Spruyt, H., 1994b, *The Sovereign State and its Competitors : an Analysis of Systems Change*, Princeton, Princeton University Press.

Stanley, L. et S. Wise, 1983, *Breaking Out : Feminist Consciousness and Feminist Research*, Londres, Routledge et Kegan Paul.

Steans, J., 2003, « Engaging From the Margins : Feminist Encounters With the "Mainstream" of International Relations », *British Journal of Politics & International Relations*, vol. 5, n° 3, p. 428-455.

Stein, A. A., 1990, *Why Nations Cooperate. Circumstances and Choice in International Relations*, Ithaca, Cornell University Press.

Steinbruner, J. D., 1974, *The Cybernetic Theory of Decision*, Princeton, Princeton University Press.

Steinmetz, G., 1998, « Critical Realism and Historical Sociology : A Review Article », *Comparatives Studies in Society and History*, vol. 40, n° 1, p. 170-186.

Sterling-Folker J., 2002, *Theories of International Cooperation and the Primacy of Anarchy : Explaining U.S. International Monetary Policy-Making After Bretton Woods*, New York, State of New York Press

Sterling-Folker, J., 2000, « Competing Paradigms or Birds of a Feather ? Constructivism and Neoliberal Institutionalism Compared », *International Studies Quarterly*, vol., 44, n° 1, p. 97-119

Stockman, N., 1983, *Antipositivist Theories of the Sciences : Critical Rationalism, Critical Theory, and Scientific Realism*, Dordrecht, Boston et Lancaster, D. Reidel Publishing Company.

Stoll, R. et M. D. Ward (dir.), 1989, *Power in World Politics*, Boulder, Lynne Rienner Publishers.

Storper, M. (dir.), 1997, *The Regional World : Territorial Development in a Global Economy*, New York, Guilford.

Strange, S., 1996, *The Retreat of the State : The Diffusion of Power in the World Economy*, Cambridge, Cambridge University Press.

Strange, S., 1994, *States and Markets*, Londres, Pinter Publishers.

Strange, S., 1988, *States and Markets*, Londres, Pinter Publishers.

Strange, S., 1987, « The Persistent Myth of Lost Hegemony », *International Organization*, vol. 41, n° 4, p. 551-574.

Strange, S., 1982, « Cave! Hic Dragones : A Critique of Regime Analysis », *International Organization*, vol. 36, n° 2, p. 337-354.

Strange, S., 1971, *Sterling and British Policy. A Political Study of an International Currency in Decline*. London, Oxford University Press.

Strange, S., 1970, « International Economics and International Relations : A Case of Mutual Neglect », *International Affairs*, vol. 46, n° 2, p. 304-315.

Suganami H., 2003, « British Institutionalists, or the English School, 20 Years On », *International Relations*, vol. 17, n° 4 , p. 253-272.

Suganami, H., 2002, « On Wendt's Philosophy : A Critique », *Review of International Studies*, vol. 28, n° 1, p. 23-37.

Sutherland, N. M., 1992, « The Origins of the Thirty Years War and the Structure of European Politics », *The English Historical Review*, vol. 107, n° 424, p. 587-625.

Sylvester, C., 2002, *Feminist International Relations : An Unfinished Journey*, Cambridge, Cambridge University Press.

Sylvester, C., 1994, *Feminist Theory and International Relations in a Postmodern Era*, Cambridge, Cambridge University Press.

Taylor, P. et C. Flint, 2000, *Political Geography : World-Economy, Nation-State, and Locality*, 4e édition., Harlow, Essex, Prentice-Hall.

Taylor, P. J., 2004, « God Invented War to Teach Americans Geography », *Political Geography*, vol. 23, n° 4, p. 487-492.

Telbami, S., 2002, « Kenneth Waltz, Neorealism, and Foreign Policy », *Security Studies*, vol. 11, n° 3, p. 158-170.

Teschke, B., 2003, *The Myth of 1648 : Class, Geopolitics and the Making of Modern International Relations*, London/New York, Verso.

Teschke, B., 2002, « Theorizing the Westphalian System of States : International Relations from Absolutism to Capitalism », *European Journal of International Relations*, vol. 8, n° 1, p. 5-48.

Bibliographie

Teschke, B., 2001, « The Non-Modernity of the Westphalian System of State : Dynasticism, Territoriality, Equilibrium », Manuscrit non publié, UCLA/Center for Social Theory and Comparative History.

Thibault, J.-F., 1998, « L'idée de société et l'étude des relations internationales », dans L. Olivier et al., *Épistémologie de la science politique,* Sainte-Foy, Presses de l'Université du Québec, p. 145-154.

Thibault, J.-F., 1992, *Représenter et connaître les Relations Internationales : Alexander Wendt et le paradigme constructiviste,* Montréal, CEPES, note de recherches n° 7.

Thies, C. G., 2004, « Are Two Theories Better Than One ? A Constructivist Model of the Neorealist-Neoliberal Debate », *International Political Science Review,* vol. 25, n° 2, p. 159-184.

Thomas, C. et P. Wilkin, 2004, « Still Waiting After All These Years : "The Third World" on the Periphery of International Relations », *British Journal of Politics and International Relations,* vol. 6, n° 2, p. 241-259.

Thompson, E. P., 1966, *The Making of the English Working Class,* New York, Vintage Books.

Thompson, J. B. 1989, « The Theory of Structuration », dans D. Held et J. B. Thompson (dir.), *Social Theory and Modern Societies. Anthony Giddens and His Critics,* Cambridge, Cambridge University Press, p. 56-76.

Thompson, J. E. et S. D. Krasner, 1989, « Global Transactions and the Consolidation of Sovereignty », dans E.-O. Czempiel et J. N. Rosenau (dir.), *Global Changes and Theoretical Challenges : Approaches to World Politics for the 1990s,* Lexington, Lexington Books, p. 195-220.

Thompson, J., 1992, *Justice and World Order : A Philosophical Inquiry,* Londres, Routledge.

Tickner, J. A., 2003, « Seeing IR Differently : Notes From the Third World », *Millennium,* vol. 32, n° 2, p. 295-326.

Tickner, J. A., 2001, *Gendering World Politics : Issues and Approaches in the Post-Cold War Era,* New York, Columbia University Press.

Tickner, J. A., 1992, *Gender in International Relations : Feminist Perspective : Feminist Perspectives on Security,* New York, Columbia University Press.

Tickner, J. A., 1988 « Hans Mogenthau's Principles of Political Realism : A Feminist Reformulation », *Millennium,* vol. 17, n° 3, p. 429-440.

Tilly, C., 1995, *European Revolutions : 1492-1992,* Cambridge, Blackwell.

Tilly, C., 1992, *Coercion, Capital and European State AD 990-1990,* Cambridge et Oxford, Blackwell.

Tilly, C., 1985, « War Making and State Making as Organized Crime », dans P. B. Evans, D. Rueschemeyer et T. Skocpol (dir.), *Bringing the State Back In,* Cambridge, Cambridge University Press, p. 169-191.

Tilly, C., 1981, *As Sociology Meets History,* Orlando, Academic Press.

Tilly, L. A. et C. Tilly (dir.), 1981, *Class Conflict and Collective Action,* Londres, Sage Publications.

True, J., 2003, « Mainstreaming Gender in Global Public Policy », *International Feminist Journal of Politics,* vol. 5, n° 3, p. 368-407.

True, J., 2001, « Feminism », dans S. Burchill, R. Devetak et al., *Theories of International Relations,* 2e édition, New York, St. Martin's Press, p. 231-276.

Underdal, A., 1992, « The Concept of Regime "Effectiveness" », *Cooperation and Conflict,* vol. 27, n° 3, p. 227-240.

Uvin, P. et I. Biagiotti, 1996, « Global Governance and the "New" Political Conditionality », *Global Governance,* vol. 1, n° 2, p. 377-400.

Vale, P., 2002, « The Movement, Modernity and New International Relations Writing in South Africa », *International Affairs,* vol. 78, n° 3, p. 585-594.

Van der Pijl, K.,1984, *The Making of an Atlantic Ruling Class,* Londres, Verso.

Van Evera, S., 1999, *Causes of War. Power and the Roots of Conflict,* Ithaca, Cornell University Press.

Vasquez, J. A., 1998, *The Power of Power Politics : From Classical Realism to Neotraditionalism,* Cambridge, Cambridge University Press.

Venn, C., 2004, « Empire, Sovereignty and Postcolonial Power », *Political Geography,* vol. 23, n° 4, p. 481-486.

Verhogen, K., 1990, *L'auto-développement, un défi posé aux ONG,* Paris, l'Harmattan.

Viau, H., 2000, *La (re)conceptualisation de la sécurité dans les théories réaliste et critique : quelques pistes de réflexion sur les concepts de sécurité humaine et de sécurité globale,* Montréal, Série « Mémoire du CÉPÉS ».

Bibliographie

Viner, J., 1937, *English Theories of Foreign Trade Before Adam Smith*, nouvelle édition dans *Studies in the Theory of International Trade*, New York, Harper & Brothers Publishers, p. 3-118.

Virally, M., 1972, *L'organisation mondiale*, Paris, Armand Colin.

Wæver, O., 1999, « The Sociology of a Not So International Discipline : American and European Developments in International Relations », dans P. J. Katzenstein, R. O. Keohane et S. D. Krasner, *Exploration and Contestation in the Study of World Politics*, Cambridge, MIT Press, p. 47-87.

Wæver, O., 1997, « Figures of International Thought : Introducing Persons Instead of Paradigms », dans I. Neumann et O. Wæver (dir.), *The Future of International Relations : Masters in the Making ?*, Londres, Routledge.

Wæver, O., 1996, « The Rise and Fall of the Inter-paradigm Debate », dans S. Smith *et al.*, *International Theory : Positivism and Beyond*, Cambridge, Cambridge University Press, p. 149-185.

Wæver, O., 1995, « Securitization and Desecuritization », dans R. D. Lipschutz (dir.), *On Security*, New York, Columbia University Press, p. 46-86.

Wæver, O., 1993, « *Societal Security : the Concept* » dans O. Waever, *et al. Identity, Migration and the New Security Agenda in Europe*, New York, St Martin's Press, p. 17-58.

Wæver, O. *et al.*, 1993, *Identity, Migration And The New Security Agenda In Europe*, London, Pinter.

Walker, R. B. J., 2004, « Alternative Security and the New Exceptionalism », Communication présentée à l'atelier « War, Sovereignity and Security Today. Identifying the Enemy and the Tensions Between Civil Liberties and a Permanent State of Emergency », CEPES, Montréal, le 15 et 16 mars 2003.

Walker, R. B. J., 2002, « On the Immanence/Imminence of Empire », *Millennium*, vol. 31, n° 2, p. 337-345.

Walker, R. B. J., 1993, *Inside/Outside : International Relations as Political Theory*, Cambridge, Cambridge University Press.

Waller, M. et A. Linklater (dir.), 2003, *Political Loyalty and the Nation-State*, Londres et New York, Routledge.

Wallerstein, I., 1986, « On Capitalism and the Market », *Monthly Review*, vol. 39, n° 9, p. 11-18.

Wallerstein, I., 1980, *Capitalisme et économie-monde*, Paris, Flammarion.

Wallerstein, I., 1979, *The World Capitalist Economy*, Cambridge, Cambridge University Press.

Wallerstein, I., 1974, *The Modern World-System*, New York et Londres, Academic Press.

Wallner, K., 2002, « The Provision of Public Goods in International Relations : A Comment on 'Goods, Games, and Institutions' », *International Political Science Review*, vol. 23, n° 4, p. 393-401.

Walt, S., 2002, « The Enduring Relevance of the Realist Tradition », dans I. Katznelson et H. V. Milner (dir.), *Political Science : State of the Discipline III*, New York, W.W. Norton & Co.

Walt, S., 1991, « The Renaissance of Security Studies », *International Studies Quarterly*, vol. 35, n° 2, p. 211-239.

Walt, S., 1987, *The Origins of Alliances*, Ithaca, Cornell University Press.

Walter, A., 1993, *World Power and World Money : The Role of Hegemony and International Monetary Order*, Londres, Harvester Wheatsheaf.

Walter, C., T. Risse et B. A. Simmons (dir.), 2002, *Handbook of International Relations*, Londres et Californie, Thousand Oaks et SAGE Publications.

Waltz, K. N., 1998, « The Origins of War in Neorealist Theory », *Journal of Interdisciplinary History*, vol. 18, n° 4, p. 615-628.

Waltz, K. N., 1993, « The Emerging Structure of International Politics », *International Security*, vol. 18, n° 2, p. 44-79.

Waltz, K. N., 1986, « Laws and Theories » dans R. O. Kehoane (dir.), *Neorealism and its Critics*, New York, Columbia University Press.

Waltz K. N., 1979, *Theory of International Politics*, New York, Random House.

Waltz, K. N., 1959, *Man, the State and War*, New York, Columbia University Press.

Waltzer, M., 2000 [1977], *Just and Unjust Wars : A Moral Argument With Historical Illustrations*, New York, Basic Books.

Warren, B., 1973, « Imperialism and Capitalist Industrialization », *New Left Review*, n° 81, septembre-octobre.

Watson, A., 1992, *The Evolution of International Society*, Londres et New York, Routledge.

Bibliographie

Webber, M. et D. Rigby, 1996, *The Golden Age Illusion : Rethinking Postwar Capitalism*, New York.

Weber, C., 2001, *International Relations Theory : A Critical Introduction*, Londres et New York, Routledge.

Weber, C., 1994, « Good Girls, Little Girls and Bad Girls : Male Paranoia in Robert Keohane's Critique of Feminist International Relations », *Millennium*, vol. 23, n° 2, p. 337-350.

Weiss, L., 1998, *The Myth of the Powerless State*, London, Polity.

Weiss, T. G., 2000, « Governance, Good Governance and Global Governance : Conceptual and Actual Challenges », *Third World Quarterly*, vol. 21, n° 5, p. 795-814.

Weiss, T. G. et L. Gordenker, 1996, *NGOs, the UN and Global Governance*, Boulder, Lynne Rienner.

Welch, David A., 1992, « The Organizational Process and Bureaucratic Politics Paradigms. Retrospect and Prospect », *International Security*, vol. 17, n° 2, p. 112-146.

Weldes, J. (dir.), 2003, *To Seek Out New Worlds : Science Fiction and World Politics*, New York et Houndmills, Palgrave Macmillan.

Weldes, J., 1999, *Constructing National Interest : The United States and the Cuban Missile Crisis*, Minneapolis, Minnesota University Press.

Weldes, J., 1998, « Bureaucratic Politics : A Critical Constructivist Assessment », *Mershon International Studies Review*, n° 42, p. 216-225.

Wendt, A., 2004, « The State as Person in International Theory », *Review of International Studies*, vol. 30, n° 2, p. 289-316.

Wendt, A, 2003, « Why a World State is Inevitable », *European Journal of International Relations*, vol. 9, n° 4, p. 491-542.

Wendt, A., 1999, *Social Theory of International Politics*, Cambridge, Cambridge University Press.

Wendt, A., 1998, « On Constitution and Causation in International Relations », *Review of International Studies*, vol. 24, n° 5, p. 83-100.

Wendt, A., 1995, « Constructing International Politics », *International Security*, vol. 20, n° 1, p. 71-81.

Wendt, A., 1992a, « Anarchy is What State's Make of It : The Social Construction of Power Politics », *International Organization*, vol. 46, n° 2, p. 391-425.

Wendt, A., 1992b, « Level of Analysis vs. Agents and Structures : Part III », *Review of International Studies*, vol. 18, p. 181-185.

Wendt, A., 1991, « Bridging the Theory/Meta-Theory Gap in International Relations », *Review of International Studies*, vol. 17, p. 383-392.

Wendt, A., 1987, « The Agent-Structure Problem in International Relations », *International Organization*, vol. 41, n° 3, p. 336-370.

West, R., 1988, « Jurisprudence and Gender », *University of Chicago Law Review*, vol. 55, p. 1-72.

Wheeler, N. et T. Dunne, 1996, « Hedley Bull's Pluralism of the Intellect and Solidarism of the Will », *International Affairs*, vol. 72, n° 1, p. 91-107.

Whitworth, S., 2004, *Men, Militarism and UN Peacekeeping : A Gendered Analysis*, Boulder, Lynne Rienner.

Whitworth, S., 1994, *Feminism and International Relations*, Londres, Macmillan.

Whitworth, S., 1989, « Gender in the Inter-Paradigm Debate », *Millennium*, vol. 18, n° 2, p. 265- 272.

Widmaier, W., 2003, « The Keynesian Bases of a Constructivist Theory of the International Political Economy », *Millennium*, vol. 32, n° 1, p. 87-108.

Wiener, A., 2004, « Contested Compliance : Interventions on the Normative Structure of World Politics », *European Journal of International Relations*, vol. 10, n° 2, p. 189-234.

Wiener, A., 2003, « Constructivism : The Limits of Bridging Gaps », *Journal of International Relations and Development*, vol. 6. n° 3, p. 252-276.

Wight, C., 2004, « State Agency : Social Action Without Human Activity ? », *Review of International Studies*, vol. 30, n° 2, p. 269-280.

Wight, C., 2003, « The Agent-Structure Problem and Institutional Racism », *Political Studies*, vol. 51, n° 4, p. 706-721.

Wight, M., 1991, *International Theory : The Three Traditions*, Leicester, Leicester University Press for the Royal Institute of International Affairs London.

Wight, M., 1977, *Systems of States*, Leicester, Leicester University Press.

Wilkinson, R. et S. Hughes (dir.), 2002, *Global Governance : Critical Perspectives*, Londres et New York, Routledge.

Bibliographie

Williams, M. C., 2003, « Words, Images, Enemies : Securitization and International Politics », *International Studies Quarterly*, vol. 47, n° 4, p. 511-531.

Williams, R. W., 2003, « Terrorism, Anti-Terrorism and the Normative Boundaries of the US Polity : The Spatiality of Politics After 11 September 2001 », *Space and Polity*, vol. 7, n° 3, p. 273-293.

Williams, S. A. et de Mestral, A. L. C., 1987, *An Introduction to International Law : Chiefly as Interpreted and Applied in Canada*, 2e édition, Toronto, Butterworths.

Wilson, P., 1998, « The Myth of the First Great Debate », *Review of International Studies,* vol. 24.

Wood, E. M., 2003, *Empire of Capital,* Londres et New York, Verso.

Wood, E. M., 2002, *The Origin of Capitalism,* Londres, Verso.

Wood, E. M., 2000, « Capitalism or Enlightenment ? », *History of Political Thought,* vol. 21, n° 3, p. 405-426.

Wood, E. M., 1996, « Modernity, Postmodernity or Capitalism ? », *Review of International Political Economy,* vol. 4, n° 3, p. 539-560.

Wood, E. M., 1995, *Democracy Against Capitalism : Renewing Historical Materialism,* Cambridge, Cambridge University Press.

Wood, E. M., 1990, « The Uses and Abuses of 'Civil Society' », dans R. Milliband, L. Panitch et J. Saville (dir.), *The Socialist Register,* London, Merlin Press, p. 60-84.

Wood, E. M. et N. Wood, 1997, *A Trumpet of Sedition : Political Theory and the Rise of Capitalism 1509-1688,* New York, New York University.

Worsley, P., 1970, *The Third World,* Chicago, The University of Chicago Press.

Wright, E. O., 1997, *Class Counts,* Cambridge, Cambridge University Press.

Young, I. M., 2003, « The Logic of Masculinist Protection : Reflections on the Current Security State », *Signs*, vol. 29, n° 1, p. 1-26.

Young, O. (dir.), 1999, *The Effectiveness of International Regimes : Causal Connections and Behavioral Mechanisms,* Cambridge, MIT Press.

Young, O. (dir.), 1997, *Global Governance. Drawing Insights from the Environmental Experience,* Cambrige, The MIT Press.

Young, O., 1996, *Global Environmental Change and International Governance,* University Press of New England [pour] Dartmouth College.

Young, O., 1994, *International Governance : Protecting the Environment in a Stateless Society,* Ithaca, Cornell University Press.

Young, O., 1992, *Arctic Politics : Conflict and Cooperation in the Circumpolar North,* Hanover, University Press of New England [pour] Dartmouth College.

Youngs, G., 2004, « Feminist International Relations : A Contradiction in Terms ? Or : Why Women and Gender are Essential to Understanding the World 'We' Live In », *International Affairs*, vol. 80, n° 1, p. 75-88.

Yunus, M., 2003, *Foreign Policy : A Theoretical Introduction*, Oxford et New York, Oxford University Press.

Zagare, F. C., 2004, « Reconciling Rationality With Deterrence : A Re-Examination of the Logical Foundations of Deterrence Theory », *Journal of Theoretical Politics*, vol. 16, n° 2, p. 107-141,

Zehfuss, M., 2002, *Constructivism in International Relations : The Politics of Reality*, Cambridge et New York, Cambridge University Press.

Zimmerm, A., 1945 [1936], *The League of Nations and the Rule of Law : 1918-1935*, Londres, Macmillan.

Zimmerm, A., 1939, *Spiritual Values and World Affairs*, Oxford, Clarendon.

Zolberg, A. R. et P. M. Benda (dir.), 2001, *Global Migrants, Global Refugees : Problems and Solutions*, New York et Oxford, Berghan Books.

Zolberg, A. R., 1992, « Labour Migration and International Economic Regimes : Bretton Woods and After » dans M. M. Kritz, L. L. Lim et H. Zlotnik (dir.), *International Migration Systems. A Global Approach*, Oxford, Clarendon Press, p. 315-334.

Zolberg, A. R., 1994, « Un reflet du monde. Les migrations internationales en perspective historique », dans Bertrand Badie et Catherine Wihtol de Wenden (dir.), *Le défi migratoire. Questions de relations internationales*, Paris, Presses de la fondation nationale des sciences politiques, p. 41-57.

INDEX DES TERMES FRANÇAIS

A

Acteur international, **13**, 16, 28, 32, 43, 49, 61, 67, 71, 73, 92, 96, 99, 112, 114, 116, 118, 120, 122, 125, 131, 139, 142, 153, 156, 159, 162, 169, 172, 184, 186, 191, 199, 204, 210, 211, 223, 217, 229, 231, 238, 246, 248, 254

Agence/Structure, Débat, **16**, **33**, **118**, **151**, **158**

Alliances, théorie des, **18**, 30, 45, 103, 119, 123, 148, 190

Anarchie, 13, 16, **19**, 21, 24, 33, 45, 54, 62, 78, 96, 100, 112, 115, 124, 125, 134, 148, 150, 155, 159, 182, 185, 190, 211, 216, 220, 231, 237, 238

B

Behavioralisme, **21**, 68, 84, 152, 167, 168, 192, 212

Biens collectifs, **21**

Biens publics, 12, **22**, 63, 168

Bipolarité, **22**, 69, 71, 169, 250

Bretton Woods, système de, **23**

C

Capacités, **28**, 45, 46, 70, 117, 122, 149, 172, 197, 217, 231, 234

Choix rationnel, théorie du, **28**, 34, 116, 157, 169, 192

Concert, **30**

Constructivisme, 16, 20, **31**, 56, 59, 74, 87, 106, 112, 114, 118, 119, 140, 150-152, 155, 161, 168, 181, 196, 198, 212, 213, 217, 232, 238, 255

Coopération, 14, 20, 22, 25, 29, **34**, 46, 47, 56, 62, 72, 84, 91, 96, 105, 111, 114, 118, 120, 123, 133, 135, 144, 149, 152, 155, 159, 186, 204, 207, 211, 218, 237, 238

Critique

Critique, Théorie, 35, **37**, 67, 69, 80, 87, 90, 105, 119, 145, 155, 158, 159, 176, 177, 181, 198-201, 207, 212, 222, 244, 248

D

Débat néo-néo, **237**

Défense, **38**, 76, 113, 148, 171, 220

Dépendance, théorie de la, 35, **38**, 42, 109, 128, 168, 241

Développement, 38, **41**, 95, 222, 224, 250

Dilemme de la sécurité, 19, **45**, 148, 218, 231

Dilemme du prisonnier, 20, **47**, 112, 120, 239

Domaine de politique, **48**

Droit international, **49**, 55, 68, 114, 117, 159, 160, 211, 254

E

École anglaise, **54**, 57, 223, 238, 248, 255

École de Copenhague, **57**, 106, 213

Économie politique internationale, 14, 23, 35, 43, **60**, 93, 100, 110, 113, 128, 132, 134, 149, 204, 207, 211, 235, 237

Épistémologie, 21, 32, 36, 62, **66**, 81, 86, 106, 117, 122, 145, 156, 165, 174, 181, 191, 194, 198, 200, 212, 237, 244

Équilibre des puissances, 13, 18, 30, 31, 45, 55, **70**, 76, 103, 123, 149, 158, 159, 161, 190, 220, 233, 254

État, 13, 16, 18, 19, 21-23, 29, 32, 37, 38, 42, 45, 47, 49, 54, 59, 60, **73**, 77, 81, 83, 90, 91, 92, 95, 99, 101, 106, 108, 112, 114, 117, 122, 125, 129, 131, 133, 138, 139, 142, 147, 148, 150, 152, 155,

Les chiffres en caractères gras renvoient à l'entrée principale de ce terme.

159, 163, 170, 171, 185, 190, 194, 198, 205, 207, 211, 213, 216, 220, 223, 224, 230, 234, 237, 238, 240, 249, 254
État révisionniste, **76**
État révolutionnaire, **76**
Étude de sécurité (voir en particulier Sécurité)
Études critiques de la sécurité, 218
Études stratégiques, **76**, 192, 216
Exceptionnalisme, **77**

F

Féminisme, 32, 35, 44, 67, 74, **81**, 88, 107, 144, 156, 167, 177, 181, 198, 219
Fonctionnalisme, **83**
Fondationnalisme/Antifondationnalisme, 81, **85**, 131, 196, 245
Frontière, **90**, 133, 211, 232, 249

G

Gains relatifs versus gains absolus, 62, **91**, 112, 120, 149, 183, 191, 198, 217, 237
Géographie Politique, **91**
Gouvernance, 31, 46, 63, **95**, 105, 114, 222
Grande politique/petite politique, **98**, 116
grande politique, 116

H

Hégémonie, 12, 22, 24, 59, 62, 71, 74, **99**, 110, 145, 149, 180, 219, 222, 226, 234

I

Idéalisme, 67, **101**, 167, 168, 189, 192, 211, 246
Identité, 17, 32, 34, 46, 55, 58, 83, 84, 90, 94, **105**, 114, 118, 141, 142, 153, 183, 218, 232, 255
Impérialisme, 42, 62, 68, 100, 102, **108**, 125, 190
Institutionnalisme néolibéral, 13, 48, 20, 32, 61, 87, 100, **111**, 114, 118, 121, 124, 134, 147, 155, 167, 168, 182, 198, 204, 207, 212, 234, 238
Institutions internationales, 13, 16, 20, 22, 24, 32, 54, 61, 64, 72, 83, 87, 99, 102, 111, **114**, 118, 123, 135, 141, 155, 160, 198, 204, 209, 218, 221, 229, 231, 238, 235, 237, 239, 256

Interdépendance complexe, 83, 101, **116**, 124, 147, 205, 209, 212, 237
Intérêt national, 14, 19, 31, 32, 55, 73, 106, 112, 114, **117**, 124, 139, 153, 155, 170, 171, 180, 190, 205, 209, 213, 212, 217, 220, 232, 234, 236, 247
Intersubjectivité, 16, 32, 60, 74, 114, **119**, 146, 157, 166, 175, 178, 213

J

Jeux, théorie des, 21, 30, 46-48, 61, 68, 112, **120**, 239

L

Libéralisme, 16, 25, 34, 35, 61, 72, 77, 82, 87, 101, 109, 115, **122**, 129, 132, 135, 139, 142, 151, 159, 163, 192, 205, 212, 221, 235

M

Marxisme, 13, 16, 35, 39, 42, 61, 82, 87, 108, **125**, 136, 139, 144, 150, 168, 178, 192, 198, 212, 222, 227, 239, 241, 245, 252, 257
Mercantilisme, 61, **128**
Mondialisation, 26, 44, 46, 49, 58, 61, 80, 90, 105, 106, **133**, 208, 223, 237, 257
Multipolarité, **138**, 169, 235

N

Nation, 26, 30, 42, 50, 61, 75, 84, 100, 117, 128, **139**, 142, 171, 218, 252
Nationalisme, 83, 92, 119, 128, 139, **142**, 224
Néogramscienne, approche, 15, 35, 63, 70, 74, 87, **144**, 156, 177, 222
Néolibéralisme, 22, 34, 57, 72, 91, 111, **147**, 159, 168, 169, 222, 236, 237
Néomarxisme, 99, 200, 233
Néoréalisme, 16, 18, 19, 28, 34, 45, 57, 61, 68, 70, 73, 87, 91, 112, 118, 132, 145, **147**, 151, 152, 155, 159, 167, 168, 175, 182, 185, 189, 190, 197, 198, 200, 204, 207, 212, 217, 231, 236-238, 245
Niveau d'analyse, problème du, 150, 157, 191, 200, 218

Index des termes français

Normes, 14, 16, 32, 35, 50, 54, 64, 77, 99, 112, 114, 119, 124, **151**, 156, 181, 199, 204, 213, 221, 223, 232, 234, 239, 246, 248

O

Ontologie, 13, 16, 21, 33, 36, 57, 61, 66, 81, 131, 140, 142, 145, 151, **155**, 158, 174, 178, 182, 191, 193, 202, 212, 232, 236, 237, 244, 249
Ordre international, 25, 56, 64, 76, 96, **159**
Organisation internationale (OIG), 14, 49, 84, 96, 103, 114, 134, 147, **159**, 162, 171, 220, 239
Organisation non gouvernementale (ONG), 14, 55, 113, **162**, 211, 218, 221, 230, 239

P

Paradigme, 29, 33, 67, 86, **165**, 168, 169, 181, 200, 212, 214, 216, 218, 244, 246
Paradigme réflexif, 181
Paradigmes, le débat entre, 70, 103, 167, **168**
Passager clandestin, 22, **168**
Petite politique, 116
Polarité, 16, 22, 138, **169**, 253
Politique bureaucratique, modèle de la, 118, **169**, 172
Politique étrangère, 29, 48, 71, 94, 98, 107, 113, 115, 117, 123, 125, 148, 150, 161, 169, **171**, 189, 210, 234, 237
Positivisme, 21, 32, 63, 67, 68, 85, 86, 111, 150, 153, 156, 168, **173**, 177, 181, 190, 194, 202, 237, 244, 248
Postmodernisme, 36, 74, 82, 88, 90, 106, 166, **181**, 198, 200, 212, 245
Postpositivistes, approches, 32, 67, 68, 82, 86, 168, **177**, 181, 195, 200
Poststructuralisme, 32, 35, 44, 60, 69, 78, 88, 94, 103, 110, 155, 177, **181**, 196, 199, 232
Pouvoir, 29, 37, 68, 84, 104, **184**, 185, 190, 230, 251
Prépositivisme, 68
Puissance, 13, 16, 18, 19, 22, 25, 28, 31, 42, 46, 60, 71, 93, 96, 99, 104, 112, 114, 117, 122, 129, 138, 147, 155, 169, 172, 183, 184, **185**, 190, 198, 205, 216, 228, 232-234, 237, 241, 247, 250, 253

R

Réalisme, 13, 19, 22, 24, 32, 34, 35, 43, 45, 51, 55, 58, 61, 70, 73, 78, 87, 93, 96, 100, 102, 112, 114, 116, 117, 121, 122, 132, 139, 145, 152, 157, 159, 161, 167, 168, 171, 175, 179, 183, 185, 193, 199, 204, 205, 211, 213, 216, 227, 231, 236, 238, 244, 254
Réalisme classique, 18, 21, 68, 76, 147, **150**, 189
Réalisme défensif, **193**
Réalisme offensif, 193
Réalisme scientifique, 157, 176, **193**
Réflectivisme, 59, 67, 176, **198**, 200, 212
Réflexivisme, 32, 94, 181, **200**, 218
Régime international, 22, 24, 34, 56, 62, 96, 100, 112, 114, 133, 145, 152, **204**, 223, 234, 237
Régionalisme, **207**
Relations internationales, 13, 16, 19, 21, 22, 26, 28, 31, 34, 35, 41, 45, 47, 49, 54, 60, 66, 70, 73, 76, 79, 81, 85, 90, 91, 96, 99, 101, 105, 111, 122, 125, 131, 133, 139, 142, 144, 147, 150, 151, 155, 159, 161, 166, 168, 171, 177, 181, 185, 189, 193, 196, 198, 200, 209, **210**, 216, 221, 223, 224, 230, 235-238, 244, 248, 254

S

Sécurisation, 58, **213**, 217
Sécurité, 18, 19, 22, 29, 37, 38, 45, 48, 57, 73, 76, 79, 81, 90, 94, 95, 106, 113, 114, 124, 128, 134, 148, 151, 157, 170, 171, 179, 183, 185, 213, **216**, 220, 235, 237
Sécurité collective, 72, 103, **220**
Société civile, 74, 96, 113, 134, 145, 162, 218, **221**
Société internationale, 54, **223**, 232
Sociologie historique, 75, 136, 139, 181, 198, **224**, 242
Soft Power, 72, 187, **228**
Souveraineté, 19, 49, 54, 77, 88, 100, 103, 110, 114, 117, 128, 132, 134, 143, 151, 157, 159, 172, 182, 214, 216, **230**, 247, 254

Index des termes français

Sphère d'influence, 31, **233**

Stabilité hégémonique, théorie de la, 62, 100, 145, 204, **234**

Stato-centrique, 134, **236**

Synthèse néo-néo, 198, **237**

Système international, 13, 16, 18, 19, 21, 22, 24, 28, 33, 45, 48, 55, 61, 71, 85, 90, 99, 111, 114, 116, 117, 122, 132, 135, 138, 139, 148, 150, 152, 156, 159, 160, 163, 169, 171, 185, 190, 194, 211, 214, 217, 227, 229, 231, 235, 237, **238**, 246, 252-254

Système-Monde, théorie du, 35, 40, 42, 63, 93, 109, 128, 150, 156, 168, 176, 198, 225, 240

T

Théorie, 28, 35, 38, 41, 57, 67, 75, 88, 99, 101, 112, 119, 122, 125, 131, 144, 147, 151, 155, 165, 168, 169, 174, 177, 182, 189, 193, 200, 209, 237, **244**, 247

Théories constitutives, **247**

Théories explicatives, **247**

Théories normatives, 246, **247**

Tiers Monde, 38, 41, 109, 158, 218, **250**

U

Unipolarité, 169, **253**

W

Westphalie, système de, 89, 90, 159, 230, 233, **254**

INDEX DES TERMES ANGLAIS

A

Agency/Structure Debate, 16
Alliances, Theory of, 18
Anarchy, 19

B

Balance of Power, 70
Behavioralism, 21
Bipolarity, 22
Border, 90
Bretton Woods System, 23
Bureaucratic Politics Model, 169

C

Capabilities, 28
Civil society, 221
Classical Realism, 189
Collective Goods, 21
Collective Security, 220
Complex Interdependence, 116
Constitutive Theories, 247
Constructivism, 31
Cooperation, 34
Copenhagen School, 57
Critical Theory, 35

D

Defense, 38
Defensive Realism, 193
Dependency Theory, 38
Development, 41

E

English School, 54
Epistemology, 66
Exceptionalism, 77

F

Feminism, 81
Foreign Policy, 171
Foundationalism/anti-foundationalism, 85
Free-rider, 168
Functionalism, 83

G

Game Theory, 120
Globalization, 133
Governance, 95

H

Hegemonic Stability, Theory of, 234
Hegemony, 99
High Politics/Low Politics, 98
Historical Sociology, 224

I

Idealism, 101
Identity, 105
Imperialism, 108
Inter-paradigm Debate, 168
International Actor, 13
International Institution, 114
International Law, 49
International Migration, 131
International Order, 159
International Organization (IGO), 159
International Political Economy, 60
International Regime, 204
International Relations, 210
International Society, 223
International System, 238
Intersubjectivity, 119
Issue Area, 48

Index des termes anglais

L

Level of Analysis Problem, 150
Liberalism, 122

M

Marxism, 125
Mercantilism, 128
Multipolarity, 138

N

Nation, 139
National Interest, 117
Nationalism, 142
Neo-neo Synthesis, 237
Neogramscian Approach, 144
Neoliberal Institutionalism, 111
Neoliberalism, 147
Neorealism, 147
Non-Governmental Organization (NGO), 162
Norm, 151
Normative Theory, 247

O

Ontology, 155

P

Paradigm, 165
Polarity, 169
Political Geography, 91
Positivism, 173
Postmodernism, 181
Postpositivist Approaches, 177
Poststructuralism, 181
Power, 184, 185, 228

Prisoner's Dilemma, 47
Public Goods, 22

R

Rational Choice Theory, 28
Reflectivism, 198
Reflexivism, 200
Regionalism, 207
Relative versus Absolute Gains, 91
Revisionist State, 76
Revolutionary State, 76

S

Scientific Realism, 193
Securitization, 213
Security, 216
Security Dilemma, 45
Soft Power, 72, 228
Sovereignty, 230
Sphere of Influence, 233
State, 73
State-centered, 236
Strategic Studies, 76

T

Theory, 244
Third World, 250

U

Unipolarity, 253

W

Westphalian System, 254
World System Theory, 240

LISTE DES TERMES ANGLAIS-FRANÇAIS

Anglais	Français
Agency/Structure Debate	Agence/structure, débat
Alliances, Theory of	Alliances, théorie des
Anarchy	Anarchie
Balance of Power	Équilibre des puissances
Behavioralism	Behavioralisme
Bipolarity	Bipolarité
Border	Frontière
Bretton Woods System	Bretton Woods, système de
Bureaucratic Politics Model	Politique bureaucratique, modèle de la
Capabilities	Capacités
Civil Society	Société civile
Classical Realism	Réalisme Classique
Collective Goods	Biens collectifs
Collective Security	Sécurité collective
Complex interdependence	Interdépendance complexe
Concert	Concert
Constitutive theories	Théories constitutives
Constructivism	Constructivisme
Cooperation	Coopération
Copenhagen School	École de Copenhague
Critical theories	Critiques, théories
Critical Theory	Critique, Théorie
Defense	Défense
Dependency Theory	Dépendance, théorie de la
Development	Développement

Liste des termes anglais-français

English School	École anglaise
Epistemology	Épistémologie
Exceptionalism	Exceptionnalisme
Explanatory Theories	Théories explicatives
Feminism	Féminisme
Foreign policy	Politique étrangère
Free-rider	Passager clandestin
Functionalism	Fonctionnalisme
Foundationalism/Anti-Foundationalism	Fondamentalisme/antifondamentalisme
Game theory	Jeux, théorie des
Globalization	Mondialisation
Governance	Gouvernance
Hegemony	Hégémonie
High Politics/Low Politics	Grande politique/petite politique
Historical Sociology	Sociologie historique
Idealism	Idéalisme
Identity	Identité
Imperialism	Impérialisme
Inter-paradigm Debate	Paradigmes, débat entre
International actor	Acteur international
International Institutions	Institutions internationales
International Law	Droit international
International Migration	Migration internationale
International Order	Ordre international
International Organization (IGO)	Organisation internationale (OIG)
International Political Economy	Économie politique internationale
International Regime	Régime international
International Relations	Relations internationales
International Society	Société internationale
International System	Système international
International Actor	Acteur international
Intersubjectivity	Intersubjectivité
Issue Area	Domaine de politique
Level of Analysis Problem	Niveau d'analyse, problème du

Liberalism	Libéralisme
Marxism	Marxisme
Mercantilism	Mercantilisme
Multipolarity	Multipolarité
Nation	Nation
National Interest	Intérêt national
Nationalism	Nationalisme
Neogramscian Approach	Néogramscienne, approche
Neoliberal Institutionalism	Institutionnalisme néolibéral
Neoliberalism	Néolibéralisme
Neo-neo Synthesis	Synthèse néo-néo
Neorealism	Néoréalisme
Non-Governmental Organization	Organisation non gouvernementale
Norm	Norme
Normative Theories	Théories normatives
Ontology	Ontologie
Paradigm	Paradigme
Political geography	Géographie politique
Positivism	Positivisme
Post-positivist Approaches	Postpositivistes, approches
Poststructuralism/Postmodernism	Poststructuralisme/Postmodernisme
Power	Pouvoir
Power	Puissance
Prisoner's Dilemma	Dilemme du prisonnier
Public Goods	Biens publics
Rational choice theory	Choix rationnel, théorie de
Reflectivism	Réflectivisme
Reflexivism	Réflexivisme
Regionalism	Régionalisme
Relative versus Absolute Gains	Gains relatifs versus gains absolus
Revisionist State	État révisionniste
Revolutionary State	État révolutionnaire
Scientific Realism	Réalisme scientifique
Security	Sécurité

Liste des termes anglais-français

Security Dilemma	Dilemme de la sécurité
Securization	Sécurisation
Soft Power	Soft Power
Sovereignty	Souveraineté
Sphere of Influence	Sphère d'influence
State	État
State-centered	Stato-centrique
Strategic Studies	Études stratégiques
Theory	Théorie
Theory of Hegemonic Stability	Stabilité hégémonique, théorie de la
Third World	Tiers Monde
Unipolarity	Unipolarité
Westphalian System	Westphalie, système de
World System Theory	Système-Monde, théorie du

Liste des auteurs

Nicolas ADAM, Université du Québec à Montréal

Joëlle BOLDUC, Université du Québec à Montréal

Jean-Christophe BOUCHER, Université Laval

Étienne CANTIN, York University

Christian CONSTANTIN, Université du Québec à Montréal

Catherine COURCHESNE, Université du Québec à Montréal

Julie CROWLEY, Université du Québec à Montréal

Anne-Marie D'AOUST, Université du Québec à Montréal

Evelyne DUFAULT, Université du Québec à Montréal

Frédérick Guillaume DUFOUR, York University

Travis FAST, York University

Benoît GAGNON, Université du Québec à Montréal

Marc-André GAGNON, York University

Kyle GRAYSON, York University

David GRONDIN, Université du Québec à Montréal

Paula Andrea HEVIA PACHECO, York University

Éric JASMIN, Université du Québec à Montréal

Matina KARVELLAS, auxiliaire juridique à la Cour Fédérale du Canada

Samuel KNAFO, York University

Jean-François LACASSE, Université du Québec à Montréal

Thierry LAPOINTE, York University

Jérôme LEBLANC, Université du Québec à Montréal

Hugo LOISEAU, Université Laval

Benoît MARTIMORT-ASSO, Université du Québec à Montréal

Isabelle MASSON, York University

Hepzibah MUNOZ MARTINEZ, York University

Chantal ROBICHAUD, Université du Québec à Montréal

Mélanie ROY, Université du Québec à Montréal

Susan SPRONK, York University

Grégory VANEL, Université Pierre-Mendès France et Université du Québec à Montréal

Leandro VERGARA-CAMUS, York University

Catherine VOYER-LÉGER, Université du Québec à Montréal

CHEZ LE MÊME ÉDITEUR

ARMONY, Victor, *L'énigme argentine. Images d'une société en crise*, coédition Chaire MCD, 2003.

BERTRAND, Marie-Andrée, *Les Femmes et la criminalité*, coll. « Criminologie », 2003.

BOUVIER, Patrick, *Déserteurs et insoumis. Les Canadiens français et la justice militaire (1914-1918)*, coll. « Histoire militaire », 2003.

BOISMENU, Gérard, DUFOUR, Pascale, SAINT-MARTIN, Denis, *Ambitions libérales et écueils politiques. Réalisations et promesses du gouvernement Charest*, coédition Chaire MCD, 2004.

CANET, Raphaël, *Nationalismes et société au Québec*, coédition Chaire MCD, 2003.

CANET, Raphaël, DUCHASTEL, Jules (dir.), *La nation en débat. Entre modernité et postmodernité*, coédition Chaire MCD, 2003.

COULON, Jocelyn, *L'agression. Les États-Unis, l'Irak et le monde*, 2004.

COULON, Jocelyn (dir.), *Guide du maintien de la paix 2004*, coédition Cepes, 2003.

COULON, Jocelyn (dir.), *Guide du maintien de la paix 2005*, coédition Cepes, 2004.

DUCHASTEL, Jules (dir.), *Fédéralisme et mondialisation. L'avenir de la démocratie et de la citoyenneté*, coédition Chaire MCD, 2003.

FORTMANN, Michel, MACLEOD, Alex, ROUSSEL, Stéphane (dir.), *Vers des périmètres de sécurité ? La gestion des espaces continentaux en Amérique du Nord et en Europe*, coll. « Sécurité », coédition Cepes-Gersi, 2003.

LÉGARÉ, François, *Terrorisme • Peurs et réalité*, coll. « Sécurité », coédition Gersi, 2002.

LEGAULT, Roch, *Une élite en déroute. Les militaires canadiens après la Conquête*, coll. « Histoire militaire », 2002.

LEMBLÉ, Jean, *Incorporé de force dans la Wehrmacht*, coll. « Mémoire vive », 2002.

LITALIEN, Michel, *Dans la tourmente. Deux hôpitaux militaires canadiens-français dans la France en guerre (1915-1919)*, coll. « Histoire militaire », 2003.

PICHÉ ALLARD, Simone, *Une vie. Entre diplomatie et compromis (1909-1995)*, coll. « Mémoire vive », 2002.

TESSIER, Manon, COULON, Jocelyn (dir.), *Guide du maintien de la paix. Textes, documents et sites*, 2003.

TESSIER, Manon, *Maintien de la paix. Guide Internet*, coédition Gersi, 2001.

TREMBLAY, Yves, LEGAULT, Roch, LAMARRE, Jean (dir.), *L'éducation et les militaires canadiens*, 2004.

ATHÉNA ÉDITIONS

2004